L.ウィトゲンシュタイン　鬼界彰夫 訳

哲学探究

Philosophische Untersuchungen

Ludwig Josef Johann Wittgenstein

講談社

哲学探究

L・ウィトゲンシュタイン

鬼界彰夫 訳

目次

訳者まえがき

本書はL・ウィトゲンシュタインの『哲学探究』（以下『探究』）の翻訳です。この書物にはすでに三つのすぐれた翻訳があります。[1]にもかかわらず、今回あえて『探究』の新しい訳を出すのは、読者が『探究』という作品の全体像に触れることができるような翻訳を提供したいと思ったからです。読者が個々のテキストを読みながら、常にそれが『探究』全体とどのようにつながり、『探究』というウィトゲンシュタインの思想的宇宙のどこに位置しているのかを意識できるような翻訳を提供したいと考えて、この翻訳を手掛けました。

『探究』は相対的に独立し、番号の振られた693の「考察」から成っています。個々の「考察」は、平易な文から成り立ちながらも、しばしば深い洞察を表現しており、読者の思考を強く刺激します。これが『探究』の魅力です。しかし多くの「考察」を連続して読み進めてゆく読者にとって、それら相互の関係を把握することは、しばしば至難のこととなります。それらは決して相互に無関係ではないにもかかわらず、その関係は曖昧なままで、そのため最後まで読み続けることを断念する読者も決して少なくありません。これが『探究』という書物独特の難解さです。もし『探究』という書物に全体的構造というものがなく、個々の「考察」が文字通り相互に独立したものならば、この困難を解消するために翻訳者にできることは何もありません。『探究』という書物をそうしたものとして受け入れるしかありません。しかし、もし『探究』に全体的構造が存在し、個々の「考察」が、我々が普段慣れ親しんでいるものとは違った種類の関係によって結ばれ、一つの全体を形成しているとしたら、その関係と全体像を可視化することは『探究』の翻訳者にとって極めて有意義な作業となるでしょう。まさにそうしたことを実現しようと思って、私はこの翻訳に取り組みました。

この目的を達成するため、この翻訳では三つの「手段」が用いられています。第一に、テキストの翻訳にあたっては、できるだけウィトゲンシュタインの哲学的思考が明確になることを心掛けました。しかしこれだけで先の目的は達成できません。本訳書ではこれまでの翻訳にはなかった二つの新しい手段を用いました。第一は、元々何の区切りも与えられていない693の考察に様々なレベルで区切りを入れ、区切られた部分に適切な表題を与えることです。[2]第二は注を用い、テキスト間の見えにくい相互関係や、隠された背景に関して情報を提供し、部分と全体の関係について読者の理解を助けることです。この翻訳がその目的をどれだけ達成できたかは、読者の皆さんの判断にゆだねたいと思います。

今回の翻訳にあたっては三つの日本語訳と原著第四版の英訳を常に参照させていただきました。それらの助けがなければ、私にこの翻訳を完成させることは到底不可能であったと改めて感じています。ここに、先人の皆さんの訳業から今回私が被った大きな恩恵に対して深い感謝の意を表します。

また原著第四版を底本として翻訳するにあたって、原文をいくつものレベルで区切り、表題を付けることを寛大にも許可していただいたウィトゲンシュタイン・トラスティーズの方々には、この場を借りて改めてお礼を申し上げます。

二〇二〇年五月

訳者

凡例

一　本書はL・ウィトゲンシュタインの『哲学探究』、および『哲学探究』第二部の翻訳である。後者の名称については訳者解説4(1)を参照されたい。底本は次の原著第四版である。
Ludwig Wittgenstein *Philosophische Untersuchungen*, Revised 4th edition by P.M.S.Hacker and Joachim Schulte, Wiley-Blackwell, 2009.

二　本文中の傍点は原文のイタリックに、〈 〉で囲まれた部分は原文の大文字体に対応する。本文中の長短のダーシ(——、—)は原文の長短のダーシに対応する。

三　本文中の枠線で囲まれた部分は、『哲学探究』の原本であるタイプ原稿(TS227)にウィトゲンシュタイン自身によりクリップで留められた紙片に記されていた内容であり、補節的なものである。それぞれの補節の位置は遺稿研究に基づいた原著第四版によるものであり、原著第三版までのものと異なる場合がある。

四　『哲学探究』の節番号はウィトゲンシュタイン自身によるものであるが、『哲学探究』第二部の節番号は原著第四版の編者によるものである。

五　『哲学探究』のパート分け、章分け、パート名、章名、中見出し、小見出し、各章冒頭［ ］内の要約、内容目次、および『哲学探究』第二部(xi)の中見出し、小見出しはすべて訳者によるものである。原語に複数の意味が重なり一語での翻訳が難しい場合、「文(命題)」のように( )と小さなポイントを用い、必要な場合は注を加えた。

六　注は、原著第四版に基づく場合を除き、すべて訳者によるものである。注が原著第四版による場合は、注の末尾のカッコ内に参照箇所を示した。特にことわらない場合、注における『論理哲学論考』からの引用は野矢茂樹訳(岩波文庫)を用いた。

七　ウィトゲンシュタインの遺稿（Nachlass）への言及はフォン・ライト番号による。因みに、「MS110」は手稿原稿110を、「TS220」はタイプ原稿220を表す。

注で用いた略号は次の通り。

ベーカー&ハッカー［1980］　G.P.Baker&P.M.S.Hacker *Wittgenstein Understanding and Meaning, Volume 1 of an Analytical Commentary on the Philosophical Investigations*, University of Chicago Press, 1980.

ハッカー［1990］　P.M.S.Hacker *Wittgenstein Meaning and Mind, Volume 3 of an Analytical Commentary on the Philosophical Investigations*, Blackwell, 1990.

ハッカー［1996］　P.M.S.Hacker *Wittgenstein Mind and Will, Volume 4 of an Analytical Commentary on the Philosophical Investigations*, Basil Blackwell, 1996.

ネド［2012］　Michael Nedo *Ludwig Wittgenstein Ein biographisches Album*, C.H.Beck, 2012.

『哲学探究』

『哲学探究』内容目次

そもそも進歩というものは、実際よりずっと大きく見えるものなのだ。

ネストロイ[1]

序

ここに、過去十六年間[2]私が携わってきた哲学的な探究の堆積物である様々な思考を公にする。それらは、意味という概念、理解という概念、文という概念、論理という概念、数学の基礎、意識の諸状態、など多くの主題に関わっている。私はこれらの思考を「考察」[3]、すなわち短い小節の形で書き表した。あるときには同一の主題についての一連の多くの考察として、あるときには考察ごとに話をいきなり別の場所へ飛躍させながら。—当初私はこれらすべてを一冊の本へと一度まとめようと思っていた。その形については、いろんなときにいろんなことを考えた。だがいずれにしても、思考が一つの主題から別の主題へと自然に切れ目なく進むことが重要だと思われた。

自分の探究の成果をそうした一つの全体へとまとめようとして幾度か失敗した後、自分にはそれができそうにないことを悟った。自分が書きうる最良のものは常に哲学的な「考察」にとどまるであろうことを、自分の思考をその自然な性向に逆らって一つの方向へと無理に押し続けるとすぐに衰弱してしまうことを、私は悟った。——もちろんこのことはこの探究の本性とも関わっている。つまりそれは我々に、広大な思考の領域のあちこちを、あらゆる方向から遍歴することを強いるものなのである。——本書の哲学的な諸考察は、いわばその長く錯綜した旅路の中で生まれた一群の風景スケッチなのである。

同じ、あるいはほとんど同じ問題点が絶えず新たな角度から触れられ、そして常に新たな像が描かれた。その多くは描き損じであるか、そうでなければ下手なデザイン画家特有のあらゆる欠点を個性なく帯びていた。それらを除外すると、若干数のまあまあなものが残った。鑑賞者に一つの風景の像を提供するようにするため、それらばうまくレイアウトされ、しばしばトリミングされねばならなかった。――だから本書は、本当のところ一冊のアルバム[4]にすぎない。

本当を言えばつい最近まで私は、自分の仕事を生前に公刊するという考えを断念していた。それでもこの考えは時々私の中で頭をもたげた。それも他でもなく次のような事を経験せざるを得なかったために。すなわち、講義や原稿や議論を通じて私が人々に次々と手渡した自分の成果が、様々に誤解され、流通してゆく中で大なり小なり薄められたり、一部切り取られたりしたのである。こうして私の虚栄心[5]は刺激され、それを鎮めるのに苦労した。

だが四年前、自分の最初の書物(『論理哲学論考』[6])を読み直して説明する機会[7]を得た。そこで私には突然、あの古い思考とこの新しい思考を一緒に公にすべきだと、これは私の古い考え方と対比し、それを背景とすることによってのみ、正しい照明が当てられるのだ、と思われたのである。

というのは、十六年前に再び哲学に関わり始めて以来、あの最初の本に書き記したことの中に私はいくつもの深刻な思い違いを認識せざるを得なかったからだ。私の考えがフランク・ラムジー[8]から経験した批判は、これらの思い違いを自覚する上で――自分でその程度が評価できないくらいに――大きな助けとなった。彼の人生の最後の二年間、数えきれないほどの会話の中で私の考えについて彼と議論した。――だが彼の――常に強力で確かな――批判にもまして大きなものを、私はこの大学の講師P・スラッファ氏[9]が多年にわたり私の思考に対して絶え間なく行ってくれた批判に負っている。この書物の考えの中で最も実り豊かなものを、私はその激励に負っている。

一つに止まらないいくつもの理由により、私がここで公にするものには、他の人々が今日書いていることと重なる点があるだろう。――私の考察が、それを私のものと認めさせるような徴を帯びていないなら、それでもなお自分のものだと要求するつもりはない。

私はこれらの考察を疑いの感情とともに公にする。この仕事が、その貧弱さとこの時代の暗さの中で、幾人かの頭脳に光を投げかけるよう運命づけられているというのは、ありえないことではない。もちろんありそうにないことではあるが。

他の人々が私の書物によって自分で考えずに済ませることを私は望まない。私が望むのは、それが可能だとして、人が自身で思考するよう私の書物が励ますことである。

できればよい本を生み出したかった。そのようにはならなかった。だが私がそれを改善できる時は過ぎてしまった。

一九四五年一月　ケンブリッジ

パートI（1－133）

言語と哲学――新しい言語像と新しい哲学像の提示――

第一章　言語とゲーム——新しい言語像（1－25）

「『哲学探究』はそこで示されてゆく新しいものの見方の土台と言うべき新しい言語観、すなわち言語ゲーム的言語観の骨格の提示から始まる。この言語ゲーム的言語観の提示が行われるのが第一章である。しかし本章は直接言語ゲーム的言語観の提示から始まるのでなく、それよりも古い、そしてより広く流布している言語観の紹介から始まり、その批判的吟味を通じて読者は次第に新しい言語観へと導かれる。そこで古い言語観の典型例として俎上に上るのが、読者の予想に反し、ウィトゲンシュタイン自身の『論理哲学論考』ではなく、アウグスティヌスの『告白』であり、彼がターゲットにしているのが単に『論考』の思想なのではなく、それが最後尾を成す長く大きな哲学の潮流であることが暗示されている。しかしこうして読者が到達する言語ゲーム的言語観は、本書の哲学的考察の到達点ではなく出発点にすぎない。ここから始まる『哲学探究』という思考の旅は、この言語観が内包する問題とその解決を主題とし、それが自立した思想となるために必要なものの発見を目指した長大な旅である。」

(a)　アウグスティヌス的言語像（1－4）

1　アウグスティヌス[1]『告白』第一巻、第八章。「大人たちが何かある物の名を呼び、そちらの方を向くと、私はそのことを知覚しました。そして彼らがその物を指差そうとするので、彼らが発する音によりその物が意味されていることを理解しました。ですが私がこのことを見て取ったのは、彼らの身振り、すなわちすべての民族にとっての自然な言語である身振りからでした。身振りというこの言葉は魂が何かを欲したり、固執したり、拒絶したり、何かから逃げるとき、その感情を顔つきと目の動きや、手足の動きや、声の響きによって表すものです。こうして私はいろんな文の中の特定の場所である言葉が繰り返し発せられるのを聞き、その言葉がどんなものを意味するのか徐々に学びました。そして自分の口がそうした音の記号に慣れるようになると、自分の欲求をそれらによって表現しました。[2]」

アウグスティヌスのこの言葉は、人間の言語の本質についての、あるはっきりとした像[3]を与えているように私には思われる。すなわち、言語に含まれる語とは対象の名であり―文とはそれらの語の結合だ、という像[4]である。――言語についてのこうした像の中に、すべての語には意味がある、という考えの根源を見出せる。そこではすべての語に意味が割り当てられる。それは語が表す対象なのである。

アウグスティヌスは語の種類の違いについて語らない。言語の習得を彼のように描写する者は何より、「机」、「椅子」、「パン」、そして人名のような名詞について考えているのであり、活動や性質を表す言葉については二の次にのみ考え、他の品詞については自然にわかるものと考えている、と私は思いたくなる。

だが次のような言葉の使い方について考えてほしい。誰かを買物にやる。彼に紙切れを渡す。そこには「五　赤　リンゴ」という記号が書かれている。彼は店の人に紙切れを渡し、店の人は「リンゴ」という記号が書かれている引き出しを開ける。次に表の中から「赤」という言葉を探し、その横にある色見本を見つける。次に数の名を順に五まで口にし―彼はそれらを暗記していると仮定する―

各々の数を口にするたびに先の色見本と同じ色のリンゴを引き出しの中から取り出す。——5 このように、そしてこれと似たようにして人は言葉を用いるのである。——「でもその人は「赤」という言葉をどこでどういう風にして見つければよいのか、そして「五」という言葉をどう使ったらよいのかを、どうやって知るのだ？」——そうだね、だが私はその人がいま描写したように行うと仮定しているのだ。説明はどこかで終わるのだ。—だが「五」という言葉の意味は何なのだ？—そんなことは今まったく問題になっていない。ただ「五」という言葉がいかに使用されるのかということだけが問題だったのだ。

2　意味についてのあの哲学的観念は、言語の働き方についての原始的な想像を棲家にしている。それはまた我々のものよりも原初的な言語についての想像だ、とも言える。

アウグスティヌスのような言語描写があてはまる一つの言語を想像してみよう。それは建築者A 6 と助手Bのコミュニケーションに役立つ言語だとしよう。Aは石材を用いて建築する。Bは石材をAに、それも彼がそれらを必要とする順序で手渡す。この目的のために彼らは、「ブロック」、「円柱」、「板」、「角柱」という言葉から成る言語を使用する。Aがそれらの言葉を叫ぶ。Bは、その言葉が叫ばれると運ぶよう学習した石材を運ぶ。——これを完備した原初的言語だと考えてほしい。

3　アウグスティヌスはコミュニケーションのあるシステムを描写しているのだ、と言えるかもしれない。ただ、我々の言語と呼ぶものすべてがそうしたシステムではないだけだ。そして、「その描写があてはまるのか、そうでないのか？」という疑問が生じるようないくつかの場合には、今のように言わなければならない。この疑問に対する答えは、だから、「確かにあてはまる、だが狭く限定されたこの領域に対してのみであり、君が描写している全体に対してあてはまるわけではない」である。

これは、誰かが「ゲーム[7]とは、一定の規則に従って平面上で物を動かすことである」とゲームを定義しようとするのに似ている。—我々はその人に対して、「君は盤ゲームのことを考えているようだが、すべてのゲームが盤ゲームなのではないよ」と答える。君は自分の定義を、はっきりと盤ゲームに限定することによって正しいものにできるのだ。

4 一つ一つの文字を音の記号としてのみならず、アクセントや区切りの記号としても用いるような表記法を想像してほしい。(アルファベットのような表記法は、音を記述するための言語とみなせる。)そして誰かが、この表記法を、それぞれの文字にはただ一つの音が対応し、それ以外に文字の働きはないのだ、というふうに理解していると想像してほしい。アウグスティヌスの言語の見方は、表記法のこうした単純すぎる見方と似ている。

(b)「言語ゲーム」という概念(5–7)

5 第1節の例について考えてみれば、語の意味に関する一般的な概念というものが、どれだけ言語の働きをもやで覆い、事柄をはっきり見えなくしているかを、おそらく人は感じるだろう。—言語に関わる諸現象を、語の目的と働きがはっきりと見渡せるような原初的な言語の使用に即して探究すれば、霧は晴れる。

子供は話すことを学ぶ際に、こうした原初的な形の言葉を用いる。その場合、言葉を教えることは、説明ではなく訓練である。

6 第2節の言語がAとBの全言語であると、さらには、ある種族の全言語であるとすら想像できるだろう。その種族の子供たちは、それらの活動を行い、それらの言葉を用い、そして他人の言葉にそのように反応するように育てられる。

彼らの訓練の中で重要なものが、教える者が物を指差して子供の注意をそちらに向け、そこである語を発する、例えば、板の形をしたものを示して「板」と言うことである。（私はこれを「直示的説明」あるいは「定義」[8]と呼びたくはない。何しろこの子供はまだ物の名を訊ねられないのだから。私はこれを「語の指し示しによる教え」と呼びたい。――これが訓練の重要な部分を成していると私が言うのは、人間において事実そうだからであって、他の可能性が想像できないからではない。[9]）この指し示しによる教えは、言葉と物の間に連想上の結びつきを打ちたてると言うことができる。だがそれはどういう意味なのか？　もちろんそれはいろんなことを意味しうる。だが人はおそらく、何よりも、子供が言葉を聞くと、物の像が子供の心に浮かぶ、ということを考えるだろう。だが、仮にそうしたことが起きたとして、―それが言葉の目的なのか？　―確かにそれが目的となることはありうる。―言葉（音の列）のそうした使い方を想像することはできる。（ある言葉を発することが、いわば想像力の鍵盤を押すことになる。）しかし第2節の言語では、想像力を呼び起こすことが言葉の目的ではない。(もちろん、それが本来の目的にとって有用だということが判明することはありうる。)

だが指し示しによる教えがそうしたことを引き起こすとして、—それは語の理解を引き起こしたと言うべきなのか?「板!」という呼び声に対してしかじかにふるまう者が、それを理解しているのではないか?—確かに指し示しによる教えがそうしたことが起きるのを助けている。しかしそれはある決まった仕方で教えた場合のみである。違った仕方で教えれば、これらの語の同じ指し示しによる教えがまったく別の理解をもたらすだろう。

「レバーをロッドにつないで、私はブレーキを修理する。」[10]—確かに。だがそれは他のすべてのメカニズムがある限りのことなのだ。それらがあってこそ、それはブレーキレバーなのであって、そうした支えから切り離されたら、それはレバーですらない、それはどんなものでもありうるし、何ものでもないかもしれない。

7 言語(2)の実践では一方が語を叫び、他方はそれに応じて行動する。だが言語を教える過程では、教わる者が対象の名を言うということが起きる。すなわち教師が石材を指差すと、生徒がその語を言うのである。—それればかりか、そこではさらに簡単な練習も見られる、つまり教師が生徒に手本として語を言い、生徒がそれを繰り返す——これらはどちらも言葉を話すのに似た過程である。

さらに(2)の語の使用過程の全体が、子供[11]が母語を習得する際に行うゲーム[12]の一つだと想像することもできる。私はそれらのゲームを「言語ゲーム」と呼びたい。そして時としては、原初的な言語についても言語ゲームとして語りたい。

そして石材の名を呼ぶ過程や、手本の語を繰り返す過程もまた言語ゲームと呼べるかもしれない。

輪舞ゲーム[13]でなされるいくつかの言葉の使用について考えよ。

　私はまた、言葉と、それと織り合わされている活動の総体も「言語ゲーム」と呼ぶだろう。[14]

（c）「語の意味」という概念（8－15）

8　言語（2）の次のような拡張について考えよう。「ブロック」、「円柱」といった四つの言葉のほかに、第1節の例で店の人が使った数詞と同じように使われる一連の言葉（それは一連のアルファベット文字でよい）が加わる。これに二つの言葉がさらに加わるが、それらを「そこへ」と「これ」と呼んでいいだろう（これらの言葉はすでにその目的を大体示しているから）。これらは何かを指し示すような手の動きと共に用いられる。それからいくつかの色見本が加わる。Aは「d―板―そこへ」といった種類の命令を与える。その際彼は助手に色見本を一つ示し、「そこへ」という言葉を発しながら建築現場のある場所を指す。Bは資材置き場から、各アルファベット文字ごとに色見本と同色の板を一枚取り出し、それを「d」まで続け、それらをAが指し示した場所まで運ぶ。―別の場面では、Aが「これ―そこへ」という命令を与え、「これ」と言いながらある石材を指す、等々。

9　この言語を習得する際、子供はa、b、c……という一連の「数詞」を暗記しなければならない。そのうえで子供はそれらの使い方を学ばなければならない。―それを教える場面でも、語の指し示しによる教えが見られるか？―確かに、（例えば）板が指差されて、「a枚、b枚、c枚の板」といった具合に物の数が数えられる。—だが「ブロック」や「円柱」といった言葉の指し示しによる教えにもっと似ているのは、数えるためでなく、見て把握できる物の集まりを表すための数詞の使い方を指し示しによって教える過程であろう。[15] 実際子供はそのようにして最初の五つか六つの数詞を学ぶのである。

「そこへ」や「これ」も指し示しによって教えられるのか？—これらの言葉の使い方を、どのようにすれば教えられるのか想像してみたまえ！ そこでは場所と物が指差される、—だがこれらの言葉の場合、そうした指差しは言葉の使い方を学ぶ場面のみならず、その実際の使用においても現れるのである。—

10 ではこの言語のいろんな語は何を表すのか？[16] —それらが何を表すのかは、それがどんな種類の使われ方をするのかを通じてでなければ、どのように示されるというのか？ そしてその使い方を我々は確かに記述した。つまり、「この語はこれを表す」という表現がその描写に含まれていなければならないということなのだろう。あるいは、語の使い方の記述は「この語は……を表す」という形をとるべきだということなのだろう。

なるほど確かに、「板」という語の使い方の記述を短縮して、この語はこの対象を表す、と言うことにすることはできる。例えば、「板」という言葉が実際には「ブロック」と呼ばれている石材の形を指すのだという誤解を解くことだけが問題で、この「指す」ということがどのようなことなのか、つまりそれらの言葉の使い方の他の部分はよく知られている場合、人はこうするだろう。

そして同様に「a」、「b」、等の記号は数を表しているのだ、と言うこともできる。例えば、もしそれによって、「a」、「b」、「c」はあの言語において「ブロック」や「板」が実際に果たしているのと同じ役割を果たしているのだ、という誤解が解消されるのならば。そして、「c」はその数でなくこの数を表す、と言うこともできる。アルファベットの文字がa、b、d、cではなく、a、b、c、dという順で使われるのだ、ということがそれで説明できる場合には。

しかしながら、語の使い方の記述をこのように互いに似たものにしても、それによってそれらの使い方が似通ったものになるわけではない！　というのも、見ての通り、それらの使い方はまったく異質なものなのだから。

11　道具箱の道具について考えてみよ。そこには、ハンマー、ペンチ、のこぎり、ドライバー、物差し、にかわ壺、にかわ、釘、ねじ、がある。—それらのものの働きが異なっているように、語の働きも異なっているのだ。（そしてどちらにも様々な類似性が存在する。）

言うまでもなく、我々を混乱させるのは、語が話されたり、書かれたり、印刷されたりする場合、外見上一様に見えるということなのである。というのも、それらの使われ方が我々にはそれほどはっきりしないからである。とりわけ我々が哲学[17]をするとき、そうなのだ！

12　これは蒸気機関車[18]の運転室をのぞき込む場合に似ている。そこにはどれも似たり寄ったりに見えるいくつもの取っ手がある。（それらはすべて人の手で扱われるのだから、これはもっともなことである。）その一つはクランクの取っ手であり、連続的に動かせる（それはバルブの開きを調節する）、別のものは電気回路の開閉器の取っ手であり、有効な位置は二つしかなく、倒れているか立っているかのどちらかである。第三のものはブレーキの取っ手で、それを強く引けば引くほど強くブレーキがかかる。第四のものはポンプの取っ手で、前後に動かし続ける間だけ作用する。

13 「言語に属するあらゆる語は何かを意味する」と我々が言ったところで、厳密にどのような区別をしたいのかが明らかにならない限り、まだ何も述べられてはいない。（確かに我々が言語（8）の語を、ルイス・キャロルの詩に出てくるような「意味のない」語や歌に出てくる「シュビダバ」といった語と区別したくなることはあるかもしれないが。）

14 誰かが「あらゆる道具は何かを変形するのに役立つ。すなわち、ハンマーは釘の位置を、のこぎりは板の形を変形する、等々というように」と言うと想像してほしい。—そして、物差しやにかわ壺や釘は何を変形するのかと訊ねると、—「物の大きさに関する我々の知識、にかわの温度、箱の強度」と答えると。——表現の仕方をこのように似たものにすることによって、何かが得られるだろうか？—

15 おそらく「表す」という言葉が最も直接的な形で使われるのは、記号がその意味する対象に目印として付けられている場合である。Aが建築で使う道具に決まった印が付けられているとしよう。Aは助手にそうした印の一つを示す、すると助手はその印の付いた道具をAのところに持ってくる。

このように、そして多かれ少なかれこれと似たようにして、名は物を表し、物に名が与えられるのである。—哲学をする際に、何かに名をつけることとは物に名札を貼り付けるのに似た何事かなのだと自らに言い聞かせることは、しばしば役立つとわかるだろう。

（d）語の種類と役割（16–18）

16 AがBに示す色見本はどうなのか、—それは言語の一部なのか？ それについては、お好きなように、と言おう。それは語から成る言語の一部ではない。だが私が誰かに「「これ」と言ってみなさい」と言うとき、君はこの「これ」も文の一部分に数えるだろう。だがこの言葉の役割は、言語ゲーム（8）で色見本が果たしている役割とまったく同類なのだよ。つまりその言葉は、相手が発するべき言葉の見本[19]となっているのだから。

こうした見本を言語の道具の一つに数えるのは最も自然で、最も混乱を招かないやり方である。

（（「この文」という自己言及的代名詞についての考察。）[20]

17 言語（8）には様々な語の種類（品詞）が存在すると言えるだろう。というのも、「板」と「ブロック」という言葉の働きは、「板」と「d」の働きよりも互いに似ているのだから。しかし言葉をどのように種類に分けるのかは、分類の目的に、—そして我々の性向[21]に依存する。

道具を種類に分類する様々な観点について考えよ。あるいは、チェスの駒を種類に分類する様々な観点について。

18　言語（2）と（8）が、命令だけからできているということに悩まされてはいけない。だからそれらは不完全なのだ、と言いたいのなら、我々の言語が完全なのか自分に問うてみたまえ―化学記号や微積分記号が導入される以前、それが完全だったのか問うてみたまえ。というのもそれらは我々の言語の、いわば郊外に相当するのだから。（そして、何軒の家があれば、何本の通りがあれば都市は都市となり始めるのか？）我々の言語は古い都市とみなすことができる。狭い通りと広場があり、古い家々と新しい家々があり、様々な時代に建て増しされた家々があり、それらが入り組んで配置されている。そしてその全体が直線的で規則的な通りと形のそろった家々のある多くの新しい郊外に囲まれているのだ。

（e）文の概念と文の意味（19－20）

19　戦闘における命令と報告だけからなる言語[22]を想像するのは難しくない。―あるいは質問と、肯定、否定の表現からなる言語を。そしてその他無数のものを。――そして、ある言語を想像するとは、ある生活の形を想像することなのだ。

だが（2）の例で、「板！」という呼び声が文なのか、それとも語なのかという問題はどうなのか？―それが語だとしても、それは我々の日常的な言語の同音の語とは同じ意味を持っていないことになる、何しろ第2節でそれは、呼びかけなのだから。しかし文だとしても、我々の言語の「板！」という省略文ではない。――最初の問題に答えるなら、君は「板！」を語と呼んでも文と呼んでもよいのだ。おそらく「縮退した文」とでも呼ぶとぴったりくるかもしれない（縮退した双曲線、と言うように）。そしてそれは確かに我々の言語では「省略された」文だ。―だが、それは「私に板を持ってきてくれ！」という文の短縮形ということにならざるをえないが、この文自体は（２）の例に存在しないではないか。―しかし、逆に「私に板を持ってきてくれ！」という文を「板！」という文の延長形と呼んで、なぜいけないのか？―それは「板！」と呼びかける人が、本当は「私に板を持ってきてくれ！」ということを意味しているからだ。―だが「板！」と言うとき、君はどのようにしてそれを意味するのか？　省略されていない文を心の中でつぶやくのか？　そして「板！」という呼びかけで意味していることを述べるのに、なぜ別の表現に翻訳しなければならないのか？　そして、もしそれらが同じことを意味しているなら、―なぜ「「板！」と言うとき、「板！」ということを意味している」と言ってはいけないのだ。もし君に「私に板を持ってきてくれ！」が意味できるのなら、なぜ「板！」が意味できてはいけないのか？　――そう言うが、「板！」と呼びかけるとき私は結局、彼が板を自分のところに持って来ること、を欲しているのだ。――確かにそうだ。だが「それを欲する」というのは、君が口にしているのとは別の文を、何らかの形で考えるということなのか？―

20　だが誰かが今「私に板を持ってきてくれ！」と言うなら、確かにそれを「板！」という語に相当する長い一つの語としても意味できるかのように今度は思えてくる。――つまり、あるときにはそれを一語として、あるときには五語として意味できるということか？　そして、日常的に我々はそれをどのように意味しているのか？　――あの文を、「私に板を手渡してくれ！」や、「彼に板を持ってきてくれ！」や「板を二枚持ってきてくれ」等といった他の文との対比において使うときに、五語からなる文として意味していると我々は言いたくなるのだと、私には思われる。つまり、我々の命令に含まれる語を別の組み合わせで使っている文との対比において使うとき、ということだ。――だが、ある文を他の文との対比において使うとはどういうことなのか？　それを使うときにそれらの文を思い浮かべるということなのか？　そして、それらの文すべてを？　そして文を口にしている最中に、それともその前、あるいは後に？　―そういうことではない！　こうした説明に対する何ほどかの誘惑を感じたとしても、自分たちがここで間違った道に足を踏み入れようとしていることは、本当は何が起こっているのかを一瞬だけでもよく考えてみればわかる。あの命令を他の文との対比において使うと我々が言うのは、それらの他の文が我々の言語で使えるからなのだ。我々の言語を知らない人、外国人、が、「私に板を持ってきてくれ！」と誰かが命令するのを何度も聞いたなら、その音全体が一語であり、自分の言語の、例えば、「石材」に相当する語に対応しているのだ、と考えるかもしれない。そしてこの人自身がこの命令を口にする場合、たぶん違った風に発音するだろう。そして我々は、この人は一語だと思っているから、こんな変な風に発音するのだ、と言うだろう。――だがそうであればこそ、それを発音するとき、その文を一語と理解していることに応じて何か違うことが彼の中では起こっているのではないか？　――彼の中で起こっていることは同じかもしれないし、違うかもしれない。そもそも君がこうした命令をするとき、君の中で何が起こっているのか、それを発音している最中に、それが五語からできていることを君は意識しているのか？　もちろん君はこの言語をマスターしており、あの文もこの言語に含まれている。だがこのマスターしているとは、君が文を口にする際に「起こる」何かなのか？　―確かに私は、あの文を違った風に理解している外国人は、おそらくそれを違った風に発音するだろう、ということを認めた。だが間違った理解と我々が呼ぶものは、命令の発話に伴った何かでなければならないわけではないのだ。

あの文が「省略文」であるのは、それを発する際に我々が意味している何かをそれが削除しているからではなく、我々の文法の特定のモデルに比べてそれが短いからなのだ。―もちろんここで次のような異論を唱えることもできるだろう、「君は短縮された文とされていない文が同じ意味を持つことを認めている。―ならばそれらはどんな意味を持っているのか？　その意味を表すある言語的表現が存在するのではないかい？」――だがそれらの文が同じ意味を持つとは、それらの使用が同じだということではないのか？―（ロシア語では「この石は赤い」と言わずに「石赤い」と言う。彼らにとってこの文の意味には「……は……」が欠けているのか、それとも彼らは自分で「……は……」を付け加えて考えているのか？）

（f）　言葉と行為―言語ゲームの多様性　（21－25）

21　Aの質問に対してBが山積みになった板あるいはブロックの数を、あるいは、しかじかの場所にある石材の色と形を報告するという言語ゲームを想像してほしい。―こうした報告が「五　板」という形をしていることもあるだろう。さてこの場合「五　板」という報告あるいは陳述と「五　板！」という命令の違いとは何か？―そう、これらの言葉が言語ゲームの中で果たしている役割なのだ。おそらくそれらが語られる口調も違うだろうし、その時の顔つきなど、それ以外にも違いはあるだろう。だが口調が同一であり、ただ使い方だけが違うと想像することもできるのだ—なぜなら、命令も報告も様々な口調と様々な顔つきで語られることがあるのだから。（もちろん「陳述」と「命令」という言葉を文法上の文の形と抑揚の名称として用いることもできる。「今日は素晴らしい天気じゃないか？」という文を、陳述として用いられているのに疑問文と呼ぶように。）すべての陳述が修辞疑問文の形と口調を持っている言語や、すべての命令が「これをして頂けますか？」という疑問文の形をした言語を想像することができるだろう。その場合、おそらく人は「彼が言っていることは質問の形をしているが、本当は命令なのだ」と—すなわち、言語を用いる実践の中では命令の働きをしているのだと、言うだろう。（同じように、人は予言としてではなく命令として「君はこれをするだろう」と言う。何がこの言葉を予言にし、何が命令とするのか？）

22 陳述の中に、陳述される内容と同じ内容の想定が埋め込まれているというフレーゲ[23]の見解[24]は実のところ、すべての陳述文を「かくかくが事実であるということが陳述されている」という形に書き改めることが我々の言語では可能だということに基づいている。—だが「かくかくが事実であるということ」というのは我々の言語ではむろん文ではない—それはまだ言語ゲームの一つの動きではないのだ。そして「……ということが陳述されている」の代わりに「次のことが陳述されている：かくかくが事実である」と書くことにするなら、「次のことが陳述されている」という言葉は文字通り余計なものとなる。

同様に、すべての陳述を質問とそれに続く肯定という形で書いてもよいわけだ。例えば、「雨が降っているか？　はい」といった具合に。これは、すべての陳述の中に質問が埋め込まれている、ということを示しているのだろうか？

もちろん陳述記号を疑問符との対比で使ったり、陳述を虚構や想定と区別するために使うのは正当なことである。[25] ただ、陳述は考量と主張（真理値の付与など）の二つの行為から成り立っていて、我々は楽譜を見て歌うように文の記号に従ってそれら二つの行為を実行するのだ、と考えることだけが誤りなのだ。確かに書かれた文を大声や小声で読むことは、楽譜に従って歌うことに似ている、だが読まれた文を「**意味する**」（考える）ことはそうではない。

フレーゲの陳述記号は**文の始まり**を強調するものである。つまりそれは終止符に似た働きを持っているのだ。それは複合文全体を、複合文の**中の**文から区別する。誰かが「雨が降っている」と言うのを聞いても、自分が完結した文の始めと終わりを聞いたのかどうかが判らなければ、その文は私にとって情報伝達の手段とはならないのだ。

[26]

> 特定のファイティングポーズをとっているボクサーを描いた絵を想像してみよう。さてこの絵は、どのように立ち、どのような姿勢を保つべきかを誰かに伝えるためにも使えるし、ある特定の人物がどこそこでどのように立っていたかを伝えるためにも使えるし、同様の様々なことを伝えるのに使える。この絵を（化学の語り方をまねて）命題基と呼ぶことができるだろう。おそらくフレーゲも「想定」についてこのように考えたのだろう。

23 それにしても、文にはどれだけの**種類**があるのだろうか？ 陳述文、疑問文、命令文、といったところか？ ——そうした種類なら、**数限りなく**存在する。すなわち、我々が「記号」、「語」、「文」と呼ぶすべてのものには、数限りなく多様な種類の使用が存在する。そしてこの多様性は固定されていて一度に与えられるものではなく、新しい型の言語、いわば新しい言語ゲームが生まれ、別の言語ゲームが廃れて、忘れられてゆく。(その大まかな像が、数学の変遷の中に見られる。)

ここで「言語ゲーム(言語劇)[27]」という言葉は、言葉を話すことがある活動の一部、ある生活の形の一部であることを強調するために用いられている。

以下のような例が示す言語ゲームの多様性をはっきりと見よ。

命令する、そして命令に従って行動する——
対象をよく見て、あるいは測定して、記述する——
ある対象を記述(図面)に基づいて製作する——
いきさつを報告する——
いきさつを推測する——
仮説を立て、検証する——
実験結果を表とグラフで表現する——
物語を創作し、朗読する——
劇を演じる——
輪舞をしながら歌う——
謎を解く——
冗談を言う、小話をする——

計算の応用問題を解く——
ある言語を別の言語に翻訳する——
頼む、感謝する、呪う、挨拶する、祈る。

——言語が持つ様々な道具とその使用の多様さ、そして語と文の種類の多様さを、論理学者が言語の構造について述べてきたことと比較するのは興味深いことである。（そして『論理哲学論考』の著者が述べたことと[28]。）

24 言語ゲームの多様さがよく判っていない人には「問いとは何か？」といった問いを発する傾向がある。——問いとは、自分がこれこれのことを知らないということの確認なのか、あるいは相手に……を言って欲しいと思っていることの確認なのか？ それとも自分の心の不確実さの状態の記述なのか？ ——それなら「助けて！」という叫びもそうした記述なのか？

どれだけの異なった種類のものが「記述」と呼ばれているかについて考えよ。ある物体の位置の座標を用いた記述、顔の表情の記述、ある触感の記述。

もちろん日常的な問いという形を、確認や記述という形式で置き換えることはできる。「私は……かどうか知りたい」とか「私は……かどうか疑っている」といった具合に。——だがそんなことをしても、違った言語ゲームが少しでも似たものになるわけではない。

こうした言い換えの可能性、例えばすべての陳述文を「……と私は思う」とか「……と私は信じる」という語句で終わるように言い換える（いわば私の内的な生の記述のように言い換える）可能性

が持っている重大な意味については、別の場所[29]でよりはっきりと示されるだろう。（独我論）

25 ときとして人は、動物は精神的能力を欠いているために話さないのだ、と言う。そしてそれが意味するのは、「彼らは考えないから話さないのだ」ということである。だが彼らは単に話さないだけなのだ。あるいはもっとうまく表現するなら、――最も原初的な形態の言語を除くと――彼らは言語という道具を使用しないのである。――命令する、問う、物語る、雑談をする、これらの行為は、歩く、食べる、飲む、遊ぶといった行為と同様に、我々の自然誌[30]の一部なのだ。

第二章 「名」と「単純なもの」——『論考』形而上学の中心概念の批判的吟味（26-64）

［第二章では、第一章で確立された言語ゲーム的な視点から、『論考』の言語観と形而上学の根底に関する徹底的な批判的考察が、その中心に位置する二つの概念の多角的で徹底した吟味を通じて行われる。本章前半では、『論考』の「名」概念についての根源的な批判的考察が行われるとともに、「名」とは何かが考察される。本章後半では、そうした名が表すものとしての『論考』の「対象」という概念に関して、それを「単純なもの」と見ることの背後にある『論考』の形而上学に対する根本的な批判的考察が行われる。こうした考察を通じて、『論考』の思考を単に全面的に否定するのでなく、そこに内包されていた正しい意図を掬い取りつつ、それを誤った考えへと変換してしまった根本的な誤解を解明することが目指される。］

（a）「名」という概念について（26-45）

（a1）「命名」と「直示的定義」（26-33）

26 言語を習得するとは、いろんな対象に名をつけてゆくことだと我々は考える。具体的に言うなら、人や、形や、色や、痛みや、気分や、数に名を与えてゆく過程だと。すでに述べたように——名づけるとは物に名札を貼り付けるのに似たことである。この過程を語の使用のための準備、と呼ぶことはできる。だが、それは何のための準備なのか？

27 「我々はいろんなものに名をつけ、そうすることによってそれらについて語れるようになる。それらを指示し、それらに言及できるようになる。」――まるで名づけるという行為によって、その後我々がすることが決められるかのようではないか？「ものについて語る」と呼ばれるものがただ一つしかないかのようではないか？　だが現実に我々が文を使って行っているのは、この上なく多様な事柄なのだ。叫び声についてだけ、考えてみよう！　その働きは実に多様なのだ。

水！
失せろ！
ああ！
助けて！
いいね！
違う！

これでもまだ君は、これらの言葉を「対象の名」[2]と呼びたいのか？
言語（2）と言語（8）にはものの名を訊ねるという行為は存在していなかった。この行為とそれに関連する指し示しによる説明という行為は、それ自身で一つの言語ゲームなのだと言ってもいいだろう。そしてそれが本当に意味するのは、「これは何？」と訊ねるように我々は教えられ、訓練されたということであり—そうした問いに対してその名が与えられる、ということなのだ。そして、あるものの名を考え出す、という言語ゲームも存在する。つまり、「これを……と呼ぶ」と言い、それから新しい名を用いるという言語ゲームだ。（子供はこのようにして自分の人形に名前をつけ、その後それについて語り、そしてそれに語りかける。ここでは、人名の使用がいかに特異なものかについてもまた考えよ！　我々はそれを使って、名指されるものに呼びかけるのだ！）

28　ところで我々は、人名、色名、物質名、数詞、方角名、などを直示的に定義することができる。二個のナッツを指差しながら—「これを2と呼ぶ」と言うことによる数2の定義は、完璧に厳密なものだ。—だがいったいどのようにして2をそのように定義できるのだ？　というのも定義を与えられる人は我々が何を「2」と呼ぼうとしているかを知らないのだから。その人はナッツのこの集まりが2と呼ばれるのだ、と思うかもしれないのだ！——そのように思うかもしれないが、実際にはおそらくそうは思わないだろう。しかし逆に、私がナッツのこの集まりにある名をつけたい場合、相手はそれを数の名だと誤解するかもしれない。そして、まったく同じように、私が人名を指し示しによって説明しようとするとき、それを色名や民族名と、場合によっては方角名と理解するかもしれないのである。つまり直示的定義というものには、どんな場合にも様々に解釈される可能性があるのだ。

赤くないものを指して「赤」という言葉の説明ができるだろうか？　それは、日本語が堪能でない人に「謙虚な」という言葉の説明をしなければならない場合に、傲慢な人を指して「この人は謙虚ではない」と説明するのに似ているだろう。この説明はあいまいだ、というのはこうした説明の仕方に対する反対理由とはならないだろう。あらゆる説明には誤解される可能性があるのだ。

だが、これもまた「説明」と呼ぶべきなのか、と問う人がおそらくいるかもしれない。—というのも、それが論理計算[3]において果たす役割は、我々が通常「赤」という言葉の「直示的説明」と呼ぶものとはもちろん違うからである。それらが同じ実践的な結果をもたらし、同じ効果を持つのだとしても、である。

29 ひょっとすると、「この数が2だ」のように言わないと2を直示的に定義できない、と言う人がいるかもしれない。というのもこの定義で「数」という語は、定義される語が我々の言語の中の（文法中の）いかなる場所に置かれているのかを示しているからだ。だがこれは同時に、先の直示的定義が理解される前に、「数」という言葉を説明せねばならないということを意味している。—この定義の「数」という言葉は確かに、定義される語がどんな場所に置かれているのかを示している、すなわちその語がどんな部署に配置されているのかを示している。そして我々は、「この色を……と呼ぶ」、「この長さを……と呼ぶ」等と言うことによって誤解を予防できる。しかし、そもそも「色」や「長さ」という言葉は、そのようにしか理解できないのか？ —そこで、我々はそれらの言葉そのものを説明しなければいけなくなるのだ。—つまり他の言葉によって説明しなければならないということだ！ するとこの説明の連鎖の最後はどうなるのか？（「「最後の」説明など存在しない」と言わないように。それはちょうど、「この通りの一番端の家など存在しない、いつでももっと家を建て増すことができる」と言おうとするようなものだ。）

2を直示的に定義するときに「数」という言葉が必要かどうかは、それがなければ相手が定義を私の意図と違った具合に理解するかどうかにかかっている。そしてもちろんそれは、定義がなされる状況と定義が与えられる人間にかかっている。

そして相手が説明をどのように「理解」しているかは、その人が説明された言葉をどのように使用するかによって示される。

30 つまり次のように言えるだろう。ある言葉が言語の中でおよそどのような役割を果たすのかがすでに明らかな場合、直示的定義はその言葉の使用―意味―を説明する。[4]だから、もし私が、相手は色彩語を説明しようとしているのだと知っているなら、「これを「セピア」と呼ぶ」という直示的説明は、私がその言葉を理解するのを助けるだろう。―そして我々がこのように言えるのは、この「知っている」や「明らか」という言葉にあらゆる種類の問題が結びついているということを忘れない限りでのことだ。

ものの名を訊ねることができるためには、人はすでに何かを知っていなければ（あるいは、できなければ）ならないのだ。しかし、何を知っていなければならないのか？

31 もし誰かにチェスのキングの駒を示して、「これがチェスのキングだよ」と言ったとしても、それによって駒の使い方をその人に説明していることにはならない―その人がキングの駒の形を除いてはチェスの規則をすでに知っているというのでない限り。あるいはその人が一度も実物の駒を示されずにゲームの規則を習ったのだとでも考えない限り。ここでの駒の外形は、先の例での言葉の音や形態に対応している。

だがある人が、規則を一度も習ったことも、言葉にして言い表したこともないのにチェスというゲームを覚えたのだと想像することもできる。例えば先ず、とても簡単な盤上ゲームを見て覚え、それからどんどん複雑なゲームへと進んできたのだと。そこで、例えば、この人にはなじみのない形の駒を示して――「これがキングだよ」と言えば、この人に対するこの駒の説明になるだろう。この説明についても、それがこの人に駒の使い方を教えることになるのは、いわばそれが置かれる場所がすでに準備されていたからに他ならない。つまり駒の場所がすでに準備されている場合にのみ、その説明はこの人に駒の使い方を教えると我々は言うのだ。そして駒の場所が準備されているというのは、我々が説明する人がすでに規則を知っていることによってではなく、別の意味ですでにゲームをマスターしていることによって生じるのだ。

さらに次の場合について考えてみてほしい。誰かにチェスを教えるのに私は、「これがキングだ。かくかくの仕方で動ける、等々。」と言って始める。――この場合「これがキングだ」（あるいは「これをキングと呼ぶ」）という言葉は、相手がすでに「ゲームの駒とは何なのかを知っている」場合にのみ説明となる、と我々は言うだろう。つまり、相手が別のゲームをやったことがあるとか、他の人たちがゲームをするのを「理解しながら」見たことがあるとか――それと似たような場合にのみ。そしてこのような場合にのみ、人はゲームを習っている途中で、「これは何て言うの？」つまり、この駒を何と呼ぶのかという質問を適切にすることができるだろう。

その名を用いてすでに何かをすることのできる者にとってのみ、ものの名を訊ねるということは意味を持つ、と言うことができる。[5]

訊ねられた者が、「自分で決めなさい」と答えることすら考えられるだろう。—その場合、訊ねた者はすべてを自分の責任でやらなければならないだろう。

32 見知らぬ他国にやってきた人は、ときとしてその土地の言葉をそこの人々の指し示しによる説明を通じて学ぶ。その際、しばしばその説明をどう解釈したらよいのか推測しなければならない。そして推測は正しいこともあれば間違っていることもある。

だから次のように言っても構わないと私には思われる。すなわちアウグスティヌス[6]は人間の言語習得というものを、あたかも子供が見知らぬ他国にやって来て、その国の言語がわからない状態でなされることであるかのように描写しているのだ、と。言い換えるなら、子供がすでにある言語を知っていて、ただその国の言語を知らないだけであるかのように、あるいは、子供はすでに考えることができて、まだ話せないだけであるかのように、描写しているのだ、と。そしてここで言う「考える」とは、自分自身に話す、といったことを意味している。

33 だが、「直示的定義が理解できるためには、すでにある言語ゲームをマスターしていなければならない、と言うのは正しくない。必要なのはただ—当然のことだが—説明している人間が何を指しているのかを知ること、あるいは言い当てることなのだ。相手が指しているのが、例えば、対象の色なのか、形なのか、数なのか、……を知ることが必要なのだ」という反論が出されたらどうか？ ——では、「形を指す」とか「色を指す」とは—そもそもどんなことなのか？ 一枚の紙を指差してほしい。—そしてまずその形を、—そしてその色を、—そしてその数を（これは変な言い方だが）指してほしい。—さて、君はそれらをどうやって行ったのか？—毎回指差すごとに違った何かを「意味していた」と君は言うだろう。そして、それはどのようになされたのか、と問えば、注意を色、形、等々に集中したのだ、と君は言うだろう。だがここでさらにもう一度、それがどのようになされたのか、と私は訊ねたいのだ。

誰かが花瓶を指して「この素晴らしい青を見てごらん！—形は問題じゃない—」と言ったと想像してほしい。あるいは「素晴らしい形を見てごらん！—色はどうでもいいんだ」と言ったと。これら二つの促しに応じる場合、君がそれぞれで違ったことをするということには何の疑いもない。だが自分の注意を色に向けるとき、君は常に同じことをしているのか？　とにかくいろんなケースを想像してほしいのだ！　ヒントとしていくつかのケースを挙げよう。


「この青はそちらのと同じかな？　君は違いがわかるかい？」—

君は絵具を混ぜながら言う、「この空の青色を出すのは難しい」。

「この二つの青の効果がどれほど違うか見てみたまえ。」

「晴れるだろう。青空がまた見えたよ！」

「そこの青い本が見えるかな？　それを持ってきてくれ。」

「この青信号の意味は……だ。」

「この青、何て言ったっけ？　—「インディゴ」かな？」


色に注意を向けるということを我々は、あるときは形の輪郭を手で見えなくすることによって、あるいは物の輪郭に目をやらないことによって、あるいは対象を見つめながらこの色を以前どこで見たのかを思い出そうと努力することによって行う。

形に注意を向けるということを我々は、あるときはそれをなぞることによって、あるときは色がはっきり見えないように目を細めることによって、その他様々なことによって行う。我々が「注意をこれやあれに向けている」間に、こうしたことや類似したことが起こっている、と私は言おう。しかし、「人が注意を形や色に向けている」と我々が言えるのは、こうしたことだけによるのではないのだ。それはチェスの一手というものが、ある駒が盤上でしかじかに移動するということの中だけにあるのではなく、――また、その動きにおいて指し手に生じる思考や感情の中にあるのでもなく、我々が「チェスの対局をする」とか「チェスの問題を解く」等々と呼ぶ状況の中に存在しているのと同じなのだ。

（a 2）「意味する」という概念（34－37）

34 それでも誰かが次のように言ったと仮定してほしい。「形に注意を向けるとき、私はいつも同じことをしている。輪郭を目で追いながら、……と感じているのだ。」そしてこの人が別の人に「これを「円」と呼ぶ」という直示的な説明を、それらの体験すべてを伴いながら行ったと仮定してほしい。――説明されるこの相手が、説明者が形を目で追うのを見たとしても、そして説明者が感じているのと同じことを感じたとしても、それでもなお説明を違ったように解釈するというのはあり得ないことなのか？　私が言いたいのは、この人の「解釈」が、説明された言葉を次にどのように使うかによって、例えば、「円を指し示せ」と命令されたとき何を示すかによって決まる場合もあるということなのだ。―というのも「かくかくという意味で説明する」という表現にせよ「説明をかくかくに解釈する」という表現にせよ、それらが示しているのは、説明をしたり、説明を聞いたりすることに伴う何らかの過程ではないからだ。

35 もちろん、形を指すことに「特徴的な体験」と呼べるものは存在する。例えば、指す際に輪郭を指でなぞったり、目で追うという体験のように。―だがこの体験が、私が「形を意味する」すべてのケースで起きるわけではないし、同様に何か他の特徴的な過程がそれらすべてのケースで生じるわけでもない。―しかも、仮にそうしたことがすべてのケースで繰り返し起こったとしても、「彼は色ではなく形を指していた」と我々が言うかどうかは、結局状況に、―つまり指すことの前後に何が起きたかによるであろう。

　というのも「形を指す」とか「形を意味する」といった言葉は、「この本を指す」（あの、ではなく）や「机でなく椅子を指す」といった言葉と同じような仕方で使用されるのではないからだ。―それに気づきたければ、「この形を指す」と「あの形を指す」という表現を我々がいかに習得し、他方「形でなく色を指す」や「色を意味する」といった表現を、それとはどれほど違ったように習得するかを考えるだけでよいだろう。

　すでに述べたように、ある種のケースでは、とくに「形を指す」場合や「数を指す」場合には、それに特徴的な体験と指し方というものが存在する。―それらが「特徴的」と呼ばれるのは、形や数が「意味される」とき、（常にではないが）しばしば繰り返されるからである。だが、チェスの駒をチェスの駒として指し示すことに特徴的な体験、といったものも君は知っているのか？ それなのに我々は、「私は、この駒を「キング」と呼ぶのだと言いたいのであって、自分が指しているこの木片を「キング」と呼ぶのだと言いたいのではない」と言えるのだ。（再認する、望む、想い出す、等々）[7]

「これは青だ」によって、ある時は自分が指している対象についての表現を意味し、—あるときには「青」という言葉の説明を意味するというのはどのようにしてなされるのか？ —別の表現を用いるなら、第二の場合に我々が本当に意味しているのは「これを「青」と呼ぶ」ということなのだ。—とすると我々は、あるときには「は……だ」で「を……と呼ぶ」を意味し、「青」で「青」を意味できるのか？ そして別のときには「は……だ」で本当に「は……だ」を意味できるのか？

誰かが、自分に対する伝達のつもりで言われたことから言葉の説明を引きだすということも起こりうる。［ここには重大な迷信が隠れている。］[8]

「ブブブ」という言葉によって「雨が降らなければ散歩に行こう」ということを意味できるか？[9] —私が何かによって何かを意味できるのは、ある言語の中においてのみである。このことは明らかに、「意味する」の文法が「何かを想像する」等の文法とは似ていない[10]ことを示している。

36 そして我々はここでも、類似した沢山のケースでしているのと同じことをしている。つまり、（色ではなく）形を指すこと、と呼べる身体的な動作を一つとして挙げることができないため、その表現にはある精神的な活動が対応している、と言うのだ。

言語によってある物体の存在が推測させられながらも、そこに物体が存在しない場合、存在するのは精神だ、と我々は言いたくなるのだ。

37　名と名指されるものの関係とは何なのか？　—そもそもそれは、実際はどんな関係なのか？　言語ゲーム（2）やその他の例を見てみたまえ！　そこでこそ、その関係が実際にどんなものなのかを見ることができるのだ。それは、場合、場合で様々なことなのだが、ある場合には、我々が名を聞くと名指されたものの像が心に浮かぶということであるし、別の場合には、名指されたものにその名が書きつけられているということであるし、あるいは、名指されるものが指差されている間に名が言われるという関係である。

（a3）「名」とその「意味」の多様性（38－45）

38　だが言語ゲーム（8）の「これ」という言葉や、「これを……と呼ぶ」という直示的定義での「これ」は何を名指しているのか、何の名なのだ？　—もし混乱を避けたいのなら、それらの言葉が何かを名指すと言ったりしないのが最善である。—そして実に奇妙なことに、「これ」という言葉については、それこそが本当の名だと言われていたのだ。[11] 我々が通常「名」と呼んでいる他のものはどれも、ある厳密でない、近似的な意味でのみ「名」である、と言われていたのだ。

この奇妙な見方は、我々の言語の論理を崇高化[12]する傾向、—とでも呼びうるものに由来している。冒頭の問いに対する本当の答えとは次のようなものだ。我々は実に様々なものを「名」と呼んでいる。つまり「名」という言葉は多くの異なる、そして様々な仕方で互いに関係する言葉の使用を特徴づけている—しかし「これ」という言葉の使用法はその中に含まれてはいない。

なるほど確かに我々は、例えば、直示的定義で名指されるものを指しながらその名を口にする。そして同じように、直示的定義において我々は、物を指しながら「これ」という言葉を口にする。そして名も「これ」という言葉も、文の中ではしばしば同じ構造的な場所に現れる。だが「名」の特徴とはまさに、「これがNだ」（あるいは、「これをNと呼ぶ」）という直示的定義において説明されるということなのだ。それに対して我々は、「これが「これ」だ」とか、「これを「これ」と呼ぶ」と言って説明するだろうか？

このことは名指し、あるいは命名を、いわば神秘的な過程とみなす見方[13]と関係している。この見方によると、名指すことや命名することは、語と対象の不思議な結び付けに思えるのだ。—そしてこの不思議な結び付けは、名と名指されるものの関係を解明しようとして哲学者が、目の前の対象を見つめながら名前あるいは「これ」という言葉を幾度も繰り返すときに、実際に現れるものである。というのも哲学的問題[14]とは、言語が仕事を休んでいるときに生まれるものなのだから。そしてそのとき、確かに我々は名指すとはある不思議な心的な行為、いわば対象の洗礼儀式のようなものだと思い込んだりするのだ。そうして我々は「これ」という言葉をいわば対象に向かって発し、それによって対象に話しかけることすらあるのだ—なんと奇妙な言葉の使用法だろうか、おそらくそれは、我々が哲学をしているときにしか見られないものなのだ。

39　それにしても、よりによって明らかに名ではないこの言葉を名にしようという考えに、なぜ人は行き着くのか？—まさしく次のような理由からである。つまりここで人は、日常的に「名」と呼ばれているものに異議を唱えようとしているのであり、その異議は、名は真に単純なものを表すべきである、[15]と言い表せる。そしてこの考えの根拠を以下のように説明できるかもしれない。日常的な意味での固有名とは、例えば、「ノートゥンク」[16]のような言葉である。ノートゥンクという剣は、その諸部分がある仕方で組み合わされてできている。もしそれらが違った具合に組み合わされたなら、ノートゥンクは存在しない。ところが「ノートゥンクの刃は鋭い」というのは、ノートゥンクがまったく無傷であろうが、すでに粉々になっていようが、明らかに意味のある文である。だが「ノートゥンク」がある対象の名であるなら、ノートゥンクが粉々になったとき、その対象はもはや存在しないことになり、その名にはいかなる対象も対応しなくなり、それは意味を失うだろう。だから「ノートゥンクの刃は鋭い」という文は意味を持たない語を含み、その結果無意味な文となるはずである。ところがそれは無意味な文ではない。だからその文を構成する語に、とにかく何かが対応しなければならないのだ。だから文の意味分析において「ノートゥンク」という語は姿を消し、それに代わって単純なものを名指す[17]様々な語が現れなければならないのだ。これらの語こそ、本当の名と呼ばれるにふさわしいものなのだ。

40　まずは以上の思考の流れの中の、語になにも対応しなければ、その語に意味はない、という部分について話すことにしよう。—ここで大切なのは、「意味」という言葉によって、ある語に「対応する」ものを表すことは、「意味」という言葉の語法に反しているということを確認することである。すなわちそれは、名の持ち主と名の意味を混同することなのである。もしN・Nさんが死ねば、この名の持ち主が死んだ、と言うのであって、この名の意味が死んだ、とは言わない。後者のように言うのはナンセンスだろう。というのも、もしこの名が意味を失ったのなら、「N・Nさんは死んでしまった」と言うことはまったく意味を持たないはずだからだ。

41 第15節で我々は言語（8）に固有名を導入した。さて、「N」という名の道具が壊れたとしよう。Aはそのことを知らず、Bに「N」という記号を示す。さてこの記号には意味があるのか、それとも無いのか？—この記号を受け取った場合、Bはどうすべきなのか？—我々はそれについて何の取り決めもしていなかった。さてBはどうするだろうか、という問いは立てられるだろう。おそらく彼は、どうしていいかわからず立っているか、あるいは壊れた道具を見せるだろう。そこにおいて我々は、「N」は意味を失ったと言ってもいいかもしれない。そしてこの表現が意味するのは、我々の言語ゲームで「N」という記号には使い道がなくなってしまった、ということであろう（それに新しい使い方を定めない限り）。また人がその道具に、どんな理由にせよ、別の名を付けて、「N」という記号がもうそれ以上使われなくなった場合も、「N」は意味を失うかもしれない。—だが我々は、ある道具が壊れて、Aがその道具の記号を示した場合は、Bは返事として頭を振らなければならない、と取り決めることもできる。—この取り決めによって、その道具がもはや存在しないにもかかわらず、「N」という命令はこの言語ゲームで認められるようになり、「N」という記号はその持ち主が存在しなくなったにもかかわらず意味を持っているのだ、と言ってもいいかもしれない。

42 だが道具を示すために一度も用いられない名でも、この言語ゲームで意味を持つだろうか？

——それなら、「X」をこうした記号とし、AがそれをBに示す、としてみよう——さて、こうした記号でも、この言語ゲームの中で認められ、例えば、それに対してBは首を振りながら答えなければならない、ということは考えられるだろう。(これを両人による一種の娯楽だと想像することもできるかもしれない。)

43 「意味」という言葉は、それが用いられる大多数の場合に対しては——すべての場合ではないが——、ある語の意味とは言語におけるその使用である、と説明できるだろう。

そしてときによって我々は、名の持ち主を指すことによって、その名の意味を説明する。

44 ノートゥンクがすでに粉々になってしまったとしても、「ノートゥンクの刃は鋭い」という文には意味がある、と我々は言った。そしてそれは、この言語ゲームにおいて名が、その持ち主が存在しなくても使われるからだ。だが我々は、名が存在しながら(すなわち確かに我々が「名」と呼ぶような記号が存在しながら)、名の持ち主が現前している場面だけでしかそれを使わない言語ゲームを想像することもできる。つまり、この言語ゲームでは、名を、指差しを伴った指示代名詞で置き換えることが、いつでもできるのだ。

45 指示代名詞「これ」は、それが指すものなしには使えない。「これ、と呼ばれるものが存在する限り、これが単純であるか複合的であるかによらず、「これ」という言葉は意味を持つ」、と言ってもいいかもしれない。——しかし、だからといって「これ」という言葉が名となるわけではまったくない。その逆だ。というのも名は決して指示的な身振りと一緒に用いられることはないからだ。指示的な身振りは、ただ名が説明されるときにだけ付加されるのである。

（b）「名」、「単純なもの」、「分析」―『論考』形而上学の核心 （46―64）

（b1）「名」と「単純なもの」の形而上学 （46―47）

46 では、名は本来単純なものを表す、と言われる背後には、どんな事情があるのだろうか？―『テアイテトス』でソクラテスは次のように語っている、「私の記憶がまちがっていなければ、何人かの人から次のようなことを聞かされたことがある。我々自身や他のあらゆるものがそれから合成されている原要素[18]―とでも呼ぶべきもの―については、どんな説明をすることもできない。というのも、それ自身で存在しているいかなるものも、我々はそれを名によって表すことしかできないからだ。それ以外の規定は、それはある、というものであれ、それはない、というものであれ、不可能なのだ。（中略）それ自身で存在するものは……他のどんな規定もせずに名指されなければならないのだ。それゆえどんな原要素であれ、それについて説明的に語ることはできないのだ。つまりそれについては、単に名指すことしかできないのだ。要するにそれには名があるだけなのだ。それに対して原要素から合成されているものは、それ自身が組み合わされたものであるから、その名について、組み合わされ方に応じて説明的に語ることができる。というのも語るとは、名を組み合わせることに他ならないのだから[19]」。

ラッセルの「個体[20]」や私の「対象[21]」（『論考』）もまた、この原要素だったのだ。

47 だが、実在がそれから合成されている単純な構成部分とは何なのか？ —椅子の単純な構成部分とは何なのか？ —椅子を組み立てている木材か？ それとも、分子あるいは原子なのか？ —「単純な」とは部分から合成されていないことを意味する。そしてここで問題になるのは、どんな意味での「合成」なのかということだ。「椅子の絶対的に単純な構成部分」について語っても何の意味もないのだ。

あるいは次のような問いを立てることもできる。この木やこの椅子を見ているときの私の視覚像は単純な構成部分から成り立っているのか？ そしてその単純な構成部分とは何なのか？ 様々な色があるというのは**ある**種の複合性であり、点線で描かれた輪郭がいくつもの線分からできているというのは別の種類の複合性である。そして山なりの曲線を昇りの部分と降りの部分から合成されている、と言うこともできる。

もし私が何の説明もなく誰かに、「私が今眼前に見ているものは合成されている」と言うなら、相手は当然、「「合成されている」ってどんな意味で言っているのだ？ あらゆる可能性が考えられるじゃないか！」と言うだろう。—あらかじめどんな種類の合成が問題なのかがはっきりしていれば、—つまりその言葉をどんなふうに使うのかがはっきりしていれば—「君が見ているものは合成されているか？」という問いは確かに意味を持つ。木の視覚像は、幹だけでなく枝も見えているときに「合成されている」と呼ぶのだ、ということが決まっていれば「この木の視覚像は単純か、それとも合成されているか？」という問いと、「その単純な構成部分は何か？」という問いははっきりした意味を持つ—それにははっきりとした使い方があるということだ。そして第二の問いに対する答えはもちろん

「枝」ではなく（これは「この単純な構成部分は何と呼ばれるのか？」という文法的な問いに対する答えだろう）、例えば一つ一つの枝の描写である。

だが、例えば、チェス盤は明らかに、そして絶対的に複合的なのではないか？—多分君はそれが32の白い正方形と32の黒い正方形から合成されているということを考えているのだろう。だが、それは白、黒の二つの色と碁盤模様という形から合成されているとも言えないだろうか？ そしてここで実に多くの見方が可能なのであれば、君はそれでもなお、チェス盤は絶対的に複合的である、と言いたいのか？—ある特定のゲームの外部で「この対象は複合的か？」と問うことは、ある幼い子供がかつてやったことに似ている。その子供は例文に出てくる動詞が能動形か受動形かを言わなければならなかったのだが、例えば、「眠る」という動詞が能動的なことを意味するのか受動的なことを意味するのかについて頭を悩ませていたのである。

「複合的な」という言葉（そして「単純な」という言葉）を我々は、互いに違った関係を持つ実に多くの異なった仕方で使っている。（チェス盤の目の色は単純なのか、それとも純白と純黄からできているのか？ そして白は単純なのか、それとも虹の七色からできているのか？—長さ二センチの線分は単純なのか、それとも各一センチの二つの部分線分からできているのか？ だがなぜ長さ三センチの線分と逆方向に測った長さ一センチの線分からではないのか？）

「この木の視覚像は合成されているか、そして何がその構成要素か？」という哲学的な問いに対する正しい答えとは、「それは君が「合成されている」ということをどのように理解しているかによる」というものだ。（当然のことだが、これは解答ではなく、問いを相手に突き返すことである。）

（b2）「単純―複合的」という概念に関する言語ゲーム的考察（48―52）

48 『テアイテトス』のあの叙述に、第2節での方法を適用してみよう。[22] その叙述が実際に当てはまるような言語ゲームを考えてみよう。この言語は様々な色の付いた正方形のある平面上での組み合わせを記述するために用いられる。正方形はチェス盤のような形をした複合物を作る。正方形の色には赤、緑、白、黒、がある。この言語でそれらに対応する言葉を「R」、「G」、「W」、「S」[23]とする。これらの言葉を一列に並べたものが文である。正方形の配列は次のような順序で記述する。

1	2	3
4	5	6
7	8	9

だから「RRSGGGRWW」という文は、次のような配列を記述していることになる。

　この言語において文とは名の複合物であり、それには要素の複合物が対応している。色の付いた正方形が原要素なのだ。「だがそれらは単純なのか？」—この言語ゲームにおいて、それらより「単純なもの」と呼ぶのがふさわしいものがどこにあるのか私にはわからない。ただ別の状況下でなら私も、色の付いた正方形を「複合的、あるいは、合成された」と、例えば、二つの長方形から合成されているとか、色と形という要素から合成されている、とか言うだろう。だが合成という概念は、小さな平面が大きな平面とそれから差し引かれる別の平面から合成されているという具合に拡張することができる。力の「合成」や、線分の外部点を基準とした「分割」と比べよ。これらの表現は、場合によっては我々には、より小さなものをより大きなものから合成された結果と捉え、より大きなものをより小さなものが分割された結果として捉える傾向すらあることを示している。

　だが私には、我々の文が記述する図形が四つの要素からできていると言うべきなのか、九つの要素からできていると言うべきなのかわからない！　先の文は四つの文字からできているのか、それとも九つの文字からできているのか？—そしてその要素とは何なのか？　文字の種類なのか、文字なのか？　それぞれの場合で誤解を避けることさえできれば、どちらだと言っても何か変わりがあるの

か？

49 だが、これらの要素について我々は説明する（つまり、記述する）ことはできず、ただ名指すことができるだけだ、というのはどういうことなのか？ それは、例えば、極限的なケースとして、もし複合物が一つの正方形だけからできている場合、その記述は単なる色正方形の名となる、ということを言っているとも解釈できるだろう。

その場合、—あらゆる種類の哲学的迷信を招きやすい言い方ではあるが—「R」や「S」等の記号は、ときには語になることも、ときには文になることもある、と言うことができるかもしれない。ただ、「語であるのか文であるのか」は、それが発話されたり、書かれたりする状況に依存する。もし、例えば、AがBに色正方形の複合物を記述することになっていて、「R」という語を単独で使うなら、この語は記述である、—文である、と言えるだろう。だがAが語とその意味を覚えている最中だったり、あるいは別の人に語の使い方を教えていて、指し示しによる教えの中で語を発するのであれば、それは文だ、とは言わないだろう。こうした状況では、例えば、「R」という語はいかなる記述でもない、それを用いて人は要素を名指している、のだ。——だが、それだからこそ、人は要素を名指すことしかできない、とここで言うのは奇妙なことだろう。名指すことと記述することは同じレベルに属する行為ではないのだ。名指しとは記述のための準備なのだ。名指しは、まだ言語ゲームのいかなる一手でもないのだ—それは、あるチェスの駒を並べることが、チェスの一手でないのと同じである。ものを名指すことによっては、まだ何も行われていない、と言える。ものはゲームの外部では、名を持つことすらないのだ。これは、語は文の中においてのみ意味を持つ、[24]という言葉によってフレーゲが言おうとしたことでもある。

50 それでは、要素については、存在するとも存在しないとも言えない、と言うのはどういうことなのか？ ―次のように言ってもいいかもしれない。もし我々が「存在する」とか「存在しない」と呼ぶものすべてが、要素間の結合の存立と非存立のことなのだとすれば、ある一つの要素の存在（非存在）について話すことには何の意味もないことになる。同様に、もし「破壊する」と我々の呼ぶものすべてが、要素と要素の分離のことなのであれば、ある一つの要素の破壊について語ることは無意味となる。

だが我々は次のように言いたくなるのだ。要素が存在する、と言えないのは、そもそもそれが存在していなければ、それを名指すことすらできないだろうし、それについて何かを言ったりもできないだろうからなのだ、と。―これについては、次のような類似したケースについて考えてみよう。あるものについて我々は、それが長さ一メートルである、とも、長さ一メートルでない、とも言えない。それ、とはパリにあるメートル原器だ。―だが、もちろんこのように言うことによって我々は、このものにある不思議な性質を付与したのではなく、メートル法を用いて長さを測るというゲームでこのものが果たしている特別な役割の特徴を述べたに過ぎない。―メートル原器と同じように色の見本もパリに保存されていると想像してみよう。すると我々は「セピアとはそこで密閉容器に保存されているセピア原器の色である」と説明するだろう。その場合、この見本について、それがセピア色をしているとか、していない、とか言っても無意味だろう。

こうした事情は、この見本は、我々がそれを用いて色を表現する言語の道具である、と表現できる。このゲームにおいてそれは、記述されるものではなく、記述の道具なのだ。―そして言語ゲーム（48）で、ある要素を名指そうとして「R」という語を我々が発する場合、まさに同じことがこの要素について当てはまる。すなわちその行為により我々は、そのものに言語ゲームでのある役割を与えたのであり、その結果それは記述の手段となるのである。そして「そもそもそれが存在していなければ、それは名を持つことができないだろう」と言うことは、「このものが存在しなければ、それを我々の言語ゲームで使えないだろう」と言うこと以上でも、以下でもないのだ。―存在しなければならないかのように思えるものとは、言語の一部なのだ。それは我々の言語ゲームにおける範型（パラダイム）[25]、すなわちそれとの比較対照が行われるものなのだ。そして、このことを確認することは、重大な意味を持ちうるのだ。しかし、それでもやはり、それはあくまで我々の言語ゲーム―すなわち我々の表現方法―に関する確認である。

51 言語ゲーム（48）を記述する際に私は、「R」、「S」等の語は正方形の色に対応すると述べた。だがこの「対応」とはどういうことなのか？ これらの記号に正方形の決まった色が、いかなる意味で対応するのか？ 結局のところ第48節での説明は、それらの記号と我々の言語の言葉（色彩名）を関係付けているにすぎないのだ。―でもね、その言語ゲームの記号の使用は別に学習されるだろうと、具体的には、範例（パラダイム）を指差すことによって学習されるだろうと前提されていたのだよ。確かにそうだ、だがそれでは、言語を使用する実践において、決まった要素が記号に対応するとはどういうことなのか？ ―それは、色正方形の複合物を記述する者は、赤い正方形がある場合は常に「R」と言うことなのか？ だがその人が記述を誤り、黒い正方形が見えているのに間違って

「R」と言ったらどうなるのか――その場合、それが誤りであったことの基準は何なのか？――それとも「R」が赤い正方形を意味するとは、この言語を使用する人が「R」という記号を使うときは、赤い正方形がいつも心に浮かぶということなのか？[26]

ことをよりはっきりさせるためには、類似した沢山のケースと同様、起こっていることの詳細をはっきりと見なければならない、起こっていることを詳しく観察しなければならない。

52 ネズミは灰色のボロ布とほこりから自然に生まれてくるのだと仮定したい気持ちが私にあるのなら、ネズミがどんなふうに隠れているのだろうかとか、そこからネズミがどのように出てくるのだろうかとかを明らかにするために、そのボロ布を詳しく調べるのは良いことである。だがネズミがそこから生まれるのはあり得ないと私が確信しているのならば、そうした調査は余計なことだろう。

だが、哲学にあってこうした詳細な観察に反対するものが何なのか理解することを、我々はまず学ばなければならないのだ。[27]

（b3）「言語ゲームの規則」という概念（53－54）

53 さて、言語ゲーム（48）には様々な可能性があり、ある記号がある色の正方形を指すと我々が言うのにも、様々な場合が存在するだろう。例えば、この言語を使用している人間が記号の使い方をしかじかのやり方で教えられたということを我々が知っている場合、我々はそのように言うだろう。あるいは、この記号にはこの要素が対応すると、例えば、表の形で書かれていて、その表がこの言語の教育で使われ、その上ある種の争いに決着をつける際に引き合いに出される場合も、我々はそのように言うだろう。

だが同様に我々は、こうした表が言語使用における道具になっていると想像することもできる。その場合、ある複合物の記述は次のように行われる。複合物を記述する者は表を持っていて、複合物の各要素を表の中から見つけ、そこから表をなぞって記号に行き着く。(そして記述を示された人自身が、表を使って記述の言葉に対応する色正方形を見る、ということも起こりうる。) ここでは表が、他の場合に記憶と連想が果たしている役割を引き受けている、と言えるかもしれない。(通常我々は「赤い花を持って来て!」という命令を実行するのに、色の表の中から赤という名の色を探し、それからそれと同じ色の花を持ってゆくということをしない。しかし、特別な色調の赤を選んだり、絵具を混ぜて作ることが問題になっている場合、色見本や色の表を使うということは起こる。)

もしこうした表を「言語ゲームの規則の表現」と呼ぶとするなら、我々が言語ゲームの規則と呼ぶものには、ゲームの中で、実に様々な役割を与えることができると言える。

54 とにかく、どんな種類の場合に我々が、ゲームはある決まった規則に従って行われていると言うのかを考えてみよう。

規則がゲームの習得の補助手段であることもある。習得する者は規則を聞き、覚える。—別の場合には、規則自身がゲームの道具となることもある。—別の場合には、ゲームの習得にも、ゲーム自身にも規則の使用は見当たらない。人はそのゲームを、他人がやっているのをそばで見ながら覚える。それでも我々は、ゲームの実践の観察から、ゲームの諸行動を支配している自然法則のようにゲームの規則を読み取れるという理由で、それはしかじかの規則に従って行われている、と言う。——だがその場合、観察者はどのようにして、ゲームをする者が失敗した場合と正しいゲーム行動を区別するのか？—ゲームをしている者のふるまいに、それを区別する特徴が存在している。言い間違えを訂正する者に特徴的なふるまいについて考えてみたまえ。ある人の言葉がまったく理解できないにもかかわらず、その人が言い間違えを訂正しているのだと認識するのは可能だろう。[28]

（b4）「名」と「単純なもの」の形而上学再考（55–59）

55「言語に属する名が表すものは破壊不可能でなければならない。というのも破壊可能なものがすべて破壊されてしまった状態が記述できるのでなければならないからだ。そしてその記述には様々な語が現れるだろうが、それらに対応するものはそれ以上破壊されることはないのだ。さもなければそれらの語は意味を持たないだろうから。[29]」自分が座っている枝を、私は切り落としてはいけない、というわけだ。

もちろん我々はここで直ちに、いずれにしても記述そのものは破壊から除外されなければならないではないか、と反論できるかもしれない。—だが、記述の言葉に対応し、それゆえ、記述が真であるのなら破壊されえないものとは、言葉にその意味を与えるものであり、—それなくしては言葉が意味を失うようなものだ。—だが、確かにこの人間は、ある意味で彼の名に対応するものだ。しかし彼は破壊されうるし、彼の名はその持ち主が破壊されても意味を失わない。—名に対応し、それがなければ名が意味を失うものとは、例えば、言語ゲームで名と結び付けて用いられる範型（パラダイム）がそうだ。

56 しかし、もし言語にそうした見本がまったく存在せず、例えば、ある語が表す色を我々が憶えて
お
い
、
く、としたらどうか？——「だが、もし我々がその色を憶えておくのだとしたら、つまりそれは、語を発する際にその色が我々の心の目の前に現れるということだ。それゆえその色を思い出すのが常に可能なのであれば、その色はそれ自身では破壊不可能なはずだ。」——だが我々は何を、その色を正しく思い出すということの基準とみなすのか？—我々が自分の記憶ではなく、ある見本を使って仕事をしている場合、一定の状況下で我々は見本が変色してしまったと言い、そうした判断を記憶によって行う。しかし、状況によって我々は（例えば）自分の記憶像が色あせるとも言うのではないか？　我々は色見本に頼るように、記憶にも頼っているのではないか？（というのも「もし我々に記憶がなかったとしたら、我々は色見本に頼ることだろう」と言いたくなる人もいるかもしれないから。）—あるいは、例えば、ある化学反応に頼るかもしれない。君はある特定の色「F」を塗らなければならず、それは化学物質XとYが化合した際に見られる色だ、と考えてみよ。—そしてある日、その色が他の日よりも明るく見えたと仮定せよ。その場合、君は状況によっては、「僕の見え方がおかしいに違いない、この色は確かに昨日の色と同じなのだから」と言うのではないだろうか？　このことが示しているのは、我々は記憶が述べることを必ずしも最終的で異議申し立てのできない決定として用いているのではない、ということだ。

57 「赤いものを壊すことはできるが、赤は壊せない。だから「赤い」という語の意味は赤いものの

存在には依存しないのだ。」―確かに赤という色（顔料ではなく、色）をちぎるとか、踏み潰すと言うことに意味はない。だが「赤さが消える」と言わないか？　そして、赤いものが最早存在しなくなっても、我々は心の目の前に赤という色を呼び起こせる、という見方にしがみつくのをやめるのだ！それは、その場合でも赤い炎を生み出す化学反応はいつも存在するだろう、と言おうとするのと同じことだからだ。―というのも、もし君が赤色を思い出せなくなったら、どうか？―もしその名を持つ色がどんな色なのかを我々が忘れてしまったなら、その名は我々にとって意味を失う、つまり、その名を使ってある決まった言語ゲームをすることが最早できなくなるのだ。そしてこの状況は、我々の言語の道具である範型（パラダイム）が失われてしまったという状況と比べられるものなのだ。

58「私は「Xが存在する」という文脈に登場できないものだけを「名」と呼びたい。―それゆえ人は「赤は存在する」とは言えないのだ。というのも、もし赤が存在しなければ、そもそもそれについて何も言えないだろうから。」―より正しくは、次のようになる。もし「Xが存在する」が述べようとするのが、Xは意味を持つ、ということなのであれば、―それはXについての文ではなく、我々の言語使用についての文、すなわち「X」という語の使用についての文なのだ。

「赤は存在する」という表現はどんな意味も持たないと言うことによって、我々はあたかも赤の本性について何かを語っているかのように見える。それはまさに「それ自体」で存在するのだ、と語っているかのように見える。同じ考え―これは赤についての形而上学的言明なのだ、という―は、我々が「赤は無時間的である」と言ったりするということの内にも示されている。そしておそらくは「破壊不可能」という言葉自身の内によりはっきりと示されている。

だが本当のところ我々は、ただ、「赤は存在する」を、「赤」という言葉には意味があると述べていると捉えたいだけなのだ。あるいは、おそらくより正確には、「赤は存在しない」を「「赤」に意味はない」という意味に捉えたいだけなのだ。ただ我々はその表現がこれを述べている、と言いたいのではなく、もしそれに意味があるのなら、こうしたことを述べているのでなければならない、と言いたいだけなのだ。その表現は—まさに赤は「それ自体で」存在するのだから、自身を表現しようとすることによって自己矛盾に陥っている、と言いたいのでもない。他方、何が矛盾なのかと言えば、それは、その文が「赤」という言葉の使用について何かを述べるべきなのに、あたかも赤という色について語っているかのように見えるということだけなのだ。—しかしながら実際は、ある特定の色が存在する、と我々はよく言う。そしてそれは、その色をした何かが存在するといったことを意味する。そして最初の表現が第二の表現に比べ厳密さを欠くわけではない。とりわけ「その色をした何か」が物理的な対象でない場合[30]、そうだ。

59 「名は実在の要素となるもののみを表す。破壊されないもの、あらゆる変化を通じて同じであり続けるもののみを。[31]」—だがそれはいったい何なのか？—この文を口にするとき、確かにそれはすでに僕たちの頭に浮かんでいた[32]！僕たちはすでに極めてはっきりした考えを述べていた。自分たちが使いたいと思うある特定の像を表現していたのだ。なぜそれを像と呼ぶかと言えば、それらの要素は経験が僕たちに示すものではないからだ。我々は合成されたもの（例えば、肘掛け椅子）の構成要素を見る。背もたれは肘掛け椅子の部分だが、それ自身がさらに様々な木材から合成されている、それに比べると椅子の脚はより単純な構成要素である、などと我々は言う。我々はまた、変化する（壊れる）全体と、他方で変化しないままの構成部分を見る。こうした材料から我々は、実在についてのあの像[33]を作り上げるのだ。

（b5）『論考』の「分析」概念について（60－64）

60 さて、もし私が「僕の箒は隅に立ててある」と言えば、―それは本当に箒の柄と穂についての言明なのか[34]？ いずれにしても、その言明を柄と穂の場所を知らせる言明で置き換えることは、確かにできるかもしれない。そしてその言明は確かに前の言明をさらに分析した形をしている。―だがなぜ私はそれを「さらに分析した」と呼ぶのか？ ―それはつまり、もしそこに箒があるなら、そこには柄と穂があるはずであり、しかもそれらは互いに特定の位置関係にあるはずだからだ。そしてこのことは、分析以前は、いわば文の意味の中に隠れていたのだが、分析された文でははっきり述べられているのだ。それなら、箒は隅に立ててあると言う人は、本当は柄と穂がそこにあり、柄は穂にくっついている、ということを意味しているのか？ ―もし誰かにこうしたことを意味しているのか、と訊ねたら、おそらくその人は、自分は特に箒の柄や穂について考えたことはまったくないと言うだろう。そしてそれが正しい答えだろう。というのもその人は、特に箒の柄や穂について語りたかったわけではないからだ。君が誰かに「箒を持ってきてくれ！」と言う代わりに、―「箒の柄とそれにくっついた穂を持ってきてくれ！」と言ったと想像してみたまえ。―それに対する答えは、「君は箒が要るのかい？ だったらなぜそんな変な言い方をするのだ？」ではないか。――その人はこの分析された文の方をよりよく理解するとでも言うのか？ ―その文は普通の文と同じことを、ただ回りくどいやり方でやっている、と言えるかもしれない。—次のような言語ゲームを想像してほしい。誰かに、多くの部分から合成された幾つかのものを持ってこいとか、動かせ、といった命令をするのだ。そしてこのゲームをするのに二つのやり方がある。第一のやり方（a）では第15節と同じように合成されたもの（箒、椅子、机、等）に名が付けられ、第二のやり方（b）では、部分にだけ名があり、全体はそれを使って記述される。—いったいいかなる意味で第二のゲームの命令は、第一のゲームの命令を分析した形なのか？　前者は後者の中に潜んでいて、分析によって掘り出されるとでも言うのか？—なるほど確かに、柄と穂を切り離すと箒は分解される、でも、だからといって、箒を持ってこいという命令がそれらに対応した部分からできているのか？

61　「だが君は（a）のある命令が、（b）のある命令と同じことを言っているということを否定しないだろう。だったら君は、第二の命令を第一の命令の分析された形と呼ばないで、いったい何と呼ぶのだ？」—もちろん私も（a）のある命令は（b）のある命令と同じ意味を持っていると、あるいは前の表現を使うなら、それらは同じことをやっていると言うだろう。そしてこれが意味するのは、例えば（a）のある命令が示されて、（b）のどの命令がこれと同じ意味を持つかとか、（b）のどの命令がこれと矛盾するのかとか訊ねられたら、私はしかじかの仕方で答えるだろう、ということだ。だがそれは「同じ意味を持つ」とか「同じことをする」という表現の使い方について我々が一般的な了解に到達したということを意味しているわけではない。というのも、どのような場合に我々は「それらは同じゲームの二つの違った形にすぎない」と言うのか、ということを問題にできるからだ。

62 例えば（a）と（b）のゲームで命令を受ける人が、名と絵が並んだ表を持っていて、求められたものを持ってゆく前にその表を見なければいけないと考えてほしい。さてこの人は（a）である命令を実行するときと（b）でそれに対応する命令を実行するときでは、同じことをしているのか？―イエスでも、ノーでもある。「二つの命令のポイントは同じだ」と君が言うこともあろう。私もここでは同じことを言うだろう。―しかし何を命令のポイントと呼ぶべきかは、常に明らかであるとは限らない。（同様に、人はあるものについて、その目的はしかじかであると言うことができる。本質的なのはこれがランプであり、照明に使われるということだ――それが部屋を飾ったり、何もない空間を埋めるということは本質的ではないのだ、と。しかし本質的なものとそうでないものが常にはっきりと区別されるわけではない。）

63 だが、（b）の文は（a）の文の「分析された」形だ、という表現は、前者の形がより基本的なものだという考えへと我々を誘惑しやすい。それこそがもう一つの形によって意味されているものを示しているのだ、という考えへと。例えば我々は、分析されていない形しか持っていない者は分析を欠いているが、分析された形を知っている者はすべてを所有している、などと言う。―だが前者のみならず、後者においても物事のある側面（アスペクト）[35]が失われている、とは言えないか？

64 ゲーム（48）が変更されて、名が単色の正方形でなく、二つの単色の正方形からできている長方形を表すと想像しよう。半分が赤く、半分が緑の長方形が「U」と呼ばれ、半分緑で半分が白の長方形が「V」と呼ばれる、という具合に。こうした色の組み合わせの名は持っているが、個々の色の名を持っていないような人々を想像できないだろうか？「この色の組み合わせ（例えば、フランス国旗のトリコロール）には本当に独特の持ち味がある」と我々が言うような場合を想像してほしい。

　どんな意味でこの言語ゲームの記号には分析が必要なのか？　さらには、どこまでこの言語ゲームは（48）と入れ替えることができるのか？　—要するに、それは別の言語ゲームなのだ。（48）と関係はしているけれども。

第三章　概念の厳密さと規則を巡る諸問題（65－88）

［本書はここまで「言語」と「ゲーム」の比較に基づいた「言語ゲーム」という観点から新しい言語観を提示し、それに立脚した『論考』の言語観と形而上学の批判を展開してきた。本章ではこの比喩自身が問題化され、哲学的考察の対象となる。それは「言語ゲーム」を規定する規則とはどのようなものなのか、という問いを通じてなされる。同時にその中で、そもそも概念はどのように規定されるべきなのか、という問いが提示され、それを巡る考察の中で「概念は厳密に規定されなければならない」というフレーゲに由来する『論考』の概念観自身が批判的考察の対象となる。そして「家族的類似性」という概念を用いた新しい概念観が提示される。他方、いかなる規則も様々な解釈が常に可能であるという事態に対して、そもそも規則をどのように規定できるのかという問題（それはパラドックスと呼ぶこともできる）が示される。この問題は第七章で数学との関連で再度取り上げられるが、最終的な解決は第八章まで待たなければならない。］

（a）概念の基本構造─範型と家族的類似性（65－78）

（a1）「言語の本質」という問題と概念の家族的類似性（65－67）

65　ここで我々は、以上の考察すべての背後に存在する大きな問題に突き当たる。─というのも、私に対して人は次のように異論を唱えるかもしれないからだ、「君は問題を簡単に片づけすぎではないか！　君は考えられる様々な言語ゲームについて語ってはいるが、言語ゲームの本質とは何か、つまり言語の本質とは何かを、どこにも述べていない。何がそれらの事象すべてに共通しているのか、何がそれらすべてを言語、あるいは言語の一部としているのかを述べていない。つまり君は、他でもない、かつての探究で君を最も悩ませた問題、すなわち命題の一般形式と言語の一般形式に関する問題を扱わずに済ませようとしているのだ」。

そして、それは正しい。─我々が言語と呼ぶすべてのものに共通なものを提示する代わりに、私は次のようなことを言っているのだ。すなわち、これらの現象に共通なあるものが存在して、我々はそれがゆえにそれらすべてに同じ言葉を用いているのではまったくなく、─むしろそれらは相互に様々に異なった仕方で類似しているのだ、そしてこの、あるいはこれらの類似性のために、我々はそれらすべてを「言語」と呼ぶのだと。このことを説明してみたい。

66 例えば、我々が「ゲーム」と呼ぶ事象について、一度考えてみてほしい。盤上のゲーム、カードゲーム、ボールを使うゲーム、格闘的なゲーム、などのことを言っているのだ。これらすべてに共通するものは何か？ ─「何か共通なものがあるに違いない、さもなければ「ゲーム」とは呼ばれない」と言ってはいけない─そうでなく、それらに共通なものがあるかどうかを見たまえ。─なぜなら、それらをよく眺めるなら、君が見るのはすべてに共通するような何かではなく、類似性、類縁性、しかもいくつもの種類の類似性だからだ。繰り返すが、考えるのでなく見るのだ！ ─例えば盤上の様々なゲームと、それらの間の様々な類似性を見てみよ。そして次にカードゲームへと移ってみたまえ。そこで君は先の第一のグループとの対応をたくさん見出すが、共通の特徴の多くは消滅し、別の共通の特徴が姿を現す。次にボールを使うゲームに移るなら、いくつかの共通点は保たれるが、多くは消えてしまう。――それらはすべて「娯楽」なのか？　チェスと五目並べを比べよ。あるいは、すべてに勝ち負けがあるか、つまり競技なのか？　トランプの一人遊びについて考えよ。ボールを使うゲームに勝ち負けはあるが、子供が壁にボールを投げ、跳ね返ってくるのを受けている場合、[2] この特徴は消滅する。技能と運がどんな役割を果たしているか見よ。そしてチェスの技能とテニスの技能がどれだけ違っているかを見よ。次に手をつないで輪になって行うゲームについて考えよ。ここには娯楽の要素はあるが、どれだけ多くの他の特徴が消滅することか！　そして同じようにして我々は、実に多くの他のゲームのグループへと移ってゆける。様々な類似性が現れては消えてゆくのを見ることができるのだ。

そして以上の考察の結果とは、複雑な網の目のように互いに重なり、交差している様々な類似性を、大規模な類似性と小規模な類似性を我々は見る、ということである。

67　こうした類似性の特徴を表現するのに「家族的類似性」という言葉ほど適切なものを私は知らない。というのも、体格、顔つき、目の色、歩き方、気性といった、ある家族の成員間に見られる様々な類似性は、そのように重なり、交差しているからだ。――様々な「ゲーム」は一つの家族を形成している、と私は言おう。

そして同様に、例えば、様々な種類の数も、一つの家族を形成している。なぜ我々はあるものを数と呼ぶのか？　大まかに言うならそれは、これまで数と呼ばれてきたいろいろなものとそれが――直接的な――類縁性を持っているからであり、それを介して同じくそのように呼ばれている他のものとも間接的な類縁性を保っている、と言えるからだ。そして我々は繊維と繊維をより合わせて一本の糸を紡いでゆくように、我々の数の概念を拡張してゆくのだ。そして糸の強さとは、ある一本の繊維がその全長を貫いていることではなく、多くの繊維が互いに重なり合うことによって生まれるのだ。

だがもし誰かが、「だからそれらに共通するものがあるのだ—すなわちそれらの様々な共通性すべてを「または」でつないだ全体だ」と言おうとするのなら、—「君は言葉遊びをしているだけだ」と私は応えるだろう。そのように言うのなら同じように、糸全体をあるものが貫いている、—すなわちそれらの繊維の切れ目のない重なり合いだ、とも言えるだろう。

（a 2） 概念のあいまいさと厳密さ （68－71）

68 「よろしい。つまり君にとって数の概念とは、基数、有理数、実数、等の互いに関連する諸概念の論理和として説明されるわけだ。そして同じようにしてゲームの概念は、対応する下位概念の論理和として説明されるわけだ。」——必ずしもそういうわけではない。なぜなら、「数」という概念にそのようにはっきりした境界を与えること、つまり「数」という語をはっきりとした境界を持った概念の名として使用することはできるが、その範囲が境界によってはっきりと区切られていない概念の名として使用することもできるからだ。そして実際我々は「ゲーム」という語をそのように使用している。そもそもゲームという概念はどのように仕切られているのか？　どこまでがゲームで、どこからはもうゲームでないのか？　どこに境界があるのか君は述べられるのか？　できはしない。境界を引くことはできる。なぜならまだいかなる境界も引かれていないのだから。（だが「ゲーム」という語を使ってきた中で、君はこのことを不満に思ったことはかつて一度としてなかった。）

「でもそれなら、この言葉の使用法は規則立っていないことになるじゃないか？　その言葉を用いて我々が行っている「ゲーム」は規則立っていないことになるじゃないか？」——それはあらゆる点について規則によって決められているわけではない。だが、例えばテニスにおいても、どれだけの高さまでならボールを上に打ってもよいかといった規則は存在しないが、それでもやはりテニスはゲームであり、規則も備わっているではないか？

69　そもそも私たちはどのようにしてゲームとは何かを誰かに説明するのだろうか？　私が思うに、次のようにしてであろう。その人に様々なゲームを描写する。そしてこの描写に、「これ、そしてこれに似たものを「ゲーム」と呼ぶのだ」と付け加えるかもしれない。だが我々自身これ以上のことを知っているのか？　ゲームとは何かを我々が正確に述べられないのは、他人に対してだけなのか？—しかし、これは無知ではない。我々が境界を知らないのは、はっきりとした境界が定まっていないからだ。繰り返すが—ある特定の目的のために—境界を定めることはできる。それによってこの概念が初めて使えるようになるのか？　そんなことはまったくない！　その特定の目的のために、と言うのなら、話は別だが。それは「一歩＝75㎝」と定義した人が初めて「一歩」という尺度を使えるようにしたのではないのと同じだ。そしてもし君が「でも、それ以前は「一歩」は確かに厳密な長さの尺度ではなかった」と言おうとするなら、「確かに。そのときそれは厳密な尺度ではなかった」と私は答えよう。—ただしその場合、君にはまだ、厳密さとは何かを私に定義する義務が残っているのだ。

70 「だが、もし「ゲーム」という概念の境界がこんな風に定まっていないのならば、君は「ゲーム」という言葉によって自分が何を意味しているのか本当は知らない、ということになる。」――もし私が「大地は完全に植物で覆われていた」という描写をする場合、植物の定義ができなければ、私は自分が何について話しているのか知らないのだ、と君は言いたいのか？

私が意味していることの説明は、例えば、スケッチと「大地は大体こんな風に見えた」という言葉によってなされることもあろう。場合によっては「文字通りこのように見えた」と私は付け加えるかもしれない。それなら、文字通りこれらの草と葉っぱがこの配置でそこにあったのか？ そうではない。これが意味しているのはそういうことではない。そしてそうした意味でなら、私はどんな絵も厳密な像とは認めないだろう。

ある人が私に「子供たちに何かゲームをしてやってくれ」と言う。私は彼らにサイコロ賭博を教える。そしてその人が私に「こんなゲームのことを言ったのではない」と言う。私に命令したとき、この人はサイコロ賭博を除外するということを念頭に置かなければならなかったのか。[3]

71 「ゲーム」という概念は輪郭のぼんやりした概念だ、と言える。――「だがあいまいな概念というのは、そもそも概念なのか？」――ピントのぼやけた写真は、そもそもある人の像なのか？ そうだろうか、ぼやけた写真をはっきりとした写真で置き換えるのは、常に都合のよいことなのか？ 他ならぬぼやけた写真を必要とすることが、しばしばあるのではないか？

フレーゲは概念を地区になぞらえ、はっきりとした境界を持たない地区は、そもそも地区と呼ぶことはできない、と述べている。[4]それが意味するのはおそらく、それを使って我々は何もできないということだろう。―「大体この辺に立ってくれ！」と言うのは無意味なことなのか？　私が誰かとある広場に立っていてこう言ったと想像してほしい。その場合、私は境界線を引いたりすることは決してなく、例えば、相手に特定の地点を指すかのような動作を手でするだろう。そして人はまさにこのようにして、例えば、ゲームとは何かを説明するのだ。様々な例を挙げ、ある特定の意味でそれらを理解してもらおうとするのだ。―だがこう言うからといって私は、相手にそれらの例から―ある理由があって―私が言葉で表現できない共通するものを見て取ってほしい、ということを意味しているのではない。私が意味しているのは、これからこれらの例をある特定の仕方で利用してほしいということなのだ。例を挙げるというのは、―よりよい手段がないから仕方なく用いる―間接的な手段ではない。[5]どのような一般的説明であっても、誤解される可能性があるからだ。我々はこのゲームをまさにこのように行っているのだ。(「ゲーム」という言葉を用いた言語ゲームのことを私は言っているのだ。)

(a3)　概念の理解　(72-74)

72　共通するものを見るということ。私が誰かに、彩色された様々な絵を示し、「このどれにもある色を「黄土色」と呼ぶのだ」と言うとしよう。―これは一つの説明であり、これらの絵に共通するものを探し、見つけることにより理解される。その場合相手は共通するものに視線を向け、指差すことができる。

これと次の場合を比べてほしい。私は相手に、形が違うが同じ色に塗られた幾つかの図形を示し、「これらが共通して持っているものを「黄土色」と呼ぶのだ」と言う。

さらに次の場合と比べてほしい。私は相手に様々な色調の青の色見本を示し、「これらすべてに共通する色を私は「青」と呼ぶ」と言う。

73 もし誰かが私に様々な色見本を示して、「この色を「青」と呼び、これを「緑」と呼び、……」と言って色の名を説明するなら、それは多くの点で、色見本の下に色の名が書かれている表が私に手渡される場合と比べられる。―だがこの比較は、多くの仕方で我々を惑わす可能性がある。―つまり人は比較を拡張して、説明を理解するとは説明されるものの観念、すなわちその見本や像を心の中に持つことだと考えたくなるのだ。例えば、人が私に様々な木の葉を示して、「これを「木の葉」と呼ぶのだ」と言えば、私は木の葉の形の観念、すなわち木の葉の形の像を心の中で受け取ると考えたくなる。―だが、どんな特定の形でもない「すべての木の葉の形に共通なもの」を示す木の葉の像とは、いったいどのように見えるのか？　緑色の「私の心の中の見本」―緑のあらゆる色調に共通なものの「私の心の中の見本」はどんな色調をしているのか？

「だがそうした「普遍的」見本は、存在しえないものなのだろうか？　例えば、木の葉形の図案や、純粋な緑の色見本はどうなのか？」―なるほど確かに！　だがその図案を図案として用い、ある特定の木の葉の形として用いるのでないこと、そして純緑の小片を緑がかったすべてのものの見本として理解し、純緑の見本として理解するのでないこと―それは再びその見本の使われ方に依存することになるのだ。

緑の色見本がどんな形をしていなければならないのか自問してみたまえ。それは四角形であるべきなのか？　それともそれは緑色の四角形の見本なのだろうか？　―それなら、それは「不規則な」形をしていればよいのか？　そしてその場合、それを不規則な形の見本とみなすことを、―すなわち不規則な形の見本として使用することを何が妨げるのか？

74　この考察には、この木の葉を木の葉一般の見本だとみなす者と、例えば、この特定の形の見本として考える者は、それを違ったように見ているのだ[6]、という考えも含まれている。さて―実際に彼らが違ったように見ているわけではないが―それは確かにありうることだ。というのも結局のところそれが意味するのは、木の葉を特定の仕方で見る者は、経験的に言ってそれをしかじかの、あるいは、これこれの規則に従って使用する、ということだからだ。もちろん、そのように見る、違ったように見る、ということはある。そして、見本をそのように見る者は一般的にそれをこのように用い、違ったように見る者は違ったように用いる、という場合もまた存在する。例えば、立方体の線描を正方形と二つの菱形から成る平面図形として見る者はおそらく、「こうしたものを持ってきてくれ！」という命令を、図を立体的に見る者とは違ったように実行するだろう。

（a4）　概念の説明：知っていることと語ること　（75－78）

75　ゲームが何なのかを知っている、とはどういうことなのか？　それを知っているが語れない、とはどういうことなのか？　この知識とは、まだ言葉で述べられていない定義と等価なものなのか？

つまり、その定義が言葉で表現されると、それは自分の知識の表現だと私が認められるようなものなのか？　私の知識、私のゲームの概念は、私にできる説明によって完全に表現されているのではないか？　すなわち、様々な種類のゲームの例を描写し、それとのアナロジーによって他のありうるすべての種類のゲームをどのようにすれば考え出せるかを示し、これこれのものを私はもうゲームとは呼ばないだろうと言ったりすることによって完全に表現されているのではないか。

76　誰かがはっきりとした境界線を引いた場合、私は、自分もいつもそのように引きたいと思っていたと、あるいは、自分が心の中ですでにそのように引いていたと認めないかもしれない。というのも私は境界線を引こうとはまったく思っていなかったからだ。こうした場合、その人の概念は私のものと類縁関係にあると言うことができる。そしてこの類縁関係とは、輪郭のぼやけた色斑で構成された絵画と、それと同じような形と配置の、だが輪郭のはっきりした色斑で構成された絵画の関係と同じだ。類縁性と相違のどちらも、否定しがたく存在している。

77　そしてこの比較をさらに推し進めて考えるなら、鮮明な像がぼやけた像にどの程度まで似ることができるのかは、明らかにぼやけた像の不鮮明さの程度に依存するということがわかる。というのも、自分があるぼやけた像に「対応した」鮮明な像を描かなければならない、と想像してほしいのだ。ぼやけた像の中に不鮮明な赤い長方形があり、それに対して君は鮮明な長方形を描く。だがもちろん不鮮明なものに対応していると言える鮮明な長方形は幾通りにも違って描くことができる。――しかし原画で幾つもの色が境界線のかけらもなく互いに混ざり合っていたなら、――ぼんやりしたものに対応する鮮明な像を描くというのは見込みのない作業ではないか？　その場合君は、「これでは円を描いても、四角を描いても、ハート形を描いても同じだ。何しろあらゆる色が相互に混じり合っているのだから。どんな形でも合うし、―どんな形でも合わない」と言わなければならないのではないか？　―そして、我々が所有する様々な概念に対応した定義を、例えば、美学や倫理学において探し求める者は、まさにこうした状況に置かれているのだ。

もしこうした困難に遭遇したなら、「我々はこの言葉（例えば、「善い」）の意味をどのようにして学んだのか？」と常に自問したまえ。どのような例によって、どのような言語ゲームにおいてそれを学んだのかを。そうすれば君は、この言葉が家族のように連なったいくつもの意味を持っているに違いないということを、より容易に見抜けるだろう。

78　次のことを知っていることと語ることを比較せよ、

モンブランの高さは何メートルか―

「ゲーム」という言葉はどのように使用されるのか―

クラリネットはどんな音がするのか。

何かを知っていて、それを語ることができない、ということがあることに驚く者は多分第一のようなケースを考えているのだろう。第三のようなケースを考えていないのは確かだ。

（b）言語ゲームの規則と規則を巡るパラドックス　（79－88）

（b1）日常言語の「規則」の不完全さと可変性　（79－80）

79　次の例について考えてほしい。「モーゼは存在していなかった」と人が言う場合、それは様々に違ったことを意味しうる。それは、イスラエルの民がエジプトを出たとき、彼らには単一の指導者がいなかったということも意味しうるし、――あるいは、彼らの指導者はモーゼという名ではなかったということも意味しうるし、――あるいは、モーゼについて聖書が報告していることすべてを成し遂げた人間は存在しなかったということも意味しうる――等々。―ラッセルによれば[7]、「モーゼ」という名はいろいろな記述によって定義できる、と我々は言うことができる。例えば、「荒地の中でイスラエルの民を導いた人間」、「この時期にこの場所で生き、当時「モーゼ」と呼ばれていた人間」、「子供のとき、ファラオの王女にナイル川から拾い上げられた人間」等々、と定義できると。そして我々がどの定義をするかに応じて、「モーゼは存在していた」という文は違った意味を持つことになる。モーゼに関して述べられたすべての文についても、事情は同じだ。―そして誰かに「Nは存在していなかった」と言われたら、我々も「君は何を意味しているのか？　……と言いたいのか、それとも……と言いたいのか？」と訊ねるだろう。

　だがモーゼについて何かを述べる場合、―私は常にこれらの記述の中のどれか一つを「モーゼ」と置き換える用意があるのだろうか？　私は、例えば、「モーゼ」ということで、聖書でモーゼについて報告されていることを、あるいはそのうちの多くを行った人間を意味している、と言うだろう。だがそのうちのどれだけなのか？　どれだけ間違っていれば自分の文が偽となるのかを決めているのだろうか？　つまるところ、私にとって「モーゼ」という名には、考えられるあらゆる場合に対する固定した、あいまいさのない使用法が存在するのだろうか？——いわば私は、一連の多くの支えを用意していて、そのどれかを取り去らなくてはならなくなると、別のものに寄り掛かる用意ができていて、逆の場合でも同様だ、ということではないのか？——さらにもう一つ別の場合について考えてほしい。「Nは死んでしまった」と私が言う場合、「N」という名前の意味に関する事情とは、例えば、次のようなものである。すなわち、ある人間が存在して、（1）私はその人をしかじかの場所で見たことがあり、（2）その人はこのような（写真）外見であり、（3）これこれのことを行い、（4）社会でこの「N」という名前を持っていた、と私は信じている、ということである。——Nで何を意味しているのか、と問われれば、私はこれらすべて、あるいは、そのいくつかを異なった場合に応じて異なった風に列挙するだろう。つまり私の「N」の定義とは、「これらすべてが当てはまる人間」のようなものとなろう。——だがもし今、それらのうちのどれかが間違っていたと判明したらどうか！——私は、「Nは死んでしまった」という文は誤った文だと宣言する用意があるのだろうか？私にはどうでもいいと思えるようなことが間違っていたとわかった場合であっても？　だがどうでもいいことの境界線はどうやって決めるのか？——こうした場合、もし私がすでに名前の説明をしていたのなら、私は進んでそれを修正しようとするだろう。

　そして以上のことは、私は「N」という名前を**固定した**意味を与えることなく使用している、と表現できるだろう。（だがこのことは、その使用を何ら妨げない。それはテーブルの脚が三本でなく四本あって、ときにはガタつくからといって、テーブルとしての使用が妨げられないのと同じだ。）

私は言葉を、その意味を知らずに使っている、つまり無意味なことを言っている、と人は言うべきなのか？　—言いたいように言いたまえ！　それによって、事がどうなっているのかを君が見ることが妨げられない限りは。（そしてそれを見たなら、多くのことを君は言わなくなるだろう。）

（科学的定義の変動：今日事象Aの経験的に知られた随伴現象とみなされているものが、明日は「A」の定義として利用される。）

80　「そこに椅子がある」と私が言う。そちらに行って取って来ようとすると、突然私の目の前から消えるとすると、どうか？　——「ということは、それは椅子ではなく何かの錯覚だったのだ。」——だが一、二秒もするとそれは再び見え、つかむこともできるとしたら。——「ということは、やはりそこに椅子があったのであり、それが消えたというのは何かの錯覚だったのだ。」——だが、しばらくしてそれが再び消えたと、—あるいは消えたように見えると想定してほしい。その場合私たちは何と言うべきなのだろうか？　こうした場合のための規則、—こうしたものをなお「椅子」と呼んでいいかどうかを述べている規則を君は用意しているのか？　それとも、「椅子」という言葉を使用するにあたって、我々にはそうした規則が不足しているのか？　そして、この言葉のあらゆる可能な使用に対して規則を備えていないので、我々は本当はそれにいかなる意味も与えていないのだ、と言うべきなのか？

（b2）「言語ゲームの規則」とは何か？（81－83）

81 かつてF・P・ラムジーが私との会話で、論理学は「規範学」である[8]、と強調したことがあった。その時正確にどんな考えが彼の頭に浮かんでいたのかわからない。しかしそれが後になって初めて私に芽生えた考えと密接に関連していたことに疑いはない。すなわちそれは、哲学において我々はしばしば語の使用を、ゲーム、固定した規則に従った計算[9]と比べるが、言葉を用いる者はこうしたゲームを行っているはずだとは言えないということである。――だがここで、我々の言語の表現はこうした計算に近似しているに過ぎないと言うなら、我々はそれによってただちに誤解の瀬戸際に立たされることになる。というのも、もしそうなら、あたかも我々が論理学において理想的言語について語っているように見えるからである。あたかも我々の論理学は、いわば真空の空間のための論理学であるかのごとくに。―他方で確かに論理学は言語を―あるいはむしろ思考を―、自然科学が自然現象を扱うのと同じ意味で扱っているのではない。それゆえせいぜい言えるのは、我々は理想的言語を構成している、ということだけである。だがこの「理想的」という言葉は誤解を招くかもしれない。というのもそう言うと、まるでその言語が我々の日常の言語よりも優れていて、より完全であるかのように、そして正しい文とはどのようなものなのかを人間に示すためには最終的に論理学者が必要であるかのように聞こえるからだ。

だがこれらのことは、理解する、意味する、考える、という概念についてより大きな明晰さが得られたときに初めて、正しい光の下に姿を現す。なぜならそのときにはまた、文を発したり、意味したり、理解したりする者は、そのことによって定まった規則に従って計算を行っているのだと考えるように我々をそそのかしかねないもの（そして私をそそのかしたもの）が何なのかが明らかになるからだ。

82 私は何を「彼がそれに従って行動している規則」と呼ぶのか？[10] ――我々が観察する彼の言葉の使用を満足に記述する仮説か、それとも記号を使う際に彼が参照する規則か、それとも彼に規則を訊ねたときに、彼が答えとして言うことか？ ――だが、もし観察によってどんな規則もはっきりとは認識されず、問いかけによってどんな規則も聞き出せないとしたらどうか？ ――というのも「「N」で何を意味しているのか？」という問いに対して、確かに彼は私にある説明で答えたが、その説明を撤回し、修正する用意もしていたからだ。[11] ――とすれば彼がそれに従って行動している規則を、どのようにして私は決定すればよいのか？　彼自身もそれを知らないのだ。――より正確に言えば、こうなるだろう。「彼がそれに従って行動している規則」という表現は、それでもなお何を意味すべきなのか？

83 言語とゲーム（遊び）[12]のアナロジーがここで我々の問題に光を投げかけないだろうか？　我々は次のような事態を無理なく想像できる。野原で何人かの人々がボールを使って遊びながら楽しんでいる。しかし彼らは既存の様々な球技を始めるのだが、そのいくつかは最後までやり終えず、次のゲーム（遊び）との間には行き当たりばったりにボールを高く投げたり、ボールを持って追いかけっこをしたり、ぶつかったりする。そこで誰かが言う、この人々はずっとボールでゲーム（遊び）をしている、だからボールを投げるたびに決まった規則に従っているのだ、と。

そして我々にはゲーム（遊び）をしながら――「成り行きで規則を作る」といった場合もあるのでは

ないか？　それどころか、成り行きで――規則を変えるといった場合すらも。

（b3）規則を巡るパラドックスと「厳密さ」について（84－88）

84 言葉の使用について私は、それはあらゆる点で規則によって規定されているわけではないと述べた。[13] だが、あらゆる点で規則によって規定されているゲームとはいったいどのようなものなのか？ その規則にどんな疑問の生じる余地も残さないような、あらゆる穴が塞がれているゲームとはどのようなものか？ ――規則の使用法を規定する規則というものを考えることはできないか？ そしてこの規則によって解消される疑問というものを、――そしてこれはさらに続けられないか？

しかしこれは、疑いが想像できるから我々は疑う、ということではない。[14] 誰かが自宅のドアを開ける前にいつも、その向こうには深淵が口を開いているのではないかと疑い、ドアから中に入る前にそうでないことを確かめるということを、私は容易に想像できる。（そして彼が正しいことがわかる、ということもありうる。）――しかし、だからといって同様のケースで私がこうした疑いを抱くわけではない。

85 規則は、道標のようにそこに立っているのだ。――道標は私が進むべき道について、どんな疑問の余地も残さないのか？ 私が道標の前を通り過ぎる際に、どの方向に行けばよいのか、大通りに沿ってなのか、細い道に沿ってなのか、空き地を横切ってなのかをそれは示すのか？ そもそも道標をどの向きに辿ればよいのか、つまり矢印の方向にか、その逆の方向にか、というのはどこに書かれてあるのか？―そして一つの道標の代わりに、間隔を空けずに並んだ一連の道標が立っていたとしても、あるいは地面にチョークで白線が引かれていたとしても、―それに対する解釈は一つしかないのか？―このように、確かに道標は疑問の余地を残す、と言うことができる。あるいはむしろ、道標は、あるときには疑問の余地を残すし、あるときには疑問の余地をまったく残さない、と言ったほうがいいかもしれない。そしてこうなると、それはもはや哲学的な命題ではなく、経験的な命題なのだ。

86　（2）のような言語ゲームが表を用いて行われるとする。そして今回は、Bへの合図として、Aが文字を示すとする。Bは表を持っていて、その最初の欄にはこのゲームで用いられる文字が、第二の欄には石材の形を表す図が描かれている。Aはこうした文字の一つをBに示し、Bはそれを表の中から探し、その横に書かれている図を見る、等々。つまりこの表は、命令を実行する際にBが従っている規則なのだ。―表の中から図を探すことは訓練を通じて習得され、その訓練には、例えば、生徒が表の上で指を左から右に水平に動かすことを学ぶ、つまり一連の水平な線を引くことを学ぶことが含まれる。

　さてここでいくつかの異なった表の読み方が導入されると想像してほしい。ある場合には上で述べたように次のパターンに従い、

別の場合には次のパターンに、

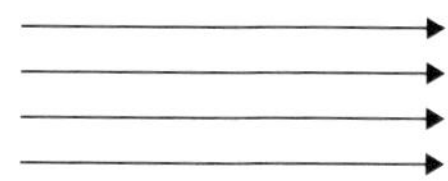

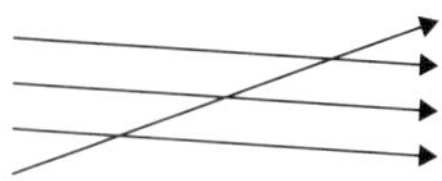

あるいはさらに違ったパターンに従って表を読むとする。—つまり、表をいかに使用すべきか、という規則としてパターンが表に添付されるのだ。

ここで、**この**規則を説明するさらに別の規則というものを想像することはできないか？　そして他方で、あの最初の表はパターンが無ければ不完全だったのか？　そして他の様々な表も、パターンが添付されていなければ不完全なのか？

87 私が次のように説明したと仮定してほしい。「「モーゼ」という言葉で私は、もしイスラエルの民をエジプトから導き出した人間が存在していたなら、その人間を意味する。その人間が当時何と呼ばれていようとも、そしてその人間が他にどんなことをしていようとも、あるいはしていなかったとしても、それは関係ない。」―だがこの説明に出てくる言葉について、「モーゼ」という名についての疑問と似たものが生じうる（「エジプト」とは何の名か、「イスラエルの民」とは誰の名か、……？）。それどころか、仮に「赤い」、「暗い」、「甘い」といった言葉にまで遡ったところで、こうした問いは終わらない。―「だが、どうしても説明が最終的なものにならないのなら、それは私の理解をどのようにして助けるのか？　その場合説明は決して終わらない、つまり私はどこまでいっても「彼が意味していること」をまだ理解できないし、それを理解することは決してできない！」―もしある説明が別の説明によって支えられていなければ、それは宙ぶらりんになっているのに等しい、と言わんばかりの考えだ。確かにある説明が、かつて人が行った別の説明に依拠する場合はある。だが別の説明が必要になるのは、―誤解を避けるために我々がそれを必要とする場合のみなのだ。次のように言えるかもしれない。説明の働きとは、誤解を取り除いたり、予防したりすること、――すなわち、それが無ければ生じるであろう誤解を取り除いたり、予防することなのであり、想像しうるあらゆる誤解を取り除いたり、予防することなのではない。

すべての疑問は、ただ土台における欠陥の存在だけを示しているかのように思われがちである。確実な理解というものはそれゆえ、先ず疑いうるすべてのことを疑い、そしてすべての疑問を解消したときにのみ先ず疑いうると思われがちである。[16]
通常の状況でその目的を果たしているなら、―道標に問題はないのだ。

88 私が誰かに「大体この辺に立ってくれ!」と言う場合―この説明は役目を完全に果たせないのか? そして他のどんな説明であってもうまく伝わらない可能性はないのか?
「だが、やはりこの説明は厳密でないのではないか?」―もちろんだ。これを「厳密でない」と呼んでいけないわけがあろうか? だがとにかく、「厳密でない」とは何を意味するのかを理解しよう。なぜならそれはここで「使用不能」を意味するわけではないのだから。そしてこの説明と比べて、何を「厳密な」説明と我々が呼ぶのかをよく考えてみよう。それは、例えば、チョークの線である範囲を区切ることなのか? これについて直ちに頭に浮かぶのは、チョークの線には幅がある、ということだ。だから色を並べて塗った時の境界線の方がより厳密だろう。だがこの厳密さになお何か役割があるのか? それは空回りしているのではないか? それに、何をもってこの厳密な境界線を越えたこととみなすべきなのかも、どのような器具を使って、どのようにしてそれを決定すべきなのかも、我々はまだ決めていないではないか。等々。

懐中時計の時間を正確に合わせるということ、あるいはそれを正確に動くように調節するということ、がどんなことなのか我々は理解している。だが、もし人が、この正確さは理想的な正確さなのかと、あるいは、それは理想的な正確さにどれだけ近いのかと訊ねたら、どうだろうか?―もちろん我々は、懐中時計を使う場合とは違った、言うならばより大きな正確さが得られる時間の計測法について語ることができる。その場合、「時計の時間を正確に合わせる」という表現は元の場合と関係はしているものの、違った意味を持っており、「時計の時間を読む」というのも違った過程になる、等々。――今私が誰かに「食事にはもっと時間通りに来なければいけない、きっかり一時に始まるのを知っているだろう」と言うとする――「実験室や天文台での時間の決め方について考えるのだ。そこでこそ「正確さ」がどういうことなのかわかるのだ」と言うことが可能だからといって、ここで本当は正確さは問題になっていない、ということになるのか？

「厳密でない」、これは本来非難の言葉であり、「厳密だ」というのは称賛の言葉である。そしてこれが意味しているのは、厳密でないものはその目的を厳密なものほどは完全に達成しない、ということに他ならない。だからここで重要なのは、何を我々が「目的」と呼ぶのかということなのだ。我々と太陽の距離をメートル単位で正確に述べなければ、それは厳密ではないのか？　家具職人に机の幅を千分の一ミリ単位で正確に述べなければ、それは厳密ではないのか？

正確さの単一の理想なるものがあらかじめ決められているのではない。それがどんなものなのか、どう想像したらよいのか、我々にはわからない、――何をそのように呼ぶべきなのかを君自身が決めない限りは。しかしそうした決定をすることは、君を満足させるような決定をすることは、君にとって困難となるだろう。

第四章　理想と哲学――『論考』の論理観の解体と新しい哲学像（89－133）

［本章では、論理（そして論理学）とは何かということが問題とされ、それと並行して『論考』の論理観（論理学観）が、その根底から批判される。「論理の崇高化」とは『論考』の論理観の誤りを象徴する言葉である。これらの問題に関する本章の考察は、『探究』の哲学的思考主体と『論考』の哲学的思考主体、すなわちウィトゲンシュタインにとっての現在の自己と過去の自己の間の複雑な哲学的対話として進められ、その結果テキストは必然的に多声的となり、その意味はしばしば重層的になる。これが本章読解の困難さの根本原因である。こうした対話、すなわち自己の哲学的過去としての『論考』に対する根本的な反省を通じて『論考』の誤解の生成過程が解明されるとともに、その根本が突き止められ（それは「理想」に関するある種の誤解である）、同時にそうした誤解から脱出する営みとしての新しい哲学像が提示される。本章の考察は『探究』にとっての「哲学」とはいかなるものかを明らかにするものであり、それは本書で行われている考察全体の意味を示すものであり、その意味で本書の心臓部と言うことができる。同時に本章は、『探究』全体が『論考』という過去との対話であり、その根本的反省であることを示している。「序」における『論考』への言及の完全な意味はここから知ることができる。］

（a）「論理」を巡る『論考』の錯覚（89－97）

（a 1）「論理」に対する妥当な要求から「完全な厳密さ」という錯覚へ（89－92）

89 これらの考察[1]によって我々は、論理はどのような意味で崇高なものなのか[2]、という問いが立ち現れる場所に立つことになる。

というのも特別な深遠さ——普遍的な意味——が論理にはふさわしいように思われたからだ。論理学はすべての学問の根底に位置しているように思われたのだ。——というのも論理的な考察は、あらゆる事物の本質を探究するものなのだから。論理学は事物をその根底において見ようとするのであり、これとかあれとかの実際の出来事に構うべきではないのだ。——それは自然科学的な事実に対する興味から生まれるのでも、因果的連関を把握する必要から生まれるのでもない。そうではなく、すべての経験的なものの基礎または本質を理解しようという努力から生まれるのである。だからと言って、何か新たな事実をそこで掘り出さなければならない、ということではない。それによって何ら新たなことを知ろうと欲しない、ということが、おそらくは我々の探究にとって本質的なのだ。我々は目の前にすでに開かれて在る何かを理解することを欲しているのだ。というのも我々はそれを、ある意味で理解していないように思われるからだ。

アウグスティヌス（『告白』第十一巻、第十四章）、「それでは、時間とはなんであるか。だれもわたしに問わなければ、わたしは知っている。しかし、だれか問うものに説明しようとすると、わたしは知らないのである」[3]。——自然科学の問題（例えば、水素の比重についての問題）についてこうしたことは言えないだろう。誰にも訊ねられなければ知っているが、それを説明しなければならなくなるともはや知ってはいないもの、それは我々が心に呼び起こさなければならない何かである。（そしてそれは明らかに、ある理由により心に呼び起こすのが難しい何かである。）

90 あたかも現象を見透さなければならないかのように、我々には思われるのだ、そして我々の探究は、現象に向けられるのではなく、いわばその「可能性」に向けられるように思われるのだ。それは、この探究とは、自分たちが現象について生み出す種々の言明を心に呼び起こすことである、ということを意味している。それゆえアウグスティヌスも、出来事の持続や、出来事の過去性、現在性、未来性について我々が生み出す様々な言明を心に呼び起こしているのである。（もちろんそれらは、時間、過去、現在、未来についての哲学的な言明ではない。）

それゆえ我々の考察は文法的な考察なのだ。[4] そしてこの考察は、誤解を取り除くことにより我々の問題に光を投げかける。それは言葉の使用に関する誤解であり、とくに我々の言葉の様々な領域の表現間に存在するアナロジーによって呼び起こされる誤解である。―それらの中のあるものは、ある表現の形を別のもので置き換えることにより除去できる。この過程は時として分解することに似ているため、それを、表現の形を「分析する」こと、と呼ぶことができる。

91 しかし、そうすると今度は、我々の言語形式の最終的な分析といったものが存在するかのように、つまり表現の完全に分析された形が存在するかのように見えてくる。すなわち我々が慣用している表現の形は、本当はまだ分析されておらず、その中には明るみに出すべき何かが隠されているように見えてくるのだ。そしてそれがなされれば、表現は完璧に解明され、我々の課題も解決されるように見えてくるのだ。

この考えは、我々は自分たちの表現をより厳密にすることにより誤解を取り除く、という言葉で表現することもできる。しかしそうすると今度は、我々がある特定の状態を、完璧な厳密さという状態を目指しているかのように見えてくるのだ。そしてこの状態こそが、我々の探究の本来の目的であるかのように見えてくるのである。[5]

92 言語、命題、思考の本質を問う問いが表現するのは、こうした考えなのである。—というのも、もし我々が今この探究[6]において言語の本性—その機能、構造—を理解しようと試みるとしても、それはこの問いが求めているものとは異なっているからだ。なぜなら、この問いが本質のうちに見るものとは、すでに誰の目にも明るみに出ていて、順序だてることにより見渡せるようなものではないからだ。そうではなく、この問いは本質のうちに、表面の下に存在する何かを見るのだ。内に存在する何か、事物を見透したときに見える何か、分析によって掘り起こされるべき何かを見るのだ。

「本質は我々からは隠されている」、かくして我々の問いはこうした形をとる。我々は問う、「言語とは何か？」、「命題とは何か？」、と。そしてこれらの問いに対する答えは、一挙に、そして、将来のいかなる経験とも独立に与えられるべきものなのだ。

(a 2) この錯覚から生じた「論理」、「命題」、「思考」についての『論考』の誤解 (93–97)

93 ある者は「命題(文)[7]、それは世界で最もありふれたものである」と言うかもしれない、そして別の者は「命題(文)—それは何か極めて不思議なものである！」と言うかもしれない。——そして後の者は、文がどのように働いているのかを理屈抜きに確かめることができないのだ。それは、文と思考に関する我々の表現の形式が、その人の邪魔をしているからだ。

なぜ我々は、命題（文）は何か不思議なものである、と言うのか？　一方でそれは文が持つ途方もない重要性のせいである。（そしてこれは正しい。）他方で、こうした重要性と、言語の論理に関する誤解[8]にそそのかされて我々は、文とは何か特別なこと、しかも何か比類のないことを行っているに違いないと考えるのだ。―ある誤解のせいで、文とは何か不思議なことをしているのだ、と思われてくるのだ。

94　「命題、この不思議なもの！」、すでにここで論理に関するすべての叙述が崇高化されている。命題記号[9]と事実の間に、純粋な中間的存在を想定する傾向が。あるいは同様に、命題記号そのものを純化し、崇高化しようとする傾向がすでにここにはある。―というのも、我々を怪物（キメイラ）狩りへと駆り立てる自分たちの表現形式によって、ごく普通のことが関わっているだけだということを見るのを、我々は様々な仕方で妨げられるからだ。

95　「思考は何か比類のないものでなければならない。」事態はしかじかであると述べ、そう意味するとき、我々は自分の意味したことにより事実のどこか手前に止まることは決してない。我々は、これこれが―しかじかで―在る、ということを意味するのだ。[10]―だがこのパラドックス[11]（確かにそれは、当たり前のこと、という装いをしているのだが）は、我々は事実でないことを考えることができる、と表現することもできる。

96　ここで述べられている特別な錯覚は、様々な面で他の錯覚へと繋がってゆく。こうして思考と言語は世界の比類なき相関者、その像であるように見えてくる。命題（文）、言語、思考、世界、という概念が縦一列に、互いに等価なものとして並ぶのである。（だがこれらの言葉はここで何のために使われるのか？　それらを使用する言語ゲームが存在しないのだ。）

97　思考は光輪に包まれている。―その本質たる論理は一つの秩序を描写する、それも世界のアプリオリな秩序、すなわち世界と思考に共通しているはずの可能性の秩序を描写する。しかしこの秩序は最高度に単純でなければならないように思われるのだ。それはすべての経験に先立つ、それは全経験を貫いていなければならない、それ自身にはいかなる経験的な不透明さや不確実さも付随していてはならないのだ。――それは最も純粋な結晶の秩序でなければならないのだ。しかしこの結晶は抽象ではなく、具体的な何か、それどころかもっとも具体的で、いわば最も硬いものに思われてくるのだ。

（『論考』5.5563）[12]

我々は次のような錯覚[13]の中にいる。我々の探究の特別さ、深遠さ、我々にとっての本質的なものとは、それが言語の比類なき本質を把握しようと努めているということの内にある、という錯覚である。言語の比類なき本質とはすなわち、命題、語、推論、真理、経験といった諸概念間の秩序である。この秩序は、いわば、超概念間の超秩序なのである。だが実際には、もし「言語」、「経験」、「世界」といった言葉が使用されるなら、それは「机」、「ランプ」、「ドア」といった言葉と同様に卑俗[14]な仕方で使用されるはずなのだ。

(b)「理想」についての根本的誤解 (98−108)

(b1) 文の意味の確定性の要求と「理想」の役割に関する誤解 (98−102)

98 一方で、我々の言語のあらゆる文が「そのままで問題がない」[15]ことは明らかである。すなわち我々が理想を目指して努力しているのでないことは明らかだ。つまり、日常のあいまいな文は完全で欠陥のない意味というものをまだ備えておらず、先ずは完全な言語が構築されなければならないかのように我々が考えているわけでないのは明らかなのだ。―他方で、意味が存在する所には、完全な秩序がなければならないことも明らかなように思われるのだ。――かくして最もあいまいな文においてすら、完全な秩序が潜んでいるのでなければならないということになるのだ。[16]

99 もちろん文の意味にはあちこちに隙間があることもある―と我々は言いたくなる―、しかしそれでも文は一つの決まった意味を持っていなければならない。不定な意味、―それは本当は意味ではないのだ。―これは、ぼんやりとした境界線は、本当は境界線ではない[17]、と言うのに似ている。人はここで、例えば、次のように考える。もし私が、「私はこの人を部屋に閉じ込めた、―一つのドアが開いているだけだ」と言うなら、―私はその人をまったく閉じ込めなかったのだ。その人は見かけの上で閉じ込められているだけだ。ここで人は、「だから君は何もしていないのだ」と言いたくなるかもしれない。穴の開いた境界は無きに等しいのだ、と。―しかし本当にそうなのか？

100 「もし規則に少しでもあいまいさがあるなら、それはゲームなんかではない。」―しかし本当にそれはゲームではないのか？——「なるほど、多分君はそれをゲームと呼ぶかもしれない。だがいずれにせよそれは完全なゲームではないのだ。」すなわち、それはその場合不純になっているのであり、ここで私は不純にされた当のものに興味を持っている、というわけなのだ。——しかし私は言いたい。我々は、理想が我々の表現の仕方において果たしている役割を誤解しているのだ、と。つまり、我々は本来そうしたものも「ゲーム」と呼ぶのだが、ただ理想に目がくらんだがために、「ゲーム」という言葉の本当の使用をはっきりと見ていないのだ、と私は言いたいのだ。

101 論理にあいまいさはあり得ない——と我々は言いたくなる。その時我々は、理想は現実の中に見出され「なければならない」、という観念の中で暮らしている。どのようにすればそれが見つかるのかも、この「なければならない」の本質もまだわかっていないのに、人はそこで暮らしているのだ。理想は現実の中に潜んでいるはずだと我々は思い込んでいる。なぜなら、すでにそれをそこに見出したと思い込んでいるからだ。

102 命題の論理構造の厳密で明晰な規則が、背後に存在するかのように、——悟性という媒体の中に隠れて存在するかのように我々には思われるのだ。私はそれを今すでに（媒体を通してではあるものの）見ているのだ。というのも私は記号を理解し、それによって何かを意味しているのだから。

（b2） 理想に関する誤解の本質と眼鏡の比喩 （103－104）

103 理想が、我々の思考の中に、腰を据えて動こうとしないのだ。君はその外に出られない。君は繰り返しそこに戻らざるを得ない。その外部は存在しない。その外には生きてゆくための空気が無い。—どうしてこんなことに？ この思い込みは、いわば眼鏡のように我々の鼻の上に乗っているのだ。そして我々は見るものを、それを通して見ている。我々は、それを外すという考えに思い至らないのだ。

104 我々は、描写の仕方に属することを、事物に関することとして述べているのだ。印象深い比喩が可能であれば、最高度に普遍的な事態を覚知したと誤解するのだ。

（ファラデー『ロウソクの科学』）「水は水であって、変化するということはありません。[18]」

（b3） 理想に関する誤解による現実からの遊離と、現実への回帰のために必要なこと （105－108）

105 あの秩序が、理想が、現実の言語の中に見出されなければならないと思い込むとき、我々は日常の暮らしで「文」、「語」、「記号」と呼ばれているものでは満足できなくなる。

論理が扱う命題（文）や語は、純粋で境界の明確なものでなければならない。そして我々は本当の記号の本質について頭を悩ませる。—それは記号の表象なのか、それとも現在の瞬間における表象なのか、と。

106 ここでは、いわば頭を水面に上げておくことが難しいのだ、—日常的に我々がそれについて考えているものの許に留まるべきだということに気づき、つぎのような誤った道に入り込まないでいるのが難しいのだ。その道に入り込むと、まるで我々は最高に繊細なことを記述しなければならないのだが、自分たちが持っている手段ではそれを記述することなどまったくできそうにないかのように思われるのだ。あたかも我々の状況が、破れたクモの巣を自分の指で修理しなければならないようなものに思えてくるのだ。

107 現実の言語について詳しく考察すればするほど、それと我々の要求の対立はますます激しくなる。(実際のところ論理の結晶の様な純粋さが私に示されたわけではなく、それは一つの要求だったのだ。) 対立は耐え難くなり、我々の要求はもはや空虚なものになろうとしている。—我々はツルツル滑る氷の上に入り込んだのだ。そこには摩擦がない。だからある意味で条件は理想的である。しかし、まさにそのために前に進めないのだ。我々は前に進みたい。だから摩擦が必要なのだ。ザラザラとした大地に戻れ!

108 「文」や「言語」と我々が呼ぶものは、かつて私が想像していたような形式的統一性を持つものではなく、大なり小なり互いに関係する諸形態の家族であることを我々は認識している。——しかし、それなら論理はどうなるのか? その厳密さのタガが、ここではずれてしまうように思えるのだ。—だがそれなら、論理がまったく消滅するのではないか？—なぜって、いったいどのようにして論理がその厳密さをなくすというのか？　もちろん我々が論理に対し、その厳密さを値切ることによってではない。—結晶のような純粋さという先入見は、我々の全考察を転回[19]させることによってのみ、取り除くことができるのだ。（考察は転回させなければならない、だが我々の本当の必要[20]を軸として、と言えるかもしれない。）

[21]

論理学の哲学が文や語について語るのは、日常生活において我々が、例えば、「ここに中国語の文が書かれてある」とか、「いや、これは文字のように見えるが本当は飾りだ」とか言う場合とまったく同じ意味においてである。

我々は言語の空間的・時間的現象について語るのであり、非空間的・非時間的なありもしないものについて語るのではない。［ただし、人はある現象に対して様々な仕方で興味を持つ。］[22]　しかし我々がそれらについて語る語り方は、我々がチェスの駒について語る語り方と同じである。我々はそれを規定する規則は述べるが、その物理的特徴については語らない。

「語とは本当は何なのか？」という問いは、「チェスの駒とは何か？」という問いに似ている。

（c）根本的な誤解から脱出するための闘いとしての新しい哲学（109－118）

（c1）悟性にかけられた魔法との闘いとしての哲学（109－110）

109　我々の考察が科学的考察であってはいけないという考え[23]は正しかった。「我々の先入見に反し、これこれのことが考えられる」という経験[24]――それが何を意味するにせよ――に、我々は興味を持つことができなかった。（思考を心的な媒体と捉える見方。）だが我々はいかなる種類の理論も立ててはいけないのだ。我々の考察には仮説的なものが存在してはいけないのだ。すべての説明は消え去らねばならず、記述だけがそれに取って代わることができるのだ。そしてこの記述はその光を、すなわちその目的を哲学的問題から受け取る。もちろんそれらは経験的問題ではない。それらは我々の言語の働きへの洞察を通じて、解かれる。より正確に言えば、それを誤解しようとする衝動に抗して我々の言語の働きが認識されることにより、それらは解かれる。これらの問題は、新しい経験を提示することによってではなく、ずっと以前からよく知られていることを組み合わせることによって解かれるのだ。哲学とは、我々の言語という手段を用いた、我々の悟性にかけられた魔法との闘いなのだ。

110　「言語（あるいは思考）とは比類なき何かである」――これが迷信（誤りではない！）であること、それ自身文法的錯覚によって呼び起こされた迷信であることが示される。

そして情熱[25]は、今や翻ってそれらの錯覚へと、問題へと向けられる。

（c2）　哲学的問題の深遠さと不安惹起性　（111－112）

111　我々の言語の形式の誤解から生じる問題は、深遠さという性格を持っている。それらは深い不安だ。それらは我々の言語の形式と同じところまで深く根を張り、それらが意味するものは、我々の言語の重要性と同じ重みをもっている。――なぜ自分が文法的な冗談を深いと感じるのかを、自らに問おう。（そしてこれこそが哲学の深さなのだ。）

112 我々の言語の形式の中に取り込まれている比喩[26]は、偽りの外見を呼び起こし、それが我々を不安にさせ、「でもそうはなっていない！」――と我々は言う。「それでもやはり、そうであるはずなのだ！」

（c3）命題と思考に関するある像の虜としての『論考』の錯覚（113―115）

113 「だがやはりそうなのだ……」、私は自分に向かって何度も口走る。私には、自分のまなざしをこのうえなく鋭く事実に向け、それに焦点を合わせることさえできれば、言語の本質が捉えられるはずであるかのように感じられるのだ。

114 『論理哲学論考』（4.5）、「命題の一般形式は、事態はしかじかである、というものである。」――これは人が自分に何回となく繰り返すたぐいの命題の一つである。我々は事物の本性を繰り返し追跡していると信じているのだが、実は事物の本性を考える形式に沿って進んでいるにすぎない。[27]

115 ある像[28]が我々を虜にして放さなかった。そして我々はそこから出られなかった。というのも、それは我々の言語の中に存在していて、言語が我々にそれを容赦なく反復しているように思われたからだ。

（c 4） 言葉の形而上学的使用の不当性と日常的使用への回帰の必要性 （116－118）

116 哲学者たちが言葉――「知識」、「存在」、「対象」、「自己」、「文（命題）」、「名」といった――を用いて事物の本質を捉えようとする場合はいつも、「この言葉はその生まれ故郷の言語において現実にそのように使われることがあるのか？」と自問しなければならない。――
我々は言葉をその形而上学的使用から、日常的使用へと今一度連れ戻すのだ。[29]

117 「でも君にはこの表現の意味がわかるだろう。つまり――君が知っているのと同じ意味で僕もこれを使っているのだよ」と私に言う人がいる。――あたかも言葉の意味とは、言葉が携えていて、どんな種類の使用にも持ち込める雰囲気であるかのように。
（もし、例えば、「これはここにある」は自分にとって意味がある、と（目の前の対象を指しながら）言う人がいるなら、この文は現実にどのような特定の状況で使用されるのかを自問してほしい。この文が意味を持つのは、そうした状況においてなのだ。）

118 この考察のどこに価値があるのだ？ というのもそれは、興味深いものすべてを、偉大で重要なものすべてを破壊しているだけのように見えるからだ。（まるで石の破片と瓦礫だけを残し、すべての建物を破壊しているかのように。）しかし我々が破壊しているのは、空中楼閣にすぎない。そして我々はそれらの破片を取り除き、その下にある言語の土台を明るみに出しているのだ。

(d) 新しい哲学の特徴 (119－129)

(d1) 現実の言語の十全性と哲学の非革新性 (119－121)

119 哲学が生み出すものとは、何らかの純然たるナンセンスの発見と、悟性が言語の限界に突進するときにこしらえるコブである。このコブによって我々は、その発見の価値を知るのだ。

120 言語(語、文、等々)について語る場合、私は日々の言語について語らなければならない。我々が述べたいと思っていることにとって、この言語は粗雑すぎるのか、物質的すぎるのか? それに、いったいいどうやって別の言語が作られるのか? ――そしてその場合、我々の言語で何かが始められるというのは、なんと不思議なことか!

言語にかかわる説明において私がすでに完全な言語(予備的なものや、暫定的なものではなく)を使用しなければならないということは、すでにそれ自身で、言語について私が申し立てられるのはその表面にあることだけだということを示している。

確かに。だがそうした論述がどうやって我々を満足させるというのだ? ――だが、君の様々な問い自体もすでにこの言語で述べられたではないか! 何かを問おうとしたとき、それをこの言語で表現しなければならなかったではないか!

つまり君の疑念は誤解なのだ。

君の問いかけは言葉に関するものだ、だから私は言葉について語らなければならないのだ。言葉ではなく、その意味が問題なのだ、と人は言う。そしてそのとき、言葉とは異なるものなのに、言葉と同種の事物であるかのようにその意味について考えている。こちらに言葉、そちらにその意味。お金とそれで買える牛。(だが他方、言葉とその意味の関係は、お金とその効用の関係に似ているのだ。)

121 次のように考える人がいるかもしれない。もし哲学が「哲学」という言葉の使用について語ろうとするなら、高次の哲学がなければならない、と。だがそのようなことにはならない。むしろ事情は正書法の場合と同じなのだ。正書法は「正書法」という言葉にも関わるが、だからといってその場合、高次の正書法になるわけではない。

(d2) 哲学的問題の原因としての文法の見通しの欠如 (122 - 123)

122 我々の無理解の主な源は、我々の言葉の使用が見渡せないことである。—我々の文法は見通しがきかない。—理解とはまさに「関係を見ること」に他ならず、全体を見渡せるような描写はそれをもたらすのだ。だから、中間項を見つけたり、考え出したりすることが大切になる。
全体を見渡せるような描写、という概念は我々にとって根本的な意義を持つ。それは、我々の描写の形式を、我々がいかに事物を見るかというその仕方を示す。(それは「世界観」なのか?)

123　哲学的問題は、「どうしていいかわからず、私は途方に暮れている」という形をしている。

（d3）　哲学の記述性、その数学の哲学への適用（124－128）

124　言語の実際の使用に、いかなる仕方においてであれ、哲学は手を触れてはならない。つまり、哲学は結局のところ、それを記述することしかできない。

なぜなら哲学は言葉の使用を基礎づけることもできないからだ。

哲学はすべてをあるがままにしておく。

哲学は、数学もまた、そのあるがままにしておく。そして、どんな数学的発見も哲学を前進させることはできない。我々にとって「数学的論理学の指導的問題」[30]は、他のすべての問題と同様に、数学の一問題にすぎない。

125　数学的発見や数理論理学的発見によって矛盾を解決することが哲学の仕事なのではない。そうでなく、我々を不安にしている数学の状態、矛盾が解消される前の数学の状態全体を見渡せるようにすることが、哲学の仕事なのだ。（そして、そうすることによって我々は困難を避けているわけではない。）

ここに存在する基本的事実とは次のようなものだ。つまり、我々はあるゲームのための規則と技法を定めているのだが、その規則に従う際に、想定していたのとは違った事態が進行しているのだ。つまり、いわば我々は、自分たち自身の規則に絡まっているのだ。

自分たちの規則へのこうした絡まりこそが、我々の理解したいもの、すなわち、見渡したいものなのだ。

このことは、我々の「意味（する）」という概念に一つの光を投げかける。というのも、数学のこうしたケースにおいて起こっているのは、自分たちが意味し、予見したのとは違った事態になる、ということだからだ。例えば、矛盾が生じたとき、我々はまさに「僕はこんなことを意味したのではない」[31]と言うのである。

矛盾の生活上の役割、あるいは社会における矛盾の役割を表すのが、これは哲学的問題だ、という言葉なのである。[32]

126 哲学はまさにすべてを、ただ目の前に置くだけであり、何かを説明したり、導出したりはしない。すべてが包み隠されずにそこにあるので、説明すべきものもないのだ。というのも、隠された何かがあるとして、それは我々には興味のないことなのだから。

あらゆる新しい発見と発明の前に可能なことも「哲学」と呼べるかもしれない。

127 哲学者の仕事とは、ある特定の目的のために様々な記憶を運び集めることである。

128 仮に誰かが哲学において様々なテーゼを打ち立てようとしても、それについて議論になることは決してありえないだろう。全員がそれに同意するだろうから。

（d4）探究の基礎の気づきにくさ（129）

129　事物の、我々にとって最も大切な側面（アスペクト）は、単純でありふれているため人目につかない。（人はそれに気づくことができない、―いつも目の前にあるために。）人間の探究の本当の基礎が我々の注意を引くことはない。このことがどこかで我々の注意を引かない限りは。―そしてこれが意味するのは、最も目立ち、最も強烈なことも、一旦見られてしまうと、我々の注意を引かないということである。

（e）新しい哲学の目的と方法（130－133）

130　我々の考察に登場する明瞭で単純な言語ゲームは、将来言語を規定するための予備的研究なのではない、―すなわち、それらは我々の言語に対する、摩擦や空気抵抗を無視した第一次近似のようなものではない。言語ゲームは、むしろ我々の考察において比較の対象としてあるのであり、類似性と相違を通じて我々の言語の有り様に光を当てるべきものなのである。

131　すなわち我々は、モデルをそれが本来そうであるものとして、すなわち比較の対象として―いわば物差しとして―示し、現実がそれに対応しているはずだとして我々が抱く先入見としては示さないことによってのみ、自分たちの主張が不当なものや空虚なものになることから逃れられるのだ。（哲学する際にあまりにもたやすく陥りがちな独断主義。）

132　我々が欲しているのは、言語の使用に関する我々の知識に何らかの秩序を生み出すことである。ある特定の目的のために何らかの秩序を、可能な多くの秩序の中の一つを生み出すことであり、それ以外にはないという秩序を生み出すことではない。この目的のために我々は繰り返し、日常的に用いている言語形式のために見逃しがちな様々な**区別**を強調する。そのため、我々が言語を改良することを課題とみなしているかのような外観が生まれるかもしれない。

　特定の実際的な目的のためにそうした改良、実際の使用での誤解を避けるための用語の改善は十分にありうることである。しかし我々が関わっているのはそうしたことではない。我々が関心を持っている混乱とは、いわば、言語が空転しているときに生じるものであり、言語が働いているときに生じるものではない。

133　我々は、言葉の使用規則の体系を、これまでに聞いたこともないようなやり方で精密にしたり、完全にしたりすることを欲しているのではない。

　というのも、なるほど我々が目指しているのはある**完全**な明瞭さなのだが、それが意味するのはただ、哲学的問題は**完全**に消滅しなければならない、ということだからだ。

　本当の発見とは、**私が**望むときに、哲学を途中で止めさせてくれるような発見である。―哲学に平穏をもたらし、哲学が自分で問題にした問いによって鞭打たれることがなくなるような発見である。

——しかし今は、様々な例を通じて一つの方法を示そう。そしてそれら一連の例を考察することは、途中で止めてもよい。——様々な問題が解かれる（様々な困難が取り除かれる）のであり、単一の問題が解かれるのではない。

33 哲学に単一の方法があるわけではない。哲学にはいくつもの方法が、いわば様々な治療法が存在するのだ。

パートⅡ（134–242）

理解・意味・規則を巡る哲学的諸問題

第五章　理解（134－155）

［本章では理解を巡る哲学的問題が考察の対象となる。前半では言葉の理解を巡って、後半では数列の理解を巡って考察が進められる。しかし本章の考察において「言葉」と「数列」（あるいは最も基礎的な数列としての「自然数」）は、理解という主題を巡る考察において取り上げられた単なる例ではなく、それ自身が独立した考察の対象として現れる。それゆえ本章の考察は、言葉、数列、理解、という諸概念、およびそれらの関係を巡って重層的に進められ、その意味で『探究』の考察の典型例となっている。本章の考察において繰り返し登場する哲学的問題が、理解の二つの側面の関係に関わる、「理解のパラドックス」とも呼ぶべきものである。本章で提示されたこの問題の解決は、次章で示される。］

（a）言葉の理解を巡る哲学的問題（134－142）

（a1）『論考』の「文（命題）」概念の再検討と「文」概念の言語ゲーム的規定（134－137）

134　「事態はしかじかである」[1]という文（命題）[2]について考えてみよう——どのような意味でこれが文（命題）の一般形式だと言えるのだろうか？——何より、これ自身が文、主語と述語を持つ日本語の文である。だがそれはどのように使われているのか——つまり我々の日常的な言語でどのように使われているのか？　というのも我々がこの表現を持ってきたのは、そこから以外ではないのだから。

例えば我々は、「彼は自分の立場を説明し、事態はしかじかだから前払いをしてほしい、と私に言った」と言ったりする。だからこのように使われる限りで、この文は、何らかの言明の代理の役割を果たしていると言えるだろう。それは文（命題）の型として使われているのである。だがそう言えるのは、この文が日本語の文の構造を持っているからに他ならない。代わりに「事実はこれこれだ」とか「事情はこうこうである」等々と言っても構わないだろう。あるいはまた記号論理学のように、単なる文字を変項として使うこともできるかもしれない。しかし、「p」という文字を文（命題）の一般形式と呼ぼうとする人はもちろんいない。繰り返すが、「事態はしかじかである」が文（命題）の一般形式であったのは、それ自身が日本語（ドイツ語）の文と呼ばれるものだからに他ならないのだ。だが、それは文ではあるが、文（命題）の型としてのみ使用される文なのだ。この文が現実と一致する（あるいは一致しない）ということは明らかにナンセンスだろう。つまり、この文は、文のように聞こえるということが、我々の文の概念の一つの特徴であることを身をもって示しているのだ。

135 しかし我々は文（命題）が何であり、「文（命題）」という言葉をどのように理解するかについてある概念を持っているのではないか？[3]——確かに。ただしそれは、「ゲーム」という言葉をどのように理解するかについて我々がある概念を持っている[4]のと同じ意味においてである。文とは何かと訊かれたら——答えるべき相手が他人であれ自分自身であれ——我々は様々な例を示すだろう。その中には文（命題）の帰納的系列[5]と呼べるものも含まれるだろう。つまり、我々が文の概念を持っているのは、このようにしてなのだ。（文の概念を数の概念と比べよ。）

136 「事態はしかじかである」が文（命題）の一般形式だという主張はその根本において、「文（命題）とは真または偽となることのできるものである」という説明に等しい。なぜなら「事態はしかじかである」の代わりに「これこれは真である」と言ってもよかったからだ。（あるいは「これこれは偽である」と。）つまり

「p」は真である＝p
「p」は偽である＝pではない

ということである。そして、「命題とは真または偽となることのできるものである」と述べることが意味するのは、我々の言語において真理関数の計算[6]を適用するものを、我々は文（命題）と呼ぶ、ということなのだ。

すると今度は、「文（命題）とは真または偽となることのできるものである」というこの説明は、「真」、「偽」の概念に（あるいは、「真」、「偽」の概念が）ぴったり合うものが文（命題）であると述べることによって文（命題）というものを規定しているかのように思えるのだ。つまり、あたかも我々には、先立って「真」、「偽」の概念があり、それに助けられて何が文（命題）で何がそうでないのかを決定できるかのように思われるのだ。真理概念に（ちょうど歯車のように）ぴったりかみ合うものが命題なのだ、というわけだ。

しかしこれは事態のまずい像である。それはちょうど誰かが、「チェスのキングとはチェック（王手）をかけられるその駒である」と言うのと同じだ。それが何かを意味しうるとすれば、チェスではキングにのみチェックがかけられる、ということでしかない。まったく同様に、「文（命題）のみが

真となりうる」という文も、もし何かを意味しうるなら、「真」、「偽」と言えるのは我々が文（命題）と呼ぶものについてだけだ、ということでしかない。そして文が何であるのかは、ある意味では（例えば、日本語の）文構成規則によって決定されるし、別の意味では、文と呼ばれる記号の言語ゲームにおける使用によって決定される。そして「真」、「偽」という言葉の使用もまたこのゲームの一構成要素となりうる。そしてその場合、これらの語の使用は我々にとって文の概念の一部になっていることになるが、それに「ぴったり合っている」わけではない。それは、チェックがかけられるということが我々のキングの概念の一部になっている（いわばその概念の一構成要素として）と言えるのと同じだ。チェックをかけられるということは我々のポーン（歩）の概念にぴったり合わないともし誰かが言うとすれば、それが意味するのは、ポーンにチェックがかけられ、ポーンを取られると負けるようなゲーム、―そんなゲームは面白くない、ばかばかしい、複雑すぎる、等々といったことだろう。

137 それでは、「誰が、あるいは、何が……か？」という問いを使って文の主語を決めることを我々が学ぶ場合はどうか？ ―なるほどここでは、この問いに対して主語となる言葉が「ぴったり合う」。というのも、もしそうでなければ、どうやって我々はこの問いを通じて何が主語なのかを知るのだろうか。我々が何が主語なのかを知る知り方は、「K」の次の文字が何かを、アルファベットを「K」まで暗誦することによって思い出すやり方に似ている。では、どんな意味で「L」は「K」までの文字列にぴったり合うのか？ ―そのような意味でなら、「真」、「偽」が文にぴったり合うと言えるかもしれない。そして子供に次のように言うことによって、文を他の言語表現から区別することを教えることができるかもしれない、「それに続いて「というのは本当だ」と言えるかどうか自分に訊ねなさい。もしそれがぴったり合うなら、それは文なのだよ」。（同様に、「その前に「事情は次の通りだ」と付け加えられるかどうか自分に訊ねなさい」、と子供に言ってもいいかもしれない。）

（a2）意味の瞬間的理解と使用としての意味の対立—理解のパラドックス（138–142）

138 それなら、私が理解する言葉の意味も、私が理解する文の意味にぴったり合うことができるのではないか？ あるいは、ある語の意味が他の語の意味にぴったり合うことができるのではないか？——言うまでもないことだが、もし語の意味が我々がその語を用いて行う使用であるのなら、それについてそのように「ぴったり合う」と言うことに意味はない。だが他方、我々は言葉を聞いたり発したりするとき、その意味を理解する。我々はそれを一瞬で把握する。そして、我々がそのように把握するものは、時間的な広がりを持つ「使用」とは確かに別のものなのだ！[7]

> 自分がある語を理解しているかどうかを私は知っていなければならないのか？ ある語を理解したと思い込み（ある計算法を理解したと思い込むように）、後になってそれを理解していなかったことに気づくということも起こるのではないか？（「私は「相対運動」と「絶対運動」が何を意味するのか知っていると思っていたが、それを知らなかったことがわかった。」）

139 誰かが私に「立方体」という言葉を発すれば、それが何を意味するのか私は知っている。だが私がそれをこのように理解するとき、この言葉の使用全体が私の頭に浮かぶことができるのか？

確かに。だが他方で、言葉の意味とはそうした使用によっても決まるのではないか？　そしてこれら二つの意味の決定法が相矛盾することはありうるのか？　我々がそのように一瞬で把握するものが、ある使用と一致してぴったり合ったり、一致せずぴったりと合わなかったりすることがありうるのか？　そして、一瞬のあいだ現れ、我々の頭に浮かぶものが、どのようにしてある使用とぴったり合ったりできるのか？

ある言葉を理解するとき我々の頭に浮かぶものとは、本当はいったい何なのか？ —それは何か像のようなものではないか？　像ではありえないのか？

それでは、「立方体」という言葉を聞いた時、君の頭にある像が浮かぶとしよう。例えば立方体の線描が。どんな意味でこの像は「立方体」という言葉のある使用にぴったり合ったり、合わなかったりできるのか？ —おそらく君は言うかもしれない、「それは簡単だ、—この像が私の頭に浮かび、私が、例えば、三角形のプリズムを指して「これは立方体だ」と言えば、その使用はこの像に合っていないのだ」[1]、と。—だが、その使用は合っていないのだろうか？　私はこの例を、それによれば確かに像がぴったり合うような投影法が簡単に思いつけるような例として、意図的に選んだのだ。

確かに立方体の像は語のある使用を我々に強く思い起こさせた。しかし私はそれを違ったように使用することもできたのだ。

a)　「この場合正しい言葉は……だと思う。」この言い方は、言葉の意味とは我々の頭に浮かぶ何かであり、いわば我々がここで使いたい正確な像のようなものだ、ということを示しているのではないか？　私が、「りっぱな」、「威厳ある」、「誇らしげな」、「尊敬の念を引きおこす」という言葉から一つを選ぶのだと想像してほしい。これはちょうど、ファイルの中にある何枚かのスケッチから一つを選ぶようなことではないのか。―そうではない。我々が「的確な言葉」について語るといっても、それは何かしかじかであるものの存在を示しているわけではない。そうではなく、ある言葉を的確と感じられるから、そして、しばしば言葉を、似ているが同じではない像の中から一枚を選ぶように選ぶから、我々はこうした像のような何かについて語りたくなるのだ。我々がしばしば像を言葉の代わりに使ったり、言葉の説明に使ったり、等々するから、そのように語りたくなるのだ。

b)　私がある像を見る。それは杖を突いて急な坂道を上る老人を描いている。―だがどうしてそのように解釈するのか？　老人が同じ姿勢で道を後ろ向きに滑り落ちても、同じように見えるのではないか？　火星人ならこの像をそのように描写するかもしれない。なぜ我々がそのように描写しないのか、私に説明する必要はない。

140　では私の誤りとはどんな種類の誤りだったのか？[8]　像が特定の使用を強いると私は思っていた、と人が表現したくなる誤りのことだ。そもそもどのようにして私はそれを信じることができたのだろうか？　その時私は何を信じていたのか？　我々にある特定の使用を強いる像、あるいは像のようなものが存在すると信じていたのか？　つまり私の誤りとはある混同だったのか？　―というのも、我々にはせいぜい心理的強制があるのみで、論理的強制は存在しない、と自分の考えを表現しようとしてもよかったからである。そして、確かにこのように考えると、我々は二種のケースを知っているように思われるのだ。

では私の議論[9]は何を示したのか？ それは我々に次のことを気付かせた（想起させた）のだ。つまり、自分たちが当初考えたのとは違うことも、状況によって我々はそれを「立方体像の使用」と進んで呼ぶだろう、ということに気付かせたのである。つまり、我々が「像は我々にある特定の使用を強いると信じていた」のは、あるケースのみを念頭に置き、別のケースについてまったく考えていなかったからなのだ。「別の解答も存在する」とは、私が進んで「解答」と呼ぶ別の何かが存在するということ、これこれの像、しかじかのアナロジーを私が進んで適用しようとする別の何かが存在するということである。

そしてここで重要なのは、ある言葉を聞いたとき、同じものが我々の頭に浮かびながら、その使用は異なるということがありうるということを認識することなのだ。その場合、その言葉はどちらのケースでも同じ意味を持っているのか？ そうではない、と我々は答えるだろうと私は思う。

141 しかし、単に立方体の像だけでなく、それに加えて投影法も頭に浮かぶとしたらどうか？ ――どんなことを想像すればいいのか？ ―例えば、投影法の図式的表現、つまり投影線で結ばれた二つの立方体の像が私の目の前に浮かぶ、といったことを想像すればよい。―だがそれで私は本当に前進できるのか？ その図の様々な使用を想像することもできるのではないか？ ――確かにそうだ。でも、ある使用法が私の頭に浮かぶということは考えられないか？ ―確かに。なるほどそうだ。ただし、この表現[10]を我々がどのように使うのかをもっとはっきりさせる必要がある。私が誰かに、その人が後で使うために様々な投影法を説明するとしよう。そして、どんな場合に我々は、私の意図した投影法がその人の頭に浮かんだと言うのかを自らに問うてみよう。

この問いに対して、我々は明らかに二通りの基準を認める。一つは、あるときに彼の頭に浮かぶ（どんな種類のものであれ）像であり、もう一つは―時間の中で―彼がその心像を用いて行う使用である。（そして、この像が彼の想像の中に浮かんだものであって、目の前にあるスケッチやモデルでないということ、あるいは彼が制作するモデルではないということが、ここではまったくどうでもいいことであるのは明らかではないか？）

ここで像とその使用が衝突するということは起こりうるのか？ 考えるに、その像が我々に別の使用を期待させる限りにおいて、両者は衝突しうるのだ。というのも、ふつう人間はこの像をこのように使用するからだ。[11]

ここにはノーマルなケースと、様々なノーマルでないケースがある、と私は言いたいのだ。

142 言葉の使用があらかじめ我々に明確に指定されるのは、ノーマルなケースにおいてのみである。そのとき我々は、この場合、あの場合に何と言わなければならないかを知っており、それに何の疑いも抱かない。ケースがノーマルでなくなればなくなるほど、そこで何と言うべきかが疑わしくなる。そしてものごとが現実の在り方とまったく変わってしまったなら、――例えば、痛みや恐れや喜びに特徴的な表現がなくなってしまえば、あるいは、規則であることが例外となり、例外が規則となったなら、あるいは双方が大体同じ頻度で起こったなら、――我々の通常の様々な言語ゲームはそれにより意味を失うだろう。―チーズの塊を天秤に乗せて、天秤の振れによって値段を決めるという手続きは、もしこうした塊がはっきりした原因なしに突然膨らんだり、縮んだりしたなら、意味を失うだろう。この考察の意味は、感覚とその表現の関係やそれに類する事柄について語るとき[12]、もっとはっきりするだろう。

> ある概念の意味、私はその重要性のことを言いたいのだが、を説明するために我々が言わなければならないことは、しばしば、極端にありふれた自然に関する事実である。あまりにもありふれているため、今までほとんど語られたことのないような自然に関する事実である。

(b) 数列の理解を巡る哲学的問題 (143-155)

(b1) 自然数概念の習得と理解 (143-147)

143 それではここで、次のような種類の言語ゲームについて考えよう。すなわち、Aが命令するとBは一定の構成規則に従って記号の列を書かなければいけない。

こうした記号列の最初のものが十進法で表記された自然数だとしよう。—Bはどのようにしてこのシステムが理解できるようになるのか? —まず手本として数列が示され、彼はそれをまねて書くよう促される。(「数列」という言葉に突っかからないように。ここでこの言葉は不当に用いられているわけではない。)そしてすでにこの段階で、学習者のノーマルな反応とノーマルでない反応というものが存在する。—例えば最初彼の手を取って0から9まで同じように書くよう導くとしても、伝達の可能性は彼が自力でそのあとを続けられるかどうかにかかってくるだろう。―そしてここで、学習者は確かに自力で数字を書くのだが、数列の順序で書くのでなく、今はこれ、次はあれ、と無秩序に書くと想像することもできる。そしてその場合、伝達はここで途絶える。―あるいは学習者が順番を「間違える」こともある。―このケースと先のケースの違いは、いうまでもなく頻度の違いである。―あるいは学習者が系統だった間違いをすることもある。例えばいつも一つ飛ばして数字を書いたり、あるいは、0,1,2,3,4,5,……を1,0,3,2,5,4,……と書き写すといった具合に。この場合我々は、彼は我々の言っていることを間違って理解しているのだ、とつい言いたくなってしまう。

だが、無秩序な間違いと系統的な間違いの間に、はっきりした境界がないことを忘れてはいけない。つまり君が「無秩序な間違い」と呼びたくなるものと、「系統的な間違い」と呼びたくなるものの間に、である。

そして場合によっては、学習者の系統的な間違いを止めさせられることもできるだろう（悪い癖のように）。あるいは学習者の書き写し方を認めたうえで、通常の書き方をその変種やヴァリエーションとして教えようとすることもできるだろう。―そしてここでも、我々の生徒の学習能力が途切れてしまう可能性があるのだ。

144 「ここで我々の生徒の学習能力が途切れてしまう可能性がある」と述べるとき、私は何を言おうとしているのか？ それを自分の経験から伝えているのか？ もちろん違う。（仮にそうした経験が私にあったとしても。）それではこう言うことで私は何をしているのか？ つまるところ私は君に、「なるほど確かにそうだ。そうしたことも想像できる、そうしたことも起こりうる」、と言ってほしいのだ。[13] ―では私が望んでいたのは、人に、自分にはこうしたことが想像できるということを気付かせることだったのか？ ――私はこうした像を人の眼前に示したかったのだ。そして人がこの像を認めるとは、与えられたケースを違ったように考えようとすること、すなわちそれを、これらの一連の像と比べようとすることなのだ。私はその人のものの見方を変えたのだ。（インドの数学者、「これを見よ！」[14]）

145 さて、生徒が0から9までの数列を我々が満足できるように書くとしよう。―そしてこう言えるのは、彼が百回に一回正しく書く場合ではなく、頻繁に正しく書く場合のみである。それから私は彼を数列のさらに先へと導き、初めの数列が一の位で繰り返されることに注意を向けさせ、次に十の位で繰り返されることに注意を向けさせる。（これは、私がある種の強調を用いたり、記号にアンダーラインを引いたり、しかじかの仕方で記号を上下に並べて書いたり、といったことを意味するにすぎない。）―そして彼はそのうち独力で数列を続けるようになる―あるいはそうならない。―だがどうして君はそんなことを言うのだ。それは当たり前じゃないか！ ―もちろんそうだ。私はただ、更なる説明に効果があるかどうかは彼の反応に依存する、ということを言いたかったのだ。

そして教師の様々な努力によって生徒が数列を正しく書く、つまり我々と同じような仕方で書くとしよう。こうして我々は、彼はこの表記法をマスターした、と言えるようになる。―しかし我々がそう言うことが正しいためには、彼はどこまで数列を続けなければならないのか？ ここで境界線を決められないことは明らかだ。

146　では私が、「数列を百番目のところまで続けたなら、生徒はこの表記法を理解したことになるのか？」と訊ねるとしたらどうか？　あるいは—我々の原初的言語ゲームで「理解する」ということについて語るべきでないというのなら、「数列をそこまで正しく続けたなら、彼は表記法を自分のものにしたことになるのか？」と訊ねるとしたらどうか？　—これに対して君はおそらくこう言うかもしれない、「表記法を自分のものにする（あるいは、理解する）ということは、数列をこの、あるいは、あの数まで続けるということではありえない、それは理解の適用にすぎない。理解そのものは、そこから正しい使用が生まれるある状態なのだ」、と。

このように言うとき、君は本当のところ何について考えているのか？　数列をその代数的表現から導くことを考えているのではないか？　あるいは、とにかくそれに類することを考えているのではないか？　—だが、我々はその問題にすでに一度遭遇している。[15] ある代数式に対して、一つ以上の適用法が考えられるのではないのか。望むとあらばそれぞれの適用法をさらに代数的に表記することはできるが、もちろんそれによって我々が前進するわけではない。—依然として適用が理解の基準なのだ。

147　「しかしどのようにして適用が理解の基準となることができるのだ？　ある数列の法則性がわかったと私が言う場合、自分は今までこの代数式をこれこれのように適用してきたという経験に基づいて言っているわけではないのだ！　少なくとも自分自身に関しては、自分が意味しているのがこれこれの数列だということを、現実にその数列をどこまで展開したことがあるのかとは無関係に私は知っているのだ。[16]」—

つまり君はこう言いたいわけだ。自分は数列の法則の適用を、現実に特定の数にそれを適用したという記憶とはまったく無関係に知っているのだ、と。そして君はおそらく次のように言うかもしれない、「当たり前じゃないか！　数列自身は確かに無限であり、私が展開できた数列の部分は有限なのだから。」[17]

(b2) 自然数の知識について (148–150)

148　だがこの知識は何に存するものなのか？　次の問いについて考えてほしい。この適用法を君はいつ知っているのか？　常に？　昼も夜も？　それともこの数列の法則について直接考えている間だけなのか？　つまり、君はこの適用法をアルファベットや九九を知るのと同じような仕方で知っているのか、それとも、君はある意識状態や意識上の出来事（例えば、「何かについて考える」といった意識の状態や出来事）を「知識」と呼ぶのか？

149　アルファベットの知識は心の状態だと言うとき、我々はある心的器官（たぶん、我々の脳）の状態について考えている。我々はそれによってこの知識の現れを説明するのだ。こうした状態を我々は傾性[18]と呼ぶ。しかしこの状態については二通りの基準が存在するはずなので、このように心の状態について語ることに異論の余地は残る。二つの基準とは、器官のはたらきと切り離して考えられた器官の構造に関する知識と、器官のはたらきそのものである。（ここで意識の状態と傾性の対立に対して「意識的」、「無意識的」という言葉を用いることほど混乱を招くことはない。この言葉の対は文法的区別を覆い隠すからである。）

a)「語を理解すること」、ある状態。だが心的状態なのか？—悲しみ、興奮、痛み、を我々は心的状態と呼ぶ。以下の文法的考察を行え。我々は次のように言う、

「彼は一日中悲しんでいた」

「彼は一日中とても興奮していた」

「彼は昨日から絶え間なく痛みを感じていた」—

我々は、「私は昨日からこの語がわかるようになった」とも言う。だが、「絶え間なく」なのか？—確かに我々は理解の中断について語ることができる。だがどんな場合に？「君の痛みはいつおさまったのか？」と「君はこの語がいつわからなくなったのか？」を比べよ。

b)君はいつチェスができるのか、と訊ねられたらどうか？常に？それとも、ある手を指している間？その場合、それぞれの手を指す間にチェス全体ができるのか？—だが、チェスができるということにそんな短い時間しかかからないのに、一局のチェスをするのにはそれよりずっと長い時間がかかるというのは、なんと奇妙なことか。


150「知る」という言葉の文法が「できる」や「する能力がある」といった言葉の文法と密接に結びついていることは明らかである。だがそれは同時に「理解する」という言葉の文法とも密接に結びついている。（ある技法を「マスターする」こと。）

（b3）「理解する」、「知る」の体験的側面と理解のパラドックス（151－155）

151 ところで、「知る」、「わかる」[19]という言葉には次のような使用法もある。我々は、「わかった！」と言う—そして、「できるぞ！」とか「理解した！」とも言う。

次のような例を考えてみよう。Aが数の列を書く。Bはそれを見て、数列の法則性を見つけようとする。もし見つけたら彼は、「続けられるよ！」と叫ぶ。——つまりこの能力、この理解は、ある瞬間に現れるものなのだ。それなら、ここで現れるのが何なのかを調べてみよう。—Aが1,5,11,19,29という数列を書く、そこでBが、続きが書けるよ、と叫ぶ。ここで何が起こったのか？ 様々な可能性がある。例えば、Aがゆっくりと数をひとつずつ書いてゆく間、Bはいろいろな代数式を書かれた数に当てはめようと試み続ける。Aが19という数を書いたとき、Bは $a_n = n^2 + n - 1$ という式を試す、そして次の数でその仮定が正しいことがわかる。

あるいはBは代数式のことは考えず、Aが数を書いてゆくのをある緊張感とともに見る。その時彼の頭には様々な不明瞭な考えが浮かぶ。そしてようやく彼は「数と数の差はどんな数列になるのか？」と自問する。それが4,6,8,10であることに気づき、続けられるよ、と彼は言う。

あるいは数を見て彼は、「ああ、この数列知っているよ」と言う—そしてAが1,3,5,7,9という数列を示した場合と同じような調子でこの数列を続ける。—あるいは彼はまったく何も言わず、ただ数列を続ける。おそらく彼は、「これは簡単だ」と人が言うときの感覚を感じていたのかもしれない。（それは、例えば、軽く驚いたときのように、息を軽く素早く吸い込む感覚である。）

152　だが、今私が描写して来たこれらの出来事が、理解する、ということなのか？
「Bはこの数列のシステムを理解する」が意味しているのは、単に"a_n＝……"という式が彼の頭に浮かぶということではない！　なぜなら、式が頭に浮かびながらも彼は理解していない、ということも十分に想像可能なのだから。「彼は理解する」は、彼の頭に式が浮かぶということ以上のものを含んでいなければならない。そして同様に、それらの多少なりとも理解することに特徴的な随伴過程、あるいは、表出のどれをとっても、理解することはそれ以上のものを含んでいなければならないのだ。

153　いま我々は、それらの比較的粗く、それゆえに我々の目につきやすい随伴現象の背後に隠されているように思われる理解という心的過程を捉えようとしている。しかしそれはうまくゆかない。あるいはより正確に言うなら、それは本当の試みにすらまったくならない。なぜなら、それらの理解の事例すべてで起きている何かがたとえ見つかったとしても、—なぜそれが理解でなければならないのか？　そして実際、確かに理解しているがゆえに私が「理解した」と言う場合、いったいどのようにして理解の過程が隠されたりできるのだろうか?!　そしてもし私が理解は隠されていると言うのなら、—そもそも私は、自分が何を探せばよいのかをどのようにして知るのか？　私は混乱しているのだ。

154　だがちょっと待て。—「私はこのシステムを理解した」が「私の頭に……という式が浮かんだ」（あるいは「私が式を口にする」や「私が式を書く」など）と同じことを言っているのでないとして—そこから、「……が理解できた」や「続けられるぞ」という文を私がある過程の記述として、式を口にすることの背後や近くで起こっているある過程の記述として用いているということが導かれるのか？

もし「式を口にすること」の背後に何かが存在しなければならないとしたらそれは、式が頭に浮かんだ場合に—私が「規則を理解した」と言う権利を与える一定の状況である。

決して理解を「心的な過程」として考えてはいけない。—なぜなら、それは君を混乱させる語り方だからだ。その代わりに、どんな場合、どんな状況で「続けられるぞ！」と我々が言うのかを自らに問いたまえ。私が言いたいのは、我々の頭に式が浮かんだ場合、どんな状況でなら、ということだ。

—

理解に特徴的な過程（心的な過程も含む）が存在するという意味では、理解は心的な過程ではない。

（痛みの感覚が取り除かれること、それが増大すること、メロディーや文を聞くこと、それらは心的な過程である。）

155 つまり私が言おうとしたのは次のことなのだ。突然続け方がわかり、システムを理解したとき、おそらく彼はある特定の体験をしただろう—そして「突然システムがわかったとき君に起こったのはどんなことだったのか？」と訊ねられたなら、たぶん彼はそれを我々が右でしたような風に描写するだろう——だが、我々にとっては、こうした場合彼に「私は理解した」とか「私は続け方がわかった」と言う権利を与えるのは、彼がそうした体験をする状況なのである。

第六章　理解と体験（156－184）

［本章では第五章に続き「理解」及びそれに類する心的概念に関する哲学的諸問題について考察が進められる。本章前半では、そうした概念が表す心的行為を厳密に規定しようとすること自体が誤りであることが、「読む」という概念を例として多角的に示される。他方本章後半では、「理解」のような心的行為の本質を特定の体験に求めようとする考えがどのような誤解であるのかが示される。それと共に前章で提示された「理解のパラドックス」を生む原因が示され、その解決が示される。］

（a）心的概念を厳密に規定しようとすることの誤り——「読む」を例とした考察（156－171）

（a1）「読む」を特定の体験を指す概念と考えることの誤りと「読む」の実際の姿（156－161）

156　このことは、[1]「読む」という別の言葉についての考察をここに挿み入れることにより、一層明らかになるだろう。最初に、この考察で私は、読んだものの意味を理解することを「読む」と呼ぶのではないということを述べておかなければならない。ここで私が「読む」と呼ぶのは、書かれた文字や印刷された文字を音に変換する活動であり、さらに口述を筆記する活動や印刷されたものを手で書き写す活動、あるいは楽譜を演奏する活動、等もそれに含まれる。[2]

　我々の日常生活におけるこの言葉の使用法は、もちろん我々に極めてよく知られている。しかしながら、我々の生活においてこの言葉が演じている役割、そしてこの言葉を用いた言語ゲームは、大まかに描写することすら極めて困難であろう。ある人間、仮にドイツ人としよう、が我々にとって普通の種類のレッスンを学校や家庭で受け、それを通じて母語を読むことを学んだ。その後、彼は本や手紙や新聞などを読む。

さて、彼が、例えば、新聞を読むとき、何が起こっているのか？——彼の眼は—いわば—印刷された言葉に沿って滑ってゆき、彼がそれらを読み上げる、—もしくは声を出さず自分に対してだけ読む。より詳しく言うなら、ある種の語は印刷された形を一つの全体として捉えて読み、別の語は眼が最初の音節を捉えてから読み、いくつかの語は音節ごとに読み、ときには一文字ずつ読むこともあるだろう。—読んでいるとき、声を出して読み上げるのでも、声を出さず自分に対してだけ読むのでもないが、後で読んだ文をそのままに、あるいはほぼそのままに再現できる場合も、我々は、彼は文を読んだ、と言うだろう。—彼は自分が読んでいる内容に注意を払うこともあれば、—言ってみれば単なる読み取り機として、声を出して正確に、自分が読んでいる内容に注意を払わずに読むこともある。その場合、おそらく彼の注意はまったく別のことに向けられているだろう。（その場合、読んだ直後に、何を読んだのかと聞かれても答えられない）。

さてこの読み手を初心者と比べてほしい。初心者は単語を、苦労してその綴りをたどりながら読む。—だがいくつかの単語は文脈から推測することもある。あるいは場合によっては文章の一部をあらかじめ暗記していることもあるだろう。こうした場合教師は、「この生徒は本当は単語を読んでいない」と（ある場合には、「読んでいると偽っているだけだ」と）言う。

この読み方、初心者の読み方、について考えて、読むとはどんなことかと自問するとき、それは特別の意識的な精神活動だ、と我々は言いがちである。

この生徒について我々はまた、「本当に読んでいるのか、それともただ言葉を暗記しているだけなのかは、もちろん彼しか知らない」とも言う。(「彼しか知らない」ということの文については、いずれ語る必要がある。)

だが、――印刷されたどれか一つの単語の読み上げに関する限り――それを読んでいると「偽っている」生徒の意識の中で、それを「読んでいる」熟練した読み手の意識の中で起こっているのと同じことが起こっていることもあると認めなければならない、と私は言いたい。我々が初心者について言う場合と、熟練した読み手について言う場合で、「読む」という言葉は違ったように使われているのだ。――もちろんここで我々は、熟練した読み手と初心者が語を読むとき、彼らに起こっていることは同じではありえない、と言いたくなる。そして彼らがいま意識できる範囲で何の違いもなければ、彼らの精神の無意識の働きの中に、あるいは彼らの脳の中に違いがある、と言いたくなる。――つまり我々は、とにかくここには二つの違ったメカニズムがあるのだ、と言いたくなるのだ！　そしてそこで起こっていることが、読むことを読むのでないことから区別するはずなのだ。――だが、つまるところそれらのメカニズムは、単なる仮説、君が経験していることを説明したり統合したりするためのモデルにすぎない。

157　次のような場合について考えよう。人間あるいは他の生き物が、我々によって読み取り機として使用される。この目的のために彼らは訓練される。彼らを訓練する者は、ある者たちについて「彼らはすでに読める」と言い、他の者たちについては「まだ読めない」と言う。これまで訓練に参加していなかった生徒の場合を考えてほしい。書かれた単語が示されると、彼はときどき何らかの音を発する。そして時としてその音が正しいということが「偶然」起こる。こうした場合に生徒の音を聞いた第三者が、「彼は読んでいる」と言う。しかし教師は、「違う。彼は読んでいない。あれは単なる偶然だったのだ」と言う。―だが、さらに多くの語が示されてもこの生徒がそれらに正しく反応し続けると仮定しよう。しばらくして教師は、「彼はもう読めるぞ！」と言う。―では、あの最初の語はどうだったのか？　教師は、「私が間違っていた。彼はやはりそれを読んでいたのだ」と言うべきなのか、―それとも「あとになって初めて本当に読むようになったのだ」と言うべきなのか？　―彼はいつ読み始めたのか？　彼が読んだ最初の語はどれか？　この問いはこの場合意味を持たない。もっとも我々が、「ある者が「読む」最初の語とは、彼が初めて正しい音を50語連続して出し続けた場合の最初の語である」（あるいは同様のこと）と定義するのなら、話は別だが。

これに対して、もし我々が「読む」という言葉を記号から話された音への移行の定まった体験を表現するために使うのなら、彼が本当に読んだ最初の言葉について語ることは、確かに意味を持っている。その場合彼は例えば、「その語のときに初めて「私は今読んでいる」という感覚を感じた」と言える。

あるいはこれと違った、自動ピアノと同じ仕方で記号を音に翻訳する読み取り機を考えてみよう。この場合なら、「これこれのこと―この部品とこの部品がコードで繋がっている―が起こった後に初めて機械は読んだのだ。それが最初に読んだ記号は……だ」と言えるだろう。

だが生きた読み取り機の場合、「読む」が意味するのは、書かれた記号にしかじかの仕方で反応する、ということであった。つまりこの概念は、心的なメカニズムや他のメカニズムからまったく独立したものだったのだ。[3] ―この場合教師は訓練を受けている者について、「彼はその語をおそらくすでに読んでいたかもしれない」と言うこともできない。なぜなら彼が何をしたかに関して疑問の余地はないからである。—生徒が読み始めたときの変化とは、ふるまいの変化だったのだ。だからここで、「新しい状態での最初の語」について語ることに意味はないのだ。

158 しかしそれは単に、脳と神経系の諸過程に関する我々の知識が乏しすぎるからなのではないか？それらがより正確に知られたなら、訓練によってどの結合が生み出されるのかがわかり、その結果、生徒の脳内を見て「彼は今この語を読んだ、読字結合が今生まれた」と言えるだろう。——そして、確かにそうであるはずなのだ。—というのも、我々はそうした結合が存在するということを、それ以外の仕方でどのように確信できるのだろうか？　確かにアプリオリ[4]にそうなのだ、—それともそれは単に確からしいだけだというのか？　それならどれほど確からしいのか？　これらの事柄について君がいったい何を知っているのか、よく考えてみることだ。——だが、それがアプリオリであるとして、そのことが意味するのは、それは我々にとって大いに納得のゆく描写形式[5]だ、ということなのだ。

159 だが我々は、こうしたことについてじっくり考えていると、人が読んでいることの唯一の本当の基準は意識的な読むという行為、文字から音を読み取る意識的な行為だ、と言いたくなる。「人は確かに、自分が読んでいるのか、読んでいると偽っているだけなのか、を知っている。」—Aが、自分はロシア文字が読めるとBに信じさせようとしているとしよう。Aはロシア語のある文を暗記し、印刷されたその文を見ながら、あたかも読んでいるみたいにその文を言う。確かにこれについて我々は、自分が読んでいないことをAは知っており、読んでいるふりをしながらそのことを感じている、と言うだろう。というのも印刷された文を読むことに大なり小なり特徴的な一群の感覚というものが当然存在するからだ。それらを想起するのは難しくない。例えば、読んでいて引っかかる感覚、より詳しく見る感覚、読み違える感覚、語と語の繋がりがなじみ深かったり、見慣れなかったりする感覚、などについて考えてみたまえ。そして同様に、暗記したものを声に出して言うことに特徴的な感覚も存在する。そして我々のケースでAは、読むことに特徴的な感覚は何も持っていないだろう。彼が持っているのはおそらく、嘘をつくことに特徴的な感覚だろう。

160 だが、次のようなケースを想像してほしい。文がすらすらと読める人に、今までに見たことのない文章を渡して読ませる。その人はそれを我々に読む——だがそのとき、暗記した文を言っているかのような感覚を持つ（それは何らかの毒物の影響かもしれない）。こうした場合に我々は、この人はその文章を本当は読んでいないのだ、と言うだろうか？　言い換えるなら、ここで我々はその人の感覚を、彼が読んでいるかどうかの基準として認めるのだろうか？

あるいは次のようなケースも想像してほしい。特定の毒物の影響を受けている人に、実在するどんなアルファベットにも属さない記号の列を示す。するとその人は、あたかもその記号が文字であるかのように、文字数に応じて様々な語を言い、しかも読むことに伴うあらゆる外的な特徴と感覚を伴っている。（我々は夢の中でこれに似た体験をする。そんな時我々は目覚めた後、例えば、「それは記号じゃないのに、私はまるで記号を読んでいるようだった」と言う。）こうした場合、ある人々は、この人は記号を読んでいる、と言いたくなるだろうし、別の人々は、読んでいない、と言いたくなるだろう。—次のように仮定してほしい。同様の設定でこの人が一組の記号を「OBEN」[6]と読み（あるいは、と解釈し）—続いて同じ記号を逆の順序で示されると「NEBO」と読み、それ以降のテストでも一貫して記号の同じ解釈を保ち続ける。この場合我々はおそらく、彼はその場であるアルファベットを自分でこしらえ、それに従って読んでいるのだ、と言おうとするだろう。

161 ここでは、読むべきことをあらかじめ暗記して機械的に言う場合と、推測や記憶に一切頼ることなくそれぞれの語を一文字ごとに読む場合の間には、連続的に変化する一連のケースが存在するということも、よく考えてみないといけない。

次のことを試してみたまえ。1から12までの数を言う。次に時計の文字盤を見て数字を順に読む。—第二の場合に君が「読む」と呼ぶものは何だったのか？ 言い換えるなら、それを読むことにするために君は何をしたのか？

（a2）「読む」を規定することの限界（162－164）

162 「手本からその複製を導き出すとき、人は読んでいる」、という「読む」の定義について考えてみよう。ここで「手本」というのは、人が読むテキスト、書き写すテキスト、筆記する口述、演奏する総譜、等々である。[7]—仮に我々がある人にロシア文字とその読み方を教え、その人が示されたテキストを一文字一文字教えられたように発音しながら読めば、—確かに我々は、この人は語の字面から与えられた規則を使って音を導き出したのだと言うだろう。そしてこれもまた読むことのはっきりした事例である。（我々はこの人にこのアルファベットの規則を教えたのだ、と言えるかもしれない。）

しかしなぜ我々は、この人は印刷された語からその発音を導き出したのだ、と言うのか？　我々がこの人に文字の読み方を教え、そしてこの人が声を出して語を読んだということ以上のことを我々は知っているのか？　この場合おそらく我々は、生徒自身が、自分は教えられた規則を使って印刷されたものから発音へと移行したのだということを示している、と答えるだろう。――人がこうしたことをどのように示すことができるのかは、先の例を変えて、生徒がテキストを読み上げる代わりに書き写すように、活字体を筆記体へと転写するようにすれば、もっとはっきりするだろう。というのもこの場合我々は、表という形で規則を生徒に与えられるからだ。一方の欄に活字体が、もう一つの欄に筆記体が書かれた表だ。そうすると、生徒が筆記体を活字体から導き出していることは、彼が表を目で追っていることによって示されるわけだ。

163　だが、生徒がこの課題を実行するとき、いつもAをbに、Bをcに、Cをdに書き換え、以下同様にしてZをaに書き換えたらどうか？　――我々はやはりこれも表による導出と呼ぶだろう。――この場合生徒は第86節の第一の図の代わりに第二の図を使っているのだと言えるだろう。

どんな単純な規則性もないような矢印の図によって生徒の行為が説明できる場合でも、おそらく我々はそれも表による導出と呼ぶだろう。

だが生徒が一つの書き換え方を続けるのでなく、ある単純な規則に従って書き換え方を変えるのだと想定してみよう。一度Aをnに書き換えたなら、次のAはoに書き換え、次はpに書き換えるという具合に。――だが、こうしたやり方と無秩序なやり方の境界はどこにあるのか？

しかしそれなら、「導き出す」の意味を追求してゆくと溶けてなくなってしまうように思えるから、それ本来の意味というものは存在しない、ということになるのか？

164　第162節で「導き出す」という言葉の意味は我々の目の前にはっきりとあった。だが我々は、それは導出のまったく特殊な一例、まったく特殊な外装の一つに過ぎず、もし導出の本質を認識したいのなら、それを脱がさなければならないと考えた。そして我々は特定の外皮をそれから取り除いた。だがそうすると導出そのものが消えてしまった。―本当のアーティチョークを見つけるために、我々はその花びらをすべて剝ぎ取ってしまったのだ。というのも、確かに第162節の例は導出の個別例なのだが、導出に本質的なものは事例という外観の下に隠されているのではなく、むしろその「外観」が、一つの家族を構成する導出の様々な事例の一つだったのだ。

そして同様に「読む」という言葉も我々は、様々な事例の家族に対して使っているのだ。そして我々は様々な状況に応じて、ある人が読んでいるかどうかについて様々な基準を用いるのだ。

（a3）「読む」の本質である特別な体験は存在しないこと（165－171）

165　それでもやはり、読むというのはまったく特定の過程だ、―と我々は言いたくなる。印刷されたページを読めばそれはわかる。そこでは特有の何かが、極めて特徴的なことが起こっているのだ。―それなら、印刷物を読むとき起こっていることとは何なのか？　印刷された言葉を見て、それらを発音する。だがもちろんそれだけではない。印刷された言葉を見て、それらを発音し、それでも私はそれらを読んではいない、ということもありうるからだ。私の発音が、実在するアルファベットに従ってその印刷されたものを読み上げればそうなるはずのものであったとしても、である。—そして、読むとは特定の体験なのだ、と言う場合、人々に広く知られているアルファベットの規則に従って読むかどうかということはまったく無関係なのだ。—それでは読む体験に特徴的なこととはどんなものなのだ？ —それについて私は、「私が発音する言葉は特別の仕方でやってくる」と言いたい。つまり、思いつきで言う場合とは違った仕方でそれらの言葉はやってくるのだ。—それらは自然にやってくるのだ。—だがこれもまた十分ではない。というのも印刷された言葉を見ているときにそれらの言葉の音が頭に浮かび、それでもそれらの言葉を読んではいない、ということもあるからだ。—それについてはさらに、それらの音は、それらの言葉を見て何かを思い出すような仕方で浮かぶのではない、とも言えるだろう。例えば、“nichts”という言葉は常に私に「ニヒツ」という音を思い出させる、と言いたいのではないのだ。—そうではなくて、読んでいるとき発音される音は、いわば、するりと入り込んでくるのだ。そうだ。印刷されたドイツ語の言葉を見ると、その音が頭の中で聞こえるという特有の出来事が必ず私には起こるのだ。

「まったく特定の」（雰囲気）という表現の文法。
我々は「この顔はまったく特定の表情をしている」と言い、それからその特徴を表現する言葉を探す。

166 読んでいるとき発音する言葉は「特別の仕方で」やってくると私は述べた。だがどんな仕方で？

それはフィクションではないのか？　一つ一つの文字を見て、音がどんな仕方でやってくるのかに注意してみよう。Aという文字を読んでみたまえ。―さて、音はどのようにやってきたのか？　―何と言えばいいのかまったくわからないだろう。――次に小文字のaを書いてみたまえ。―書くとき手の動きはどのようにやってきたか？　前の試みで音がやってきたのとは違った仕方でやってきたか？　―

私は活字体の文字を見て、それを筆記体で書いた。私にはそれしかわからない。――では、という記号を見て、何か音を思い浮かべ、それを発音してみたまえ。私は「ユー」という音が思い浮かんだ。しかし、本質的な違いは、その音がやってきた仕方にあったとは言えないだろう。違いは、それとは別の、次のような状況の中にあったのだ。私はあらかじめ「何か音を思い浮かべなければならない」と自分に言いきかせた。音が浮かぶまである緊張感が私にあった。そして私は「ユー」という音を、「U」という文字を見た場合のように自動的に言ったのでもない。しかもこの記号は私にとって、文字のようになじみ深いものではなかった。私はそれを、言ってみれば好奇心をもって、その形に興味を持ちながら眺め、その際に逆向きのシグマについて考えた。――では次に、自分がこの記号を文字として規則的に使わなければならないのだと想像してほしい。つまり君はこの記号を見るとある音、例えば、「シュ」の音を発音するのに慣れてゆくのだ。しばらくするとこの記号を見るとその音が自動的にやってくる、ということ以上に我々は何が言えるのか？　つまり、この場合その記号を見ても私はもう「これはどんな種類の文字だ？」と問わなくなり、―もちろん「この記号を見たら「シュ」と発音しよう」と自分に言ったりしなくなり、―「この記号は何かしら私に「シュ」の音を思い出させる」などとも言わなくなる、ということ以上に何が言えるのか。

（これを、記憶像は他の表象像からある特別な特徴によって区別される、という考えと比較せよ。）

167 それなら、読むとはやはり「まったく特定の過程」だ、という命題[8]に何が残っているのか？ それはおそらく、読むときはいつも、我々にそれとわかるある特定の過程が生じる、ということだろう。―だが、私があるときは印刷された文を読み、別のときはその文をモールス記号に書き換えたとして、―どちらの場合にも同じ心的な過程が本当に起こっているのか？ ――それに対して、印刷されたページを読むという体験にはもちろん共通性がある。なぜなら実際その過程は一様なものだからだ。そしてこの過程が、例えば、でたらめな線を見て言葉を思い浮かべるという過程と違っていることは、簡単にわかることだ。―というのも、印刷された一行を見ることが、すでに並外れて特徴的なことだからだ、つまりそれはまったく独特の眺めだからだ。文字はすべてほぼ同じ大きさで、形も互いに似通っており、しじゅう反復される。単語も大部分は絶えず繰り返され、我々にとって、まるでなじみの顔のように限りなくなじみ深い。―単語の正書法が変更されたときに我々が感じる居心地の悪さについて考えよ。（そして、単語の綴りが問題になるときに引き起こされるさらに深い感情のことを。）当然のことながら、すべての種類の記号が同じように深く我々の中に刻み込まれているわけではない。例えば論理計算の記号を別の任意の記号に置き換えても、我々に深い感情は引き起こされないだろう。―

我々が見る語の形と我々が聞く語の音は、我々にとって同程度になじみ深いものであるということをよく考えてほしい。

168 同様に我々のまなざしも、印刷された行の上を、でたらめな鉤形や渦巻き模様の場合とは違ったように滑ってゆく。（ただしここで私は、読んでいる人の眼球運動を観察することによって確認できるようなことがらについて語っているのではない。）我々のまなざしはどこに引っかかることもなく、何の抵抗もなく滑ってゆく、でも、スリップはしない、と我々は言いたくなる。その間我々の頭の中では我々の意志に関係なくある言葉が響いている。私がドイツ語やほかの言語を、印刷されたものであれ手書きであれ、あるいはどんな書体のものであれ、読む場合、事態はこのようになっている。―だがこれらすべての中で、読むことそのものにとって本質的なものとは何なのか？ 読むことのすべての場合に見られるどんな特徴も、そうしたものではない。（しばしばパズルの答えがそうなっているように、全部大文字で印刷された言葉を読むことを、普通の印刷物を読むことと比べてみたまえ。なんと違った過程か！ ―あるいは我々が書いたものを右から左へ読むことはどうか。）

169 だが我々は読んでいるとき、自分の言葉の発音がその言葉の外見によって引き起こされるのを感じないか？ ――なにか文を一つ読んでほしい、―そしてその後に次のような一連のでたらめな線

[9]

を目で追いながらなにか文を言ってほしい。最初の場合、文を言うことと記号を見ることは結びついていたが、第二の場合、文を言うことは記号を見ることとの結びつきなしに、それと並んで起こったと感じられないか？

しかし、なぜ君は、我々は因果関係を感じる、と言うのか？　因果関係とは実験によって、例えば、出来事の規則的な生起を観察することによって確立されるものではないか。そのように実験によって確立されることを、自分は感じるのだと、どうしたら言えるのか？（我々が因果関係を確立するのは、規則的な事象の生起の観察によってのみではない、ということはおそらく正しいだろうが。）むしろ、文字は自分がそのように読むことの理由だと私は感じる、となら言えるかもしれない。というのも、「なぜそのように読むのか？」と訊かれたら、──私は目の前にある文字をその理由として挙げるからだ。

だが、私が述べたり考えたりした理由を感じる、とはどういうことなのか？　それについて私は、読むときは自分に対する文字のある影響を感じるが、──自分が言うことに対するでたらめな渦巻き模様の影響は感じないのだ、と言いたい。──今一度一つ一つの文字をそうした渦巻き模様と比べてみよう。それでも私は、「·i」の文字を読むとき私はその影響を感じる、と言うだろうか？　もちろん「·i」を見て「イ」という場合と、「ϑ」を見てそう言う場合には違いがある。その違いとは大体、文字を見たときは「イ」の音が自動的に、あるいは自分の意志に反してすら、頭の中で聞こえ、声を出して文字を読むときは、「ϑ」を見て音を出す場合と違って努力しなくてよい、ということである。つまり──記号を見て音を出そうと試みる場合、事情はそのようになるが、記号「ϑ」を見て、たまたま「イ」の音を含む言葉を私が言うような場合は、もちろんそのようにはならないということだ。

170　もし文字の場合をでたらめな線の場合と比べたりしなかったら、読むとき自分に対する文字の影響を感じる、と我々は考えなかっただろう。だがここでは、確かに両者の違いに気づく。そしてその違いを我々は、影響の有無の違いだと解釈しているのだ。
より詳しく言うなら、意図的にゆっくりと読む場合に、——例えば、読むときに何が起こっているのかを調べるために意図的にゆっくりと読む場合に、我々はとりわけそのように解釈しがちなのだ。いわばことさら意図的に文字に導かれようとする場合、我々はそう解釈しがちなのだ。だがこの「導かれる」ということ自体、ただ文字をしっかりと見つめ、——場合によっては、それ以外の特定のことを考えないということにすぎない。

我々は自分が、あたかも感覚を通じて、語の外形と自分が発する音を結び付けるメカニズムを知覚していると思い込んでいるのだ。というのも、影響の体験や因果性の体験や導かれる体験について私が語る場合、それが言わんとしているのは、いわば文字を見ることと発音を結び付けているレバーの動きを私は感じている、ということだからだ。

171 語を読むという体験を私は、他の様々な表現を用いてもぴったりと言い表せただろう。例えば、書かれた文字が私に音を吹き込む、と言えるかもしれない。——あるいは、読むとき文字と音は——まるで合金のように一体になっている、と言えるかもしれない。（これに似た融合は、例えば、有名人の顔とその名前の響きの間にも存在する。その人の名前が、その人の顔の唯一正しい表現であるように思われるのだ。）こうした一体性を感じる場合は、書かれた語の中に音を見る、あるいは聞く、と言えるかもしれない。——

だがここでもう一度、二、三の印刷された文を、読むという概念について考えない普通のときに君がしているように読んでみたまえ、それから、読んでいる間に自分が一体性や影響を体験したかどうか考えてみたまえ。—無意識のうちに体験していた、と言ってはいけない。そして、「もっとよく見ると」その現象は姿を現すだろう、という像に惑わされてもいけない。ある対象が遠くからどのように見えるかを記述しなければならないとき、それを近くから見てわかったことを言っても、私の記述がより正確になるわけではないのだ。

(b) 心的行為の本質を特定の体験に見ようとする誤解について (172−178)

(b1) 「特定の体験」という概念が生み出す誤解 (172−175)

172 導かれる体験について考えよう。例えば、ある経路へと導かれるとき、この体験とはいかなるものなのかを考えよう。—次のようなケースを想像してほしい。

グラウンドで、例えば、目隠しをされ、君の手を持った誰かに右に左に導かれる。君は常に相手の手の動きを予想し、予期しない動きによろめかないよう注意しなければならない。

あるいは、君は誰かに手をつかまれ、行きたくない方向へ力ずくで導かれる。

あるいは、ダンスでパートナーに導かれる。相手の意図を推測し、ごく小さな力にも従えるように、できるだけ相手の動きを受け止めるよう努める。

あるいは、誰かに導かれて散歩する。会話しながら、相手がどこに行ってもそれについて行く。

あるいは、野の道に沿って歩き、それに導かれて行く。

これらの状況はどれも互いに似通っている。だが、これらの体験すべてに共通するものとは何なの

か？

173「それでもやはり導かれることは特定の体験なのだ！」―これに対する答えは、君はいま、導かれるという特定の体験について考えているのだ、というものである。

　先に挙げた例の一つでテキストと表に導かれながら文字を書く人の体験を、ありありと思い浮かべようとすると、私は「誠実な」目の動き等々を想像する。そればかりか特定の顔の表情さえ想定する（例えば、誠実な帳簿係の表情を）。この像にとっては、例えば、注意深さが極めて重要である。他方、別の像にとっては、自分の意志の完全な排除が極めて重要である。（だが、普通の人間が不注意さの徴を示しながらすることを、注意深い表情で―しかも、注意深さを感じながら―する人間を想像してほしい。―さて、この人は注意深いのか？　例えば給仕がお盆の上のティーカップ全部を盆ごと、注意深さを表すあらゆる外的な徴を身にまといながら床に落とすと想像してみたまえ。）こうした特定の体験をありありと思い浮かべるとき、それは私には導かれる体験（あるいは、読む体験）そのものであるかのように思われる。だがここで私は自問する、お前がしていることは何なのか？―私はそれぞれの記号を見つめ、そうしながらあのような表情で慎重に文字を書いている。―つまりそれが導かれる体験なのか？――そこで私は言いたくなる、「ちがう、これがそうなのではない。それは、なにか内的で本質的なものなのだ。」―まるで、最初それらのそれほど本質的でない出来事は、どれもある特定の雰囲気をまとっていたのに、いざ厳密に見てみるとそれは消えてなくなってしまうかのようなのだ。

174 自分がどのようにしてある線分に平行な線分を「慎重に」引くのか、—また別のときには、それに対してある角度を持った線分を「慎重に」引くのかを考えてみよ。慎重さの体験とはどんなものか？ そうすると君には特定の顔つき、身振りといったものが思い浮かぶ、—そして君は「これこそが特定の内的体験なのだ」と言いたくなるのだ。（もちろんそれによって君は、何ら新しいことを言ったわけではない。）

（この問題は意図、意志の本質に関する問いと関係している。）

175 でたらめな線を紙の上に書いてほしい。——そして次にその横に、その線をそれに導かれながら描き写してほしい。——「確かにいま私は導かれていた。だが、そこでどんな特徴的なことが起こったのか？ —起こったことを述べるとき、それはもはや特徴的とは思われない」と私は言いたくなる。

だがここで次のことに気づいてほしい。導かれているあいだ、すべては単純で、特別なものには何も気づかない。しかし後になって、あのとき何が起こったのかと考えると、何か描写しがたいことが起こっていたように思われる。後になると、どんな描写も私には十分とは思えなくなる。いわば、自分がただ見つめ、あの表情をし、線を引いていただけだとは信じられないのだ。—だがそれ以外に思い出せるものが何かあるのか？ 何もない。それでもやはり私には、何か他にもあったはずだ、と思われてしまう。そしてとりわけ「導く」や「影響」といった言葉を口にするとき、そう思われる。「だって確かに私は導かれていたのだから」と私は心の中でつぶやく。—このとき初めて、あの空気のように精妙で捉えがたい影響、という観念が登場するのだ。

（b2）心的行為と体験を巡るパラドックスの解決（176–178）

176　その体験について事後的に考えるとき私は、そこで本質的なものとは、—単なる現象間の同時性とは区別される「影響体験」、結びつきの体験なのだ、という感覚を抱く。だが同時に私は、どのような現象の体験も「影響体験」とは呼びたくない。（これが、意志はいかなる現象でもない、という観念の在り処である。）「だから」を体験したと私は言いたくなる、それなのに、いかなる現象も「だからの体験」と呼びたくはないのだ。

177　「私は、だから、を体験する」と言いたくなる。しかし、そうした体験を思い出したから私はこう言いたくなるのではない。私がそう言いたくなるのは、そうした事例で自分が体験したことを事後的に考えるとき、「だから」（あるいは「影響」や「原因」や「結びつき」）という概念を通してそれを見ているからなのだ。—というのも、「私はその線を手本の影響のもとで描いた」と言うことはもちろん正しいのだが、それはただ線を引いたときに私が体験したことによって正しくなるのではなく、—しかるべき状況下で、例えば、私がそれを元の線と平行に描いた、ということによって正しくなるのだから。このこと自身も、「導かれる」ということにとって常に本質的であるわけではないのだが。—

178　我々はまた「私がそれに導かれているのが、確かに君には見えるだろう」と言う—では、それが見える者は何を見ているのか？

「やはり私は導かれている」と自分自身に向かって言うとき、—私はそれとともに導くことを表す手のしぐさをしたりする。—あたかも誰かの手を引いて導いているかのように、そうしたしぐさをしてみたまえ。そして、この動きのどこが「導いている」のか自分に訊ねてほしい。というのも、そこで君は実際に誰も導いていないからだ。それでもやはり君はこの動きを、「導く」動きと呼びたくなる。つまり、その動きと感覚には、導くことを導くこととしているものは含まれていなかったのに、君はそれでも「導く」という名称を使わずにはいられなかったのだ。我々にそうした表現を押し付けるのは、まさに導くという現象の形なのだ。

（c）理解のパラドックスの解決（179－184）

179 第151節のケースに戻ろう。もし代数式がBの頭に浮かぶこと—口にすること、書くこと—と彼が数列を現実に続けることとの間に経験上何の関係もなければ、—明らかに我々は、「式が頭に浮かんだから彼が「続きがわかった」と言うのは正しい」とは言わないだろう。そして現実には、こうした関係がまぎれもなく存在している。—すると今度は、「続けられるぞ」という文が述べているのは、「経験上、数列を続けることにつながる体験を私はしている」と同じことだ、と君は考えるかもしれない。しかし、Bが、続けられるぞ、と言うとき、彼はそういうことを言おうとしているのか？ そのとき、そうした言葉が彼の心に浮かんでいるのか、あるいは、何が言いたいのかと訊ねられた場合、彼はそうした言葉で説明しようとするのか？

そうではない。代数式が彼の頭に浮かんだのなら、「続きがわかった」という言葉は正しく使われていたのだ、ただし一定の状況の下でのことだ。その状況とは、例えば、彼が代数を学んでいて、そうした式を以前にも使ったことがある、といったことだ。―だが、だからといってこの発話が、我々の言語ゲームの舞台を形成する諸状況全体の記述の短縮形なのではない。―これらの「わかった」や「続けられるぞ」といった表現の使い方を我々がどのように学ぶのか、どのような種類の言語ゲームでそれを学ぶのかを考えよ。

突然彼が、頭に何も浮かばないままで、―安堵感のようなものを感じながら「続きがわかった」と言い、代数式を使わず実際に数列の続きを計算した、といった場合も考えられるだろう。こうした場合も我々は―一定の状況下であれば―彼には続きがわかっていたと言うだろう。

180　これらの言葉は、このように使われるのだ。[11] 例えば、最後のケースでそれらの言葉を「心的状態の記述」と呼ぶなら、我々は誤った道に完全に入り込むだろう。―ここでは、それらの言葉はむしろ「合図」と呼べるだろう。そしてその合図が正しく使われたかどうかを我々は、それに続いて相手が何をするかによって判断するのだ。

181　このことを理解するためには、次のこともよく考えてみる必要がある。「続きがわかった」とBが言う、―しかし、いざ続けようとすると止まってしまい、続けられない。この場合我々は、「続けられる」と彼は言ったが、それは間違っていた、と言うべきなのか、それとも、その時彼は続けられたのだが、今それができないだけだ、と言うべきなのか？—我々がどう言うかは、明らかに場合によって違ってくるだろう。（どちらのタイプのケースについても考えてみよ。）

182　「合う」、「できる」、「理解する」の文法。問題：1)シリンダーZが中空の筒Hにぴったり合う、といつ言うのか？　ZがHにはめ込まれている間だけか？　2)我々は、しかじかのときにZはHにぴったり合わなくなった、と言うこともある。こうした場合、そのときにそれが起こったということに対して我々はどのような基準を用いているのか？　3)物体が秤の上に載っていない場合、我々は何を、その物体があるときに重量を変えたことの基準とみなすのか？　4)昨日私はその詩を覚えていた。今日はもう覚えていない。「いつ君はその詩を覚えていなくなったのか？」という問いが意味を持つのはどんな場合か？　5)誰かが私に、「これ持ち上げられるかい？」と聞く。「できるよ」と私は言う。相手が「やってみろよ」と言う—やってみるが私にはできない。「できるよ、と言ったときはできたんだ。ただ今できないだけだ」という言い訳はどんな状況で通用するのか？

「合う」、「できる」、「理解する」の使用にあたって我々が認める基準は、一見そう思えるより、ずっと複雑である。すなわち、これらの言葉を用いたゲーム、それらを用いた言語的やり取りの中でのそれらの使用法は、我々がそう信じたいと思っているより、はるかに込み入っている—我々の言語の中でこれらの言葉が果たしている役割は、我々がそうだと信じたがっているものとは別のものなのだ。

（哲学的なパラドックスを解決するためには、この役割を理解しなければならないのだ。[12] だからそれらを解決するのに、通常、定義では十分ではない。ましてや、言葉は「定義できない」のだ、などと言ってみたところで何も解決しない。）

183　ところで、—第151節で「続けられるぞ」という文は「式が思い浮かんだ」という文と同じことを意味していたのか、それとも別のことを意味していたのか？　これに対して我々は、後者の文はその状況では前者の文と同じ意味を持つ（同じ仕事をする）、と言うことができる。だが同時に、一般的にはそれら二つの文が同じ意味を持っているわけではない、とも言える。我々はまた、「続けられるぞ、式がわかったんだ」とも言う。それはちょうど、行くための特定の条件を他の条件と対照させる場合に「僕は行けるよ、時間があるんだ」とか、「僕は行けるよ、もうすっかり元気なんだ」、とか「僕は行けるよ、足の状態に関してはね」とか言うのと同じだ。ただし我々はここで、個々のケースの性質に応じた条件の全体（例えば、行くための）というものがあって、それら全部が満たされれば行かざるを得ないのだ、と考えたりしないよう注意しなければならない。

184　あるメロディーを思い出そうとするが思い出せない。突然私は「わかった！」と言い、そのメロディーを口ずさむ。私が突然思い出したとき、そのメロディーはどうなっていたのか？　その瞬間にメロディー全体が私に思い浮かんだということは確かにありえないだろう。—もしかしたら君は、「メロディーがそこにあるかのような特定の感じがしたのだ」と言うかもしれない—だがメロディーはそこにそのときあるのか？　私がメロディーを口ずさみ始め、途中で詰まってしまったらどうなのか？　——なるほどその通りだ。だがあの瞬間、私は自分がメロディーを知っていることを確信したかもしれないではないか？　つまり、まさにメロディーはある意味で、やはりそこにあったのだ！——だが、どんな意味で？　その人がそのメロディーを全部口ずさんだり、始めから最後まで頭の中で聞いたりする場合、もちろん君は、メロディーはそこにある、と言うだろう。そして、もちろん私は、メロディーがそこにある、という言明がまったく違う意味―例えば、メロディーを書き記した紙片を私が持っている、という意味を持つこともあるのを否定しない。―それでは、自分がメロディーを知っていることを確信しているとは、何を意味するのか？―もちろん我々は、「誰かが自分はそのメロディーを知っていると確信をもって言うなら、そのメロディー全体がその瞬間にその人の頭の中に（何らかの仕方で）ある」と言うことができる――そしてこれは、「メロディー全体が頭の中にある」という表現の説明なのだ。

第七章　意味と規則を巡る誤解とパラドックス（185－197）

［本章では、あるときにある意図を持って使用された言語表現に対して、その後に生じる様々な局面におけるその表現の正しい使用法がどのように決定されるのか、という問題が考察の対象になる。それはすでに第五章で登場した瞬間的理解と時間経過の中での使用の関係という問題の別の形でもある。とりわけ本章では、第五章で登場した数列の教示という場面を用いて問題が提示されるため、問題は、ある形で表現された規則の正しい適用法はどのようにして決まるのか、という規則概念に即したものになる。同時にそれは数列の規則を巡る形で示されるため、数学の基礎に深くかかわるものともなる。本章の考察では、我々が抱きがちなこの関係に関する誤った考え、像が、その生成過程と共に示され、同時にそこから生まれるように見える様々な「パラドックス」も示される。そうしたパラドックスは、我々が自分の誤った像に気づくときに、そしてそのときにのみ消滅する。］

（a）数列のパラドックス（185－187）

185　ではここで第143節の例に戻ろう。さて、生徒は—通常の基準に照らして—自然数の列をマスターしている。そこで我々はそれに加えて、他の基数列を書くことを彼に教え、その結果彼は「＋n」という命令に対して

0,n,2n,3n,etc.

という形の数列を書くようになる。つまり「+1」という命令に対しては自然数列を書くようになるわけだ。—生徒に1000以下の範囲の数で練習させ、この命令を理解していることを抜き打ちテストで確かめたとしよう。

そこで我々は生徒にある数列（例えば「+2」）を、1000を超えて続けさせてみる、—すると生徒は、1000、1004、1008、1012、と書く。

「自分が何を書いているか、よく見なさい！」と我々は彼に言う。—だが彼には、何を言われているのかわからない。「君は2を足さないといけないのだよ。自分がどんなふうに数列を書き始めたかを見なさい！」と我々が言う。—「ええ、これで正しくないのですか？　こうするものだと思ったのですが」と彼は答える。——あるいは、彼が数列を指して、「僕は同じように続けているんですけど！」と言ったとしよう。—ここで我々が「でも君には……」ということがわからないのか？」と言い、—前の説明と例を繰り返しても、それは何の役にもたたないだろう。—こうした場合には、「この人間は生まれつき、我々の説明に基づいてあの命令を理解する際に、我々が「1000までは2を、2000までは4を、3000までは6を足せ」という命令を理解するように理解するのだ」と言うことができるかもしれない。

このケースは、ある人間が指差しの身振りに対して、生まれつき指先の方向でなく、指先から手首に向けた方向を見つめて反応する場合と類似しているだろう。

186 「つまり君が言っているのは、「＋n」という命令に正しく従うためには各段階で新たな洞察―直観―が必要だということなのだね。」―正しく従うために、だって！　そもそもある特定の地点で何が正しい歩みなのかをどうやって決めるのか？　―「命令に―意図された意味で―一致するのが正しい歩みなのだ。」――つまり君は「＋2」という命令を出したとき、生徒は1000で1002と書かなければならないと意味していたわけだ、―そしてそのとき君は、1866では1868と、100034では100036と書かなければならないとも意味していたのか―同様の無数の命題を意味していたのか？　―「そうじゃない。僕が意味したのは、それぞれの数を書いたら、その二つ後の数を次に書かなければならない、ということなのだ。そしてこれからそれぞれの地点で、それらの命題すべてが導かれるのだ。」―だが、それぞれの地点でその命題から導かれるのは何か、ということこそが問題なのではないか。あるいは同様に、―任意の地点で我々が何をその命題（そして、そのとき君がその命題に与えた意味―それがどのようなものであれ）との「一致」と呼ぶべきなのかが問題なのだ。各地点で直観が必要なのだと言うよりは、各地点で新しい決定が必要なのだと言った方がまだましだろう。

187 「でも、やはり私はあの命令を出したとき、生徒は1000で1002と書かなければならないことをすでに知っていたのだ！」―その通りだ。そればかりか、そのとき君はそう意味していた、と言ってもかまわないのだ。ただ「知る」と「意味する」という言葉の文法に惑わされてはいけないだけだ。なぜなら、あのとき自分は1000から1002への移行について考えていたと君が言いたいわけではないからだ―そして、仮に君がその移行について考えていたとしても、他の移行についても考えていたわけではないからだ。「私はあのときすでに……を知っていた」という言葉が意味するのは、おおよそ、「そのとき、1000の次にはどの数を書くべきなのか、と訊ねられたなら私は「1002」と答えただろう」といったことなのだ。そしてそれを私は疑っていない。それは、例えば、「あのとき彼が海に落ちたなら、私は彼の後から飛び込んだだろう」と似た種類の想定なのだ。—では君の考え[1]のどこが間違っていたのか[2]？

（b） 数列のパラドックスと意味を巡る誤った像 （188－190）

188 ここで私が何より先ず言いたいのは、次のことだ。つまり君が抱いていた考えとは、命令を意味するあの行為が独自の仕方でそれらの移行すべてをすでに行った、ということであり、意味する行為において君の心はいわば先へと飛んで行き、君が物理的に個々の移行へとたどり着く前に、すべての移行を行っている、ということなのだ。

つまり君は、「移行は、*本当は*すでになされているのだ。自分がそれを書いたり、述べたり、あるいは考えたりする前になされているのだ」という表現が使いたくなっていたのだ。そして、それらの移行がある*比類なき*仕方であらかじめ決定され、先取りされているかのように思われたのだ—まるで意味する行為だけが実在を先取りできるかのように。

189 「だがそれなら、それらの移行は代数式によって決定されて*いない*のか？」—この問いには誤りが含まれている。

我々は「移行は代数式……によって決定される」という表現を使う。それはどのように使われるのか？―例えば、次のような事実を取り上げることができる。すなわち、人間は教育（訓練）によって、「$y=x^2$」という式を、誰もが同じxの値に対して常に同じyの値を算出するように使用するようになる。あるいは、「それらの人間は「＋3」という命令に対して、同じ段階で同じ移行をするように訓練される」と言うこともできる。こうした事実は、「この人間たちにとって「＋3」という命令はある数から次の数へのすべての移行を完全に決定する」と表現できるかもしれない。（この命令に対して何をしていいかわからない人間たちや、各人が完全な確信を持ちながらも、この命令に違ったように反応する人間たちとの対比において。）

他方、様々な種類の式とそれにふさわしい様々な種類の使用法（様々な種類の訓練）を相互に対比させることもできる。その場合我々は、ある特定の種類の式（そしてそれにふさわしい使用法）を「所与のxに対して数yを決定する式」と呼び、別の種類の式を「所与のxに対して数yを決定しない式」と呼ぶ。（$y=x^2$は第一の種類、$y\neq x^2$は第二の種類となるだろう。）この場合「この式……は数yを決定する」という文は式の形式に関する表現となる―そしてここでは、「私が書いた式はyを決定する」や「ここにある式はyを決定するか？」といった文を[3]―「式$y=x^2$は所与のxに対して数yを決定する」といった種類の文[4]と区別する必要がある。そうすると「ここにある式はyを決定するか？」という問いは、「ここにある式は、この種類か、あの種類か？」と同じことを意味することになる―しかしながら、「$y=x^2$は所与のxに対してyを決定する式か？」という問いをどう扱うべきかについて、まったくあいまいさがないわけではない。例えば我々はこの問いをある生徒に、「決定する」という言葉の使い方を理解しているかどうか調べるために使うかもしれない。あるいはそれは、xがただ一つの平方しか持たないことをある体系内で証明するという数学的課題なのかもしれない。

190 こうして我々は、「式がどう意味されたかが、どんな移行がなされるべきかを決める」と言えることになる。[5] 式がどう意味されているかを決める基準は何なのか？ それは、我々がその式をいつも使っている使い方やその使い方が我々に教えられる仕方などだ。

例えば、我々に未知の記号を使う人に我々は、「もし君が「x!2」でx^2を意味しているのなら、yの値はこれになるし、2xを意味しているのならそれになる」などと言う。—ここで、人はどのようにして「x!2」という記号でこれを意味したり、あれを意味したりするのか自分に問うてほしい。

つまりそのようにして、意味することは移行を事前に決めるのだ。

（c） 言葉などの意味の理解を巡る誤った像とパラドックス （191－197）

（c 1） 無限の使用の一挙的把握という像の源泉 （191－192）

191 「まるで我々には、言葉の使用全体が一挙に把握できるかのようだ。」—例えば何のように？ —それは—ある意味では—一挙に把握できるのではないか？ そしてどんな意味でなら、それはできないのか？ —どうしても我々には、より一層直接的な意味でそれを「一挙に把握する」ことができるかのように思われるのだ。—だが君にはそうした事実の見本があるのか？　ない。ただこの表現の仕方が自分自身を我々に勧めてくるのだ。様々な像が互いに交差し合う結果、それが自分自身を我々に勧めるのだ。

192　この法外な事実の見本を君は持っていない。それなのに君は法外な表現[6]を使うよう誘惑されるのだ。（我々はそれを哲学的最上級と呼ぶことができるだろう。）

（c 2）機能的機械概念に関する誤った像とその哲学的起源　（193-194）

193　それ自身の作用の仕方のシンボルとしての機械。機械はすでにそれ自身の内にその作用の仕方を持っているように見える、—先ずはこう言えるかもしれない。それはどういうことか？—我々が機械を知るにつれて、残りのすべてが、つまりそれがなすであろう動きが、すでに完全に決定されてしまっているように思えるということだ。

我々はあたかも機械の部品がそのようにしか動けないかのように、それ以外のことはできないかのように語る。どのようにしてそうなるのか？—つまり、我々は機械の部品が曲がったり、折れたり、溶けたりする可能性を忘れているということなのか？　その通りだ。多くの場合我々はそんなことについてまったく考えない。我々は機械を、あるいは機械の像を、その定められた動きのシンボルとして用いているのだ。例えば我々は誰かにこうした像を伝え、相手がそこから部品の動きに関する諸現象を導くだろうと前提するのである。（それは、我々が誰かにある数を、それは数列1,4,9,16,

……の25番目の数だと言って伝えるのと同じだ。）

「機械はすでにそれ自身の内にその作用の仕方を持っているように見える」という表現が意味するのは、我々は、機械の将来の動きを確定したものとして、引き出しの中にすでに入っていて、これから我々が取り出そうとしているような対象と比べたくなる、ということだ。――だが機械の現実のふるまいを予想することが問題になっているとき、我々はそのように語らない。そんな場合我々は通常、部品が変形したりする可能性を忘れない。――確かにそうなのに、どうして機械がそれ自身の動き方のシンボルとして使えるのか不思議に思われるとき、我々はそのように語っているのだ、――というのも機械はまったくそれと違ったように動くこともありうるのだから。

機械、つまり機械の像とは、そこから導くことを我々が学んだ一連の像が作る系列の出発点である、と言えるかもしれない。

だが、機械はそれ以外の仕方で動くこともできたということを我々が考える場合、シンボルとしての機械の中にその動き方が、現実の機械におけるよりもなお一層確定された形[7]で内蔵されているはずだと思われることがある。そうすると、それが経験的に事前に決定されているだけでは十分ではなく、本来すでに――ある神秘的な意味で――そこにあるはずだということになる。そして、シンボルとしての機械の動きが、どんな現実の機械の動きとも違った仕方で事前に決定されているということ自体は、確かにそうなのだ。

194　そもそも我々はいつ、「機械はその可能な運動をある神秘的な仕方でそれ自身の内にすでに持っている」などと言うのか？――それは我々が哲学するときだ。では何が、そのように考えるよう我々をそそのかすのか？　機械について我々が語る語り方だ。例えば我々は、この機械はこうした運動の可能性を持っている（備えている）と言い、これこれのようにしか動くことのできない理想的な剛体としての機械について語る。——運動の可能性、それは何なのか？　それは運動ではない、だが、単なる運動の物理的な条件—例えば、軸受けと軸の間に遊びがあるとか、軸受けに軸がぴったりとはまりすぎていない、といった—であるとも思われない。というのも確かに経験上それは運動の条件なのだが、物事がまったく違っていることも想像できるからだ。運動の可能性とはむしろ、運動そのものの影のようなものでなければならないのだ。だが君はそんな影を知っているのか？　そして影ということで私が理解しているのは、運動の何らかの像ではない、—なぜならそうした像は、他でもないこの運動の像でなければならないというものではないからだ。それに対して、この運動の可能性とは、他でもないこの運動の可能性でなければならないのだ。（言語の[8]波がここでどんなに高くなっているかを見よ！）

この波は、そもそも我々が機械について語るとき「運動の可能性」という言葉をどのように使うのかを考えると、たちまち鎮まる。——それなら、あの奇妙な考えはいったいどこからやってきたのか？　それは次のようにしてである。私は運動の可能性を、例えば、運動の像を使って示す、「だから可能性とは現実に似た何かなのだ」。我々は、「これはまだ動いていないが、動く可能性をすでに持っている」と言う——「だから可能性とは現実に極めて近い何かなのだ」。なるほど我々はこれこれの物理的条件がこの運動を可能とするかどうかを疑うことはある、だが、これがこの運動の可能性なのか、それともあの運動の可能性なのかについて議論したりはしない、「だから運動の可能性は運動自身に対してある独特の関係に、像の可能性が像の対象に対して持つ関係よりも緊密な関係にあるのだ」、というのも、これがこの対象の像か、それともあの対象の像かを我々が疑うことはあるのだから。我々は、「これが軸にこの運動の可能性を与えるかどうかは経験が教えてくれるだろう」と言うが、「これがこの運動の可能性なのかどうかは経験が教えてくれるだろう」とは言わない、「だから、この可能性が他でもないこの運動の可能性であるということは経験的な事実ではないのだ」。

こうした事柄に関する限り我々は、自分自身の表現の仕方に注意を払うものの、それが理解できずに、誤解してしまう。哲学するとき我々は、文明人の表現の仕方を聞き、それを誤解し、そうした解釈から今度はこの上なく奇妙な結論を引き出す野蛮人、原始人のようになるのだ。

（c3）言葉の意味の理解を巡る誤った像とパラドックス（195－197）

195 「だが、私が言いたいのは、私がいま理解においてしていることが将来の使用を因果的、経験的に決定するということでなく、ある不思議な仕方で、その使用自身がある意味でそこにあるということなのだ。」―だが、確かにそれはある意味でそこにあるのだよ。本当のところ、君の言ったことのなかで間違っているのは、「ある不思議な仕方で」という表現だけなのだ。それ以外は正しいのだ、そしてその文は、我々が実際にそれを使っているのとは違った言語ゲームを想像するときにだけ、不思議なものに思えるのだ。（ある人が私に、子供のころ自分には仕立て屋が「服を縫う」ことができるのが不思議だった、と語ったことがある―その人は、仕立て屋が糸と糸を縫い合わせ、ただ縫うことだけから服を作ると考えていたのだ。）

196 理解されない言葉の使用は、ある不思議な過程の表現と解釈される。（我々が時間を不思議な媒体だと考え、心を不思議な存在だと考えるように。）

197 「まるで我々には、言葉の使用全体が一挙に把握できるかのようだ。」—確かに我々は、自分たちがそうしていると言う。つまり、実際我々は時として、自分たちのしていることをそうした言葉で記述する。しかし驚くようなこと、不思議なことは、実際に起こっていることの中には何一つない。それが不思議なことになるのは我々が、将来の展開が理解の行為の中にある仕方で存在しているはずであり、それなのにそこには存在していない、と考えるように導かれるときだ。—というのも、自分がこの言葉を理解していることは疑いのない事実だと我々は言うが、他方、その言葉の意味とはその使用だからである。今私がチェスをしようとしていることは疑いのない事実だ、だが、チェスはそのすべての規則（等々）によってチェスというゲームになるのだ。つまり、自分が何のゲームをしようとしているのか、それをするまで私にはわからない、ということなのか？ それとも、その規則が私の意図する行為の中に含まれているのか？ ところで、意図するその行為に意図された種類のゲームが通常続く、ということを私は経験によって知るのか？ すると、自分が何をしようと意図していたのかを私は確信できないということになるのか？ もしこれがナンセンスというのなら、—意図の行為と意図されたことの間にどのような超強固な結びつき[9]が存在するのか？ ——「チェスを一局やろう！」という言葉の意味とチェスの規則の間の結びつきはどこで生まれるのか？ —どこで生まれるかと言えば、それはチェスのルールブック、チェスのゲームの訓練、チェスをするという日々の実践においてなのだ。

第八章　「規則」の新しい見方と数学の基礎（198－242）

［第三章以来、再三示されてきた規則概念に対する懐疑的な思考が、本章において初めて「規則のパラドックス」と呼びうるような明確な形で表現され、それに対する解答が、「規則」に対する根本的に新しい見方の提示を通じて示される。同時に、そうした「規則」に関する考察が進められるのが、第五章で登場した数列の例を通じてであり、考察がそうした例に即して深められるため、自然数列を生み出すような無限の繰り返し適用を内包する規則が、本章の「規則」を巡る考察の大きな焦点となる。その結果、本章の考察は、自然数概念の根底に関わるものという意味で、数学の基礎に関わるものともなる。それは新しい規則概念に基づいた、数学の概念的基礎に関わる考察である。］

（a）規則のパラドックスと新しい「規則」概念（198－207）

（a1）規則のパラドックスと規則の慣習性（198－200）

198　「だが、この箇所で私が何をすべきかを、規則はどのように教えられるのか？　私がどんなことをしても、結局それは、なんらかの解釈によれば規則に一致したものになるのだから。」[1]——違う、問題はそのようなことではない。むしろ、どんな解釈も解釈されるものと一緒に宙に浮いているので、それを支えることはできない、ということが問題なのだ。解釈だけで意味を決定することはできないのだ。

「すると、私がどんなことをしても、それを規則に一致させることが可能なのか？」―規則の表現、―例えば、道標―が私の行動にどう関係しているのか、ということをここで私は問いたい。そこにはどんな繋がりがあるのか？ ―そう、例えば、私はその記号にある仕方で反応するよう訓練され、今そのように反応している、といった繋がりがあるのだ。

だが、それでは君は因果的な関係を述べているにすぎない。どのようにして我々が道標に従うようになったかを説明しているだけで、「記号に従う」ということが本当はどういうことなのかを説明していない。そうではない、私はそれに加えて、誰かが道標に従うというのは、持続的な使用、慣習がある場合にのみ存在することなのだ、ということも間接的に述べたのだ。

199 「規則に従う」と我々が呼ぶものは、ただ一人の人間が、人生で一度だけできるようなものなのか？ ―そしてもちろんこれは、「規則に従う」という表現の文法についてのコメントなのだ。

ただ一人の人間が一度だけある規則に従ったということはありえない。ただ一つの伝達が一度だけなされたということ、命令が一度だけなされた、あるいは理解されたということ、等々はありえない。―規則に従うこと、伝達をすること、命令すること、チェスの対局をすること、これらは慣習(慣用、制度)である。

ある文を理解する、とは、ある言語を理解することである。ある言語を理解するとは、ある技法をマスターすることである。

200 もちろん次のようなことは想像可能だ。ゲームというものを知らない部族の二人の人間がチェス盤に向かって座り、チェス一局分の指し手を指し、しかもチェスの対局に付随するあらゆる心的現象が彼らに起こるということだ。そして我々がこれを見れば、彼らはチェスをしていると言うだろう。だがここで、一定の規則により、一連の、普通我々がゲームと結び付けることに慣れていないような動作―例えば叫び声を発するとかドンドンと足踏みするとかいった―に翻訳されたチェスの対局というものを想像してほしい。そして先ほどの二人の人間が、我々になじみの形のチェスをする代わりに、叫んだり足踏みしたりするとしよう、しかもそれら一連の動作は適当な規則を用いればチェスの対局に翻訳できるとしよう。さて、これでもまだ我々は、彼らはあるゲームをしていると言おうとするだろうか？　そして我々は、どんな権利があってそのように言えるのだろうか？

（a 2）規則の新しい見方と規則のパラドックスの解決（201－203）

201　我々のパラドックスは次のようなものだった。[2]規則は行動の仕方をどのようにも決定できないだろう、というのもどのような行動の仕方も規則に一致させられるのだから。そして解答は次のようなものだった。[3]もしすべてが規則に一致させられるなら、それに矛盾するようにもできる。従ってそこには一致も矛盾も存在しない。

ここにある誤解が存在していることは、こうした思考過程において我々が解釈を次々と重ねているということによってすでに示されている。まるでそれぞれの解釈が、少なくとも一瞬の間、それに代わる次の解釈を考えるまで我々を安心させるかのように。つまり、こんなことを言って我々が示そうとしているのは、解釈ではないような規則の見方が存在するということなのだ。その見方とは、使用のそれぞれの場面で、「規則に従う」および「規則に反する」と我々の呼ぶものの中に示されているのだ。

この誤解のために、規則に即したそれぞれの行動は一つの解釈である、と言おうとする傾向が存在するのだ。しかし「解釈」と呼ぶべきなのは、規則のある表現を別の表現で置き換えることだけなのだ。

202　それゆえ「規則に従う」とは一つの実践なのである。そして規則に従っていると思うことは、規則に従うことではない。それゆえ、人は「私的に」規則に従うことはできない。さもなければ、規則に従っていると思うことと規則に従うことが、同じことになるだろうから。

203　言語は多くの道からできた迷路だ。ある方向から来ると勝手が良くわかるのに、同じ場所に別の方向から来ると途方に暮れてしまう。[4]

（a3）「規則に従う」という実践　（204－207）

204　この現実の状況では、例えば、私が誰もやったことのないゲームを考案することは可能である。―しかし、人類がゲームというものをやったことがなくて、あるときに誰かがあるゲーム―確かにそれはその時点で誰もやったことのないゲームだ―を考案した、ということがありえるだろうか？

205 「だが、慣習や技法を必要としないというのが意図、心的な過程、の特別な点ではないのか。例えば、普段はゲームがまったく行われない世界で二人の人間がチェスの対局をするということ、それどころか、対局の最初の部分だけをし、—そこで邪魔されてしまう、ということさえ想像できるというのが、その特別な点ではないのか。」

しかし、チェスというものは規則によって規定されるのではないか？　そしてチェスをしようと意図する人の心の中で、その規則はどのような形で存在しているのか？

206 規則に従うことは命令に従うことに似ている。人はそうするように訓練され、命令に対してある仕方で反応する。だが、もし仮に、命令と訓練に対して、ある者がこのように、別の者が違うように反応したら、どうなるのか？　その場合誰が正しいのか？

自分が研究者として、まったく見知らぬ言語を話す未知の国に来たと想像してみよ。どのような状況下で君は、この人々が命令をしている、命令を理解している、命令に従っている、逆らっている、等々、と言うだろうか？

人間共通の行動の仕方は、見知らぬ言語を解釈する際に我々が用いる基準系である。

207 先ほどの国で人々が通常の人間の活動を行い、その際、分節化された言語、と見えるものを使っていると想像してみよう。彼らの活動を見てみると、それは理解できるものであり、「論理的」に見える。だが彼らの言葉を習得しようとすると、それが不可能なことがわかる。というのも彼らにあっては、発せられた音声と行動の間に規則的なつながりがまったく存在しないのだ。にもかかわらず、それらの音は余計なものではない。というのも、例えば、彼らの中の誰かに猿ぐつわをすると、我々の場合と同じようなことになる。それらの音声なしには彼らの行動は混乱に陥る、―と言いたくなるようなことになるのだ。

この人々は言語を持つ、命令や伝達を行う、等々と言うべきなのか？

我々が「言語」と呼ぶためには、そこには規則性が欠けている。

(b) 自然数などの無限を内包する概念 (208－217)

(b1)「規則的」、「同じ」、「一様に」、「無限に」という概念―自然数概念の基底 (208)

208 それなら私は、「命令」や「規則」が何を意味するのかを「規則性」によって説明するということなのか？―私はどのようにして「規則的な」、「一様な」、「同じ」という言葉を誰かに説明するのか？―例えばフランス語しか知らない人には、これらの言葉をそれらに相当するフランス語の言葉で説明するだろう。だがこれらの概念をまだ持っていない人には例と練習を通じて、それらの言葉をどう使うのかを教えるだろう。―そしてその際、私自身が知っていてその人に伝えないことは何もない。

つまりその訓練で私はその人に、同じ色、同じ長さ、同じ図形を示したり、それらを見つけさせたり、描かせたり、等々といったことをする。例えば、ある命令で反復的な装飾模様を「同じように」続けるように仕向ける―そして反復的な操作の系列を続けるようにも仕向ける。すなわち、例え

ば　・　・・　・・・　に対して　・・・・　・・・・・　・・・・・・　と続けるように仕向けるのだ。[6]

私はこれらのことをその人にやって見せ、その人はそれをまねる。そして私は、同意、否認、期待、励ましの気持ちを表すことによってその人に影響を与える。その人の好きにさせることもあれば、制止することもある、等々。

自分がこうした訓練を目撃したと考えてほしい。そこではどんな言葉もそれ自身で説明されることはなく、いかなる論理的循環も犯されていないだろう。

「等々」と「等々、無限に続く」という表現もこの訓練で説明される。その説明のためにはある身振りが特に役に立つ。「同じように続けよ！」[7]あるいは「等々」を意味する身振りは、物や場所を指す身振りと比べられる働きを持っている。

表記上の省略である「等々」とそうでない「等々」を区別しなければならない。「等々、無限に続く」は表記上の省略ではない。πのすべての桁が書けないのは、そう思っている数学者もいるが、人間の欠陥によるのではない。

示された例の範囲に留まる訓練と、それを「超えて示す」訓練は区別される。

（b2）無限を内包する概念に関する誤解とその解消　（209－214）

209　「だがそれなら、我々の理解はすべての例を超えた所までは届かないのか？」[8]——極めて奇妙な表現、同時にまったく当然の表現！——

しかしこれがすべてなのか？　より深い説明がまだあるのではないか？　あるいは、説明の理解はもっと深いものでなければならないのではないか？　—そう言うが、そもそも私自身もっと深い理解を持っているのか？　自分が説明した以上のことを私は理解しているのか？　—だがそれなら、自分はそれ以上のことを理解しているという感覚はどこから来るのだ？

これは、限定されていない長さを、すべての長さを超えた長さと解釈するようなことなのか？

210　「だが君は自分自身が理解していることを、本当に彼に説明しているのか？　君は本質的なことを彼に推測させているのではないか？　君は彼に幾つもの例を示す—だが彼はそれらの例の傾向、つまり君の意図を推測しなければならないのだ。」—私は、自分自身に対してできる説明はすべて彼に対してもする。—「私が意味していることを彼が推測する」が意味するのは、私の説明のいろんな解釈が彼の頭に浮かび、その一つが正しいと彼が推量する、といったことだろう。だからその場合彼は訊ねることができるだろう。そして私は答えられるだろうし、答えるだろう。

211　「反復的な装飾模様を続けることに関して彼にどのように教えたとしても、—自力でどのように続ければよいのかを、彼はどうやって知ることができるのか？」—それなら、私はそれをどうやって知るのか？　——もしこの問いが「私に根拠はあるのか？」という意味なら、私の根拠はすぐに尽きるだろう、というのが答えだ。そしてそうなったら、私は根拠なしに行動するだろう。

212　もし私が恐れている人に数列を続けるよう命令されたなら、私は即座に、完全な自信をもって行動する。そして根拠がないことは何の妨げにもならない。

213 「だがその数列の始めの部分は明らかにいろいろな解釈が可能（例えば、様々な数式を用いて）であろうから、先ず君はその中の一つを選ばなければならなかったのだ。」―まったくそんなことはない。状況によっては、疑いはありえた。だからと言って、私が疑ったということではないし、疑うことができたということですらない。（このことは、ある過程の心理的な「雰囲気」について言うべきことと[9]関係している。）

ただ直観だけがその疑いを取り除けただろう、とでも？―もし直観が内的な声なのなら、―それにどう従うべきなのかをどうして知るのだ？ それが私を誤って導かないとどうして知るのだ？ というのも、正しく導けるのなら、誤って導くこともあるからだ。

（(直観、余計な言い逃れ。[10])）

214 数列1, 2, 3, 4, ……の継続に直観が必要なら、数列2, 2, 2, 2, ……の継続にも必要になる。

（b3）同一性に関する哲学的誤解（215―216）

215 だが、少なくとも同じは同じではないのか[11]？

同一性については、事物のそれ自身との同一性という間違いようのない範例があるように見える。「とにかくここには様々な解釈などありえない。ある物を見ている人は、同一性も見ているのだ」と私は言いたくなる。

　ということはつまり、二つのものは、まるで一つのもののようである場合に同じなのか？　それなら、一つのものが私に示すものを、どのようにして二つのものの場合に適用すればよいのか？

216「ものはそれ自身と同一である。」―無用の命題の、これ以上見事な例はない。だがこの命題には、我々の想像力のある戯れが結びついている。まるで想像力の中で我々がものをそれ自身の形の中に置き入れ、それがぴったりはまっているのを見ているかのように思われるのだ。

「すべてのものはそれ自身にぴったり合う」とも言えるかもしれない。―あるいは少し変えて、「すべてのものはそれ自身の形にぴったりはまる」とも。ここで人はある物をながめながら、それのための空間が切り取られ、そこにそれがちょうどぴったりはまるのを想像しているのだ。

色斑は白色の周囲に「ぴったり合う」のか？―だが、ちょうどそのように見えるのは、先ずその形の穴を開け、それからものをその中にはめ込む場合だろう。「それはぴったり合う」というその表現によって我々は、単純にこうした像を描いているわけではない。単純にこうした状況を描いているわけではない。

「すべての色斑はその周囲にちょうどぴったり合う」というのは、少し特殊な形の同一性命題なのだ。

（b４）「規則に正しく従う」という概念の根底　（217）

217「いかにして私は規則に従えるのか？」[12]―もしこれが原因に関する問いでないのなら、それは私が規則に従ってこのように行動していることの正しさの証明を求める問いである。根拠を使い果たしたら、私は硬い岩盤に行き当たってしまう。そして私のシャベルははね返される。そのとき私は、「とにかく私はこのように行動するのだ」と言いたくなる。

（時として我々は、その内容ではなく、説明という形を求めて説明を要求することがあることを思い出してほしい。それは一種の建築様式上の要求であり、何も支えない建物の蛇腹のような説明を求めているのだ。）

(c)「規則」を巡る我々の像とその意味（218–223）

(c1) 無際限に反復適用可能な規則の像（218–221）

218 数列の始めの部分は、見えない無限遠点まで敷かれたレールの見える部分なのだ、という考えはどこから来るのか？ そう、我々は規則の代わりにレールを思い描くこともできるのだ。そして無限に長いレールは、際限のない規則の適用に対応しているのだ。

219 「移行は、本当はすべてすでになされているのだ[13]」が意味するのは、私にはもはや選択の余地がない、ということだ。規則は、一旦ある特定の解釈が刻印されたなら、それの遵守を示す線を全空間を貫いて引くのだ。——だが、仮にそうしたことが現実にあるとして、それがどんなふうに私の役に立つのか？

そういうことではないのだ。私の描写は、象徴的に理解するときにのみ意味を持つものだったのだ。——私にはこう思われる——と言うべきだったのだ。[14]
規則に従うとき、私は選択しない。
私は考えずに規則に従う。

220 でも、その象徴的な命題にどんな目的があるのだ？ それは因果的な制約と論理的な制約の違いを強調するためのものだったのだ。

221 私の象徴的な表現は、実は規則の使用法の神話的な描写だったのだ。

（c2）「規則に従う」の像（222－223）

222 「その線は、どう進むべきかを私に伝える」——だが、もちろんこれは像にすぎない。そして、その線がいわば無責任に私にあれこれと伝えていると判断するなら、それに規則として従っている、と私は言わないだろう。

223 我々は、規則の合図（耳打ち）を常に待ち受けなければならない、とは感じない。その反対である。我々は規則が次に何を言うかを緊張して待つのではない。規則は常に我々に同じことを言い、その言うことを我々は行うのだ。

自分が訓練する相手に、「よく見なさい、私はいつも同じことをするよ。ほら……」と言うことができるだろう。

（d）「規則」と「規則に従う」の文法（224－242）

（d1）「規則」とそれに密接に関連する諸概念（224－227）

224 「一致」という言葉と「規則」という言葉は互いに類縁関係にある。従兄弟のようなものだ。誰かに一方の使い方を教えれば、それによって他方の使い方も教えることになる。

225 「規則」という言葉の使用は「同じ」という言葉の使用と絡まり合っている。（ちょうど「命題」という言葉の使用が「真」という言葉の使用と絡まり合っているように。）

226 ある人が数列 $2x-1$ を展開して 1, 3, 5, 7, ……という数の並びを書き続けるとしよう。そしてその人は、「だが私はいつも同じことをしているのか、それとも毎回何か違うことをしているのか」と自問する。

「明日君を訪ねるよ」と二日続けて約束する人は、――それぞれの日に同じことを言っているのか、それとも何か違うことを言っているのか？

227 「もしその人が毎回何か違うことをしたなら、その人は規則に従っていると我々は言わないだろう」と言うことに意味があるか。それは無意味だ。

（d2）規則の最終性とその像的表現（228－231）

228 「数列は我々に対して一つの顔を持っている」—なるほど、でもどんな？ 何と言ってもそれは代数的な顔だ、そして展開された部分という顔だ。それ以外に別の顔があるのか？ —「だが、その中には、すべてがすでに存在している！」—ただしこれは、数列やその中に我々が見出す何かについての事実の確認ではない。それは、我々が規則の述べることのみに耳を傾けながら行動し、それ以外の指示を仰がないということの表現なのだ。

229 数列の部分の中に、特徴的な筆致を持った、素描をかすかに知覚しているように私には思われる。「等々」を加えるだけで、それは無限にまで到達するのだ。

230 「その線は、いかに進むべきかを私に伝える」、これは、規則が、私がいかに進むべきかについての最終審であるということを言い換えているにすぎない。

231 「でも、もちろん……ということはわかるだろ[16]！」そう、これこそ規則に強いられている者に特徴的な表出なのだ。

(d3)「規則に従う」という我々の実践の特徴—教授可能性と一致(232－237)

232 いかにそれに従うべきかを規則が私に伝えるとしよう。つまり、私が目で線を追うと、内なる声が「こう引け！」と私に言うわけだ。—一種のインスピレーションに従うこの過程と、規則に従うという過程の違いは何か？ というのも、それらは明らかに同じではないのだから。インスピレーションの場合、私は指示を待つ。線に従うという私の「技法」を他の者に教えられない。ある種の聞き入り方、受容性を教えるということでない限りは。だがその場合はもちろん、私は相手に、私と同じように線に従うことを要求できない。

以上は、インスピレーションと規則に従って行動するという私自身の経験の記述ではなく、文法的なコメントである。

233 そのような練習は、ある種の算術において想像できるかもしれない。そこで子供は、それぞれ自分のやり方で計算することが許される、—内なる声にだけ耳を傾け、それに従う限りは。この計算は作曲のようなものだろう。

234 だが我々が次のように計算するということもありえるのではないか？ すなわち、通常と同じように（全員が一致する、等々）計算するのだが、各ステップで、まるで魔法のように規則に導かれているという感覚を持つのだ。そして、自分たちが一致していることに驚くのだ。（場合によっては、一致を神に感謝しながら。）

235　以上のことだけからも、日常の生活において我々が「規則に従う」と呼んでいるものの相貌に、どれだけのことが含まれているかがわかるだろう！

236　正しい答えを出すが、どうしてそうなるかは語れない天才的計算者。彼らは計算をしていない、と言うべきなのか？（一つの家族を成す諸事例。）

237　ある人が、ある線を規則とみなし、それに次のように従っていると想像してほしい。コンパスを持ち、その一方の先を規則の線に沿って動かし、もう一方の先で規則に従った線を引く。規則の線に沿って動く際に、コンパスを開く角度を見るからに極めて精密な仕方で変える。その際、規則の線を、それが自分の動作を決めるかのように常に見つめている。横から見ている限り、コンパスの開閉にはいかなる規則性も認められない。そして、この人の線の引き方を習うことはできない。こうした場合我々は実際に、「手本の線はこの人にどう進めばよいかを伝えているように見える。でもそれは規則ではない」、と言うだろう。

（d4）「規則」であることの基準としての自明性（238–239）

238　規則がそのすべての帰結を前もって生み出している、と思えるためには、それは私にとって自明でなければならない。この色を「青」と呼ぶことと同じぐらい自明でなければならない。（それは私にとって「自明」だ、ということの基準。）

239 「赤」と聞いたときどの色を選ぶべきなのかを、どのように知ればよいのか？ —簡単だ、その言葉を聞いたときに像が頭に浮かんだ色を選べばいいのだ。—だが、「像が頭に浮かんだ」色が、どの色なのかをどのように知ればよいのか？ そのためにもう一つの基準が必要なのか？（「……という言葉を聞いたときに頭に浮かぶ色を選ぶ」、という過程は確かに存在する。）

「「赤」は「赤」という言葉を聞いたときに頭に浮かぶ色を意味する。」—これは一つの定義にはなるだろう。だがある言葉で何かを表すことの核心の説明ではない。

（d5） 言語が言語として機能するための根源的条件としての一致（240－242）

240 何かが規則に従って行われたかどうかについて、（例えば、数学者の間で）衝突が起きることはない。それを巡って、例えば、暴力沙汰になったりはしない。このことは、我々の言語がそこで作業（例えば、何かの記述、といった）をする足場の一部なのだ。

241 「それでは君は、人間の間の一致が、何が正しく、何が間違いなのかを決めると言うのか？」—正しい、間違っている、とは人間が語ることだ。そして言語において人間は一致している。それは意見の一致ではなく、生活の形の一致だ。

242 言語による意思の疎通には、定義の一致のみならず、(不思議に聞こえるかもしれないが) 判断の一致も必要である。これは論理というものを廃棄するように見える。しかしそれは論理を廃棄しない。[17]——測定方法を記述することと、測定結果を知り、それを表現することは別のことである。しかし我々が「測定」と呼ぶものは、測定結果の恒常性によっても規定されているのだ。

パートⅢ（243－693）

心とその像を巡る哲学的諸問題

第九章　感覚―誤った文法像とパラドックス（243－315）

［本書「序」で「意識の諸状態」と呼ばれた心的な諸概念がパートⅢの考察の主題となる。本章ではその嚆矢として、「痛み」に代表される感覚概念を巡る誤解と哲学的問題が扱われる。本章の考察の核心は、感覚概念に関して我々の中に深く刻み込まれている誤解の分析と、それに由来する哲学的問題の解消である。その誤解とは、「痛み」に代表される感覚語とは、我々の内的な体験の名である、という感覚語の文法に関する誤解である。常識にとっても、哲学にとっても極めて根深いこの誤解を分析し、それが誤解であることを明らかにするために、本章の考察は「文法に関する誤解」を主題とし、同時にそうした主題を適切に扱うために様々な「手段」を駆使した多層的で複雑、かつ極めて興味深いものとして進められる。有名な「私的言語」を巡る考察も、「箱の中のカブト虫」という寓話もそうした手段の一つである。］

（a）「私的言語」と感覚語の文法（243－252）

（a1）「私的言語」という概念（243）

243　人間は自分自身を励ましたり、自分に命令し、それに従ったり、自分を叱責したり、罰したり、自分に問題を提示し、それに答えたりできる。だから我々は独り言しか話さないような人々を想像することもできるかもしれない。彼らの行動には独り言が伴っているのだ。―彼らを観察し、彼らが話すのをそばで聞く研究者は、彼らの言語を我々の言語に翻訳できるかもしれない。（それによって彼らの行動を正しく予言することもできるだろう、なぜなら研究者は彼らが意図や決心を言葉にするのも聞くからだ。）

だが、次のような言語もまた想像できるだろうか？　人がそれによって自分の内的体験——自分の感覚や気分——を、自分だけのために書き記したり、言い表したりすることができるような言語を。——そんなことなら我々の日常の言語でできるのではないか？　——私が言いたいのはそういうことではない。この言語に属する語は、話者のみが知ることのできるものを、すなわち話者の直接的で私的な感覚を指示するのだ。つまり他人にはこの言語が理解できないのだ。

（a2）感覚語の表出的起源（244－245）

244　語は感覚をどのようにして指示するのか？　——そこに問題があるとは思えない、というのも、我々は毎日のように感覚について語り、それらに名前を付けているではないか？　だが、名前と名指されるものの結びつきはどのようにして生み出されるのか？　この問題は、どのようにして人が感覚の名前の意味を学ぶのかという問題に等しい。例えば、「痛み」という言葉の意味をどのようにして学ぶのかという問題に。次のようなやり方が一つの可能性である。すなわち、言葉が感覚の原初的で自然な表現と結びつけられ、それらに取って代わるのだ。[1]けがをした子供が泣きわめく。そこで大人が子供に語りかけ、叫び方を教え、後からいろんな文を教える。彼らは子供に新しい痛みのふるまいを教えるのだ。

「つまり君は、「痛み」という言葉は、本当は叫びを意味すると言うのだね？」—その逆だ。言葉による痛みの表現は、叫びに取って代わるのであって、叫びを描写しているのではないのだ。

245　そもそもどうすれば私は、痛みの表出と痛みの間にまで、言葉を携えて割り込もうなどと思えるのか？

（a 3）「感覚の私秘性」という概念（246－248）

246　ところで、私の感覚はどんな意味で私的なのか？—それは、自分が本当に痛いのかどうかは、私しか知らないし、他人にはそれを推測することしかできないということだ。—それはある意味では誤りであり、別の意味では無意味だ。もし「知る」という言葉を、それが普通に使われているように使うのなら（それをいったいどのように使えというのか！）、私が痛いとき他人は極めてしばしばそのことを知る。—確かにそうだ。でも私と同じ確実さで知ることはない！—そもそも自分について、私は自分が痛いのを知っている、と言うことなど（冗談でない限り）できない。そもそもそれはどういう意味なのか—私は痛い、ということ以上に何か意味があるのか？

他人は私の感覚を私の行動だけから学ぶ、とは言えない—なぜなら自分自身について、私はそれを学んだ、とは言えないのだから。私は感覚を感じるのだ。

次のことは正しい。すなわち、他人について、その人は私が痛みを感じているかどうかを疑っている、と言うことに意味はあるが、私自身についてそう言うことに意味はない。

247 「君にその意図があったかどうかは、君にしか知ることができない。」誰かに「意図」という言葉の意味を説明する場合、我々はこのように言うことができるかもしれない。その場合それが意味するのは、我々はこの言葉をこのように使うのだ、ということである。（そしてここで「知る」が意味するのは、不確実さを表すことは意味を持たない、ということである。）

248 「感覚は私的である」という文は、「人はペイシェンスを一人でやる」[2]という文と比べることができる。[3]

（a 4） 言語ゲームとしての「ふり」、「嘘」（249 ― 250）

249 ひょっとして我々は軽率にも、乳幼児の微笑みが偽装でないと想定しているのだろうか？ ——だとして、どんな経験に基づいて我々はそうだと想定するのか？
（嘘をつくことは、他の言語ゲームと同様、学ばれなければならない一つの言語ゲームである。）

250 なぜ犬には痛いふりができないのか？ 犬は正直すぎるのか？ 犬に痛いふりをすることを教えられるだろうか？ 特定の機会に、痛くないのに痛いかのように鳴くことを覚えさせることは、おそらくできるだろう。だが本当の「ふり」であるための適切な状況が、そのふるまいにはなお欠けているのだ。

（a5） 文法的命題とその像 （251－252）

251 「その反対は想像できない」とか「もしそうでないとしたら、それはいったいどういうことなんだ」と言う場合、我々は何を意味しているのか？—例えば誰かが、私の感覚印象は私的だとか、自分が痛みを感じているかどうかは私自身にしかわからない、などと言った場合、それは何を意味するのか？

「その反対は想像できない」とここで言われるのは、もちろん、自分の想像力が十分でないという意味ではない。こうした言葉によって我々は、形の上では経験的命題を装っているが本当は文法的命題であるもの[4]に対して、抵抗しているのである。

だが、なぜ私は「その反対は想像できない」と言い、「君の言うことは想像できない」とは言わないのか？

例えば「すべての棒には長さがある」という文（命題）。これが意味するのはおおよそ、我々はあるもの（あるいは、これ）を「棒の長さ」と呼ぶが、—どんなものも「球の長さ」とは呼ばない、といったことである。では、「すべての棒には長さがある」ということを私は想像できるか？ つまるところ、私は一本の棒を想像するだけだ。ただそれだけだ。ただ、この命題と結びついたその心像が果たす役割は、「この机はあの机と同じ長さだ」という文と結びついた心像が果たす役割とはまったく異なっているのだ。というのも、後者の場合なら、その反対の像を描くのがどういうことなのか、私はわかるからだ（そしてそれは心像でなくてもよい）。

それに対して文法的命題の像は、例えば、我々が「棒の長さ」と名づけるものを示すことしかできなかった。そしてその反対の像とはいったいどんなものなのか？

（アプリオリな命題の否定に関する考察。）

252 「この物体には延長がある」という命題に対して、「ナンセンスだ！」と応じることもできるかもしれないのに、我々には「もちろんだ！」と答える傾向がある。──なぜなのか？

（b）感覚語の文法と「私的言語」の概念的不整合性（253−269）

（b1）感覚の同一性について（253−255）

253 「他人は私の痛みを感じることはできない。」──私の痛みとはどの痛みなのか？ ここでの同一性の基準は何なのか？ 物理的な対象の場合、「まったく同じ二つのもの」について語ることを可能にしているのが何なのかをよく考えてみよ。例えば、「この椅子は君が昨日ここで見たものではないが、まったく同じ椅子だ」と言うことを可能にしているものが何なのかを。

私の痛みは彼の痛みと同じだ、と言うことに意味がある限りにおいて、我々二人が同じ痛みを感じると言うこともまた可能なのだ。（そして、二人の人間が同じ場所に──相同的な場所にではなく──痛みを感じるということも考えられるだろう。例えばシャム双生児の場合、こうしたことが当てはまるかもしれない。)

このことに関する議論の中である人が自分の胸を叩き、「それでもやはり他人には、この痛みを感じることはできない!」と言うのを私は見たことがある。—これに対しては、強調のために「この」という言葉をいくら大きな声で発しても、同一性の基準を定めることにはならない、と答えよう。むしろこの強調は、そうした基準はよく知られているのだが、我々はそれを思い出す必要がある、かのように見せかけているだけなのだ。

254 「同じ」という言葉を、(例えば)「同一」という言葉で置き換えるのも、哲学における典型的な逃げの手段の一つである。あたかも我々が意味の微妙な陰影について語っていて、正しいニュアンスを自分の言葉で表現しさえすれば問題が解決するかのように、それはなされる。だが哲学を行っていてそうしたことが本当に問題になるのは、ある特定の表現の仕方を使用したくなる誘惑を心理的に厳密に描写することが我々の課題である場合のみである。そうした場合に我々が「言いたくなってしまう」ことは、もちろん哲学ではなく、その原料なのだ。[5] つまり、ある数学者が、例えば、数学的事実の客観性と実在性について言いたくなることは、数学の哲学ではなく、哲学者が扱うべき(治療すべき)[6] ものなのである。

255 哲学者は問題を、病気のように扱う。

(b2) 「私的言語」の可能性について (256-265)

256 ところで、私の内的な体験を記述し、私自身しか理解できない言語の場合はどうなのか？ その言語で私は、どのようにして自分の感覚を言葉で表すのか？ —我々が日常的にやっているようにするのか？ つまり自分の自然な感覚の表出に自分の感覚語を結びつけるのか？ —それだと私の言語は「私的」ではなくなる。私と同様に、他人もそれを理解できるだろう。—だが、もし私に感覚の自然な表出がまったくなく、ただ感覚があるだけだったらどうか？ その場合、私は単純に感覚と名前を結びつけ、その名前を感覚の記述に用いることになる。—[7]

257 「もし人間が自分の痛みを表出しなかったら（うめき声を出したり、顔をしかめたりしなかったら）、どうなるだろうか？ その場合人は子供に「歯痛」という言葉の使い方を教えられないだろう。」—その子供が天才で、感覚の名前を自分で発明すると仮定しよう！ —しかし無論、その子が使うその名前は理解されないだろう。—つまりその子はその名を理解するが、その意味を誰にも説明できないだろう、ということか？ —だが、彼が「自分の痛みに名前をつけた」とは、そもそも何を意味するのか？ —痛みに名をつけるということを、彼はどのように行ったのか?! そして、どのようにしたのであれ、どんな目的で彼はそれをしたのか？ —「彼は感覚に名をつけた」と言うとき、単なる命名という行為であっても、それが意味を持つためには、言語の中ですでに多くのことが準備されていなければならないことを、人は忘れている。そして我々が、誰かが痛みに名をつけた、と言う場合、「痛み」という言葉の文法がそこで用意されているのであり、それが新しい言葉の配置される部署を示すのだ。

258　次のようなケースを想像してみよう。繰り返し感じる感覚について私は日記をつけようとする。そのため、私はこの感覚に「E」[8]という記号を結びつけ、それを感じた日は、カレンダーのその日の欄にこの記号を書き込む。——何より私が指摘したいのは、どのようにしてもこの記号の定義を述べることはできない、ということだ。—だが、自分自身に対して一種の直示的定義ができるのではないか！　—どうやって？　感覚を指し示せるのか？　—普通の意味ではできない。そうではなく、その記号を発し、あるいは、書き込みながら、注意を感覚に集中するのだ、—つまり、言うならば内的に感覚を指し示すのだ。—だが何のためにそんな儀式を行うのか？　というのも、それは儀式にしか見えないのだから。定義とは、何より記号の意味を固定するためのものなのだ。—いや、それこそ注意の集中によってなされるのだ。それによって私は、記号と感覚の結びつきを心に刻み込むのだから。—だが、「私はそれを心に刻み込む」が何か意味を持つとすれば、それは、その結果将来私はこの結びつきを正しく思い出す、ということでなければならない。だが今の場合、正しさを判定する基準が私にはないのだ。ここで人は、どんなものであれ私に正しいと思われたものが正しいのだ、と言いたくなる。だがそれが意味するのは、ここでは「正しい」ということについて語れない、ということなのだ。

259　私的言語の規則とは、規則の印象なのか？　印象を量る秤は、秤の印象ではない。

260　「そう、これもまた感覚Eだと思われる。」—おそらく君は自分がそう思っていると思っているのだ！

それならカレンダーにこの記号を書き込んだ者は、まったく何も記録しなかったのだろうか？　—記号を—例えば、カレンダーに—書き込んでいる、ということを自明とみなしてはいけない。記録に使われる記号にはれっきとした役割があるのだが、この「E」には今のところ何の役割もないのだ。

（人は自分に話すことができる。—誰も周りにいないときに話している人すべてが、自分に話しているのか？）

261　どんな根拠があって我々は「E」を感覚の記号と呼ぶのか？　というのも「感覚」というのは我々に共通の言葉なのであって、私にしか理解できない言葉ではないからだ。だからこの感覚という言葉の使用は誰もがわかるような仕方で、正当なものであることが示される必要があるのだ。—ここで次のように言っても、何の助けにもならないだろう、「それは感覚である必要はない、彼が「E」と書く時、彼は何かを持っており、—それ以上は何も言えないかもしれないのだ」と。だが、「持っている」や「何か」という言葉も我々に共通の言語の一部なのだ。—こうして、哲学をしていると人は最終的に、ただ不明瞭な音だけを発したくなってしまうのだ。—だがそうした音も、ある特定の言語ゲームにおいてのみ何かを表現するのであり、それがどんなゲームなのかがここで描写されなければならない。

262　語を私的に定義した者は、その言葉をしかじかの仕方で使うのだと心の内で決めているに違いない、と言えるかもしれない。だがその人はいったいどのようにそれを決めるのか？　その人はその使い方の技法を考案すると考えるべきなのか、それとも、すでに完成した技法が目の前にあったと考えるべきなのか？

263　「それでもやはり私には、〈これ〉を将来「痛み」と呼ぶのだ、と（心の内で）決められる。」――「だが確かに君はそう決めたのか？　そう決めるためには、自分の感覚に注意を集中するだけで十分だったと君は確信しているのか？」――奇妙な問い。――

264　「一度この言葉が何、を表しているのかがわかれば、君はそれを理解し、その使用法すべてを知るのだ。」

265　我々の想像の中にしか存在しない表を考えよう、例えば表の形をした辞書を。Xという言葉をYという言葉で翻訳することを、我々は辞書を使って正当化できる。だがその表が想像の中でしか調べられない場合、それでも我々はそれを使うことを正当化と呼ぶべきなのか？――「なるほど、でもその場合はまさに主観的正当化なのだ。」――そうじゃない、独立した審査に訴えるからこそ、正当化は正当化と呼べるのだ。――「そう言うが、ある記憶に関して、別の記憶に訴えることもできるじゃないか。（例えば）列車の出発時刻を正確に覚えているかどうか確かでない場合、私は記憶の中の時刻表のあるページの像を思い浮かべてチェックする。これと同じことじゃないか？」――それは違う。なぜなら、君の今のケースでは、正しい記憶が実際に呼び起こされなければならないからだ。想像の中の時刻表の像の正しさそのものが調べられないのなら、どうやって最初の記憶の正しさをそれによって立証できるのだろうか？（それができると思うのは、今朝の新聞に書いてあることが本当かどうか確認するために、同じ新聞を何部も買うようなものだ。）

想像上の実験の結果の想像が、どんな実験の結果でもないのと同様に、想像の中で表を調べることは、どんな表を調べたことにもならない。

（b3）言語のパロディとしての「私的言語」（266－269）

266 今何時か知るために時計を見ることができる。だが、今何時か推測するために時計の文字盤を見ることだってできる。あるいはそのために、時計の針を正しい位置だと思えるところまで動かすこともできる。このように、時間を特定するという目的のために時計という像を使うのにも、やり方は一つだけではないのだ。（想像の中で時計を見ること。）

267 次のように仮定してほしい。私は想像の中で橋を建設しようとしているのだが、その橋の建材の寸法が正しいことを、まず想像の中で建材の強度試験をすることによって知ろうとする。もちろんこれは、橋の建材の寸法の正しさの実証と我々が呼ぶものの想像である。だが我々はこれを、寸法の想像の正しさの実証、と呼ぶのだろうか？

268 なぜ私の右手は左手に現金を贈与できないのか？ ―私の右手は現金を左手に渡すことはでき

る。私の右手は贈与証書を書くことができるし、左手が領収書を書くこともできる。—だが仮にそうしたことをしても、それがもたらす実際の帰結は、現実の贈与の場合とは違うだろう。左手が右手から現金を取り上げたりしたら、「そんなことしてどうなるのか？」と人は訊ねるだろう。そして誰かが自分に対して言葉の私的定義を行ったなら、つまり、ある言葉を自分に言い聞かせながら注意をある感覚に向けたなら、同じように訊ねることができるだろう。

269 人がある言葉を理解せず、それがその人にとって何の意味も持たず、その人はそれをどう使えばよいかわからないことに対するふるまいの基準というものが存在することを思い出そう。そして人が言葉を「理解していると信じ」、それにある意味を結びつけているが、それが正しい意味でない場合の基準も存在することを。そして最後に、人が言葉を正しく理解している場合の基準が存在することを。第二のケースでは主観的理解について語ってもいいかもしれない。そして我々は、他人は誰も理解しないが、私が「理解しているように見える」音声を、「私的言語」と呼んでもいいかもしれない。

（c）「感覚の名」という概念と内的体験（270 – 271）

270 ここで、「E」という記号を私の日記に記入することのある使い方を想像してみよう。[9] 私は次のようなことを経験する。ある決まった感覚を感じるとき血圧計を見ると、いつも血圧が上がっている。こうして私は器具を使わずに自分の血圧が上がったと言えるようになる。これは役に立つ結果だ。さてこの例で、その感覚を私が正しく再認したのか、そうでないのか、はまったく無関係であるように思われる。感覚を同定する際に私がいつも間違っていたと仮定しても、何の違いも生じないのだ。そしてすでにこのことが、この間違いの想定が見かけのものにすぎなかったことを示している。（我々はいわば、それによって機械の何かを調節できるように見えるつまみを回していたのだ、だがそれはただの飾りで、装置とまったくつながっていなかったのだ。）

それでは、どんな根拠で我々はここで「E」をある感覚の名と呼ぶのか？　おそらくは、この記号がこの言語ゲームにおいて用いられる用いられ方のためである。―それではなぜある「決まった感覚」なのか、つまり、いつも同じ感覚だと言うのか？　それは、毎回「E」と記入すると確かに我々が仮定したからだ。

271 「「痛み」という言葉が何を意味するのか覚えておくことができず、―そのため常に別のものを「痛み」と呼び、―それなのにこの言葉を、痛みの通常の兆候や条件に合致して使う人間を想像してほしい。」―つまりその人はこの言葉を我々みんなと同じように使うということだ。ここで私は、それを回しても他の歯車が一緒に動かないような歯車は、機械の一部ではない、と言いたいのだ。

(d)「私的体験」を巡る哲学的誤解とその解消（272－280）

272 私的体験というものの本質は、本当のところ、各人が自分自身のサンプルを持っているということではなく、他人もこれを持っているのか、それとも何か違うものを持っているのか誰にもわからないということである。だからこそ—その真偽は確かめようがないのに—人類の一部がある赤の感覚を持ち、他の人々は別の感覚を持っていると想定する[10]ことが可能なのだろう。

273 では「赤」という言葉についてはどうなのか—それは「我々全員が対面している」[11]あるものを表しており、本来はこれとは別に各人が、自分自身の赤の感覚を表すためにもう一つ言葉を持っているべきなのだ、と言えばよいのか？　あるいは、「赤」という言葉は我々に共通に知られている何かを表しているが、それに加えて、自分しか知らない何かを各人に表している、ということなのか。（あるいはむしろ、自分しか知らない何かを指示している、と言ったほうがいいのか。）

274 もちろん、それは私的なものを「表す」と言う代わりに、「指示する」、と言ったところで、「赤」という言葉の働きを理解するのに何の役にも立たない。しかしそれは、哲学をしている際のある特定の体験にとって、心理的にぴったりの表現なのだ。その表現を使うと、あたかも、いわば自分に対して「この言葉で自分が何を意味しているのか、私はちゃんと知っているのだ」と言うために、「赤」という言葉を発しながら自分の感覚印象をちらりと見やっているかのように思われるのだ。

275 空の青さを見つめ、「なんて青い空なんだ！」と自分に言ってみたまえ。—もし君が—哲学的な意図からでなく—自然にそう言うなら、この色の感覚印象は自分だけのものだ、という考えはまったく思い浮かばないだろう。そして君は何のためらいもなく他人に向かってそう叫ぶ。もし君がそう言いながら何かを指すとすれば、それは空だ。私が言いたいのは、君が「私的言語」について真剣に考えながら「感覚に名をつける」ときにしばしば一緒に生じる「自分自身の内を指している」感覚を、君は持っていないということだ。君はまた、本当は手でなく注意によって色を指すべきなのだ、などとも考えない。(「注意によって何かを指す」が何を意味するのかよく考えよ。)

276 「だが、我々がある色を見つめて色の感覚印象を名指すとき、少なくともまったく特定の何かを意味しているのではないか?」我々は文字通り、見つめられた対象から色の感覚印象を薄皮みたいに剝ぎ取っているかのようなのだ。(このことは我々に疑念を呼び起こすべきだろう。)

277 しかし、ある言葉で、あるときはみんなによく知られている色を意味し、——あるときには自分が今受け取っている「視覚印象」を意味しているのだと信じる誘惑に人が駆られるということが、そもそもどうして可能なのか? どうしてここで誘惑されるということが起こりうるのか? ——これらのケースで私は色に対して同じ種類の注意を向けてはいない。私だけに属する色の感覚印象を意味している(と言いたくなるような)場合、私はその色に没頭している——ある色を「いくら見ても見飽きない」場合と大体同じように。だからこの体験は、輝くような色や、心に残る色の組み合わせを見たとき、より生じやすい。

278 「緑という色が自分にどう見えているのか私は知っている」——この言い方にはやはり意味がある! ——確かに。この文のどんな使い方を君は考えているのか?

279「それでも私は、自分の背の高さがどれだけか知っている！」と言って手の平を頭の上に置く人間を想像してみたまえ！

280 ある人が、劇のある場面を自分がどのように想像しているのかを示すために絵を描く。それに対して私が言う、「この絵には二重の役割がある。他の人に対しては、絵や言葉が何かを伝える、まさにその仕方で何かを伝える――だが伝える本人にとっては、それとはまた違った種類の描写（あるいは、伝達？）なのだ。彼にとってそれは、他の人にとってはありえないような自分の想像の像なのだ。この絵の彼の感覚印象が、自分が何を想像したのかを彼に、この絵が他の人にできないやりかたで語るのだ」。―だが、どのような根拠があって、私は第二のケースで描写や伝達について語っているのか？―もし描写や伝達という言葉の第一のケースでの使用が正しかったのなら。

（e）現実の我々の感覚概念の諸特徴（281－292）

（e1）我々の感覚概念（そして心的概念）の根源的人間性（281－285）

281「だが君の言っていることとは、痛みのふるまいがなければ痛みは存在しない、ということになるのではないか？」―私が言っていることの帰結とは、生きた人間とそれに似たもの（それに似たふるまいをするもの）についてのみ我々は、それが感覚を持つとか、それが見るとか、聞くとか、耳が聞こえないとか、意識があるとか、意識を失っているとか言えるのだ、ということなのだ。

282 「だがおとぎ話では、鍋も見たり、聞いたりするじゃないか！」(確かに。だが鍋は話すこともできる。)

「だが、おとぎ話は事実に反することを考え出しているだけなのであって、ナンセンスなことを語っているわけじゃない。」——問題はそう簡単ではない。鍋が語ると言うことは、事実に反することを述べることなのか、それともナンセンスなことなのか？　どのような状況であれば鍋が語っていると言うのかについて、我々ははっきりとした考えを持っているのか？(ナンセンス詩は、幼児のバブバブと同じ仕方でナンセンスなのではない。)

なるほど確かに我々は無生物について、痛がっている、と言う、例えば、人形で遊んでいるときに。しかし痛み概念のこの用法は二次的なものだ[12]。是非、無生物だけについて痛がっていると言い、人形だけに同情するという人々を想像してみてほしい！(子供が電車ごっこをする場合、彼らの遊びは鉄道に関する知識と結びついている。だが、鉄道を知らない種族の子供たちが他の子供からこの遊びを受け継ぎ、何かの真似であることを知らないままこの遊びをしているということがあるかもしれない。彼らにとってこの遊びは、我々にとってと同じ意味を持っていない、と言えるかもしれない。)

283 様々な存在者や対象が何かを感じることができるなどという考え自体、どのようにして我々に生まれるのか？

私は教育の結果、自分の中の感覚に気づき、それによってこの考えに導かれたのか、そして今その考えを自分の外の諸対象に転用しているのか？　他人の言葉の使い方と衝突することなく「痛み」と呼べる何かがここ（自分の中）にあることを、私は認識しているのか？　—私は石や植物に自分の考えを転用しない。[13]

恐ろしい痛みがあり、それが続いている間に自分が石になってしまうということは想像できないだろうか？　それどころか、目を閉じたとき自分が石になってしまっていないことを、そもそも私はどのようにして知るのか？　—そして、もしそのことが今起こったなら、いかなる意味でその石は痛みを感じるのか？　いかなる意味で我々は石が痛みを感じていると言えるのだろうか？　そればかりか、そもそもなぜここで痛みに持ち主が必要なのか?!

では我々はその石について、それには心があり、それが痛みを感じるのだと言えるか？　心や痛みが、石にどんな関係があるのだ？

人間に似たふるまいをするものについてのみ我々は、痛みを感じる、と言えるのだ。

というのも、「もしそうでなければ」[14]物体について、あるいは望むとあらば、物体が持つ心について、そう言わなければならないからだ。そして物体がどのようにして心を持つというのか？

284　石を見つめ、それが感覚を持っていると想像してほしい！　—物に感覚を帰属させるなどという考えにどうやったらたどり着けるのだろうか、と我々は自問する。それなら数に感覚を帰属させることすらできるかもしれない！　—そして次にじたばたもがくハエを見つめてみよ、すると困難はたちまち消滅し、以前は痛みという概念にとってすべてが、いわばツルツルと滑りやすかったのに、今やその概念に手掛かりができたように思われるのだ。

そして同様に、死体は痛みをまったく受け付けないように思われる。—生きている者に対する我々の態度は死者に対する態度と違う。我々の反応はすべてにおいて異なっている。—「その理由は単に、生きている者はかくかくの仕方で動くが、死者は動かない、ということだけではない」と誰かが言うなら、—「量から質への」移行の一例がここにあることを、その人にわからせたい。

285 顔の表情の認識について考えてほしい。あるいは顔の表情の描写について、—それは顔つきの様々な寸法を示すことによってなされるのではない！　我々がどのようにして、自分の顔を鏡で見ることなく人の表情をまねるのかについても考えよ。

（e2）「感覚の持ち主」を巡る哲学的問題（286–287）

286 だが体について、それが痛みを感じると言うのはばかげていないか？——では、なぜ我々はそれをばかげていると感じるのか？　どんな意味で、私の手が痛みを感じるのでなく、私が自分の手に痛みを感じるのか？

痛みを感じるのは体か、とはどんな種類の問題なのか？　—それはどのように決着できるのか？　感じるのが体でないことは、どのようにわかるのか？　—それは、例えば、次のようなことからだ。誰かが手に痛みを感じている場合、そのように語るのは手ではないし（それを書いて伝える場合を除いては）、我々が話しかけて慰めるのも、手ではなく苦しんでいる人である。我々はその人の目を見るのだ。

287 どのようにして私の心はこの人間に対する同情で満たされるのか？ 同情の対象が何なのかは、どのように示されるのか？（同情とは、他人が痛みを感じているという確信の形式である、と言うことができる。）

（e3） 一人称感覚発話を巡る哲学的問題（288－292）

288 私は凝固して石になる、そして私の痛みは持続する。―だが、もしそこで私が間違っていて、もうそれが痛みではなかったとしたら！ ――しかし実際は、ここで私が間違うということはあり得ない。私が痛みを感じているかどうかを疑うということは何の意味も持ちえない！ ―つまり、仮に誰かが「今自分が感じているのが痛みなのか、あるいは別の何かなのか私にはわからない」と言うとすれば、我々は、例えば、この人は「痛み」という日本語が何を意味するのか知らないのだと考え、それを説明しようとするということだ。―どのようにして？ たぶん身振りで、あるいは針で彼を刺し、「わかるかい、これが痛みだ」と言って。他のあらゆる場合と同様、その人はこの説明を正しく理解するかもしれないし、間違って理解するかもしれないし、まったく理解しないかもしれない。そしてそのいずれなのかは、他の場合と同様、その人が「痛み」という語をどう使用するかによって示されるだろう。

仮にその人が、「「痛み」が何かわかったよ。だが今私がここで感じているこれがその痛みなのかどうかがわからないのだ」と言ったなら、―そのときはただ首を振り、その人の発言はどうすることもできない奇妙な反応なのだと見なすしかないだろう。（それは例えば、誰かが真剣に「生まれる少し前に自分が……と思っていたのをはっきりと覚えている」と言うのを聞くようなものだろう。）

疑いのあの表現は言語ゲームに属していないのだ。[15] しかし、痛みの表現としての人間的なふるまいが考察の対象から外されると、疑ってもいいように再び私には思えてくるのだ。私がここで、感覚を別のものと取り違えることはありうると言う誘惑にかられるのは、次のようにしてなのだ。感覚の表現を伴った通常の言語ゲームが廃棄されたと考えると、私には感覚の同一性の基準が必要となってくる。そしてその場合、間違いの可能性も存在することになるのだ。

289 「「私は痛みを感じている」と言うとき、私は少なくとも自分自身の目の前では正当化されている。」──これはどういう意味なのか？「仮に他の人が、何を私が「痛み」と呼ぶのかを知ることができたなら、その人は私がこの言葉を正しく使っていることを認めるだろう」、という意味なのか？

言葉を正当化なしに使用するということは、それを不当な仕方で使うということではない。

290 言うまでもないが、私は基準によって自分の感覚を同定しているのではない。そうではなく、私は同じ表現を使用するのだ。だからと言ってそれでこの言語ゲーム[16]が終わるわけではない、それはそこから始まるのだ。

だがその言語ゲームは、──私が記述する──感覚から始まるのではないか？──おそらくここで我々は「記述する」という言葉に惑わされているのだ。私は「自分の心の状態を記述する」と言い、「自分の部屋を記述する」と言う。我々はこれらの言語ゲームの違いを思い出す必要がある。

291　我々が「記述」と呼ぶものは、特定の使用のための様々な道具である。例えば、機械の設計図、技師が持っている寸法入りの断面図や立面図について考えてみよ。記述は言葉による事実の像だという考えには、誤解を生みやすいものが含まれている。そのように考える場合我々は、例えば、壁に掛けられた絵のような像についてしか考えない。それらは、ものがどのように見え、どんな性質を持っているかをそのまま写し取っているかのように見えるのだ。（言ってみれば、それらの像は仕事をしていないのだ。）

292　自分が事実から言葉を読み取っていると、すなわち規則に従って事実を言葉で写し取っていると、いつも思っていてはいけない！　なぜなら、個別の事例への規則の適用は、結局何の導きもなしに行わなければならないかもしれないから。

（f）「感覚」に関する誤った文法像と感覚のパラドックス（293－315）

（f 1）感覚語の文法に関する誤った像（293－299）

293　もし私が自分自身について、「「痛み」という言葉が何を意味するのか、私は自分自身のケースだけから知る」と言うなら、──他人についてもそう言わなければならないのではないか？　──だが、いったいどのようにすれば一つのケースを、こんな無責任な仕方で一般化できるのか？

それでは、全員が私に、自分は痛みが何なのかを自分自身のケースだけから知る、と言う場合を考えよう！[17]――全員が箱を持っていて、その中に我々が「カブト虫」と呼ぶ何かが入っているのだとしよう。誰も他人の箱の中を見ることはできない。そして全員が、自分はカブト虫が何なのかを自分のカブト虫を見ることのみによって知る、と言う。―確かにここでは各人が箱の中に違うものを持っていることもありうるだろう。それどころか、そうしたものが絶えず変化し続けていると想像することすらできるかもしれない。―だが、それでもこの人々の「カブト虫」という言葉が使用されているとしたら？―その場合それはものの名として使われているのではないだろう。箱の中のものは、そもそもこの言語ゲームにまったく属していないことになる。あるものとしてすら属していないことになる。なぜなら、箱は空であっても構わないのだから。―そう、属していないのだ。この言語ゲームは箱の中のものによって「約分できる」のであり、それはどのようなものであったとしても言語ゲームから消え去るのだ。[18]

つまり、もし我々が感覚の表現の文法を「対象と名」というモデルに即して作り上げるなら、その対象は無関係なものとして我々の考察から外れてしまう、ということなのだ。

294 もし君が、その人は自分が記述している私的な像を目の前に見ている、と言う場合、君はその人の目の前にあるものに関して、少なくとも何らかの想定をすでにしている。つまり君はそれをより詳しく記述できる、あるいは、するということだ。もし君が、彼の目の前にあるものがいったいどんな種類のものなのかまったく見当もつかない、ということを認めるのなら、―それでもなお、彼の目の前には何かがある、と言うように君を誘惑するのは何なのだ？ それはまるで誰かについて私が、

「彼は何かを持っている。だがそれが現金か、借金か、空の金庫か、私にはわからない」と言うようなものではないか？

295 そもそも、「私は……を自分自身のケースだけから知る」をどんな種類の命題と言うべきなのか？ 経験的命題なのか？ 違う。—文法的命題なのか？

つまるところ、全員が自分自身について、痛みが何なのか自分自身の痛みだけから知ると言うと、私が想像しているのだ。—人々が実際にこう言っているとか、あるいは少なくともそう言う用意がある、ということではないのだ。だが、今仮に全員がこう言うとすれば——それは一種の叫びかもしれない。そしてこの命題が報告としては何も述べていないとしても、それでもそれは一つの像なのだ。そして、我々が心の中にこうした像を呼び出したくなることなどあってはいけないという理由があるだろうか？ 言葉の代わりに寓意的な絵画[19]を思い浮かべてほしい。

実際、哲学をしているときに自分の中を覗くと、我々はまさにこうした像をしばしば見てしまうのだ。それは文字通り、我々の文法の像的な描写である。それは事実ではなく、いわば絵に描かれた表現法なのだ。

296 「その通りだ。だがそれでもやはり、そこには私の痛みの叫びに伴う何かがあるのだ！ そして私が叫ぶのはそのためなのだ。そしてこの何かが大切な、—そして恐ろしいものなのだ。」—我々はこのことをいったい誰に伝えるのか？ そしてどんな機会に？

297 確かに鍋の中の水が沸騰すれば鍋から湯気が上がり、それと同じように絵の湯気も絵の鍋から上がっている。だがもし誰かが、絵の鍋の中でも何かが沸騰しているはずだ、と言おうとすればどうか？

298 自分自身に対して感覚を指し示しながら──「大切なのはこれなのだ」とこんなにも強く言いたくなるということだけでも、──何も伝えないことを言おうとする強い傾向がどれだけ我々にあるかを示している。

299 我々が哲学的思考に没頭しているときに──しかじかだと言わざるをえないということ、あるいは、しかじかだと言おうとする抑えがたい傾向があるということは、我々がある想定をするよう強いられているということではないし、ある事態を直接洞察したり認識しているということでもない。[20]

（f2）「他人の痛みを想像する」ということ（300−303）

300 「彼は痛みを感じている」という表現を用いる言語ゲームには、行動の像のみならず、痛みの像もまた属しているのだ、すなわち行動の範例のみならず痛みの範例も属しているのだ──と我々は言いたくなる。──「痛み」という言葉を用いる言語ゲームに痛みの像が登場する、と言うことは誤解である。痛みの想像は像ではないし、その想像を言語ゲームにおいて、我々が像と呼ぶような何かで置き換えることができるわけでもない。[21]──確かに痛みの想像はある意味で言語ゲームに登場する、ただし像としてではない。

301 想像は像ではないが、それに像が対応する場合もある。[22]

302 もし我々が他人の痛みを、自分自身の痛みをモデルにして想像しなければならないのなら、それはそんなに簡単なことではない。というのも私は、自分が感じている痛みを基にして、自分が感じていない痛みを想像しなければならないのだから。すなわち私は単に想像においてある場所の痛みから別の場所の痛みに移行すればよいわけではないからだ。手の痛みから腕の痛みへという具合に。というのも私が想像しなければならないのは、他人の体に私が痛みを感じるということではないのだから。(それも可能ではあろうが。)

痛みのふるまいは痛む場所を指し示すことはできる、――しかし痛みに苦しんでいる人とは、痛みを表出している人なのだ。[23]

303 「他人が痛みを感じているとは信じることしかできないが、自分が痛みを感じる場合、私はそれを知ることができる。」――なるほどそのように、「彼は痛みを感じている」の代わりに「彼は痛みを感じていると私は信じる」と言うことにすると決めることはできる。だがそれだけのことだ。――ここで心的な過程に関する説明や陳述のように見えるものは、実際はある言い方を別の言い方で置き換えること、哲学をしているときに我々により適切に思える言い方で置き換えることなのだ。

他人の不安や痛みを疑うことを――実際の場面で――一度試みてみたまえ!

（f3）感覚語を巡る誤った文法像とパラドックス（304–309）

304 「だがそれでもやはり君は、痛みを伴う痛みのふるまいと、痛みを伴わない痛みのふるまいの間に違いがあることは認めるだろう。」——認める、だって？　それ以上に大きな違いがどこにあるだろうか！　——「それなのに結局君は、感覚自身は存在しないものなのだ、という結論に繰り返したどり着くではないか。」——そうではないのだ。それは存在する何かではないが、存在しないものでもないのだ！　結論とはただ、それについて何も語ることができないものがしている務めは、存在しないものでも果たす、ということだったのだ[24]。我々はただ、ここで我々に自分自身を押し付けてくる文法[25]をはねつけただけなのだ。

このパラドックス[26]は、言語は常に一つの仕方で機能していて、常に同じ目的のために、すなわち思考を伝えるという目的のために使われているという観念[27]から根本的に決別するときにしか消滅しない、——それが家についての思考であれ、痛みについての思考であれ、善悪についての思考であれ、いかなるものについての思考であれ。

305 「だが君も、例えば、想起において内的な出来事[28]が生じていることはやはり否定できまい。」——そもそも、我々が何かを否定しようとしているかのような印象がなぜ生まれるのか？「それでもそこには内的な出来事が生じているのだ」と言うとき人は——「君もそれを知っているだろう」と続けたくなる。そして、「想起する」という言葉で人が意味しているのは確かにこの内的な出来事なのだ。——

我々が何かを否定しようとしているかのような印象は、「内的な出来事（過程）」という像に我々が抵抗しているということに起因する。我々が否定しているのは、内的な出来事（過程）という像が「想起する」という語の使用に関する正しい観念を我々に与えるということなのだ。そう、つまり我々は、この像をより精密にすると、この語の使用をありのままに見ることが妨げられる、と言っているのだ。

306 いったいどうして私が、そこに心的な過程が存在していることを否定しなければならないのか?! 「今私の中に……に関して想起という心的な過程が生じた」とは、「今私は……を思い出した」ということでしかないのだ。心的な過程を否定するとは、想起を否定することだろう。誰かが何かを思い出す、ということ自体を否定することだろう。[29]

307 「結局君は偽装された行動主義者ではないのか？　根本では結局、人間のふるまい以外のものはすべてフィクションだ、と言っているのではないか？」――もし私がフィクションについて語るとすれば、それは文法に関するフィクションについてだ。[30]

308 心的過程と心的状態、そして行動主義に関する哲学的問題はいったいどのようにして生じるのか？――最初の一歩はまったく目立たないものだ。我々は様々な過程と状態について語りながら、それらの本性に関しては未決定のままにしておく！　それらについて多分いつかもっと詳しく知るようになるだろう、――と思うのだ。だがまさにこのことによって我々は、ある特定の考え方に縛られてしまったのだ。なぜなら我々は、ある過程をより詳しく知るようになるとはどういうことかに関するはっきりとした概念を持っているからだ。（手品師の芸当の決定的な動作がなされたのだが、まさにそれが我々には罪のないものに見えたのだ。）—そして我々自身の思考を我々に理解させるはずだった比喩が崩壊する。こうして我々はまだ解明されていない媒体中の、まだ理解されていない過程を否定しなければならなくなる。つまりこうして、我々が心的な過程を否定してしまったように見えるのだ。だが、もちろん我々は、それらを否定したいなどと思っていないのだ！

309 哲学における君の目的は何か？—蠅に、蠅取り壺からの出口を示すことだ。

（f4）「感覚を示す」ということ（310−315）

310 私が誰かに、痛みがある、と言う。そのとき私に対するその人の態度は、信じる態度、信じない態度、疑う態度、等々、だろう。

「そんなにひどくはないだろう」とその人が言うとしよう。—これはその人が、私の痛みの表出の背後に何かが存在すると信じていることの証拠ではないか？——その人の態度自体が、その人の態度の証拠なのだ。「痛みがある」という文のみならず、「そんなにひどくはないだろう」という返答も、本能的な声と動作で置き換えられたところを想像してみよ。

311 「それ以上に大きな違いがどこにあるだろうか[31]！」—痛みの場合なら、この違いを自分に対して私的に示せると私は信じている。他方、折れた歯と折れていない歯の違いなら、私は誰にでも示すことができる。―でも私的に示すためなら、痛みを呼び起こす必要はまったくない、それを想像するだけで十分だ、―例えば、顔を少しゆがめたりして。だが、そうして自分が示しているものが痛みであって、例えば、表情ではないことを君は知っているのか？　それに、痛みを示す前に、自分が何を示さなければならないのかを、君はどのようにして知るのか？　この私的な示しとは幻想なのだ。

312　だが歯の場合と痛みの場合には、やはり似た点があるのではないか？　なぜなら一方の視覚印象が他方の痛み感覚に対応するからだ。私は自分に対して視覚印象を、痛みの感覚と同様、上手く示すこともあれば、上手く示せないこともある。

次のような場合を想像してみよう。我々の周りにある（石や植物といった）物の表面に、それに触れると皮膚が痛くなる斑点や領域がある。（例えば、それらの表面の化学的性質のために。だがここでそうしたことを知る必要はない。）そうすると我々は、今日特定の植物の赤い斑点のある葉っぱについて語っているように、痛い斑点のある葉っぱについて語るようになるだろう。私が想像するに、これらの斑点とその形を知覚することは役立つだろうし、それから事物の重要な性質について様々な結論も導けるだろう。

313　私には、赤を示すように、痛みを示せるし、直線や曲線や木や石を示すように、痛みを示せる。―我々はまさにこうしたことを、「示す」と呼ぶのだ。

314 もし感覚に関する哲学的問題をはっきりさせるために私が、現在の自分の頭痛の状態について考察したくなるとするなら、それは私に根本的な誤解があることを示している。

315 痛みを一度も感じたことのない者に「痛み」という言葉は理解できるだろうか？ ―できるかできないかを私は経験から学ばなければならないのか？ ―そしてもし、「かつて痛みを感じたことがなければ、人は痛みを想像することはできない」と言うのなら、―このことを我々はどのようにして知るのか？ これが本当かどうかは、どのようにして決められるのか？

第十章　思考とその像を巡る哲学的問題（316－362）

［本章では、「思考」、「考える」という概念について、我々が抱きやすい像とそれが生み出す誤解が批判的に考察・分析されるとともに、現実に我々がそれをどのように用いているのかが示される。感覚を巡る第九章の考察とその結論は本章の議論の全般的な背景として想定されているが、それぞれの考察は独立したものとして提示される。それらは多くの側面を持ち、他の多くの問題と連関を持ちながら、複雑かつ豊饒に進んでゆく。］

（a）思考に関する根本的誤解（316－317）

316　「考える」という言葉の意味を明らかにするために、我々は考えながら自分自身を見つめる。そこで観察されるものがこの言葉の意味するものなのだ！ ―しかしこの概念はまったくそのようには使われていない。（チェスのことをまったく知らないのに私が対局の最後の一手を詳しく観察して、「王手詰め（チェックメイト）」という言葉が何を意味するのかを探ろうとするのに、それは似ているだろう。）

317　痛みの表現としての叫び―思考の表現としての文、これは誤解を生みやすい対比だ！まるで文の目的が、人に他人の調子をわからせることであるみたいだ。いわば、胃袋の調子ではなく、ただ思考器官の調子だけを。

(b) 瞬間的思考を巡る哲学的問題 (318－326)

(b1) 電光のような思考 (318－320)

318 考えながら話したり書いたりする場合―普通に話したり書いたりする場合のことが言いたいのだが―、通常我々は、自分は話すよりも速く考えるとは言わない。この場合、思考は表現から剝がされていないように思える。だが他方、ある考えが電光のように頭を駆け巡るとか、問題が突然明らかになるとか言うように、我々は速い思考について語ることがある。ここで自然に浮かぶ疑問は、電光のような思考において、考えながら話しているときと同じことが起きているのか、―ただ極端に加速されているだけなのか、ということだ。つまり言ってみれば、第一の場合はゼンマイ仕掛けが一挙に回ってしまうのに、第二の場合は言葉がブレーキとなって一段ずつ回るのか、という疑問である。

319 私はある考えを電光のように目の前に見たり、理解したりすることができるが、それは考えを短い言葉や線でメモできるのと同じ意味でなのだ。

こうしたメモをその考えの要約とするものは何なのか?

320 電光のような思考と言葉で語られた思考の関係は、代数式とそれを展開してできる数列の関係と比べられるかもしれない。

ある代数式が与えられたら、変数値1、2、3、……10に対して式の値を計算できることを私は〈確信〉している。この確信には「十分な根拠がある」と我々は言うだろう。なぜなら私はこうした関数の計算法などを学んでいるからだ。もう一方の電光のような思考が関わる場合には、こうした確信に根拠はないだろう、—だがそれでも、それは結果によって正当化されるだろう。

(b2) 瞬間的理解体験 (321-322)

321 「人が突然理解するとき、何が起こっているのか?」[1] —これはまずい問いの立て方だ。もしこれが「突然理解する」という表現の意味を問う問いなら、我々がそのように呼ぶ過程を指し示しても答えにはならない。—この問いは、誰かが突然理解したことの徴は何か、突然の理解に特徴的な心理的随伴現象とはどんなものか、という意味にも解釈できるだろう。

(人が、例えば、自分の顔の表情の動きを感じるとか、感動したときの特徴的な呼吸の変化を感じる、と考える根拠はない。それらに注意を向けると、たちまちそれを感じるのだとしても。)(姿勢))

322 この表現[2]の意味に関する問いが、こうした描写によっては答えられないため、我々は、理解とは特別な定義不可能な体験なのだという結論へと誘惑される。しかし、そこで考えなければならないのが、これらの体験を我々がどのように比較しているのか、その生起の同一性の基準を我々がどのように定めているのか、という問題であることを我々は忘れている。

（b3）「わかった！」という発話と確信について（323－326）

323 「続きがわかった！」[3]とは叫びである。それは本能的な発声や歓喜の突然のしぐさに相当するものだ。もちろん私がそう感じたからといって、数列を続けようとした途端に私が行き詰まらないとは限らない。——「続きがわかった、と言ったときは、わかっていたんだ」と言うような場合がある。例えば、予期せぬ妨害があったりすると、人はこう言うだろう。ただしここで言う「予期せぬこと」とは、自分が行き詰まるということ以外の何かでなければならない。

　ある人が繰り返しうわべだけのひらめきを感じて、——「わかった！」と叫ぶのだが、実際にやってみると一度もうまくゆかない、ということすら想像できるだろう。——その人には、頭に浮かんだ像の意味を、また自分は瞬間的に忘れてしまったかのように思われるのかもしれない。

324 これは帰納の問題であって、数列を続けられると私が確信するのは、この本を離すと地面に落ちると確信するのと同じだ、と言うのは正しいだろうか？　そして突然何の理由もなく自分が数列の展開で行き詰まっても、本が落下せずに宙に浮かぶ場合以上に私は驚かないだろう、と言うのは正しいだろうか？——これに対して私は、まさにこの確信にも[4]、どんな根拠も不要なのだ、と答えたい。成功以上に確信を正当化できるものがあるだろうか？

325「この体験—例えば、この数式を見るという—をした後に数列を続けられるという確信は、単純に帰納に基づいている。」これはどういう意味なのか？—「私は火でやけどをする、という確信は帰納に基づいている。」これが意味するのは、「私はいつも火でやけどをした、だから今回もそうなるだろう」と自分について私が推論するということか？それとも、これまでの経験は私の確信の原因であって理由ではないのか？これまでの経験が確信の原因かどうかは、我々が確信という現象をどんな仮説の体系、自然法則の体系の下で考察するかに依存する。

確信は正当化されるのか？—人間が何を正当化とみなすかは、—人間がいかに考え、いかに生きているのかを示す。

326 我々はこれを期待し、これには驚く。だが理由と根拠の連鎖には終わりがある。[5]

(c)「思考」についての誤解を招く様々な像（327–356）

(c1) 思考は発話の内的随伴過程であるという像（327–333）

327「人は話すことなく考えられるか？」—そして、考えるとはどういうことなのか？—君は一度も考えないのか？自分を観察して、何が起こっているのかを見ることができないのか？それはまったく簡単なはずだろう。なにしろそれは、天文現象のように起こるのを待って、それから急いで観察する必要などないのだ。

328　ところで、我々が「考える」と呼ぶのはどんなことなのか？　我々は何のためにこの言葉を使うことを学んだのか？　—自分は考えたと言う場合、—私はいつも正しくなければならないのか？　—どんな種類の間違いがそこにはありうるのか？「その時私がしたのは、本当に考えることだったのか、私は間違っているのではないか？」と人が問うような状況は存在するか？　ある考えの過程で測定を行う人は、もし測定中に自分自身に話しかけなければ、考えを中断したことになるのか？

329　言葉を使って考える場合、言葉の表現に加えてその「意味」が頭に浮かぶわけではない。むしろ、言語そのものが思考の媒体なのだ。

330　考えることは話すことの一種なのか？　それは、考えながら話すことを、考えずに話すことから区別するものなのだ、と人は言いたくなる。—そしてその場合それは、話すことに随伴する何かのように思われてくる。それは他の過程に随伴することもあれば、独立に進行することもある過程なのだ。

「ペン先がずいぶん丸くなったなあ。でもまあ、書けるか」という文章を言ってほしい。一度目は考えながら、二度目は考えずに。それから言葉を使わず、思考内容だけを考えてみてほしい。—さて、私はペン先を試し、顔をしかめ、—それからあきらめたようなしぐさで再び書き始めるかもしれない。—同様に、ある測量に携わりながら私は、そばで私を見ている人が、この人は—言葉を使わずに—第三の長さに等しい二つの長さは互いに等しいと考えた、と言うような行動をすることがあるかもしれない。――だが、ここで考えることを成り立たせているのは、考えなしに言葉が話されないために言葉に伴っていなければならない何らかの過程ではない。

331 声を出さないと考えられない人々を想像してみよ！（声を出さないと読めない人々がいるのと同じように。）

332 確かに我々は、文にある心的過程を伴わせることを「考える」と呼ぶことがある。しかしその随伴物を「思考」とは呼ばない。――ある文を言い、それを考えよ、つまり、理解しながらその文を言ってほしい。――そして今度は、その文を言わずに、理解しながら言ったときに君がその文に随伴させたことを行ってみたまえ！――（感情を込めてこの歌を歌ってほしい！ そして次に、それを歌わずに感情だけを反復してみたまえ！ そしてこんな場合でも、人は何かを反復するかもしれない。例えば、体をゆらしたり、息を遅くしたり、速くしたりすることを。）

333 「それは、そう確信している者にしか言えない。」――人がそれを言うとき、確信は人をどのように助けるのか？――そのとき確信は、言われた表現のそばにあるのか？（それとも、小さな音が大きな音に覆い隠されるように確信は表現によって覆い隠されていて、表現が音になると、いわば聞こえなくなってしまうのか？）もし、「記憶に頼って歌が歌えるためには、まず心の中で歌を聴き、それからそれをまねて歌わなければならない」と誰かが言ったらどうか？

（c 2） 発話に先立って心の中にある内容としての思考という像 （334－338）

334 「つまり、君が本当に言いたかったのは……ということなのだね。」―我々はこうした言い方を使って、人をある形の表現から別の形の表現へと導く。そして我々は、その人が本当に「言いたかったこと」、「意味していたこと」は、我々が言葉にする以前からその人の心の中にあったのだという像を使う誘惑にかられる。だが我々がある表現をあきらめて別の表現に置き換えるのは、様々な種類の理由によるのだ。このことを理解するためには、数学の問題の解が、その問題が生まれたきっかけや由来と持つ関係を考えることが役に立つ。例えば、角を三等分する方法を見つけようとする場合の「定規とコンパスを使った角の三等分」という概念と、そうした方法は存在しないことを証明する場合のその同じ概念について考えることは、それを理解するのに役に立つ。

335 我々が―例えば、手紙を書いていて―自分の考えを表す正しい表現を見つけようと努力する時、何が起きているのか？ ―この言い方は、起こっていることを翻訳もしくは記述になぞらえている。思考は（いわばすでに以前から）そこに存在し、我々はただその表現を探しているだけだ、と言わんばかりに。この像は様々な場合について、それなりに当てはまる。―しかしそこでは、実に様々なことが起こりうるのではないか！ ―私はある気分に身をゆだねる、そして表現が*やってくる*。あるいは、あるイメージが浮かび、私はそれを記述しようとする。あるいは、英語の単語が浮かび、私はそれに相当するドイツ語を思い出そうとする。あるいは、あるしぐさをし、それに対応する言葉は何か、と自問する。等々。

もしここで「表現を見つける前、君には思考があったのか？」と訊ねられたなら、――私は何と答えるべきなのだろうか？　そして、「表現される以前に存在していた時、思考はどのようなものだったのか？」と訊ねられたなら？

336　ここに示されているのは、ドイツ語やラテン語の奇妙な語順では命題をそのままに考えることはできないと想像するのに似たケースだ。我々は先ず命題を考え、次に語をあの不思議な順序に並べなければならない、と想像するのに似たケースだ。（かつてフランスのある政治家[6]が、人間の思考の順序と同じ順序で語が並んでいるというのがフランス語の特徴だ、と書いていたことがある。）

337　しかし私は、例えば、ある文を始める時点ですでに、その文の完全な形を意図していたのではないか？　つまり、まだ私が話す前から、確かに文は私の心の中にすでに存在していたのだ！　――もし文が私の心の中にあったのなら、普通その語順は普段と同じだろう。だが、またもや我々はここで、「意図する」ことについて、つまり「意図する」という言葉の使用について、誤解を招きやすい像を描いているのだ。しかし、意図は状況の中に、人間の慣習と制度の中に埋め込まれている。もしチェスという技法が存在しなければ、私はチェスをしようと意図できないだろう。私があらかじめ文の形を意図するというのは、私がドイツ語を話せるから可能なのだ。

338　つまり我々が何かを話せるのは、話すことを習得している場合のみなのだ。それゆえ、何かを話そうとする者は、そのためにすでに何らかの言語をマスターしていなければならない。だが、話そうとするためには、必ずしも話す必要がないことも明らかである。踊ろうとするときに踊る必要がないのと同じように。

そしてこのことについて考えを巡らせるとき、我々の精神は踊りや語りなどの表象に手を伸ばすのだ。[7]

（c3）言葉に生命（意味）を吹き込むものとしての思考という像（339－343）

339 思考とは話すことに生命と意味を貸し与えるものではない。悪魔がシュレミールの影を地面から剝がすように、[8]話すことから剝がすことのできる非身体的過程なのではない。[9]――だが、どんな意味で「非身体的過程ではない」のか？　私は非身体的過程を知っているが、思考はそうしたものではない、ということなのか？　そうではない。私は、「考える」という言葉の意味を原初的なやり方で説明したかったのだが、そのために窮地に追い込まれ、仕方なく私は「非身体的過程」という表現の助けを借りたのだ。
しかし、もし「考える」という言葉の文法を、例えば、「食べる」という言葉の文法と区別したいのなら、そのために「思考は非身体的過程だ」という表現を用いることができるかもしれない。ただ、そのように表現すると、意味の違いがあまりにも小さなものに見えてしまうのだ。[10]（これは、数字は現実的な対象であり、数は非現実的な対象である、と言うのに似ている。）[11]不適切な表現は、混乱の中で行き詰まるための確実な「手段」だ。それは混乱からの出口に、いわば錠をおろしてしまう。

340　ある言葉がどのような働きをしているかは推測できない。その使用を見つめ、それから学ばなければならない。

だが難しいのは、そうした学びの障害となっている先入見を取り除くことである。それは決して愚かな先入見ではない。

341　考えずに話すことと、考えながら話すことは、ある曲を考えずに演奏することと、考えながら演奏することに比較されるべきである。

342　言葉を使わずに考えることができる、このことを示すためにウィリアム・ジェームズは聾唖者バラード氏の回想を引用している。[12] そこでバラード氏は、幼少期、言葉を憶える以前にも自分は神と世界について考えたことがあると書いている。──これはいったいどういう意味なのだろうか？──「世界はどのようにしてできたのか、という問いを私が初めて自問したのは、初歩的な書き言葉の手ほどきを受ける二、三年ほど前の、あの楽しい馬車旅行でのことだった」と彼は書いている。──あなたはそれが、自分の言葉なき思考の言葉への正しい翻訳だと確かに言えるのか、──我々はこう問いたくなる。そして、この問い──それは普通ならまったく存在しないように見える問いだ──が、なぜそのときに頭をもたげるのか？　この書き手は自分の記憶に欺かれているのだ、と言ったものなのか？──自分がそう言いたいのかさえ私にはわからない。この回想は不思議な記憶現象だ──そして、そこから話し手の過去についていてどんな結論が導けるのか、私にはわからない！

343 自分の記憶を表現するために私が使う言葉は、私の記憶反応である。

（c４） 概念の不適切な形式的拡張 （344－352）

344 人間が、耳に聞こえる言葉は一切話さず、にもかかわらず内的な言葉を想像の中で自分に向かって話す、ということは想像できるだろうか？
「もし人間が常に自分の中で自分に対してだけ話すというのなら、つまるところそれは、今でも*時々*やっていることを*いつも*やるということだ。」——だからそれを想像するのはまったく簡単なのだ、いくつかのものからすべてのものへの簡単な移行をすればいいだけだ。（これは、「無限の長さの並木とは、単純に終わりの*ない*並木のことだ」と言うのに似ている。）誰かが自分自身に話していると言うための我々の基準は、その人が我々に語ることと、その人のその他の行動である。そして我々は、ふつうの意味で*話す*ことの*できる*者についてのみ、その者は自分自身に話していると言う。そして我々はオウムについてそう言わないし、レコード・プレーヤーについてもそう言わない。

345 「時々起こることは、いつも起こるかもしれない。」——これはどんな種類の命題なのだろうか？「もし「F (a)」に意味があれば、「(x). F (x)」にも意味がある」という命題に似ている。
「もし誰かがあるゲームで間違った手を打つことがあるのなら、すべての人間がすべてのゲームで間違った手しか打たないこともあるかもしれない。」——こうして我々は自分たちの表現の論理[13]を誤解し、自分たちの言葉の使用を誤って描写しようとする誘惑にさらされるのだ。

命令はときに従われないこともある。しかし、もし命令が一度も従われないとしたら、それはどんな状況なのだろうか。「命令」という概念は目的を失ってしまうだろう。[14]

346 だが、神が突然オウムに悟性を与え、オウムが自分自身に向かって話すと想像できないだろうか？——しかしここで重要なのは、このことを想像するために私が、神を想像することに助けを求めたということなのだ。

347 「だが、とにかく私は自分自身について「自分自身に話す」ことが何を意味するか知っている。そして、もし話すための器官が奪われたとしても、自分の中で自分との会話を行えるだろう。」
もし私が自分自身についてしかそれを知らないのなら、それはつまり、私は自分がそう呼ぶものしか知らず、他人がそう呼んでいるものが何なのか知らない、ということだ。[15]

348 「この聾唖の人々は全員、手話しか学んでいない。でも各人は自分の中で自分に向かってある音声言語を話している。」——さて、君はこの文を理解しないというのか？——自分がこれを理解したかどうかを、どのようにして知るのだ?!——この文が伝えていること（何かを伝えているとして）で、何をすればよいのか？ここでは理解という概念に怪しげな臭いが漂っている。私はこれを理解すると言うべきか、それとも理解しないと言うべきなのか、私にはわからない。私は次のように答えたい、「これは日本語の文であり、一見しただけでは何の問題もない、——つまり、それを使って何かをしようとするまでは。この文は他の様々な文とつながりを持ち、そのつながりのために、この文が本当は何を伝えているのか我々にはわからない、とは言いにくいのだ。哲学をしているために無感覚になっていなければ、誰でもこの文は何かがおかしいことに気づく」。

349「でもやはり、この想定にはちゃんとした意味があるじゃないか！」――確かに。普通の状況では、これらの言葉とこの像にはよく知られた使用がある。しかしその使用が存在しないような場合を想定するとき[16]、我々は初めて、いわばそれらの言葉と像の裸の姿に気づくのだ。

350「でも、誰かが痛みを感じていると私が思うとき、私は単純に、その人は私がしばしば感じるのと同じものを感じているのだと思うのだ。」――このように言っても我々は少しも前進しない。それは次のように言うようなものだ、「君は確かに「ここでは今五時だ」がどういう意味か知っている。だから君は、太陽では今五時だ、がどういう意味かも知っているのだ。それはまさに、あちらの時刻は、こちらが五時のときの時刻とちょうど同じだ、という意味なのだ。」――同じという概念を用いたこの説明は、説明の役割を果たしていない。なるほど確かにこちらの五時とあちらの五時が「同じ時刻」と呼ばれることはわかる。しかしどんな場合に、こちらとあちらが同時刻だと言ったらよいのか、まさにそれがわからないのだ。

これとまったく同様に、「彼が痛みを感じていると思うことは、私が感じているのと同じものを彼が感じていると思うことに他ならない」という説明も説明になっていない。というのも、文法の次の部分、すなわち、ストーブが痛みを感じ、私も痛みを感じている場合、ストーブは私と同じものを感じていると我々は言う、ということなら、私はよくわかっているのだけど〔、その説明はこれとは違うからだ〕[17]。

351 それでも我々は絶えず、「彼が感じようが、私が感じようが、痛みの感覚は痛みの感覚だ。彼が痛みの感覚を感じているかどうかを私がどのように知ろうが、痛みの感覚は痛みの感覚なのだ」と言いたくなる。――私はそれに同意すると表明してもいいかもしれない。――そして君が、「ストーブが痛みを感じていると私が言うとき、君は私が何を意味しているかわからないのか？」と訊ねるのなら、私は次のように答えられる。君の言葉は私に様々なことを想像させる。だがそれらがそれ以上何かの役に立つわけじゃない。そして「太陽では今ちょうど午後五時だ」という言葉を聞いて想像できることが無いわけではない――例えば、五時を指している振り子時計、などだ。――だがこの問題のもっといい例は、「上」、「下」という言葉を地球に適用するケースだろう。この場合、我々全員が「上」、「下」が何を意味するのかについてはっきりした考えを持っている。私が上にいて地球が私の下にあることは、確かに明白だ！（この例を馬鹿にしてはいけない。なるほど学校ではすでに、こうしたことを言うのは愚かなことだと教えられている。しかし、問題を覆い隠すことは、それを解くよりずっと簡単なのだ。）そして改めて考えてみて初めて、この場合は「上」と「下」という言葉を普通の仕方では使えないことに気づくのだ。（例えば、地球の反対側の人々について、彼らは我々の地面の下にいると言えるということは、彼らが同じことを我々について言っても、それは正しいと認めなければならないということだ。）

352 今ここで起こっているのは、我々の思考が我々に奇妙ないたずらをする、ということだ。すなわち我々は排中律を引き合いに出して、「彼の頭にこうした心像が浮かんでいるか、いないかのどちらかであり、それ以外の可能性はないのだ！」と言おうとしているのだ。—哲学の他の分野でも、我々はこの奇妙な議論に遭遇する。「πの値の無限の展開のどこかで「7777」という数の並びが現れるか、それとも現れないかのどちらかであり—第三の可能性はない。」つまり、神にはそれが見える—だが我々はそれを知ることができない、というわけだ。しかし、それはどういう意味なのか？—我々はある像を用いているのだ。一方の者にはその全体が見渡せるが、他方の者には見渡せない可視的な列、という像だ。そこで排中律が、それはこのように見えるか、それともあのように見えるかのどちらかでなければならない、と語るのだ。つまり本当のところ排中律は何も語っておらず—確かにそれは当たり前のことだが—、むしろ我々にある像を与えているのだ。そしてそこで問題にすべきなのは、現実がこの像と一致しているのかどうかということだ。そしてそこでこの像は、我々が何をすべきか、何をどのように探すべきか[18]を規定しているように見える—しかしこの像はそんなことをしていない、なぜなら我々には、まさにその像をどのように用いればよいのかがわからないからだ。もしここで我々が「第三の可能性は存在しない」とか「やはり第三の可能性など存在しないのだ！」と言うとすれば—それは、我々はこの像から目をそらすことができない、ということを示しているのだ—この像は、あたかも問題とその解がその中にすでに存在しているに違いないかのように見えるのだ。他方でやはり我々は、そうではないぞ、と感じているのだが。

　同じように、「彼がこの感覚を感じているか、それとも感じていないかのどちらかだ！」と言うとき—我々には何にもましてある像が浮かび、すでにその像がこの発言の意味を誤解の余地なく決定しているように見える。「何が問題になっているのかわかるだろ」――こう我々は言いたくなる。だがそれこそが、この像によってはわからないことなのだ。

（c5） 文法の基本について （353－356）

353 ある文の検証[19]の種類と可能性に関する問いとは、「君はどういう意味でそう言っているのか？」という問いの特別な形にすぎない。それに対する答えは、その文の文法を明らかにするのに貢献する。

354 文法において基準と徴候[20]の間で変動があると、そもそも徴候しか存在しないかのような外見が生じる。例えば我々は次のように言ったりする、「経験は気圧が下がると雨が降ることを教える。だが経験はまた、特定の湿気と冷たさを感じたり、しかじかの視覚印象を持つと雨が降ることも教える」。そして感覚印象が我々を欺くことがあるということを、人はその論拠として挙げる。しかしその場合、感覚が我々を欺いて、他でもなく雨が降っていると思わせるということ自体が、ある定義に基づいているのだということを人は考えていない。

355 重要なのは、感覚印象がときに我々を欺くということではなく、我々が感覚印象の言語を理解しているということなのだ。（そしてこの言語は、他のあらゆる言語と同様、合意に基づいている。）

356 「雨が降っているか、それとも降っていないかだ—どうやってそれを知るか、その情報がどうやって私に届いたかは別の問題だ」と我々は言いがちだ。だがそれなら、何を自分は「雨が降っているという情報」と呼ぶのかを問うてみよう。（それとも私はその情報についても、情報しか持っていないのか？）そしてこの「情報」に、何かについての情報という印をつけるものは何なのか？　我々はここで、自分たちの表現の形に惑わされているのではないか？「私の目が私に、そこに椅子があるという情報を与える」という表現こそが、誤解を招きやすい比喩なのではないか？

（d）我々の「考える」という概念の人間性（357―362）

357 もしかしたら犬は自分自身に向かって話すかもしれない、と我々は言わない。それは犬の心をそれだけよく知っているからなのか？　これについては、生き物のふるまいを見ると、その心が見えるのだ、と言ってもいいかもしれない。—だが自分自身について、私は自分自身に向かって話す、と言うのも、私がしかじかのふるまいをするからなのか？　—私は自分のふるまいの観察に基づいてそう言うのではない。しかしそれに意味があるのは、まさに私がそのようにふるまうからなのだ。—それなら、それに意味があるのは、私がそのように意味しているからなのではない、ということか？

358 だが、文に意味を与えるのは、意味するという我々の行為ではないのか？（そしてもちろんこの考えには、我々は無意味な言葉の並びを意味できないということが含まれている。）そして意味するとは、心的な領域に属する何ごとかである。だがそれは私秘的な何ごとかでもある！　それは捉えがたい何かであり、意識そのものだけがそれに比べられるのだ。

どうしてこれを馬鹿げたことと見なせようか！　つまるところそれは、いわば我々の言語の夢なのだ。[21]

359　機械は考えることができるだろうか？——それは痛みを感じることができるだろうか？—ところで、人間の体をそうした機械と呼ぶべきなのか？　確かに人間の体は、そうした機械に極めて近いものであるが。

360　だが機械は、やはり考えられない！—これは経験的な命題か？　違う。我々は人間と人間に似たものについてのみ、それは考える、と言う。我々は人形についても、そしておそらくは幽霊についてさえ、それは考えると言う。「考える」という言葉を一つの道具と見なすのだ！

361　この椅子は自分に向かって……と考えている。

〈どこで〉？　ある部分で？　それとも自身の体の外で？　自分を取り巻く空間で？　それとも、特定の場所で考えてはいないのか？　だがその場合、この椅子の内的言語と、すぐ隣にある椅子の内的言語はどう違うのか？　—だがそれなら、人間の場合はどうなのか？　この人はどこで自分に向かって話すのか？　なぜこの問いが無意味に思えるのか？　そしてなぜ、この人は自分自身に向かって話しているということ以上には、場所を特定する必要などないように思われるのか？　それに対して、この椅子はどこで自分自身に向かって話しているのかという問いは答えを要求しているように思われる。—その理由は、どのように椅子が人間に似ていると考えられているのかを、我々は知りたいからだ。背もたれの上端が頭なのかどうか、等々を知りたいからだ。

人が心の中で自分自身に向かって話す場合、それはどのようなことなのか？ そこでは何が起こっているのか？ —それを私はどのように説明すればよいのか？ それについては、「自分自身に向かって話す」という表現の意味を人に説明するときと同じような説明をするしかない。そして我々は確かに子供のときその意味を学んでいるのだ。—ただ、それを我々に教える人は「そこで何が起こっているか」を我々に語るのだ、とは誰も言わないだろう。

362 だが、我々にはむしろ、この場合教師は生徒にその意味を教えているかのように思われる—直接それを語ることなく。それでも生徒は最終的に、自分に向かってそれを正しく指し示して説明できるようになるかのように思われる。そしてここに我々の錯覚があるのだ。

第十一章　想像とその像を巡る哲学的問題（363－427）

［本章では「想像」（あるいは「心像」、「表象」）に関して我々が陥りやすい誤解とそれが生み出す哲学的問題、および「想像」という概念の本当の意味が考察の対象となる。本章前半では日常的に「想像」と呼ばれる事象を巡る哲学的問題が考察の対象となるが、後半では「心像」や「表象」に何らかの形で関連する様々な哲学的問題が扱われ、そのいくつかは哲学史と深くかかわっている。特に本章末尾では、本書の哲学的考察にとって重要な手段を提供している「像」という概念自体が考察の対象となり、心を巡る領域の特異性とは、我々の哲学的反省に先立って強固な像が存在し、それが様々な哲学的誤解の源泉となることであることが示される。］

（a）想像に関する様々な誤解と問題（363－369）

（a1）想像発話は想像時に起こっていることの報告だという誤解（363）

363　「私が何かを想像するとき、確かに何かが起きている̇の̇だ̇！」確かに、何かが起きている――だがそのとき私が音声を発するのは何のためなのか？　おそらくは、何が起きているのか伝えるためだ。――だが、そもそも我々はどのようにして何かを伝えるのか？　何かが伝えられたと、人はいつ言うのか？――伝達の言語ゲームとはどんなものなのか？

人が何かを誰かに伝えられるということを、君はあまりにも当たり前のことと考えている、と私は言いたいのだ。つまり、我々は会話での言葉による伝達にあまりにも慣れっこになっているので、伝達の核心とは、私の言葉の意味—心的な何か—を他の人がつかみ取り、いわばそれを自分の心の中に取り入れることであるかのように思えるのだ、と。仮にその人が後でそれを使って何かをするとしても、それは言葉を使うことの直接の目的には含まれないのだ。

我々はこう言いたくなってしまう、「伝達が引き起こすのは、私が痛みを感じていることを相手が知るということ、すなわちそうした心的現象であり、それ以外のことはどれも伝達にとって本質的なことではない」。知るというこの不思議な現象が何なのか—それは後でゆっくり考えればいい。心的過程とは、実に不思議なものなのだ。(これはまるで、「時計は時間を我々に示す。時間とは何なのかはまだ決着していない。そして何のために人が時間を読みとるのかは、—ここでは無関係だ」と人が言うようなものだ。)

(a2)「暗算」を巡る問題 (364-366)

364 ある人が暗算をする。その結果を橋や機械の製作に使うとしよう。—この人はその結果を、本当は計算[1]によって見出したのではない、君はそう言いたいのか? 例えば、一種の夢のようにそれはその人の許に転がり込んできたとでも? そこでは確かに計算がされたはずであり、実際に計算はなされたのだ。なぜなら、自分が計算をしたということ、そしてどのようにしたのかを、その人は知っているのであり、計算したと考えなければ、正しい結果は説明できないからだ。——しかし、私が次のように言えばどうか、「計算したように、その人には思えるのだ。そして、どうして正しい結果が説明できなければならないのか？　その人が言葉も文字も使わずに〈計算〉できたというのは、まったく理解しがたいことなのか？」―

想像の中で行う計算は、ある意味で紙の上での計算よりも非現実的なものなのか？　それは現実の―暗算なのだ。―それは紙の上の計算に似ているのか？―似ていると言うべきかどうか、私にはわからない。黒い罫線が引かれた白い紙は人間の体に似ているのか？

365　アーデルハイトと僧正[2]は現実のチェスの対局をしているのか？　もちろんそうだ。彼らは単にチェスをしているふりをしているのではない―確かにそうしたことも劇中で起こりうるけれども。―それでも、例えば、彼らの対局に始まりは無いじゃないか！―あるとも。さもなければチェスの対局にならないではないか。―

366　暗算は紙の上の計算より非現実的なものなのか？　―人はそうしたことを言いたくなるかもしれない。だが人はまた、紙やインクは我々のセンスデータから論理的に構成されたものにすぎない[3]と言うことによって、正反対の見解に至ることもできるのだ。

「私は……という掛け算を暗算でやった」―例えばこのような言明を私は信じないのか？―だがそれは本当に掛け算だったのか？―それは単なる「ひとつ」の掛け算ではなく、この掛け算、つまり頭の中での掛け算だった。ここで私は勘違いしてしまうのだ。なぜならここで私は、それは紙の上の掛け算に対応している何らかの心的な過程だ、と言おうとするからだ。その結果、「心の中のこの過程に、紙の上のその過程が対応する」と言うことが意味を持つことになる。そしてそうすると、記号の表象が記号そのものを表現する写像方法[4]について語ることが意味を持つようになるのだ。

（a 3）「想像を描写する」こと（367－368）

367 想像の像とは、人が自分の想像を描写するときに描く像のことである。[5]

368 私がある人にある部屋を描写する。自分の描写が理解されたことを確かめるために、私の描写に基づいた印象を表す絵を描かせる。―するとその人は、私の描写では緑と言われた椅子を暗い赤に描き、私が「黄色」と言った場所を青く描く。―これがこの人がその部屋から受ける印象なのだ。そして、「この通りだ。その部屋はこんな風に見えるのだ」と私は言う。

（a 4）「暗算」に関する誤解（369）

369 「暗算をするとはどんなことなのか、―そこで何が起こっているのか？」と我々は問いたくなる。―そして個々のケースについてなら、「最初に17と18を足して、それから39を引く、……」のように答えられるだろう。しかしこれは我々の問いに対する答えではない。暗算とは何なのかは、こうしたやり方では説明できないのだ。

（b）「想像」の文法と像（370–389）

（b1）文法的考察の必要性と像の誘惑（370–374）

370 我々が問うべきなのは、想像とは何かとか、想像している時何が起こっているのか、といった問いではなく、「想像」という言葉はどのように使われるのか、という問いである。だがこれは、言葉だけを問題にしようということではない。というのも、私の問いで「想像」という言葉が問題になるのとまったく同程度に、想像の本質を巡る問いにおいてもそれは問題になるからだ。つまり私が言っているのはただ、想像の本質を巡る問題は、―想像する本人に対してであれ、他の人に対してであれ、何かを指し示したり、あるいは何らかの過程を記述することによっては解決されない、ということなのだ。冒頭の問いもまた言葉の説明を求めるものなのだ。だがそれは間違った種類の答えを我々に期待させてしまうのだ。

371 本質は文法の中に表現されている。

372 次についてよく考えてみよ、「言語において、事物の本性による必然性に相当する唯一のものとは恣意的な規則である。それこそが、事物の本性による必然性に関して我々が命題という形へと写しとることのできる唯一のものなのだ。」[6]

373 あるものがどんな種類の対象なのかは、文法によって述べられる。（文法としての神学[7]）

374 ここで非常に難しいのは、我々にはあることができないのだ、という風に問題を表現しないことである。あたかも、確かにそこには私が記述を抽出している対象があるのだが、私はそれを誰かに示すことができないかのように問題を表現しないことである。――そして私にできる最善の提案は、こうした像[8]を使うという誘惑に譲歩したうえで、この像の使用[9]がどのように見えるのかを改めて調べる、ということだろう。

（b2）「想像」の文法（375－378）

375 どのようにして我々は黙読を、つまり、声を出さずに自分に向かって読むことを人に教えるのか？ 相手が黙読できるようになったことは、どのようにしてわかるのか？ その人自身は、要求されたことを自分がやっているのだと、どのようにして知るのか？

376 頭の中で自分に向かってA、B、Cと言うとき、声を出さずに同じことを言っている他の人と自分が同じことをしている基準は何か？ その際に私たち二人どちらの喉頭でも同じことが起こっていることが発見されるかもしれない。（そして同様に、それぞれが同じことを考えたり、同じことを願ったりする場合にも。）だが我々は、「声を出さずにこれこれと自分に向かって言う」という言葉の使い方を、喉頭や脳の過程を指し示してもらって学んだのか？「ア」の音の私の想像とその人の想像が別の生理的過程に対応しているということさえ、ありうるのではないか？ 我々が複数の想像をどの、よ、う、に比較、し、て、い、る、のか、が問題なのだ。

377 論理学者なら、同じものは同じであり、――人がそれをどう確信するかは心理学の問題だと考えるかもしれない。(高さは高さであり、――ある時はそれを見る、ある時はそれを聴く、というのは心理学の問題だ。)

二つの想像(心像)の同一性の基準は何なのか? ――ある心像が赤いことの基準は何か? 他人が想像する場合ならその人の言動が私にとっての基準であり、自分が想像する場合なら、私にとって基準は存在しない。そして「赤い」について言えることが、「同じ」についても言える。

378 「自分の二つの心像が同じだと判断する前に、それらが同じものであることを確かに私は認識しなければならない。」そしてこの認識が生まれたとき、「同じ」という言葉が自分の認識を表現するものであることを、どうやって私は知るのだろうか? それができるのはただ、この認識を別の仕方で表現して、他の人に「同じ」という言葉がその場合に適切な言葉であることを教わる場合のみである。

なぜなら、自分のある言葉の使い方が正しいものでなければならないのなら、それは他の人にとっても正しいものでなければならないからだ。

(b3) 私的対象としての「心像(表象)」という像 (379-382)

379 私は先ずそれをこれとして認識し、それから、それが何と呼ばれているのかを思い出す。―このように言うのが正当なのはどんな場合なのか、よく考えよ。

380 私はこれが赤いということをどのように認識するのか？―「それがこれであることを見、それからこれが赤と呼ばれていることを知るのだ。」これ？―何のことか?!　この問いに対して、どんな種類の答えなら意味を持っているのか？

（君は繰り返し、内的な指示による説明の方へと向かっているのだ。）

見られたものから言葉への移行が私的な場合、それにどんな規則を適用することもできないだろう。そこでは規則が、文字通り宙に浮いている。それは、規則の適用という制度がそこには欠けているからだ。

381 この色が赤だと、どのようにして認識するのか？―「私は日本語を学んだ」というのが一つの答えだろう。

382 この言葉に対してこの心像を抱くことが正しいのだと、私はどのようにして示しうるのだろうか？

誰かが私に青色の心像を示し、これが青の心像だ、と言ったのだろうか？

「この心像」という言葉は何を意味するのか？　どのようにして人はある心像を指すのか？　どのようにして人は同じ心像を二度指すのか？

（b4）『探究』の考察と唯名論の相違（383－384）

383 我々は現象（例えば、思考）の分析をしているのではない。我々は概念（例えば、思考という概念）の分析をしているのであり、だから言葉の使用の分析をしている。そのため、あたかも我々が唯名論を目指しているかのように映るのだ。唯名論者の犯した誤りとは、すべての言葉を名と解釈したことである。そのため、言葉の本当の使用を記述せずに、いわばそうした記述に対する紙上の指示だけを与えたことである。

384 「痛み」という概念を、君は言語と一緒に学んだのだ。

（b5）「想像」は内的対象だという像の誤りと本当の「想像」概念（385－389）

385 筆算や口頭での計算を一度もしたことのない人が暗算を学んだ、ということは考えられるだろうか、自問してみてほしい。――「それを学ぶ」が意味するのは、それができるようになる、ということだろう。唯一ここで問題になるのは、何が、誰かがこれができることの基準と見なされるのか、ということである。――だが、ある部族が暗算しか知らないということも可能なのか？　それはどのような状態なのか、とこの場合は自問しなければならない。――つまり我々はこのケースを限界事例として思い描かなければならないだろう。そして、その場合、なお我々は「暗算（頭の中の計算）」という概念を適用しようとするのか、―あるいは、そうした状況でこの概念は本来の目的を失っているのではないか、が問題になる。というのも、今や現象は別のモデル[11]の方に引き寄せられるからである。

386 「でも、どうして君は自分自身をそんなに信用しないのだ？「計算する」とはどんなことか、いつもよくわかっているじゃないか？　だから、想像の中で計算したと君が言うのなら、まさにその通りなのだよ。計算しなかったのなら、君はそう言ったりしないだろう。同じように、君が想像の中で赤いものを見たと言うのなら、それはまさに赤であるだろう。確かにいつも君は「赤」が何かわかっているのだ。――しかも、君は常に他人との一致に頼っているわけじゃない。なぜなら、他の誰も見たことのないものを見たと君が報告することもしばしばあるからだ。」――しかし実際は、私は自分を信用している――自分は暗算でこれを計算したとか、この色を想像したとか、ためらわずに私は言うのだから。我々の問題は、自分が何か赤いものを本当に想像したのかどうかを私が疑っている、ということではない。自分がどの色を想像していたかをいとも簡単に示したり、描いたりできるということと、何の問題もなく自分の想像を現実に写し取れるということ、これが問題なのだ。それら[12]は互いに混同するくらい似ているとでも言うのか？――だが私は、スケッチを見て、それが誰だか簡単にわかる。――だがそれなら、「この色の正しい想像はどのように見えるのか？」とか「それはどんな性質を持っているのか？」と私は問えるのか？　私はそうしたことを学びうるのか？

（私は彼の証言を採用するわけにはいかない。それは証言ではないからだ。それは、彼が言いたくなることを私に述べているにすぎない。）

387 問題の根本的な側面（アスペクト）は見過ごされやすい。

388 「確かにここに紫色のものは見えない。だが絵具箱を見せてくれたら、どれが紫色なのか示せるよ。」どのようにして我々は、……すれば自分はそれが示せることを知るのか？　それを見ればそれだと認識できることを、我々はどのようにして知るのか？

自分の心像から、その色が本当はどのように見えるのかを、私はどのようにして知るのか？

自分があることができることを、私はどのように知るのか？　つまり、自分の今の状態が、それができる状態であることを、どのようにして知るのか？

389 「ある対象の心像は、どんな像よりもその対象に似ているはずだ。なぜなら、表現すべき対象にどれだけ似ている像を描いたとしても、それは何か別のものの像にもなりうるからだ。それに対して心像の内には、これの心像であって、他のどんなものの心像でもないということが含まれているからだ。」このようにして人は、心像を超肖像画と見なすようになるのかもしれない。

（c）「想像」概念の本当の目的（390－397）

（c1）「想像する」ことと「演じる」こと（390－394）

390 石に意識[13]があると想像できるだろうか？　そして、もしこれが可能ならば―それは、こうした想像が我々にとって何の興味もないものであることを証明しているだけではないか?

391 簡単なことではないが、通りで見かける人たち全員が、実は恐ろしい痛みを感じているのに、それを巧みに隠しているのだと想像することは、おそらく可能かもしれない。そして、ここで重要なのは、私は彼らが痛みを巧みに隠していると想像しなければならない、ということである。つまり、「なるほど彼らの心は痛みを感じている、でもそれが彼らの肉体に何の関係があるのだ」とか「結局それは肉体に現れるはずはないのだ」などと私が自分に向かって言ったりしない、ということが重要なのだ。——さて、私が今こうした想像をするとして、——私は何をするのか、自分に向かって何を言うのか、人々をどのように見るのか? 例えば、ある人を見て私は、「こんな痛みを感じながら笑うというのは難しいに違いない」とか、多くの似たようなことを考える。私は、いわばある役を演じ、あたかも他の人々が痛みを感じているかのようにふるまうのだ。私がそんなふるまいをすると、この人は……だと想像している、などと人は言ったりするのだ。

392 「彼には痛みがあると想像するとき、私の中で本当に起こっているのは……だけだ。」すると別の者が、「……と考えなくても、僕はそれを想像できると思う」と言う。(「自分は話さずに考えられると思う。」) この対話は何も生み出さない。分析が、自然科学的なものと文法的なものの間で、揺れ動いているのだ。

393 「笑っている人が、実は痛みを感じながらそれを隠しているのだ、と私が想像するとき、私はその人の痛みのしぐさを想像するわけではない。なぜなら、私の目の前にあるのはその正反対の様子なのだから。では私が想像しているものとは何なのか？」──それについては、もう話したじゃないか。[14] そして、そのために私は、必ずしも自分が痛みを感じていると想像するわけではない。──だがそれなら、それを想像するということはどのようにして起きるのか？ ──そもそも我々は（哲学を除く）どこで、「彼には痛みがあると私は想像できる」とか「……だと私は想像する」とか「……だと想像しなさい！」といった表現を使うのか？

例えば、我々は舞台である役を演じないといけない人に、「ここでは、この人物は痛みを感じているのに、それを隠しているのだと想像しないといけないよ」と言う、──そしてその時我々は、何も指示しないし、本当はこうしなければならないのだ、と言ったりもしない。だから先ほどの分析も的外れなのだ。──今我々が眺めているのは、その状況を想像している役者なのだ。

394 どんな状況で我々は誰かに、「君がそれを想像していた時、本当は君の中で何が起きていたのだ？」と問うだろうか？ ──そしてその場合我々は、どんな種類の答えを期待するのか？

（c2） 哲学的考察と想像可能性 （395－397）

395 我々の探究[15]において、何かが想像できるということがどんな役割を演じているかについては、はっきりしない点がある。つまり、想像可能であるということが、文が有意味であることを、どんな意味で保証するのか[16]という問題である。

396 ある文について何かを想像することは、それに基づいてスケッチを描くことと同様、それを理解するために決定的に重要なことではない。

397 ここでは「想像できるということ」を、ある表現媒体で描写できるということ、と言い換えることもできるだろう。そして確かにそうした描写によって、文の新たな使用へと確実に我々を導く道が開けるかもしれない。その一方で、ある像が自分を我々に押し付けながらも、何の役にも立たない、ということも起こりうる。

(d) 「私的対象としての表象」という像と独我論・観念論の関係 (398-403)

398 「だが、私が何かを想像するとき、あるいは現実の対象を見るときでさえ、私は確かに隣人が持っていない何かを持っているのだ。」—君が言いたいことはわかる。自分の周りを見廻し、「確かに私だけが〈これ〉を持っているのだ」と言いたいのだろう。—何のために君はそう言うのか？　それは何の役にも立たない。—そうだ、加えて、「ここでは「見る」ということ—従って、「持つ」ということも—そして主体、つまり自己も問題になっていない」と言えないか？　それについて君が語り、自分だけがそれを持っていると言うものを、—いったいどんな意味で君は持っているのか、と訊ねてはいけないだろうか？　君はそれを所有しているのか？　君はそれを見てすらいないのだ。そう、それについては、誰もそれを持っていないと言わなければならないのではないか？　もし他人がそれを持つことを君が論理によって排除するのなら、君がそれを持っていると言うことも意味を失うのは明らかなのだから。

だがそれなら、君がそれについて語っているものとは何なのか？　確かに私は、君が何を意味しているのか内心わかっている、と言った。しかしそれは、この対象を人がどのように捉え、見ようとするのか、どのように、いわばまなざしとしぐさで示そうとするのかを私は知っているということなのだ。こんな場合に人がどのように自分の目の前や周りを見るのか、――といったことを知っているということなのだ。（例えば、もし君が部屋の中で座っているのなら）君は「視覚上の部屋」について語っているのだ、と言えると思う。誰も所有していないものとは「視覚上の部屋」なのだ。私は視覚上の部屋の中を歩き回ったり、眺めたり、指し示したりできないように、それを所有することもできない。それが他の誰にも属することができない限り、それは私にも属さない。別の言い方をするなら、その中で私が座っている物理的な部屋そのものに適用しているのと同じ表現形式をそれにも適用しようとする限り、それは私に属していない。物理的な部屋を描写するのに所有者について述べる必要はないし、それればかりか、それに所有者がある必要もない。しかし視覚上の部屋には所有者というものがありえないのだ。「なぜなら、その中にも外にも主はいないのだから」――と言ってもいいかもしれない。

一軒の家が描かれている風景画、空想に基づく風景画を考えてみてほしい、――そして誰かが訊ねる、「この家は誰に属するのか？」――これに対する答えは、たまたま「この家はその前のベンチに腰かけている農夫に属する」というものかもしれない。だがこの場合、その農夫は、例えば、自分の家の中に足を踏み入れることができない。

399 次のようにも言えるかもしれない。「視覚上の部屋」の所有者は、もちろんそれと同じ種類の存在でなければならない、だがそうした所有者は視覚上の部屋の中にはいないし、その部屋には外部が存在しない。

400 この「視覚上の部屋」を、いわば発見したように見えた者、[17]―その人が見出したものとは、ある新しい話し方、新しい比較の仕方だったのだ。そして、新しい経験、と言ってもいいかもしれない。

401 君は新しい見方を、新しい対象を見ることと解釈しているのだ。[18]自分が行った文法上の動きを、自分が観察している準物理的現象のように解釈しているのだ。(例えば、「センスデータは宇宙の構成材料なのか?」、という問い[19]について考えてみたまえ。)

しかし、君は「文法上の」動きを行った、という私の言い方にまったく問題が無いわけではない。何より君は新しい見方を見つけたのだ。あたかも新しい絵のスタイルを見つけたかのように、あるいは、詩の新しい韻律や新しい種類の歌を見つけたかのように―。

402 「確かに私は「今私はこれこれの表象を持っている」と言う、だが「私は……を持っている」という表現は他人のための記号にすぎない。表象の世界は、表象を記述することによって完全に描写される。[20]」―この「私は……を持っている」は「注目!」と同じような表現だ、と君は言いたいわけだ。本当はこれを違ったように表現すべきだ、と君は言いたくなっているのだ。例えば、ただ手で合図だけしてから記述すべきだ、などと言いたくなっているのだ。―このように我々が、日常言語の表現（それは十分にその義務を果たしている）を了承できない場合、日常的な表現の仕方が持つ像と衝突するある像が我々の頭の中に座り込んでいる。我々の表現の仕方は事実をその本当の姿で描写していない、と言いたい誘惑に駆られている間、それは我々の頭の中にずっと座り込んでいるのだ。あたかも、（例えば）「彼には痛みがある」という文が、この人に痛みがないから偽となるのとは違った仕方で偽になりうるかのように思わせる像が。あたかも、たとえこの文が、仕方なく、正しいことを主張しているとしても、表現形式が何か間違ったことを述べているかのように思わせる像が。

なぜこんなことを言うかといえば、観念論・独我論と実在論の間の論争[21]はまさにこのように見えるからだ。一方は通常の表現形式を、あたかもある主張を攻撃するかのように攻撃する。他方は、あたかもすべての理性的人間の認める事実を確認しているかのようにその表現形式を擁護する。

403　もし私が「痛み」という言葉を、これまで私が「私の痛み」と呼び、他の人が「L・Wの痛み」と呼んでいたものに対してだけ使用することを要請[22]したとしても、「痛み」という言葉が他の場面で使われないことを何らかの仕方で埋め合わすような表現方法さえ予め決めておけば、私は他の人に不正を働くことにはならないだろう。そんなことをしても彼らはこれまでのように、同情されたり、医師に治療してもらったりするだろう。「でも他の人も、まさに君と同じものを感じているのだよ！」と言ったところで、もちろんそれはこの表現法に対する異議にならないだろう。

だがこの新種の表現方法によって私が得るものが何かあるだろうか？　何もない。しかし、独我論者が自分の見解を主張する場合も、何か実際上の利得を求めているわけではないのだ！

(e)「私」を巡る哲学的誤解　(404－411)

404 「「私は痛い」と言うとき、私は痛みを感じている人物を指し示しているわけではない。なぜなら、ある意味で私は、誰が痛いのかなどまったく知らないからだ。」このように言うことには正当性がある。というのも、何にもまして私が言ったのは、これこれの人物が痛みを感じているということではなく、「私は痛い」ということだからだ。この発話によって私は、人物を名指しているわけではないのだ。それは痛くて呻いているとき、私が人物を名指していないのと同じだ。もちろん、他人はその呻きによって誰が痛いのかを知るわけだが。

そもそも、誰が痛いのかを知るとはどういうことなのか？　それは、例えば、この部屋の中のどの人間が痛いのか、つまりそこに座っている人なのか、隅で立っている人なのか、背の高いブロンドの人なのか、などを知ることである。──何を私は言いたいのか？　人物の「同一性」には実に様々な基準があることを示しているのだ。

では、その中のどの基準に基づいて私は、「私」が痛い、と言うのか？　どんな基準にも基づかないのだ。

405 「しかし「私は痛い」と言うとき、いずれにせよ君は特定の人物に他人の注意を向けさせたいのだろう。」—違う、私はただ、自分に注意を向けさせたいのだ、と答えられるかもしれない。—

406 「だがそれでも君は「私は……」という言葉で君と他人を区別したいのだろう。」—どんな場合でもそう言えるのか？ 私がただ呻いている場合でも？ そして、たとえ私が自分と他人を「区別したい」のだとしても、—私はL・Wという人物とN・Nという人物を区別したいのか？

407 誰かが、「誰かが痛がっている、—誰なのか私にはわからない！」と言いながら呻いている—すると呻いている者のところへ人が急いで助けに行く、こうしたことが想像できるかもしれない。

408 「だがやはり君は、痛いのが君なのか、それとも他人なのかについては、疑いを持たないだろう！」—「私が痛いのか、それとも他人が痛いのか、私にはわからない」という文は二つの文の論理積[23]だろう。そしてその一方の項は「私が痛いのかどうか、私にはわからない」だろう、—だがそれは有意味な文ではない。

409 何人かの人が円形に立っていて、私もその一人だと想像してほしい。この中の一人、あるときはこの人、別のときはあの人、が静電気発電装置の電極に繋がっているのだが、誰が繋がっているのか、私たちには見えない。私は他の人の顔を見て、この瞬間に感電しているのが誰なのかを知ろうとする。—ある時私が、「誰なのかわかった、それは私だ」と言う。「誰が電気ショックを感じているのかわかった、私だ」と言っても同じ意味になるだろう。これは少々奇妙な表現の仕方かもしれない。

――しかし、もしここで、他の人が感電しているときも私が電気ショックを感じるのだと仮定すると、「誰が……のかわかった」という表現方法はまったく不適切なものになる。それはこのゲームの一部ではなくなる。

410　「私」は人物を名指さない、「ここ」は場所を名指さない、「これ」は名ではない。しかしこれらの言葉は名と関係を持っている。名はそれらによって説明されるのだ。そして、物理学の特徴がこれらの言葉を使わないことにある、ということも事実だ。

411　次の様々な問いはどのように使うことができるのか、それらはどのように解決されるのか、よく考えてみてほしい。

1）「これらの本は私の本なのか？」
2）「この足は私の足なのか？」
3）「この体は私の体なのか？」
4）「この感覚は私の感覚なのか？」

これらの問いすべてに、実際の（哲学的でない）使用がある。

2）について。自分の足に麻酔をかけられたり、足が麻痺している場合を考えよ。一定の状況では、その足に自分が痛みを感じるかどうかによって問題は解決できるだろう。

3)について。鏡の中の姿を指しながら人はこう言うかもしれない。だが一定の状況では、体を触りながらこのように問いかけることがあるかもしれない。別の状況では、この問いは「私の体はこんな風に見えるのか？」と同じ意味を持っている。

4)について。そもそもこの感覚とはどれなのか？　つまり、ここで我々は指示代名詞をどのように使っているのか？　例えば、1)の例とは違った風に使っていることは確かだ！　ここでまた錯覚が生まれるのは、我々はある感覚を自分の注意をそれに向けることによって指し示すのだと思い込むからだ。

(f) 意識を巡る哲学的誤解 (412-421)

412 意識と脳過程の間の深い溝は埋めることができないという感覚、これが日常生活の様々な考察に影響を及ぼさないのはどうしてなのか？　この異質性について考えることには、軽いめまいが結びついている――それは我々が論理的な曲芸を演じるときに現れるものだ。（集合論の特定の定理について考えるときも、我々は同じめまいに襲われる。）今の場合、この感覚はいつ現れるのか？　それは例えば、注意を特別な仕方で自分の意識に向け、自分に向かって驚きながら、「〈これ〉が、ある脳過程によって生み出されているのか！」と言うときである――言ってみれば、頭を抱えながら。――だが、「注意を自分の意識に向ける」という表現は何を意味しているのか？　そんなことがあるなんて、確かにこの上なく不思議なことではないか！　私がそう呼んだのは（というのも日常生活でこんな表現は用いられないから)、ある見つめる行為だったのだ。私はぎこちなく前方を見つめていた――しかし、何ら特定の点や対象を見つめていたのではない。目は大きく見開かれ、眉は(特定の対象に興味を持っている場合たいていそうであるように)真ん中に寄ってはいなかった。見つめることに先立って、私にそうした興味はまったくなかった。私のまなざしは「うつろ」であった、あるいは、空の輝きに感銘を受けて光を吸い込んでいる人間のまなざしに似ていた。

さてここで、私がパラドックスとして述べた文(〈これ〉がある脳過程によって生み出されている!)には何らパラドキシカルなことはなかった、ということをよく考えてほしい。私はこの文を、自分が見ている照明効果が脳のある部分の興奮によって生み出されていることを示すための実験の中で発することもありえただろう。――しかし実際に私がこの文を発したのは、それが日常的でパラドキシカルでない意味を持つ環境ではなかった。そして私の注意は、実験をする場合にふさわしいような種類のものではなかった。(その場合なら、私のまなざしは「うつろ」ではなく、「集中」していただろう。)

413 我々がここで取り上げているのは内省の一例だ。それは、ウィリアム・ジェームズの例に似ていなくもない。彼はそれを通じて、「自己」とは主として「頭の中の、そして頭と喉の間の特異な運動から成り立っている」という考えを得た。そしてジェームズの内省が何を示したかといえば、「自己」という言葉の意味(この言葉が「人物」、「人間」、「彼自身」、「私自身」などと似たような意味を持っている限りにおいての)でも、そうした存在の分析でもなく、自分に向かって「自己」という言葉を発しながら、その意味を分析しようとしている哲学者の注意の状態なのだ。(そしてそこから多くのことがわかるかもしれないが。）

414 確かに自分は布を織っているはずだ、と君は考えている。なぜなら君は機織り機—それに糸は仕込まれていないのだが—の前に座って、それを動かしているのだから。

415 我々が提供しているのは、本当のところ人間の自然誌に関する考察である。ただし、それは好奇心を満足させるような探究ではなく、誰もが決して疑ったことがなく、ただいつも我々の目の前にあるがため気づかれないままになっていることの確認[24]である。

416 「人間は皆、自分たちは見る、聴く、感じる、などと一致して言う（目の見えない人間や耳の聞こえない人間もいるが）。つまり人間は自分自身について、自分たちは意識を持っていると証言しているのだ。」—だがなんと奇妙な言葉か！「私は意識を持っている」と言う場合、私はいったい誰にそれを伝えているのか？　私は何のために自分に向かってそう言うのか？　そして他の人は私の言葉を、どんな意味に理解できるのか？　—さて、確かに「私は見る」、「私は聴く」、「私には意識がある」といった文は実際に使用される。私は医師に、「私は、今こちらの耳でまた聞こえるようになりました」と言う。私が気絶していると思っている人に、「私は、意識が戻りました」と言う、等々。

417 つまり私は、自分が見ているということ、自分に意識があるということを観察し、知覚しているのか？　だが、そもそも何のために観察などと言うのか！　なぜ単純に「自分には意識があると私は知覚する」と言わないのか？ —しかし、この「私は……と知覚する」という表現は何のためのものなのか—なぜ「私には意識がある」と言わないのか？ —だがここで「私は……と知覚する」という表現は、自分の意識に気づいているということを伝えているのではないか？ —確かに通常はそうではないのだが。—もしそうだとすれば、「私は……と知覚する」という文が語っているのは、私に意識がある、ということではなく、私の注意は……に向けられているということになる。

だがそれなら、私が「私は意識が戻った」と言うきっかけとなるのは、特定の経験ではないのか？

—それはどんな経験なのか？ どんな状況で我々はそう言うのか？

418 私が意識を持っているというのは経験的事実なのか？ —

だが、我々は人間について、人間は意識を持つと言い、木や石について、それらは意識を持たないと言うのではないか？ —事態がそうではないというのは、どういうことなのだろうか？ —人間全員が意識を失っているということなのだろうか？ —我々が日常に使っている言葉の意味では、違う。そうではなく、例えば私は、意識——今現実に持っているような——を持たない、ということだろう。

419 どんな状況で私は、ある部族は族長を持っていると言うのだろうか？ そして確かに族長は意識を持っていなければならない。確かに族長は、意識がない、ということであってはいけない！[25]

420 だが自分の周りの人間について、行動の様子はいつもと同じなのに、彼らは自動機械であって意識を持っていないのだと想像できないだろうか？ ―私が―今一人で部屋にいて―それを想像するならば、（いわば憑かれたような）こわばった眼差しで仕事に従事する人々の姿が目に浮かんでくる―この考えは少々気味が悪いかもしれない。しかし今度は、日常の人々とのやり取りの中で、例えば、大通りで、この考えに固執しようとしてみたまえ！ 例えば、自分に向かって、「そこの子供たちはただの自動機械なんだ、生き生きと活動しているように見えるのは、全部ただの機械仕掛けなんだ」と言ってみたまえ。すると自分の言葉がまったく意味のないものに思われるか、さもなければ、ある種の不気味な感覚、あるいはそれに類したものが君の中に生まれるだろう。

生きた人間を自動機械として見ることは、ある図形を別の図形の極限あるいは変種として見るのに似ている。例えば、窓枠の十字形を鉤十字として見ることに。

421　一つの報告の中に体の状態と意識の状態が乱雑に混ぜ合わされていることが、我々にはパラドックスのように思われる。「とても苦しくて彼はのたうち回った。」これはまったく普通のことだ。それなら、なぜパラドックスのように映るのか？ 我々が、この文は触れることのできるものと触れることのできないもの[26]を扱っている、と言おうとするからだ。―だが私が、「これら三本の支柱は建物の強度を高めている」と言えば、君は何かおかしいと思うか？ 3や強度は触れることができるのか？ ――文を道具と、その意味を道具の使用法とみなすのだ！

（g）　心の像とその使用　（422－427）

422　人間には心があると信じるとき、私は何を信じているのか？　この物質は二つの炭素環を含んでいると信じるとき、私は何を信じているのか？　どちらの場合も、ある像が前面に出ているのだが、その意味は背後に隠れている、つまり、像の使い方は容易に見渡せないのだ。

423　これらすべてのことは[27]確かに君の中で起こっている。——ここで私はただ、我々が使用している表現を理解させてほしいのだ。——そこには像がある。そして個別のケースでのその妥当性に異議を唱えているわけではない。——私はただ、像の使用法を改めてここで理解させてほしいだけだ。

424　像がここにある。そして私はその正しさに異議を唱えているわけではない。しかしその像はどのように使用されているのか？　目の見えない人の心の中や頭の中が真っ暗だという像、目が見えないことについてのこの像のことを考えてみてほしい。

425　つまり、数多くの場合で、我々は像を探し求め、そしてその像を見出し、その使用が、いわば自ずからなされるのに対して、ここには[28]すでにある像が用意されていて、それが至る所で押しつけがましく我々に付いてまわるのだ——しかしいま初めて登場した問題について、それは我々を助けてくれないのだ。

例えば、「この装置がどのようにこの箱に収まっていると想像したらよいのか？」と私が訊ねた場合——縮尺の図面がそれに対する答えとなるだろう。そして答える人は、「中はこうなっているんだ、わかるね」と言うかもしれないし、あるいは場合によっては、「何が不思議なんだ？　君がここに見ている通りに、その中はなっているんだ」と言うかもしれない。――もちろん二番目の言い方は説明しているのでなく、与えられた像を自分で適用するよう私に促しているのだ。

426　意味が一義的に決まっているように見える像[29]が呼び出される。その実際の使われ方は、像があらかじめ描いているものに比べれば不純なように見える。ここでは、集合論で起こったことが再び起こっている。その表現方法は、我々には知りえないことを知る神に合わせて作られていて、その神は無限の数列の全体を見たり、人間の意識の中を覗き込んだりする。だがその表現形式は我々にとって、儀礼用の衣装のようなものなのだ。確かに我々はそれを身にまとっているが、それを着て大したことができるわけではない。というのも、本来その衣装に意味と目的を与えるはずの力が、我々には欠けているからだ。

この表現の実際の使用において我々は、いわば回り道をして裏通りを歩く。その一方で、確かに我々の前にはまっすぐで広い大通りが開けている。ただしその通りは恒久的に閉鎖されていて、使用できないのだ。

427　「彼に話している間、彼の頭の中で何が起きているのかわからなかった。」ここで人は脳の過程ではなく、思考の過程について考えている。この像は真剣に受け取らなければならない。我々は本当に彼の頭の中を知りたいと思っているのだ。だが同時に、我々が意味しているのは、普段我々が「彼が何を考えているのか知りたいと思っている」という言葉で意味することにすぎない。我々は生き生きとしたた像と、—その像に矛盾するように見える使用を持っているのであり、心に関わることはこうした像によって表現される、私はこう言いたいのだ。

第十二章『論考』の「思考」像が生む様々な問題（428―490）

［本章では「思考とは事実の論理像である」という『論考』の「思考」像が生み出す様々な問題が考察の対象となる。従ってここで扱われる問題・主題は第十章のものと重なりかつ深く関連する。他方、第十章と本章の根本的な相違は、それぞれのテキストのソースとなった手稿の執筆時期である。第十章のテキストは一九四四年に執筆された手稿ノート（MS129）が土台となっているのに対し、本章のテキストのほとんどは一九三三―三四年に執筆された複数の手稿ノート（MSS114,115,116）に由来する。従って第十章と本章は、「思考」という同一主題について異なる時期に展開された考察、という関係を持つ。また本章末尾では、「思考の理由」という主題から派生する重要な問題として、「信念の根拠」が独立した主題として扱われる。この主題は、ウィトゲンシュタイン最晩年の手稿群『確実性の問題』において更に掘り下げられることになる。］

（a）『論考』の「思考」像を巡るパズル（428―436）

（a1）「事実の論理像としての思考」という概念を巡るパズル（428―429）

428「思考、この不思議な存在」[1]―だが我々が考えているとき、思考が謎に満ちているとは思われない。ただ、いわば振り返って、「どうしてこんなことができたのか？」と語るときにそう思われるのだ。思考が対象そのものを扱う[2]ということが、どのようにしてできたのか？ あたかも自分が思考によって現実を捉えていたかのように思われるのだ。

429 思考と現実の一致、[3]あるいは調和とは、私が間違って何かが赤いと言った場合、その何かが少なくとも赤くはない、ということの内に存在している。そして、「これは赤くない」という文の「赤い」という語の説明をしようとするとき、私はそのために赤いものを指し示すということの内に。[4]

（a 2）「文や記号に生命を与えるものとしての思考」という像を巡るパズル（430－436）

430 「この物体に物差しをあててみよ。それがどれだけの長さなのか、物差しは語らない。むしろ物差し自体は死んでいて——私はこう言いたくなる——、思考がなすことはまったくできない。」——これはちょうど、生きた人間の本質がその外形であると思い込み、そこで材木をその形に削ったのだが、でき上がった生き物には似ても似つかぬ死んだ木塊を恥ずかしく思いながら見ているようなものだ。

431 「命令とその実行の間には溝がある。理解がそれを埋めなければならない。」

「理解されて初めてそれは、我々は〈これ〉をしなければならない、という意味になる。命令——それ自体はただの音やインクの線にすぎないのだから。——」

432 あらゆる記号は、それだけでは死んでいるように見える。それに生命を与えるものは何なのか？——使用されるとき、記号は生きている。そのとき記号は生きて呼吸をしているのか？——それとも使用が記号の呼吸なのか？

433　ある命令を与えるとき、命令とそれに従うことの間の溝がどこまでも埋まらないままなので、命令が本当に欲していることは表現されないままに終わらざるを得ないのだと思われるかもしれない。例えば、私がある人に特定の運動をしてほしいと、例えば、腕を上げてほしいと思う。それをはっきりさせるために私は、体を動かして手本を示す。この運動の像には疑いをはさむ余地がないように見える。自分がその運動をしなければならないのだ、ということをその人はどのようにして知るのか、という問いを発するまでは。—そもそもその人は、どんなものであれ私が示す記号を、自分がどのように使えばよいのかをどのようにして知るのか？　—そこで私は、自分からその人に向けて何かを示すようなしぐさや、励ますようなしぐさなどをして、命令を補足しようと試みる。そのとき命令は、口ごもり始めるように見える。

記号は、不確かな手段によって我々の理解を引き出そうとしているように見える。—だが我々が今それを理解しているのなら、どんな記号において我々はそれを行っているのか？

434　身振りは手本を示そうとしているのに示せないのだ、人はこう言いたくなる。

435　もし誰かが「文はどのようにして描写するのか？」と訊ねるのなら—「知らないのかい？　自分で文を使えばわかるだろう」と答えてもいいかもしれない。実際のところ、隠されたものは何もないのだ。

文はどうやってそれをするのか？ —知らないのかい？ 実際のところ、隠されたものは何もないのだ。

しかし、「文がどうやってそれをするのか、知っているだろう。実際のところ、隠されたものは何もないのだ」と言われると、「確かにそうだ。でもすべてがあまりにも早く流れ去ってしまうので、僕は一つ一つを、いわばもっと間隔を空けて見たいのだ」と人は言い返したくなる。

436 ここで、哲学するというあの袋小路に簡単に迷い込んでしまうのだ。そこに迷い込むと、問題が難しいのは、我々が記述すべきものが極めて捉えがたい現象、つまり瞬く間に過ぎ去ってしまう現在の体験、あるいはそれに類するもの、だからだと思ってしまう。そこでは、日常言語が粗雑すぎるように我々には映るのだ。そしてあたかも、我々が扱っているのは日常が語る現象ではなく、「消え去りやすい現象であって、それらが浮かんでは消えることによってその日常的現象に似たものが生み出されている」かのように思われるのだ。

（アウグスティヌス、「これらはもっとも普通のことであってもっとも明瞭なことであるが、しかもこの同一のことがまたもっともかくれていて、その真相はまだ見出されない。[5]」）

（b）様々な形態の「思考」を巡るパズル（437－465）

（b1）「満たされていないもの」としての「望み」を巡るパズル（437－441）

437 望みは、何が自分を満たすのか、満たすのだろうか、をすでに知っているように見える！ 命題や思考は、そうしたものがそこにはまったく存在していない場合ですら、何が自分を真とするのかを知っているように見える！ まだそこに存在していないものがこのように決定されているというのは、どのようにして起きるのか？ この専制的な要求はどのように生まれるのか？（「論理的な「ねばならぬ」の厳しさ[6]」）

438 「計画は、計画としては満たされていない何かである。」（望み、期待、推測、等々のように。）
ここで私が言いたいのは、期待が満たされていないのは、それが何かの期待だからだ、ということだ。信念や考えが満たされていないのは、それらが、何かが事実であり、何かが現実であり、何かが考えるという出来事の外に存在していると、考えることだからだ、ということだ。

439 望みや期待や信念は、どんな意味で「満たされていない」と言えるのか？ 我々にとって「満たされていない」ことの原型とは何なのか？ 空っぽの空間か？ だが我々はそうしたものについて、満たされていないと言うだろうか？ それもまた比喩ではないのだろうか？ ―その原型とは、我々が「満たされていない」と言う感覚、―例えば空腹ではないのか？
特定の表現システムを用いれば、対象を「満たされている」と「満たされていない」という言葉で記述できる。例えば、中空のシリンダーを「満たされていない」と呼び、それにぴったりはまる充塡シリンダーを「それを満たすもの」と呼ぶと取り決めればよい。

440 「リンゴがほしい」と言うことは、私の満たされない感覚はリンゴで満たされると思う、という意味ではない。あとの文は望みの表出ではなく、満たされていないことの表出なのだ。

441 我々は生まれながらの性質と特定の訓練・教育によって、特定の状況で望みの表出を行うようになっている。（言うまでもないが、そうした「状況」が望みなのではない。）このゲームで、自分が何を望んでいるのかをそれが満たされる前に知っているのかどうか、ということはまったく問題にならない。そして、ある出来事が私の望みの表出を黙らせたとしても、それは必ずしも望みがかなえられたことを意味しない。場合によっては、私の望みが満たされても私は満たされないかもしれない。

その一方で「望む」という言葉は、「自分が何を望んでいるのか自分でもわからない」のようにも使われる。（「望み自身が、何が望まれているのかを我々の眼から隠すのだから。」[7]）

もし誰かが、「何を取ろうとして自分が手を伸ばしているのかを、私はそれを手に入れる前から知っているのか？」と問えばどうか？　言葉を習得したのなら、私はそれを知っている。[8]

（b2）「期待の実現」を巡るパズル　（442－445）

442 誰かが銃を構えているのを見て私は、「ズドンという音がするぞ」と言う。銃声がする。――さて、これは君が期待した通りの結果なのか？　つまり、そのズドンという音は、君の期待の中にすでに何らかの仕方で存在していたのか？　それとも現実に起こったことが君の期待と一致したというのは、それとは別の意味でのことにすぎないのか？　その音は君の期待の中には含まれておらず、期待が実現したときに偶発的出来事として付け加わっただけなのか？　―だがそれは違う。もしその音がしなかったら、私の期待は実現しなかっただろう。その音により私の期待は実現したのであり、その音は、まるで待ちかねていた客の次の客のように、期待の実現についでに加わったのではない。―起こったことの中で期待されていなかったことは、偶発事、運命の添え物なのか？　―だがそれなら、いったい何が添え物でないのか？　銃声のどの部分が、私の期待の中にすでに存在していたというのか？　―それなら、何が添え物だったのか？　―というのも私は、銃声全体をそっくりそのまま期待したわけではないのだから。

「ズドンという音は期待したほど大きくなかった。」―「つまり、君の期待の中では現実より大きなズドンという音がしたということか？」

443　「君が想像する赤は、確かに君が見る赤と同じではない（同一物ではない）。それなら、これが想像していた色だと、どうやって言えるのか？」―しかし両者の関係は、「ここに赤い色斑がある」という文と「ここに赤い色斑はない」という文の関係に似ているのではないか？　どちらの文にも「赤い」という言葉が現れる。だからこの言葉は、何か赤いものの存在を示すものではありえないのだ。[9]

444　我々は「彼が来る」という言葉を、「彼が来るのを期待している」という文では「彼が来る」と主張する場合とは違った意味で使っている、[10]と人は感じるかもしれない。しかし、もしそうなら、なぜ私は自分の期待が実現したと言えるのだろうか？　もし私が「彼」と「来る」という言葉の両方を、例えば、対象を指し示すことによって説明しようとすれば、これらの言葉について、どちらの文でも同じ説明が役に立つだろう。

だがここで、もし彼が来ると、それはどのように見えるのか、と訊ねる人がいるかもしれない。―ドアが開き、ある人が入ってくる、等々。―もし私が、彼が来ると期待すると、それはどのように見えるのか？　―私は部屋の中をあちこち歩きまわり、ときどき時計を見る、等々。―だがこれら二つの出来事はまったく似ていないではないか！　それなのに同じ言葉でそれらを描写できるのはどういうわけなのだ？　―だがそこで私は歩きまわりながら、「彼がそろそろ入ってくるぞ」と言うかもしれない。―こうして、ある類似性が現れる。だがそれはどんな種類の類似性なのか?!

445 期待とその実現は、言語において接点を持つのだ。[11]

（b3） 否定文を巡る誤解 （446－448）

446 「ある出来事は、それが起こる場合と起こらない場合では違って見える」と言うのは滑稽だろう。あるいは「赤い斑点は、そこに有るときとないときでは違って見える―だが言語はその違いを度外視しているのだ。なぜなら、そこに有ろうがなかろうが、言語は赤い斑点について語るのだから」と言うことも。[12]

447 それは、文を否定するために否定文は、先ず否定される文をある意味で真としなければならないかのような感覚である。
（否定文の主張は、否定される文を含んでいるが、それを主張することは含んでいない。）

448 「昨夜は夢を見なかった、と言う場合でも、私はどこに夢を捜したらよいのかを知っていなければならない。つまり、「夢を見た」という文を実際の状況に適用する場合、それは偽であってもよいが、無意味であってはいけないのだ。」――つまり君が言いたいのは、君はとにかく何か、いわば夢の痕跡のようなものを感じたのであり、それが夢が生じたかもしれない場所を君に気づかせたということなのか？

あるいは、「腕に痛みはない」と言う場合、それが言わんとするのは、私は痛み感覚の影を感じ、それが痛みが生じたかもしれない場所を、いわば指し示すということなのか？

痛みがないという現在の状態には、どんな意味で痛みの可能性が含まれているのか？

もし誰かが、「「痛み」という言葉が意味を持つためには、痛みが生じたとき、それを痛みとして認識することが必要だ」と言えば――「それは、痛みがないことを認識することよりも必要なわけではない」と答えることができる。

（b4）「文の意味としての思考」という概念を巡るパズル（449－451）

449「だが、痛みを感じるとはどんなことかを私が知っている必要はあるのではないか？」―文を使用するとは各々の言葉に対して何かを想像することだ、という考え[13]から人は縁が切れないのだ。自分が言葉を使って計算したり、操作したり、言葉を時とともに様々な像に転換したりしていることを、人は考えてみないのだ。―それはまるで、ある人が私に発行することになっている雌牛の引渡書がその意味を失わないためには、常に雌牛の心像をそれに伴わせなければならない、と信じているようなものだ。

450 誰かがどんな外見なのか知っているとは、その外見が想像できることだ―だがそれは、その外見が真似られることでもある。それを真似るためには、それが想像できなければならないのか？ そしてそれを真似ることは、それを想像することに劣らず有効なのではないのか？

451 もし私が誰かに、「ここで赤い円を想像しなさい」と命令し―そこでさらに、命令を理解するとは、それを実行することがどういうことかを知っていることだと言ったらどうか、―それどころか、それを実行することがどういうことか想像できることだ、などと言ったらどうか？

（b5）「期待」が心的過程だという誤解（452―453）

452「もし期待という心的過程を見ることができたなら、何が期待されているのかが見えるはずだ」、こう私は言いたい。―しかし事態は次のようでもある。つまり、期待の表現を見る人には、何が期待されているのかが見えるのだ。そして期待というものを、どうすればこれとは別の仕方で、別の意味で、見ることができようか？

453 私が期待するのを知覚する者は、何が期待されているのかを直接知覚するのでなければならない。すなわち、知覚された過程から推論するのであってはいけない！ —だが期待を知覚するということは意味を持たない。期待の表現を知覚するといった意味でない限りは。期待している人間について、その人は期待していると言う代わりに、その人は自分の期待を知覚していると言うのは、表現の馬鹿げた歪曲だろう。

（b6）「意味する」についての誤解（454－457）

454 「すべてがすでに……の中にあるのだ。」矢印が指すというのはどのように起こるのか？確かに矢印は自分の中に自分以外の何かを持っているように見えないか？ —「違う。指すことのできるのは心的なもの、つまり意味作用のみであり、生命を持たない線ではない。」—これはある点で正しく、ある点で間違っている。矢印は生きた者がそれを使用するときにのみ、何かを指す。

この指すということは、心にしか実行できない魔術ではない。

455 「我々が何かを意味するとき、そこにあるのは（どんな種類のものであれ）生命を持たない像ではない。意味するとはむしろ、誰かに向かって行くようなことなのだ」と我々は言いたい。我々が意味されるものに向かって行くのだ、と。

456 「何かを意味するとき、意味するのは人自身なのだ。」つまり人自身が動くのだ。人自身が突進するのだ、だから自分の突進も観察できないのだ。確かにできない。

457 そうだ。何かを意味するとは、誰かに向かって行くようなことなのだ。[14]

(b7) 命令とその実行を巡るパズル (458-461)

458 「命令は、自分に従うことを命じる。」それなら命令は、自分に従うとはどんなことかを、実際に従われる前にすでに知っているのか？ ―だが、それは文法命題だったのだ。そしてそれが述べているのは、命令の内容が「これこれをしなさい」ということであれば、「これこれをすること」を我々は命令に従うことと呼ぶ、ということなのだ。

459 我々は「命令がこれを命じている―」と言い、それを実行する。だが同様に、「命令が、私はこれこれをすべし、と命じている」とも言う。我々は命令というものを、あるときは文で表現し、あるときは実例で示し、そしてあるときは実行する。

460 次のように言ってある行動を、命令に従ったものだと正当化できるか？「君は、「黄色い花を持って来てくれ」と言った、そしてここにあるこの花は、それを充足すると私に感じさせた、だから私はこれを持って来たのだ。」これに対しては、「私は君に、私の言葉を充足すると君に感じさせる花を持って来てくれとは言ってないぞ！」と答えるべきではないだろうか？

461 そもそも命令は、いったいどんな意味でその実行を予見しているのか？—後になって実行されることを、今命令するという意味で？—だがそれなら、「後になって実行される、もしくは実行されないことを」と言わなければならないだろう。[15] そうするとそれは何も言っていないことになってしまう。

「だが、たとえ私の望みが何が起こるかを決めないとしても、それは、いわば事実の焦点を決めるのだ。事実が私の望みを現に満たすかどうかによらず。」我々がいぶかしく思っているのは—言うならば—人が未来を知るということではなく、そもそも人が予言できる（当たるにせよ、当たらないにせよ）ということなのだ。

まるで、ただ予言をしさえすれば、当たる、当たらないによらず、人が未来の影を先取りするかのようだ。実際は、予言は未来について何も知らないし、何一つ知ることができないのに。

（b8）「探す」を巡るパズル（462–465）

462 彼がそこにいなければ探すことができる、しかしそこにいなければ絞首刑にはできない。

人は次のように言いたくなるかもしれない、「だが彼を探す場合も、彼はその辺にいなければならない。」――そうすると、見つからない場合も彼はその辺にいなければならないことになる。それればかりか、彼という人間が存在しない場合ですら、その辺にいなければならないことになる。

463 「あいつを探したんだって？　彼がそこにいるかどうかさえわからないのに！」――しかしこの問題は数学の探求において現実に起きる。例えば、角の三等分法を探すこと[16]が、そもそもどのようにしてできたのかを問題にできるだろう。

464 私が教えたいこと、明白でないナンセンスから、明白なナンセンスへの移行。[17]

465 「どんなことが起ころうとも、それは期待に合致しているか、していないか、のいずれかでなければならない。期待とはそのようにできているのだ。」
もしここで人が、それなら事実は、期待によって正否のいずれかに決められているのか、いないのか？――つまり――どんなことが起ころうとも――その出来事によって期待がどんな意味で叶えられるのかは決まっているのか、と問うなら、次のように答えなければならない、「確かにそうだ。ただし期待の表現が確定している限り、つまりそこに「または」で結ばれた多くの可能性が含まれたりしていない限りでのことだ」。

(c) 思考の理由、信念と行為の理由 (466-490)

(c1) 思考の理由―人は何のために考えるのか? (466-471)

466 何のために人は考えるのか? 考えることは何の役に立つのか? ―ボイラーを作るのに、壁の強度を偶然に任せず、計算するのは何のためなのか? そのように計算によって作られたボイラーがそう頻繁に爆発しないというのは、結局のところ単なる経験的事実にすぎないのだ! しかし人は、やけどをしたら自分をやけどさせた火の中に決して手を入れたりしないのと同じように、決して計算せずにボイラーを作ったりはしないだろう。―だが我々が関心を持っているのはものごとの原因ではないのだから、―事実として人間は考えるのだ、と我々は言うだろう。例えば、ボイラーを作る場合、人間はこのようにふるまうのだ、と我々は言うだろう。―ところで、そのようにして作られたボイラーが爆発することはあり得ないのか? そんなことはない。

467 それでは、人が考えるのは考えることが有効だと実証されてきたからなのか? ―考えることが得になると考えているから、人は考えるのか?

(人が子供の教育をするのは、教育が有効だと実証されてきたからなのか?)

468 なぜ人は考えるのか? この答えをどのようにして見出せばいいのだろうか?

469 それでも、考えることが有効であることは実証されてきたと言えるだろう。ボイラーの壁の強度が感覚ではなく、しかじかの方法で計算されるようになってから、ボイラーの爆発事故は以前より減ったと、あるいは一人の技師の計算が必ず別の技師によってチェックされるようになってから、爆発事故は以前より減ったと言えるだろう。

470 それはつまり、考えることが有効だと実証されたから人が考えることも、場合によってはある[18]ということだ。

471 「なぜ」という問いを差し控えたときに初めて重要な事実に気づく、ということがしばしばある。そしてその事実は我々の探究において、一つの答えに通じる。

(c 2) 信念の根拠 (472–485)

472 現象の一様性に対する信念の本性は、予期される現象を我々が恐れている場合に最もはっきりと示されているだろう。火の中に手を入れるよう私を仕向けることはどうしてもできない、——私が実際にやけどをしたのは、すべて過去のことなのに。

473 火に触れるとやけどをするという信念は、火に触れるとやけどをするという恐怖と同じ種類のものだ。

474 火の中に手を入れると私はやけどをするだろう、これは確実だ。すなわち、確実[19]とはどういうことかがここに示されている。（「確実」という言葉の意味のみならず、なにかが確実であるとはどのようなことなのかが。）

475 ある考えの根拠[20]を訊ねられると、人はそう考える様々な理由を頭の中に呼び起こす。そこでは、ある出来事の原因は何だったのだろうかと考えるときに起こっているのと同じことが起こっているのか？

476 恐れの対象と恐れの原因は区別されなければならない。だから、我々に恐れや陶酔感を抱かせる顔（恐れや陶酔感の対象）は、それだからといってその原因なのではない。それはむしろ感情が向かう方向なのだ、と言ってもよいだろう。

477 「なぜ熱いクッキングプレートに触れるとやけどをすると思うのか？」――この信念に対する根拠が君にはあるのか？　君は根拠が必要なのか？

478 どんな根拠があって私は、指で机に触れると指は抵抗を感じるだろうと考えるのか？　どんな根拠があって私は、この鉛筆を自分の手に突き刺すと痛くないわけにはいかないと思うのか？――こう自問すると、言葉になることをお互いに妨げ合う多くの理由が頭に浮かぶ。「とにかく数えきれないくらい自分でそれを経験したし、似たような体験について同じくらいしばしば聞いたこともある。もしそうでなければ、……だろう、等々。」

479 「どんな根拠があって君はそう思うのか？」という問いは、「どんな根拠から、君は今それを導いている（導いた）のか？」という意味に解釈できる。だがそれは、「振り返ってみて、この考えに対してどんな根拠を示せるのか？」という意味にも解釈できる。

480 だから、「ある考えの根拠」を事実上、人がその考えにたどり着く前に自分に語ったことに限定してもかまわないだろう。人が実際に実行した計算などに限定しても。仮にここで誰かが、どうして以前の経験が、これこれのことが将来起こるだろうと考える根拠になることができるのか、と訊ねるなら—こうした考えに対する根拠一般について、我々はいったいどんな概念を持っているのか、という問いが答えとなる。まさに過去に対するこうした言明こそが、我々が「それが将来起こるだろうと考える根拠」と呼ぶものなのだ。—そしてもし誰かが、我々がこうしたゲームをしていることをいぶかるなら、過去の経験の持つ効力（やけどをした子供が火を恐れるということ）を証拠として引き合いに出そう。

481 もし誰かが、自分は過去についての言明によって将来何かが起こるとは確信できないと言うとすれば、—私にはその人が理解できないだろう。君はいったい何と言ってほしいのか、と訊ねてもいいかもしれない。君は、どんな種類の言明を、そう信じるための根拠と呼ぶのか？ いったい君は、何を「確信」と呼ぶのか？ どんな種類の確信を、君は期待しているのか？ —もしこれが根拠でないのなら、いったい何が根拠となるのか？　―もしこれが根拠でないと言うのなら、我々の想定に根拠があると正当に言えるためには、いったいどうでなければならないのかを君は示せなければならない。

というのも、ここで根拠と言われるのは、信じられている内容がそこから論理的に導かれる一群の命題ではないことを忘れてはいけないのだ。

ただし、信じるためには知る場合より少ないもので十分だ、などと言っているわけではない。―なぜなら、論理的導出にどれだけ近づけるかがここで問題になっているわけではないからだ。

482 「それは根拠として十分だ。なぜなら出来事が起こるのをありそうだと思わせるから」という表現方法は我々を惑わせる。これはあたかも、それを根拠として正当化する何事かを我々がここで付け加えて述べているかのような言い方である。だが実際のところ、「この根拠は、出来事が起こるのをありそうだと思わせる」という文が仮に何かを述べているのなら、それは、この根拠は十分な根拠であるためのある決まった物差しに適合している、ということにすぎない、―ただし、その物差し自身に根拠はないのだ！

483 十分な根拠とは、そのように見える根拠である。

484 「これが十分な根拠であるのは、ひとえにそれが出来事を本当に起こりそうだと思わせるからだ」と我々は言いたくなる。それが出来事に対して、いわば現実の影響を及ぼすからだと、つまり、それが、言うならば経験上の影響を及ぼすからだと。

485 経験による正当化には終わりがある。終わりがなければ、それは正当化にならないだろう。

(c3)「信念や行動の理由の提示」という言語ゲーム (486－490)

486 私が受け取っている感覚印象から、そこに椅子があるということが導かれるのか?[21] ―そもそもどのようにして命題が感覚印象から導かれるというのか? では、感覚印象を記述する命題からなら、それは導かれるのでは? いや、導かれない。―でも私は印象、つまりセンスデータから、そこに椅子があると推論しているのではないのか? ―私は推論なんかしていない! ―ただし、ときにはそうした推論をすることもある、例えばある写真を見て私は「だからそこには椅子があったはずなんだ」と言ったり、あるいは、「ここに見えていることから、私はそこには椅子があると推測する」と言ったりする。これは推論だ、しかし論理学の演繹的推論ではない。推論とはある主張への移行であり、それゆえ、その主張に応じた行動への移行でもある。「私が結論を導く」のは、言葉によるだけではなく、行為によることもある。

そうした結論を出す正当性が私にあったのか? ここで人は何を正当性と呼ぶのか? ―「正当性」という言葉はどのように使用されるのか? 言語ゲームを記述するのだ! そうすれば正当性があることの重要性もわかるだろう。

487 「君がそうしろと言うのなら、僕は部屋から出て行くよ。」
「僕は部屋から出て行く。でも君がそうしろと言うからではない。」

二番目の文は、私の行動と彼の命令の関係を*記述してい*るのか、それとも関係をつくり出しているのか？

「君がそうしたのはそのためなのか、それともそのためではないのか、これを君はどのようにして知るのか？」と問うことはできるだろうか？　そして、もしかして答えは、「僕はそれを感じるのだ」なのか？

488 そうかどうか[22]を、私はどのようにして判断するのか？　状況証拠によってか？

489 どんな機会に、どんな目的で我々はこうしたことを言うのか、自問してほしい。
こうした言葉は、行動のどのような行い方に伴うものなのか？（挨拶の場合を考えよ！）それはどんな場面で、何のために使われるのか？

490 *この考えの過程*が自分をこの行動に導いたのだと、私はどのようにして知るのか？——そこにはある決まった像が存在している。例えば、実験的研究で計算を通じて更なる実験に導かれる、といった像が。事態が*そのよう*に見える——そうすると私は、事例の記述ができるようになるだろう。

第十三章　意味と理解（491－568）

［本章では「意味（意味すること）」と「理解（理解すること）」を巡る様々な哲学的誤解と問題が改めて考察される。それらは意味と理解に関する多角的で興味深い多くの問題を含む。先ず、文（言語）の意味と理解に関する問題が基本的な問題として考察され、それに続いて絵画や音楽といった他の表現媒体の意味と理解に関する問題も、言語との比較において考察される。本章の特筆すべき大きな特徴は、『哲学探究』第二部の中心的なテーマを構成する「意味体験」と「アスペクトの転換」という問題の明確な原型がここに認められることである（前者については§§509、530－533、540－542、後者については§§534－539参照）。それゆえ本章は、『探究』第二部で考察されている問題の起源を理解する上で大きな意味を持つ。］

（a）言語（491－502）

（a 1）「言語」の二側面とその文法（491－497）

491　「言語がなければ我々は意思疎通できないだろう」というわけではない――だが確かに我々は、言語なしではしかじかの影響を他人に与えることはできないし、道路や機械なども作れない。そして、話したり書いたりすることなしに、人間は互いに意思疎通できないだろう。

492 言語を考案することは、場合によっては、自然法則に基づいて（あるいはそれと一致して）特定の目的のための装置を考案することかもしれない。しかしそれにはもう一つの意味があり、それによれば、言語を考案することはゲームを考案することに似ている。
　ここで私は、「言語」という言葉の文法についてあることを、「考案する」という言葉の文法と結び付けることによって述べているのだ。

493 「雄鶏が雌鶏を鳴き声で呼び寄せる」と我々は言う――しかしここにはすでに、我々の言語との比較が含まれていないか？　―何らかの物理的作用によって鳴き声が雌鶏を動かしていると想像すれば、事態の見え方（アスペクト）はまったく変わるのではないか？
　しかし、「僕のところにおいでよ！」という言葉が相手にどのように作用するのかが示され、その結果最終的に一定の条件下で脚の筋肉が刺激されることが明らかになったとして――それによってこの文が我々に対して文という性質を失うのだろうか？

494 我々が「言語」と呼ぶのは、何にもまして我々の日常的言語という装置なのであり、語による言語という装置なのである。その上で我々は他のものを、それとの類比や類似性に基づいて「言語」と呼ぶのだ。こう私は言いたい。

495 ある人間（あるいは動物）が、ある記号に対して私の望む通りに反応するが、別の記号に対してはそうでないということは、明らかに経験によって確認できる。例えば、ある人が「→」を見ると右へ、「←」を見ると左へ行くが、「0⊣」に対しては「←」に対するように反応しないということを。

実のところ、こうしたケースを考え出す必要はまったくなく、日本語しか習得していない人間を導くためには日本語を使わなければならない、という実際の例を考えれば済むことだ。（というのも今私は日本語の習得を、身体機構をある種の影響関係を持つように調整することと見なしているからだ。そしてこのことは、その人間が言語を習得したのか、それとも、ひょっとしたら誕生時すでに日本語の文に対して日本語を習得した普通の人間が反応するようになっていたのかによらず同じだ。）

496 言語がその目的を達成するために、つまり人間に対してしかじかの影響を与えるために、どのように構築されなければならないかを文法は述べない。文法はただ記号の使用を記述するのみであり、いかなる仕方にせよ、それを説明することはない。

497 文法の規則を「恣意的」と呼ぶことはできる。もしそれによって、文法の目的とは言語自身の目的に他ならないと言いたいのであれば[1]。

「もしこの文法が我々の言語になかったなら、我々の言語はこれらの事実を表現できないだろう」[2]と言う者は――この「できないだろう」が何を意味するのかを自らに問うことだ。

（a 2）「言語」の境界としての「有意味さ」（498－502）

498 「砂糖を持ってきてくれ」や「ミルクを持ってきてくれ」といった命令に意味はあるが、「砂糖を私にミルク」という語の組み合わせには意味がないと私が言う場合、それは、この言葉の組み合わせを言っても何の効果もない、ということではない。今その言葉の組み合わせを言うと、相手が私を見つめて口をポカンと開くという効果がもたらされるとして、だからといって私はそれを、私を見つめて……せよという命令、と呼びはしない。たとえ、私がまさにそうした効果を引き起こそうとしていたのだとしても。

499 「この言葉の組み合わせに意味はない」と言うことは、それを言語の範囲から締め出し、それによって言語という領域を限定することである。だが、人が境界を決めるのには様々な理由がある。ある場所の境界を柵や線、あるいは他の何らかの方法で決める場合、その目的は、そこから人を出さないことかもしれないし、そこへ人を入れないことかもしれない。あるいはまた、それはあるゲームの一部であって、競技者はその境界線を飛び越えることになっているのかもしれない。あるいはそれは、ある人の所有地がそこで終わり、別の人の所有地がそこから始まることを示しているのかもしれない。つまり、仮に私が境界を決めたとしても、何のための境界なのかは、それによってはまだ述べられていないのだ。

500 ある文に意味がないといっても、それは、いわば、その文の意味が無意味なのだということではない。

それが述べているのは、ある言葉の組み合わせが言語から締め出されるということ、流通から外されるということである。

501 「言語の目的は思考を表現することである。[3]」——とすれば、すべての文の目的は何らかの思考を表現することなのだろう。それなら、例えば、「雨が降っている」はどんな思考を表現しているのか？[4]——

502 意味を問うこと。次の二つを比較せよ、
「この文には意味がある。」——「どんな意味が？」
「この言葉の連なりは文だ。」——「どんな文か？」

(b) 言葉で何かを意味すること、言葉を理解すること (503–517)

(b1) 記号としての言葉の意味に関する誤解 (503–506)

503 誰かに命令する場合、私にはその人に記号を与えるだけでまったく十分である。これはただの言葉だ、私はその背後に達しなければならないのだ、とは決して言わないだろう。同様に、誰かに質問をして、答え（つまり、ある記号）が返ってきたら、私は満足する——それが私の期待していたことなのだ——そして、これはただの答えじゃないか、などと言って抗議したりしない。

504 そして、「彼が何を意味しているのか、どうやって知ればいいのだ、何しろ私は彼の記号しか見ていないのだ」と人が言うなら、「彼はどうやって自分が何を意味しているのかを知るのだ、彼も自分の記号しか持っていないのだから」と私は言う。

505 命令に従って行動する前に、私はそれを理解しなければならないのか？——当然だ！　そうでなければ、自分が何をしなければならないのかわからないだろう。——しかし知ることと行うことの間にもまた飛躍があるのだ！——

506 ぼんやりしていて「右向け右！」という命令で左を向いてしまった者が、額に手をやり「あっ——右向け右だ」と言って右に向き直る。——彼の頭の中に何が浮かんだのか？　ある解釈か？

（b2）　言葉で何かを意味することを巡る問題　（507‐510）

507 「私はこれを言っているだけではない、それで何かを意味してもいるのだ。」——我々が言葉で何かを意味する（単にそれを言うだけでなく）とき、我々の中で何が起こっているのかについてじっくり考えると、あたかも何かがその言葉に結び付けられていて、それがなければ言葉が空回りするかのように思われる。——まるで言葉が、いわば我々の中に食い込んでいるように思われるのだ。

508　「天気が良い」と私が言う、だがこの文の言葉は確かに恣意的な記号だ—だからその代わりに「abc」と言うことにしよう。しかしそうすると、これを読んでも元の意味と簡単には結び付けられない。—「天気」の代わりに「a」と、「が」の代わりに「b」と言うことに私は慣れていない、と言ってもいいかもしれない。だがこれで、私は「a」から「天気」を素早く連想できないということが言いたいのではない、「天気」の代わりに「a」を使うことに慣れていないと—つまり、それを「天気」の意味で使うことに慣れていないと言いたいのだ。（私はこの言語をマスターしていないのだ。）

（温度を華氏で測ることに私は慣れていない。だから華氏での温度表示は私に何も「語ら」ない。）

509　もし、「これらの言葉はどんな意味で君の見ているものの記述になっているのか？」と訊ねられて—「僕はこれらの言葉でこれを意味しているのだ」とその人が答えたら（彼はある風景を見ていたとしよう）どうか？「僕はこれらの言葉でこれを意味しているのだ」というこの答えはなぜまったく答えになっていないのか？

我々はどのようにして目の前で見ているものを言葉によって意味するのか？

私が「abc」と言い、それによって「天気が良い」を意味するのだと考えてほしい。つまり、この記号を口にする際に私は、常々「a」を「天気」の意味で、「b」を「が」の意味で、……使っている人だけが体験することを体験するのだと考えてほしい。—この場合、「abc」は「天気が良い」と述べているのか？

私がこの体験をしていることの基準とは、どんなものでなければならないか？

510　次のようなことを試してほしい。「ここは寒い」と言い、「ここは暖かい」を意味する。できるだろうか？　―そして、そうするとき、君は何をしているのか？　そして、それには一通りのやり方しかないのか？

（b3）「理解」と想像可能性―『論考』的誤解（511－517）

511　「ある言明が意味を持たないことを発見する」とはいったいどんなことなのか？　―そして、「それによって私が何かを意味するのなら、確かにそれは意味を持つはずだ」とはどういうことなのか？　―それによって私が何かを意味するのなら？　―それによって私が何を意味するのなら、と言うのか?!　―有意味な文とは、単に人がそれを口にするだけではなく、それを考えることもできる文だ、と人は言いたくなる。[6]

512　「語による言語は無意味な語の組み合わせを許容するが、想像による言語は無意味な想像を許容しない」、あたかもこう言えるかのように思える。―それなら、線描による言語も無意味な線描を許容しないのか？　それに基づいて立体が形作られる線描があると想像してほしい。その場合、ある線描には意味があり、ある線描には意味がない。[7]　―もし私が無意味な言葉の組み合わせを想像するとしたらどうか？

513 次のような表現形式について考えてほしい。「私の本のページ数は、方程式 $x^3+2x-3=0$ の解の一つと同じだ。」あるいは、「私の友人の数は n であり、$n^2+2n+2=0$ だ。」これらの文に意味はあるか？ それは、直接知ることはできない。我々が理解する文と見えたものが、いかにして実は意味を持たないということになるのかを、この例は示している。[8]

（このことは「理解」と「意味」という概念に一つの光を投げかける。）

514 「私はここにいる」という文を自分は理解し、それで何かを意味し、何かを考えているとある哲学者は言う——この文をどのように、どんな機会に使うのかを少しも思い浮かべていなくても。そして私が、「暗闇の中でもバラは赤い」と言えば、君はその赤を文字通り目の前に見る。

515 暗闇の中のバラの二枚の絵。一枚は真っ黒だ。なぜならバラは見えないから。もう一枚にはバラが細部まで描かれ、黒色で囲まれている。二枚のどちらかが正しく、もう一方が間違っているのか？ 暗闇の中の白いバラについて、そして暗闇の中の赤いバラについて我々は語るのではないか？ そして、それでも我々は、それらは暗闇の中では区別できないと言わないか？

516 「πの値の展開の中で7777という数字の並びは現れるか？」という問いが何を意味しているのかを我々が理解していることは明らかだと思われる。これは日本語の文であり、415がπの値の展開の中で現れるというのが何を意味するのかを示すことができるし、その他同様の理由を挙げることができる。つまり、こうした説明によって到達できる範囲では、我々はこの問いを理解していると言えるわけだ。

517　そもそも我々は、自分たちがある問いを理解しているということに関して間違うことはないのか、ということがここで問題になる。

なぜなら数学的証明によって我々が、まさに次のように言うようになることが、ときにあるからだ。想像可能だと信じていたことが、実は想像できないのだ、と。（例えば正七角形の作図。[9]）そうした証明によって我々は、想像可能な領域とされたものを改定することになるのだ。

（c）言語とそれ以外のものの理解（518－533）

（c1）言語と像――『論考』の「像」概念を巡って（518－524）

518　テアイテトスにソクラテスが言う、「そして思い描く者は、何かを思い描かねばならないのではないかね？」――テアイテトス「そうでなければなりません。」――ソクラテス「そして何かを思い描く者は、何か現実のものを思い描かねばならないのでは？」――「そのように思われます。[10]」

そして、描く者は何かを描かねばならないのではないか――そして、何かを描く者は何か現実のものを描かねばならないのではないか？――確かにそうだ、では描かれる対象とは何か？（例えば）人物の像なのか、それとも像が描く人物なのか？

519 命令とは、それに従って実行された行為の像である、と人は言いたくなる。だが同時に、それに従って実行されるべき行為の像である、とも言いたくなる。[11]

520 「我々が文も可能な事態の像とみなして、文は事態の可能性を示すと言うのなら、[12] 結局のところ文は、せいぜい絵画や彫像、あるいは映画がすることしかできないことになる。それゆえ、いずれにせよ文は、事実そうではないことは提示できないことになる。とすると、何が（論理的に）可能であり、何が可能でないと言われるのかは、まったく我々の文法に――つまり、我々の文法が何を許容するのかに依存するということになるか？」――だが、それは恣意的なものではないか！――本当にそれは恣意的なものなのか？――我々は文らしき形をしたすべてのもので何かができるわけではないし、可能なすべての技法を生活の中で使用できるわけでもない。[13] そして我々が哲学において、まったく用途を持たないものを文として数え上げようとする誘惑にかられる場合、往々にしてそれは、我々がそれらの使用について十分に考えなかったからなのだ。

521 「論理的に可能」という概念を「化学的に可能」という概念と比べよ。例えば、正しい原子価を持つ構造式が存在する結合（例えば、H―O―O―O―H）を、化学的に可能と呼ぶことができるだろう。もちろんこうした結合が必ずしも実際に存在するとは限らない。しかし HO_2[14] といった構造式でさえ、結合が存在しない場合よりも劣った仕方でしか現実に対応できないというわけではない。

522 文を像と比べる場合、肖像画（歴史的描写）と比べるのか、それとも風俗画と比べるのかをよく考えなければならない。そしてどちらの比較にも意味がある。

風俗画を鑑賞するとき、私は一瞬たりとも、そこに描かれている人が実在の人物であるとか、この場面通りの人々が存在していたと信じる（思い込む）わけではない。にもかかわらずそれは、私に何かを「語る」のだ。というのも、「これは私にいったい何と言っているのか？」と自問したら、どうか？

523 「像はそれ自身を私に語る」―私はこう言いたい。すなわち、像が何かを語るのは、それ固有の構造、その形と色においてなのだ、と。（「音楽の主題はそれ自身を私に語る」と人が言えば、それはどういうことだろうか？）

524 絵画や創作された物語が我々を楽しませ、我々の心を奪うという事実を、当然のことと見なさず、不思議なことと見なすのだ。

（「当然のことと見なすな」―これが意味するのは、自分を不安にさせる別のことと[15]同じように、そのことを不思議に思え、ということである。そうすると、一つの事実を別の事実と同じように受け入れることにより、問題は消滅するだろう。）

（明白なナンセンスから、明白でないナンセンスへの移行[16]）

（c 2） 文の理解と絵の理解　（525－526）

525 「そう言い終わってから彼は、前の日のように彼女のもとを立ち去った。」—私はこの文を理解するか？　私はそれを、ある報告の中で聞いた時のように理解するか？　もしここでこの文が孤立しているのなら、何のことかわからないと私は言うだろう。それなのに私は、この文をどのように使えばよいのかはわかるだろう。私は、この文が使われる文脈すら考え出せるだろう。
（これらの言葉からは、よく知られた一群の小道があらゆる方向へと延びている。[17]）

526 絵画や線描を理解するとはどういうことか？　ここにも理解と無理解がある。そしてこれらの表現は、ここでも様々なことを意味しうる。絵画が静物画だとしよう。私にはその一部が理解できない。それは物体には見えず、カンバス上の色斑しか見えないのだ。—あるいは、すべて立体的に見えるが、私の知らない物がいくつかある（それらは器具のように見えるが、私にはその用途がわからないのだ）。—私はそれらを知っているが、—別の意味で、それらの配列がわからないこともあるだろう。

（c3）文の理解と音楽の理解（527–529）

527 言語の文の理解は、人が思っているよりもはるかに音楽の主題の理解に類似している。ただし私が言いたいのは、言語的な文を理解することは、人が思っている以上に、音楽の主題を理解することと普通呼ばれていることに近い、ということである。なぜ強弱とテンポがちょうど**この**パターンで進行しなければならないのか？　こう問われると、「それら全体がどういうことなのか、私にはわかっているからだ」と我々は言いたくなる。では、それはどういうことなのか？　私は言葉では言えないだろう。説明のために私は、同じリズムの（同じパターンの、ということだ）別の主題とそれを比べるかもしれない。（「まるで結論が引き出されているようなのがわかるだろう」とか「それはまるで括弧みたいだ」などと人は言う。[18]　こうした比較に対して人はどんな根拠を示すのか？　―それには実に様々な根拠が存在する。）

528　語彙も文法もない音声による身振りという、言語にまったく似てなくもないものを所有している人達を想像することができるかもしれない。（「舌で語る」[19]）

529　「だが、そこで使われる音は何を意味するのだろうか？」―音楽で使われる音は何を意味するのかね？　ただし私は、この音声的な身振りは音楽になぞらえなければならないだろうと言いたいわけではない。

（c４）言葉の「魂」と理解の多様性（530－533）

530　その使用において、言葉の「魂」が何の役割も演じないような言語もまた存在するかもしれない。その言語では、例えば、ある言葉を勝手に考案した新しい語で置き換えても何の問題も生じないのだ。

531 我々が「文の理解」について語るとき、二つの場合がある。第一の意味で文を理解すると言う場合、その文を、同じことを述べている別の文で置き換えても問題はない。しかしもう一つの意味で理解すると言う場合、こうした置き換えは不可能だ。（音楽の主題が別の主題で置き換えられないように。）

第一の場合、その文が表す思考とは、様々な文に共通のものであり、第二の場合、それはそのように並んだそれらの言葉だけが表現する何かである。（詩の理解）

532 そうすると、ここで「理解」という言葉は二つの意味を持っているのか？ —むしろ私は、「理解」という言葉のこうした様々の使い方が、その意味を、私の「理解」の概念を作っているのだと言いたい。

なぜなら私は、「理解」という言葉を、これらすべての場合に適用したいからだ。

533 だがその第二の場合、どのようにして表現を説明し、理解を伝えるのか？ どのようにして誰かをある詩や音楽のある主題の理解へと導くのか、自らに問うてみたまえ。それに対する答えが、こうした場合どのように我々が意味を説明するのかを述べている。

（d）意味を巡るその他の様々な問題（534―551）

（d1）言葉の意味と事物の見え方（アスペクト）（534―539）

534 ある言葉をこの意味で聞く。こんなことがあるなんて、なんと奇妙なことか！
そのように区切られ、そのように強調され、そのように聞かれた文は、これらの文章や絵画や行動へと移行する起点となる。

（これらの言葉から、よく知られた多くの小道があらゆる方向へと延びている。[20]）

535 教会旋法の終止を楽曲の終りと感じることを習得するとき、何が起きているのか？

536 「僕はこの顔（それは臆病な印象を与える）が勇敢な顔だとも思えるよ」、と私が言う。それによって私は、この顔をした人物が、例えば、他人の命を救うさまが想像できると言っているわけではない（もちろん、どんな顔についてもそれは想像できる）。むしろ私は、顔そのもののある見え方（アスペクト）について語っているのだ。そして私は、この人が自分の顔を通常の意味で勇敢な顔に変えられると想像できる、と言っているわけでもない。確かにその顔がある特定の仕方で勇敢な顔に変化できるというのは想像できるだろうが。表情のこの再解釈は、音楽である和音を、あるときはある調へ転調されたものと感じ、あるときには別の調に転調されたものと感じる場合の再解釈と比べることができる。

537 「この顔に臆病さを読みとる」と我々は言ったりするが、いずれにせよ臆病さが顔にただ結び付けられ、外から結合しているように見えるわけではない。怖れはむしろ顔立ちの中に住んでいる。顔立ちが少し変化すれば、それに応じた怖れの変化について語ることができる。もし、この顔を勇気の表現と思えるかと問われたなら、—我々は、いわばどのようにこの顔立ちに勇気を納めればいいのかわからないだろう。そして私は、例えば、「もしこの顔が勇敢な顔であるのなら、それがどういうことなのか私にはわからない」と言う。しかしこの問いに対する答えとはどのようなものか？ 例えば我々は、「そうだ、わかった、この顔は、いわば外界に対して動じないのだ」と言う。こうして我々は勇気を読み込んだのだ。かくして勇気が再びこの顔にぴったり合う、と言ってもいいかもしれない。だがここでは、何が何にぴったり合うのか？

538 これに類似したケースが存在する（おそらくそのようには見えないかもしれないが）。例えば、フランス語で述語として用いられた形容詞が、主語と性が一致することに驚き、そのことを、「「この人は良い」と言うときフランス人は「この人は良い男だ」を意味しているのだ」と言って説明する場合だ。

539 微笑む人の顔を描いた絵を私は見ている。この微笑みを、あるときは好意的な微笑みと見なし、あるときは悪意ある微笑みと見なすとき、私は何をしているのか？ 多くの場合私は、それが好意的な、あるいは悪意ある時間的空間的状況の中に置かれているのを想像するのではないか？ つまり私はその絵を見て、男性が微笑みながら遊んでいる子供を見下ろしているところや、あるいは、微笑みながら苦しむ敵を見下ろしているところを想像したりすることもあるだろう。
その場合、一見好ましく見える状況が、より大きな文脈の中では違って解釈できるのだとしても、私がしていることが変わるわけではない。――どんな特別な文脈によっても私の解釈が変わらない場合、私は一定の微笑みを好意的な微笑みと見なし、それを「好意的な」と呼び、それに応じた反応をする。

(〈確率、頻度〉)

(d2) 主観的な意味体験 (540–542)

540 「言語という制度やそれを取りまく全環境がなければ、――雨はもうすぐやむだろう、と考えることができないはずだ、というのは奇妙ではないか?」――その環境がなければ、それらの言葉を自分に向かって言い、それを*意味*することができないはずだ、というのは変だと君は言いたいのか?

誰かが空を指しながら理解不可能な単語の連なりを叫ぶとしよう。そこで我々がその人に何と言ったのかと訊ねると、「ありがたい、雨はもうすぐやむだろう」という意味だとその人が答える。そればかりかその人は、一つ一つの単語の意味まで我々に説明する。――ここで、その人がいわば突然我に返り、あの文はまったくのナンセンスだったが、それを言ったとき自分にはなじみのある言語の文のように(それどころか、よく知られた名言のように)思えたのだ、と言ったとしよう。――さて私は何と言えばいいのか? その文を言ったとき、その人はそれを理解していなかったのか? その文は、その意味全体を担っていなかったのか?

541　しかし、その意味と理解はどこに存在していたのか？　その人は空を指しながら、多分うれしそうな調子で音の連なりを口から発した。そのとき雨はまだ降っていたが、すでに上がり始めていた。その人は、後から自分の言葉を日本語の言葉と結び付けたのだ。

542　「だがその言葉はよく知っている言語の言葉のように感じられたのだ。」――確かにそうだ。そう言える一つの基準は、その人が後からそう言ったということだ。そしてここで、「なじみのある言語の単語は、まさに特別な仕方で感じられるのだ」などと決して言わないように。（その感覚の表現はどのようなものなのか？）

（d3）　感情と意味　（543－546）

543　叫びや笑いは意味に満ちている、とは言えないか？
そしてそれはおおよそのところ、多くのことがそれらから読み取れる、ということだ。

544　切望に駆られて私が、「彼が来てくれさえすればなあ！」と言う場合、感情がこれらの言葉に「意味」を与えている。だが感情は一つ一つの言葉にその意味を与えるのか？
しかしここでは、感情が言葉を真実のものとするとも言えるだろう。こうして、ここではそれらの概念[21]が相互に入り組んでいることがわかるだろう。（このことは、数学的命題の意味とは何かという問題を想起させる。）

545　しかし、「彼が来るのを私は希望している」と言う場合、―「希望する」という言葉に意味を与えるのは感情ではないのか？（だが、「彼が来るのをもう私は希望していない。」という文についてはどうか？）おそらく感情は「希望する」という言葉に特別の響きを与えるのだ。つまり感情は、言葉の響きによって表現されるのだ。―感情が言葉に意味を与える場合、その「意味」とは、重要なこと、のことだ。だが、なぜ感情は重要なのか？

　希望とは感情なのか？（様々な目印）

546　このように、「彼が来てくれたらなあ！」という言葉は私の望みを背負っているのだ、と私は言いたい。そして言葉は我々から身を振りほどいて出て行くこともある―叫びのように。ときに言葉は発するのが困難ともなる。例えば、それによって人が何かを断念したり、弱さを認める言葉のように。（言葉は行為でもある。）

（d 4）「否定」の意味を巡る問題（547－551）

547　否定すること、ある心的な活動。何かを否定し、自分が何をしているか観察してみてほしい。―君は心の中で頭を振ったりしているのか？　そして、仮にそうしていたとして、―その出来事は我々にとって、文に否定の記号を書き込むことよりも関心を払うに値することなのか？　君は本当に否定の本質を知っているのか？

548 何かが起こることを望むこと―そして、その同じことが起こらないことを望むこと、これら二つの過程の違いは何か？

もしそれを像によって表現したいのなら、出来事の像を用いて様々なことができる。それを線で消す、線で囲む、等々。しかしこれは粗野な表現方法のように我々には思われる。確かに語による言語では、「ない」という記号を我々は用いる。それはまずい代用品のようだ。思考の中ではきっと違ったことが起きている、と人は思うのだ。

549 「「ない」という言葉がどのようにして否定できるのか?!」―「「ない」という記号はそれに先行するものを否定的に捉えなければならないとほのめかすのだ。」人は次のように言いたくなる。否定の記号は、あること―場合によっては極めて複雑なこと―を為せという指示なのだ、と。まるで否定の記号が我々に何かをするきっかけを与えているかのようだ。しかし何を？ それは語られない。まるでただほのめかすだけで十分であるかのようなのだ、我々にはそれがすでにわかっているかのようなのだ。我々には事がすでにわかっているのだから、説明など不要であるかのようなのだ。

a) 「三つの否定が再び一つの否定を生むことは、私が今使っている否定の中にすでに含まれているはずだ。」（「意味」の神話を作ろうとする誘惑）

二重否定が肯定になることは、否定の本性から導かれるかのように見える。（そしてこれには正しい点がある。何か？　我々の本性はどちらにも関連している。）[22]

b）「ない」という言葉について、これらの規則が正しいのか、それとも別の規則が正しいのか（つまり、どちらがこの言葉の意味にふさわしいのか）ということは問題になりえない。なぜなら、これらの規則が無ければこの言葉は意味を持たないからであり、しかも、もし我々が規則を変えれば、この言葉は別の意味を持つことになり（あるいは意味を失うことになり）、その場合、規則と同様に言葉も変えていいからだ。

550　否定とは排除し、拒否する身振りだ、と言ってもいいかもしれない。ただし我々はこうした身振りを、実に様々な場合に用いるのだ！

551　「鉄は100℃では溶けない」と「2掛ける2は5ではない」は同じ否定なのか？　それは内省によって決めるべきなのか？　つまり、それぞれの文において我々が何を考えているのかを見ようとすることによって決めるべきなのか？

（e）「意味」の数え方―言語とゲームの比較　（552－568）

（e1）「意味」の同一性　（552－557）

552 もし私が次のように訊ねたとしたらどうか、「この棒の長さは1メートルだ」と「ここには兵士が1名いる」という二つの文を言う時、「1」によって我々が異なったことを意味し、「1」が異なった意味を持つことは明らかになるか？ —そのようなことは明らかにならない。—例えば、「1メートルごとに1名の兵士が立っている、だから2メートルごとには2名の兵士が立っている」という文を言ってみたまえ。二つの「1」で同じことを意味しているかと訊ねられたら、「もちろん同じこと、1を意味しているよ！」などと君は答えるだろう。（場合によっては指を一本上に立てながら。）

553 では、個数を表す「1」と測定値を表す「1」は違った意味を持つか？ 問題がこのように立てられると、人はそれに肯定的に答えるだろう。[23]

554 次のような「より原始的な」論理を持つ人々を想像するのは難しくない。彼らの論理では、我々の否定に相当するものは限られた文に対してしか存在しない、例えば、まだ否定を含んでいない文に対してしか存在しない。「彼は家の中に入る」という文は否定できるだろうが、その否定文の否定は意味を持たないか、否定の単なる繰り返しとしかみなされないだろう。我々のものとは異なる否定の表現手段について考えてみよ。例えば文を発する声の高さを否定の表現手段として用いるといった。その場合、二重否定はどのようなものだろうか？

555 こうした人々にとって否定は、我々にとってと同じ意味を持つか、という問いは、数が5までしかない人々にとって数字「5」が、我々にとってと同じことを意味するのか、という問いに似ているだろう。

556 「X」と「Y」という二つの否定語を持つ言語を想像してほしい。「X」を二回繰り返すと肯定になるが、「Y」を二回繰り返すと否定の強調になる。その他の点では、これらの言葉の使い方は同じである。―さて、「X」と「Y」は、文中で反復して使われない場合、同じ意味を持つのか？―これに対しては、いろいろな答え方があるだろう。

a) 二つの言葉の使用は異なる。それゆえそれらの意味も異なる。しかし、それらが反復なしに登場し、その他の点では等しい二つの文の意味は同じだ。

b) これらの言葉は、重要でない慣習上の問題である一つの違いを除くと、言語ゲームの中で同じ働きをする。どちらの言葉の使用も、同じ仕方で、同じ行動・身振り・像、などを用いて学ばれる。そして二つの言葉の使用の違いは副次的なこととして、言語の気まぐれな特徴の一つとしてそれらの言葉の説明に付け加えられる。それゆえ我々は、「X」と「Y」は同じ意味を持つと言うだろう。

c) 我々は二つの否定に異なったイメージを結び付ける。「X」は、いわば意味を百八十度回転させる。だから、こうした否定を二回すると、意味は元の位置に戻るのだ。「Y」は首を振ることのようなものだ。二度目の首振りで一度目の首振りが相殺されないように、最初の「Y」は二つ目の「Y」で相殺されない。そして、これら二種の否定を含む文が実際上は同じものになってしまうとしても、「X」と「Y」はやはり異なった考えを表現しているのだ。

557 私が否定を繰り返したとき、それによって肯定ではなく否定の強調を意味していたということは、どんな事実に基づいていたのだろうか？「それは……に基づいていた」という答えは存在しない。一定の状況では、「この繰り返しは強調のつもりなんだ」と言う代わりに、それを強調のように発音することもできる。「否定を繰り返したのは打ち消しのつもりなんだ」と言う代わりに、例えば、括弧を使うこともできる。──「確かにそうだ。でもその括弧自体が様々な役割を持ちうるのではないか。というのも、これは括弧として受け取らないといけない、と誰が言うのか？」誰も言わない。そしてそうした受け取り方も、確かに君が再び言葉によって説明したのだ。括弧が何を意味するかは、それを使用する技法の中にあるのだ。問題にすべきなのは、「私は……のつもりだった」と言うことは、どんな状況で意味を持つのかということであり、どんな状況でなら、私が「彼は……のつもりだった」と言うことに正当性があるのかということなのだ。

（e2）言葉の役割としての「意味」とその数え方（558－562）

558 「バラは赤色である」と「2掛ける2は4である」という二つの文で「である」が違った意味を持つ[24]とはどういうことか？ これに対して人が、これら二つの言葉には異なった規則が当てはまるのだ、と言うのなら、ここにはただ一つの言葉しかない、と言わなければならない。──そして文法規則だけに注目するなら、まさに文法規則こそが「である」という言葉を二通りの文脈で用いることを許しているのだ。──ただし、「である」という表現がこれらの文で異なる意味を持っていることを示す規則とは、二番目の文では「……は……である」の「は」を等号に置き換えることを許すが、最初の文では禁じる規則である。

559　我々は、例えば、この文における語の機能について語りたくなる。まるで文が一つの機械であり、その中でそれぞれの語が特定の機能を持っているかのように。だがその機能はどこにあるのか？　どのようにすればそれが見えるようになるのか？　というのも、確かに何も隠されておらず、文のすべてが見えているのだから！　その機能は論理計算の過程で姿を現すのでなければならない。（〈意味体[25]〉）

560　「言葉の意味とは、意味の説明が説明するものである。[26]」すなわち、「意味」という言葉の使用を理解したいなら、人が「意味の説明」と呼ぶものに目を向けることだ。

561　ところで、私が、「である」という言葉は二つの意味で（繋辞として、および、等号として）使われるとは言うが、その意味はその使用であると、つまり繋辞としての使用と等号としての使用であると言おうとしないのは不思議ではないか？

我々は、これら二つの使用が一つの意味を形づくるわけではないと言いたいのだ。つまり、同じ言葉を使って複数の仕事をしているのは偶然であって、本質的なことではないと言いたいのだ。

562　しかし、どれが記号法の本質的な特徴であり、どれが本質的でないのかをどうやって決めればよいのか？　記号法の背後に、文法がそれに従っている実在があるとでも言うのか？

ゲームでの似たようなケースについて考えよう。チェッカーでは成り駒の目印として、二つの駒を重ねて使う。ここで我々は、成り駒が二つの駒からできていることは、このゲームにとって本質的ではないと言わないか？

(e3) ゲームにとって本質的な規則と本質的でない規則 (563-568)

563 ある石（駒）の意味とはゲームにおけるその役割である、と言うことにしよう。―さて、チェスの対局を始める前にいつも、くじによって誰が白い駒を使うのかを決めるのだとしよう。そのために一人が両手を握って、どちらかの手の中にキングを入れておき、もう一人が運任せに一方の手を選ぶとする。さて我々は、くじで決めるために使うことをキングのチェスでの役割に数えるだろうか？

564 このように私は、ゲームにおいても本質的な規則とそうでない規則を区別しようとする。ゲームには規則ばかりでなく、ポイントというものがある、と言いたいのだ。

565 何のための同じ言葉なのか？　確かに論理計算では同じ記号を異なった目的に使わないのだから！　―なぜ二つの目的に同じ駒を使うのか？　―しかし、「同じものを異なった目的に使う」とはどういうことなのか？　なぜなら、もし同じ言葉を使っているなら、それは単一の使用なのではないか？

566 そうすると、同じ言葉、同じ駒を使うことには、ある目的があるように思われる。―同じものを使うことが偶然でも、非本質的なことでもないのならば。そしてその目的とは、我々に駒が再認でき、その使い方がわかる、ということであるように思われる。―そこで問題になっているのは物理的可能性だろうか、それとも論理的可能性だろうか？　後者の場合、同じ駒を使うということが、まさにゲームの一部となるのだ。

567　でも、結局ゲームは規則によって規定されなければならないのだ！　だから、もしゲームのある規則が、チェスの対局前のくじ引きにキングを使うと定めるのなら、本質的にそれはゲームの一部なのだ。これに対してどのように反論すればよいのだろうか？　我々にはそんな規定のポイントがわからないのだ。例えば、駒を動かす前に必ず三度回せ、という規則のポイントがわからないように。もしある盤上ゲームにこんな規則があったなら、我々はいぶかって、規則の目的についていろいろと推測することだろう。（「この規定は、考えずに駒を動かすことを防ごうとしているのだろうか？」）

568　このゲームの性格に関する私の理解が正しいなら、その規定はゲームにとって本質的な部分ではない、と言ってもいいかもしれない。

（（意味、ある相貌[27]））

第十四章　「期待」型心的概念を巡る哲学的問題（569－610）

［本章では、期待、信念、希望、意図、といった心的概念のグループについて、その文法とそれを巡る哲学的問題が考察の対象となる。本訳書において仮に「「期待」型心的概念」と呼ぶこれらの概念は、必ずしも意識的経験を伴わないという点で、「意識の状態」と呼ばれる感覚、思考、想像といった心的概念から区別される。本章の主題はこれらの概念のグループとしての特徴であり、このグループに属する個々の概念を主題とした考察は第十三、十五、十六章でも行われている。本章で扱われる中心的問題はこれらの心的概念と「体験」の関係であるが、中でも「意味」と「体験」の関係は『探究』第二部において更に本格的に扱われることになる。本章の考察の中でその他に特筆すべきは、§§607－610で示されている「捉えがたいもの」という概念に対する著者の姿勢であり、「語りえぬもの」という概念に対する『論考』の態度とはまったく対照的である。］

（a）概念および心的概念について（569－571）

569　言語は一つの道具である。そこで用いられる概念も道具である。そこで人は、どんな概念を使おうとも大した違いがあるはずがないと考えたりする。結局のところフィートやインチを使っても、メートルやセンチメートルを使うのと変わらずに物理学ができるように。両者の違いは、せいぜい便利さの違いにすぎない。しかし、例えば、もしある単位系での計算に、我々が費やせる以上の時間と手間がかかるならば、それも本当ではなくなる。

570 概念が我々を探究へと導く。概念は我々の関心の表現であり、我々の関心を誘導する。

571 誤解を招く対比：物理学が物理的領域での出来事を扱うように、心理学は心的領域での出来事を扱う。

見ること、聴くこと、考えること、欲すること、これらは、物体の運動や電気現象などが物理学の対象であるという意味で心理学の対象なのではない。それは次のことからわかるだろう。物理学者はそれらの物理現象を見、聴き、それらについて考え、それらを報告する、他方、心理学者は被験者の発話（ふるまい）を観察する。[1]

（b）「期待」型心的概念について　（572－586）

（b1）「期待」型心的概念の文法　（572－580）

572 文法的に言えば期待は、ある意見を持つこと、何かを希望すること、何かを知っていること、何かができることと同様に一つの状態である。[2] しかしこれらの状態の文法を理解するためには、「何が、誰かがその状態にあることの基準とみなされるのか？」と問わなければならない。（硬さ、重さ、適合、という状態。）

573　ある意見を持つというのは一つの状態である。—何の状態なのか？　心の？　精神の？　それでは、何について我々は、それがある見解を持つと言うのか？　例えば、N・N氏について我々はそう言う。そしてこれが正しい答えなのだ。

だがこの問いに対する答えによって何かが解明されると期待してはならない。より深くまで達する問いとは次のようなものだ。個々の場合において我々は何を、ある人がこれこれの意見を持っていることの基準とみなすのか？　どんなときに我々は、彼はそのときこの意見にたどり着いたと言うのか？　どんなときに、彼は意見を変えたと言うのか？　等々。これらの問いに対する答えが我々に与える像が、何がここで文法的に状態として扱われているのかを示すのだ。

574　文は、それゆえ別の意味で思考は、信念、希望、期待、などの「表現」となりうる。しかし信念は思考ではない。（文法上のコメント。）信念、期待、希望、という概念は種として相互に近く、思考という概念からはいずれも隔たっている。[3]

575　この椅子に座ったとき、もちろん私は椅子が私を支えるだろうと信じていた。それが崩壊するかもしれないなどとは微塵も考えなかった。

しかし、「彼が行ったことにもかかわらず、私は……と信じ続けた」とも言う。この場合思考がなされており、おそらくある特定の態度が繰り返し確立されている。

576 私は導火線が燃えるのを見ている。極度の緊張の中で火が進んでゆくのを目で追いながら、それが火薬に近づくのを見ている。おそらく私はまったく何も考えていないか、あるいは脈絡のないいろんなことを考えている。確かにこれは期待の一例である。

577 彼は来るだろうと信じている場合、「彼が来ると期待している」と我々は言うが、このとき我々は彼の来訪に心を奪われてはいない。（「彼が来ると期待している」とは、「もし彼が来なかったら驚くだろう」ということである—そして人はこれを心の状態の描写とは呼ばない。）しかし我々はまた、彼が来るのを待ちわびているという意味を持たせたい場合にも「私は彼が来るのを期待している」と言う。これらのケースそれぞれに、一貫して違う動詞を用いる言語も想像できるだろう。同じようにその言語では、我々が「信じる」、「希望する」などと言うところで複数の違う動詞が用いられる。この言語で用いられる概念は、我々の言語の概念よりも心理学の理解に適しているかもしれない。

578 ゴルトバッハの命題[4]を信じるとはどういうことなのか、自らに問うてほしい。この信念は何から成り立っているのか？　それは、この命題を言ったり、聴いたり、あるいは考えたりするときの確実性の感覚なのか？（それは我々の興味の対象ではない。）そしてその感覚の目印とはどんなものなのか？　というのも、この命題そのものによってどの程度そんな感覚が呼び起こされるのだろうかが私にはわからないからだ。

信念とは思考の色調である、と言うべきなのか？　この考えは何に由来するのか？　確かに信念を表す抑揚というものはある、疑いの抑揚があるように。

私が問いたいのは、この信念がこの命題にどのように関わってゆくのかということである。この信念がどのような帰結をもたらすのか、我々をどこへ連れてゆくのかを見てみよう。「それは私を、その命題の証明を試みることへと導く。」——そうだ。ではさらに、この試みとは実際のところどんなことなのかを見てみよう！　こうして我々は、この命題を信じるということがどんなことなのかを知るのだ。

579　確信の感覚。それはふるまいの中にどのように表出されるのか？

580　「内的な過程」は外的な基準を必要とする。

（b2）「期待」の状況依存性（581–584）

581　期待は、それが生まれる状況の中に埋め込まれている。例えば、爆発の期待は、爆発が当然期待されるような状況から生まれることができるのだ。

582　もし人が、「私は今にも爆発するのを期待している」と言う代わりに、「すぐに爆発するぞ」とささやくなら、もちろんその言葉はいかなる感情の描写でもない。ただし、その言葉とその調子はその人の感情の表出にはなりうる。

583 「だが君の言い方では、まるで今私は本当は期待も希望もしていないみたいじゃないか―自分は希望していると私は信じているのに。まるで今起きていることには深い意味がないみたいじゃないか。」――「今起こっていることには意味がある」とか「深い意味がある」とはどういうことなのか？深い感情とはどんなものなのか？人は心からの愛や希望を一秒間持つことができるのだろうか―その一秒間に先行する時間にどんなことが起ころうとも、あるいはその後にどんなことが続こうとも？――今起きていることが意味を持つのは―この環境においてなのだ。環境がそれを重要にするのだ。そして「希望する」という言葉は、人間の生活のある現象を指し示すものなのだ。（笑っている口は、人間の顔の中だけで笑う。）

584 もし私が今部屋で椅子に座りながら、N・Nがお金を持って来てくれるのを希望し、そしてこの心の状態を一分間だけ隔離してそれを取り巻く文脈から切り離すことができるとしたら、そこで起こっていることは希望ではないのか？―例えば、その間に君が発するかもしれない言葉について考えてみたまえ。そのときそれはもうこの言語に属する言葉ではない。そして貨幣という制度も、違った環境の中では存在しないのだ。

王の戴冠式は壮麗さと威厳を像的に表現している。この出来事の一分間を、戴冠式のマントを身にまとった王の頭に王冠がかぶせられる一分間の過程を、その環境から切り離してみたまえ。―別のある環境で金は最も安っぽい金属であり、その輝きは下品と見なされる。そこでマントの布地は安価に製造できる。王冠は上品な帽子のパロディだ。等々。

（b3）心的動詞の一人称現在形発話の意味（585－586）

585　人が、「私は彼が来るのを希望している」と言う場合、―これは自分の心の状態の報告なのか、それとも自分の希望の表出なのか？[5]―私が自分に向かってそう言う場合もある。そして私は自分に対して報告なんかしない。それはため息かもしれない、だがため息でなければならないわけではない。私が誰かに、「今日は自分の仕事に考えを集中できない、彼が来ることばかり考えているんだ」と言えば―人はこれを私の心の状態の描写と呼ぶだろう。

586　「彼が来ると聞いた。私は一日中ずっと彼が来るのを待っている。」これは私が一日をどう過ごしたかについての報告だ。――会話の中で私はある出来事を期待すべきだという結論にたどり着き、次のような言葉でその結論を述べる、「つまり今私は、彼が来るのを期待すべきなのだ。」人はこれを、この期待の最初の思考、期待の最初の行為と呼ぶことができる。――「僕は彼を待ち焦がれているんだ！」という叫びを、期待の行為と呼ぶことができる。しかし同じ言葉を、私は自己観察の結果として発することもできる。その場合、それが意味するのは、例えば、「つまり、いろいろあったのに、それでも私はやはり、彼が来るのを思い焦がれながら期待しているのだ」といったことである。こうしたことは、我々がどのようにしてその言葉にたどり着いたかによって決まる。

(c)「期待」型心的概念と体験 (587－594)

(c1)「信念」、「意図」と体験 (587－588)

587 「自分はこれを信じていると、君はどのようにして知るのか？」と問うことに意味はあるか？——そして、意味があるとして、「内省によって」というのが答えなのか？
そのように言える場合もある、しかし大抵の場合、そのようには言えない。

「僕は本当に彼女を愛しているのか、そのように自分に思い込ませているだけなのか？」と問うことに意味はある。そしてこの内省の過程は、様々な記憶を呼び覚ますことであり、ありうる様々な状況や、しかじかの場合に抱くであろう感情を想像して呼び起こすことである。

588 「明日発つと決心したが、やめようかなと私は考えている。」(これを心の状態の描写と呼ぶことができる。)——「君の理由には納得できない。今まで通り私は明日発つつもりだ。」ここで我々は意図を感情と呼ぶ誘惑にかられる。それはある硬さの感情であり、変更できない決心という感情だ。(しかしそれには、他にも様々な特徴的な感情と態度がある。)——「どれぐらいここに滞在するのかい？」と人が私に訊ねる。私は、「明日発つよ。休暇が終わるんだ」と答える。—だがこれとは違う次のようなケースもある。言い争いの末に私は、「わかった。それなら僕は明日発つよ！」と言う。私は決心しているのだ。

(c2)「心の中」という語り方・像 (589－590)

589 「心の中で私はそう決めたのだ。」そしてこう言う際に人は自分の胸を指すことがよくある。この語り方は心理的に真剣に受け取るべきだ。この語り方を、信念は心の状態である、という言明ほどには真剣に受け取るべきでない理由があるのだろうか？（ルター「信仰は左の乳首の下にある。」[6]）

590 「自分が口にする言葉を本気で言う」という表現の意味を理解することを、胸を指すしぐさによって学ぶということがあるかもしれない。しかしその場合、「それを学んだということは、どこに示されているのか？」と問わなければならない。

（c 3）「意図」は体験か？（591 – 593）

591 ある意図を持つ者はある傾向を体験していると言うべきなのか？ 特定の傾向体験なるものが存在するのか？ ――次のようなケースを思い起こしてほしい。議論の途中であるコメント、ある反論をしたいと人が切実に思う場合、しばしば次のようなことが起こる。私は口を開き、吸い込んだ息を止め、それから反論を止めることに決めて、息を吐き出す。明らかにこの過程の体験は、話そうとする傾向の体験だ。人がこれを観察すれば、私は何かを言いたかったのだが、それからよく考えて思い直したのだということがわかるだろう。つまり、この状況では。――別の状況でなら私のふるまいを人はこのように解釈しないだろう、どれだけそれが、現在の状況では、話そうという意図に特徴的なものであっても。そしてこの同じ体験がまったく違った状況では――傾向とは無関係な状況では生じないと想定すべき何らかの理由があるのか？

592 「だが君が「僕は発つつもりだ」と言うのなら、君は確かにそれを意味しているのだ！　まさにここでも、文に生命を与えるのは意味するという精神的行為なのだ。君が誰かの言い方をまねて、例えば、その人の話し方をからかおうとして、その文を発する場合、君はこの意味するという行為なしに文を言うのだ。」—我々が哲学をする場合、時としてこのように見えることがある。しかし、実際に様々な状況や会話を思い描いてみよう、そしてこの文がどのように発せられるのかを思い描いてみよう。—「僕はどの場合にも、ある精神的な響きを見出すよ、おそらく常に同じ響きではないのだが。」—では、他人をまねてあの文を言ったとき、どんな響きもなかったのかい？　そして、どのようにしてこの響きを、話すことに伴う他の体験から切り離すのか？

593 哲学の病の主な原因—偏った食事。思考をただ一種類の例だけで養っているのだ。

（c4）「意味」と体験（594）

594 「だが有意味に発せられた言葉には表面だけでなく、確かに深さの次元もあるのだ！」確かに言葉が有意味に発せられた場合、それがただ発音されただけの場合とは違ったことが起こっている。—それをどう表現するかは重要でない。最初の場合は文に深さがあると言おうが、その場合には私の中で、私の心の中で何かが起こっていると言おうが、あるいは文がある雰囲気を持っていると言おうが

——結局は同じことだ。

「もしこれについて我々全員が一致しているのなら、それは真実なのではないか？」

（私は他人のその証言を採用するわけにはいかない。それは証言ではないからだ。それは、その人が何と言いたくなるのかを私に知らせているにすぎない。[7]）

(d) 哲学による疑似体験の実体化 (595–606)

(d1)「自然な」、「なじみの」という疑似感覚の実体化 (595–596)

595 この文脈でこの文を発することは、我々にとって自然なことだ。そしてそれを文脈から切り離して言うのは不自然なことだ。我々にとって自然な仕方で発せられた文に常に伴っている特定の感覚というものが存在する、我々はこう言うべきなのか？

596 「よく知っている」という感覚と「自然な」という感覚。よく知らないという感覚や不自然なという感覚の方が見つけるのが容易だ。あるいは、そう呼ばれる様々な感覚の方が。というのも、我々は知らないもののすべてからよく知らないという単一の印象を受けるわけではないから。そしてここで我々は、何を「よく知らない」と呼ぶのかについてよく考えなければならない。道端で野原にあるような石を見かけたなら、我々はそれをそうした石とは認めても、いつもそこにあった石とはおそらく認めないだろう。ある人を、例えば、人とは認めるが、知り合いとは認めない。なじみ深いという感覚がある。場合によってそれは、ある眼差しや「このなつかしい部屋！」といった言葉を通じて表出される（何年も前に私が住んでいた部屋が、今でも変わらぬ姿で目の前にある）。同様にまた、見慣れないという感覚がある。例えば、驚いて私は立ち止まり、その物あるいは人を、探るように、あるいは疑わしそうに見つめ、「これは見慣れないな」と言う。—しかし、このように見慣れないという感覚が存在するからといって、よく知っていて、見慣れないとは思わないもののすべてに対して、我々はなじみの感覚を感じるのだとは言えない。—我々は、いわば、以前見慣れないという感覚が占めていた場所は、とにかく何かによって占められなければならないと思ってしまうのだ。こうした雰囲気のための場所が存在して、一つの雰囲気がそれを占めていない場合、別の雰囲気がそれを占めると思ってしまうのだ。

（d2） 哲学における疑似感覚の実体化の目的 （597–600）

597 英語に堪能なドイツ人は、まずドイツ語の表現を組み立ててから英語に翻訳しているわけではないのに、ドイツ語的な表現を用いてしまう。つまり、こうしたドイツ人は、まるでドイツ語を「無意識に」英語に訳しているかのように英語を話す。これと同じように我々はしばしば、まるで我々の思考の根底に思考のある型が存在しているかのように思考する。まるで、より原始的な思考様式を自分たちの思考様式に翻訳しているかのように、思考するのだ。

598 哲学をしていると我々は、何の感覚も存在しない所で様々な感覚を実体化したくなる。それらは、我々自身の思考を自分に説明するのに役立つ。「我々の考えを説明するために、ここにはある感覚が必要なのだ！」まるで、この要求に応じて我々の確信が生まれるかのようだ。

599 哲学において結論が引き出されることはない。「確かにそうでなければならない！」というのは哲学の命題ではない。哲学は誰もが哲学に対して認めることを確認するだけだ。

600 我々にとって目立たないものすべてが、目立たないという印象を与えるのか？ 普通のものは、普通のものという印象を常に与えるのか？

（d3） 疑似再認体験の実体化と想起に関する誤った像 （601－606）

601 この机について話すとき――私はこの対象が「机」と呼ばれることを思い出すのか？

602 もし、「今朝自分の部屋に入ったとき、君のこの事務机をそれと認めたかい？」と訊ねられれば、確かに私は「もちろんさ！」と答えるだろう。そうではあるが、そこで再認がなされたと言えば、誤解を招くだろう。もちろんこの事務机は私にとって見慣れぬものではなかった、つまり、それを見ても私は、他人がそこに立っていたり、見慣れない物がそこにあった場合のように驚きはしなかった。

603 私が自分の部屋に、この古くから慣れ親しんだ環境に入るたびに、自分が見ている、そして、何度となく見てきたすべてのものに対して再認を行っている、とは誰も言わないだろう。

604 「再認」と呼ばれる様々な過程について我々は誤った像を抱きやすい。再認という過程は常に二つの印象を比べることから成り立っているという像を抱きやすい。あたかも自分が対象の像を持っていて、それを用いて、この対象をその像が描いているものとして認識するかのように思われるのだ。我々の記憶が、以前に見たものの像を保存したり、過去を（筒をのぞくように）のぞき見させることによって、こうした比較を仲介しているように思われるのだ。[8]

605 だが実際のところそれは、対象をその横にある像と比べることというよりは、むしろ対象が像と合致するようなことなのだ。つまり、私が見ているのは二つのものではなく、ただ一つのものなのだ。

606 「彼の声の響きは本物だった」と我々は言う。もしそれが本物でなかった場合、その背後に、いわば別の響きが存在するかのように我々は考える。―彼は外に対してはこの顔をしているが、心の中では別の顔をしている。―しかしこれは、彼の表情が本物の場合、彼には同じ二つの顔があるということではない。
（（「まったく特定の表情」[9]））

（e）「捉えがたいもの」、「言い表しがたいもの」という概念の目的（607―610）

607 人はどのようにして、今何時か、という推測をするのか？ ただし私が言っているのは、太陽の位置や部屋の明るさといった外的な手がかりに基づいた推測ではない。―私が言っているのは、例えば次のようなケースだ。人が、「今何時かな？」と自問し、一瞬動きを止め、場合によっては時計の文字盤を想像したりして、それからある時刻を言う。―あるいは、いくつかの可能性を考慮し、まずある時刻を考え、次に別の時刻を考え、そして最後にある時刻で止まる。こうしたことが行われるケースだ。――だがそうした思いつきには確信の感覚が伴っていないか？ そしてそれは、その思いつきが心の中の時計に一致しているということを意味するのではないか？ ―違う。私はどんな時計からも時間を読み取っていない。確信の感覚は存在するが、あくまでもそれは、自分に時間を述べるとき、私には疑いの感覚がなく、落ち着いていて自信があった、ということでしかない。―だがその時刻を述べるとき、何かがピンとくるのではないか？ ―私の知る限り、そんなことは起こらない。考慮の末に落ち着き、ある数値で止まることをそう呼ぶなら話は別だが。そもそも私はここで「確信の感覚」について語ったりはしなかっただろう。むしろ私は、しばらく考えてから、今は五時四五分だと決めたのだ、と言っただろう。―しかし何に基づいて決めたのか？ おそらく「ただ感覚に従って」と私は答えただろう。それは、思いつきに任せた、ということでしかない。――だが時間を推測するとき、君は少なくともある特定の状態にあったはずだ。そして君は、想像した様々な時刻のすべてを正しいとみなすわけではないだろう！　―すでに言ったように、私は「今何時かな？」と自問したのだ。つまり、その問いを小説の中で読んだわけでも、他人の発言として引用したわけでも、発音の練習の中で言ったのでもない。そうした状況で私はその言葉を言ったのではない。―だがそれなら、どんな状況で？　―私は朝食のことを考えていたのだ。今日の朝食は遅いのかなと思ったのだ。これが状況だ。―しかし本当に君は、自分が、捉えがたいものではあるが、時間の推測に特徴的なある状態にあったとは、いわばそれに特徴的な雰囲気の中にあったとは思わないのか？　―確かに特徴的なことはあった。それは「今何時かな？」と自問したことだ。―仮にこの文に特定の雰囲気があるとして、―どのようにしてそれをこの文自体から切り離せばいいのか？　この文をどのように違って―引用や冗談や言葉の練習として―言えるのだろうかと考えなかったら、この文にそうした雰囲気があるとは決して思いつかなかっただろう。だが、そうしたことを考えたとき、私は突然、それらの言葉を確かに自分はある特別の仕方で、すなわちそうしたケースとは違った仕方で意味していたはずだと言いたくなったのだ。そのとき突然そう思われたのだ。特別の雰囲気という像が頭から離れなくなり、私はそれを、文字通り目の前に見るようになった―つまり、自分の記憶をたどって、本当に何が起こったのかに目を向けるまでそれは続いたのだ。

　そして確実性の感覚に関して言えば、私は時として自分に向かって、「今……時なのは確かだ」と、多少とも確かな調子で言うことがある。この確実性の根拠を問われても、私にはどんな根拠もない。

　私は時間を心の中の時計から読み取っている、と言う場合、―それは像であり、それに対応するのは、私がこうした時間報告を行ったという事実だけだ。そしてこの像の目的は、このケースを別のケースと統合することなのだ。私は、それら二つを違ったケースと認めることに抵抗しているのだ。

608　何より重要なのは、時間を推測するあの心の状態は捉えがたいものだという観念だ。なぜそれは*捉えがたい*のか？　それは我々が、自分たちの状態において捉えられるものを、我々が要請するあの特別な状態に数え入れることを拒否しているからではないか？

609　雰囲気の記述とは、特別な目的のための特別な言語使用なのだ。
（「理解」を雰囲気として、心的な行為として解釈すること。どんなものに対しても雰囲気を考え出すことができる。「言い表しがたい性格」）

610　コーヒーの香りを記述してみよ！——なぜうまくゆかないのか？　語彙が不足しているからか？　何*のため*の語彙が不足しているのか？——だが、そうした記述は確かに可能なはずだという考えはどこから来るのか？　君はこれまでそうした記述の欠如を痛感したことがあるか？　この香りを記述しようと試みたことはあるのか？　それはうまくゆかなかったのか？
（「これらの音は何か素晴らしいことを語っている、しかしそれが何か私にはわからない」と私は言いたいのだ。これらの音は一つの強烈な身振りだ、だが私には、それを説明するいかなるものをもその横に並べることはできない。深く心の底からうなずくだけだ。ジェームズ「我々には語彙が欠けている。」それならなぜ新しい言葉を導入しないのか？　そうした導入ができるためには、どんな事情でなければならないのか？）

第十五章　意志と意図（611－660）

［本章では「意志」と「意図」という二つの相関連する心的概念について、それぞれ別個の主題として考察が進められる。ただしここで示される考察は、こうした概念に関する一般的な哲学的考察と呼びうるものからは程遠いものであり、ウィトゲンシュタインの内在的動機に基づく極めて特殊な側面に焦点を当てたものである。「意志」について言えば、『論考』及びその源泉の一つである『草稿　1914-1916』で示された「意志」に関する考察が批判的に解析されるとともに、現実の「意志的行為」という概念の文法が示される。「意図」については、「実行されなかった過去の意図の報告」という特殊な（しかし重要な）概念及び言語使用が、詳細な考察の対象となる。この概念自身がウィトゲンシュタインにとって哲学的関心の対象であったことは疑いないが、この概念が第七章で登場した「数列のパラドックス」の解決の鍵であることも、この主題がここで掘り下げられている理由だと考えられる。このことは本章末尾で初めてほのめかされ、次章末尾においてようやくはっきりと語られる。］

（a）「意志」という概念を巡る哲学的問題（611－632）

（a1）「意志」に関する『論考』期の誤解を招きかねない像とその本来の文法（611－619）

611　「欲すること（意志すること）[1]もまた経験にすぎない」と我々は言いたくなる（「意志」もまた「表象」にすぎない）[2]。それが起きるとき、それは起きる、そして私はそれを引き起こすことはできない。

引き起こすことはできない？ ―何のように？ それなら、私は何が引き起こせるのか？ このように語るとき、私は欲すること（意志すること）を何と比べているのか？

612 例えば自分の腕の動きについて私は、それが起きるとき、それは起きる、などとは言わない。つまりここには、単に何かが起きるだけでなく、我々がそれをすると言うことに意味があるような領域が存在する。「自分の腕が自然に上がるのを待つ必要はない、―私がそれを上げればいいのだ。」そしてここで私は、自分の腕の動きを、例えば、心臓の激しい鼓動が鎮まる過程などと対比させているのだ。

613 何かをとにかく引き起こせる（例えば、過食によって腹痛を）という意味では、私は欲すること（意志すること）を引き起こせる。この意味でなら、私は水中に飛び込むことによって、泳ごうと欲すること（意志すること）を引き起こせる。おそらく私は、意志することを意志することはできない、と、つまり、意志することを意志する、と言うことには意味はないと言いたかったのだ。[3]「意志」は行為の名ではなく、それゆえどんな意志的行為の名でもない。そして私の誤った表現[4]は、意志を直接的で非因果的な引き起こしとして考えようとしたことから生まれたのだ。そしてこの考えの根底には、因果的連関を、機械の二つの部分を結びつけるメカニズムによって生み出されるものと考えるという、誤解を招くアナロジーが存在している。それによると、メカニズムが阻害されたとき、この結びつきは消滅しうるのだ。（人は、メカニズムに普通起こりやすい障害についてしか考えない。例えば、歯車が突然柔らかくなるとか、相互に貫入してしまうといったことなどは考えない。）

614　腕を「自分の意志によって」動かすとき、私は腕の動きを引き起こすためのどんな手段も使わない。私の望みもまた、そうした手段ではない。

615　「意志することが望みの一種でないというのなら、それは行為そのものでなければならない。それは行為の手前に止まることはできないのだ。[5]」もしそれが行為であるなら、それは言葉の日常的な意味での行為なのだ、つまり、話す、書く、行く、何かを持ち上げる、何かを想像する、などと同じような行為だ。だがそうした行為には、話したり、書いたり、持ち上げたり、想像したりしようと、—努めること、試みること、努力することもまた含まれるが。

616　自分の腕を上げるとき、私は自分の腕が上がってほしいと望んだわけではない。意志的行為はこうした望みを排除する。ただし、「自分が完全な円が描けることを望んでいる」と言うことはできる。この言葉によって人は、自分の手がしかじかの仕方で動いてほしいという望みを表現しているのだ。

617　指を特別の仕方で交差させると、ある指を動かせと命令されても、相手が指を指すだけなら—見えるようにそれを指すだけなら、その指を動かせないことがある。その一方で、相手が指に触って命令すると、指を動かせるのだ。この経験を我々は、その指を動かそうと意志出来なかった、と描写したくなる。これは、例えば、他人が指を押さえているために動かせないという場合とはまったく異なるケースである。そこで我々は、最初の場合、指に触れられるまで自分の意志にとっての手掛かりがまったく見つからなかった、と言いたくなる。[6] 指を感じたときにはじめて、意志はどこをつかむべきかわかるのだ、と。—しかしこの表現の仕方は誤解を招きやすい。「感覚が場所を教えないなら、意志によってどこをつかむべきかをどうやって知ればいいのか？」と言いたくなる。しかしそれなら、感覚がそこにあったとしても、意志をどちらの方向に向けるべきかを私はどのようにして知るのか？

このケースで、触れられるまで、指がいわば麻痺しているということ、それは経験が示している。だがそれは、アプリオリには洞察できなかった。

618 ここで我々は、意志する主体を質量のない（慣性のない）何かとして思い描いている。自身の内には、克服すべきいかなる慣性抵抗もないような原動者として思い描いている。つまりそれは、駆り立てるのみであり、駆り立てられることのないものなのだ。すなわち、「私は意志しているのに、体が私の言うことをきかない」とは言えるが—「私の意志が私の言うことをきかない」とは言えないのだ。（アウグスティヌス）[7]

ただし、意志することに失敗することはありえないという意味で、意志することを試みることもまたできない。[8]

619 そして次のように言えるかもしれない、「意志することを試みることが決してできない限りにおいてのみ、私は常に意志することができるのだ。」

（a2）「本来の行為者」という概念　（620－623）

620 するということ自身は、経験的内容をまったく持っていないように見える。[9] それは延長のない点、針の先のように見える。この先端が本来の行為者であるように見える。そして現象的な生起はこのするということの帰結にすぎないのだ。「私がする」という表現は一切の経験的内容を剝ぎ取られた、ある特別な意味を持っているように見えるのだ。

621 しかし、次のことを忘れてはいけない。「私が腕を上げる」とき、私の腕が上がる。そこで次のような問題が生まれる。私が腕を上げるという事実から、私の腕が上がるという事実を差し引いたとき、何が残るのか？

（（それなら、私の意志とは運動感覚なのか？））

622 私が腕を上げるとき、たいていの場合、私は腕を上げようと試みたりしない。

623 「どうしても私はこの家にたどり着きたい。」しかしそこに何の困難もなければ、――私は、どうしてもその家にたどり着こうと努力することができるのか？

（a 3）「意志的行為」という描写形式（624－628）

624 実験室で、例えば電流の影響のせいである人が目を閉じながら、「私は腕を上下に動かしている」と言う―実際に腕は動いていないのに。「つまりその人は、そうした動き特有の感覚を持っているのだ」と我々は言う。―目を閉じて、腕をあちこちに動かしてみてほしい。そして、そうしながら、自分の腕は動いておらず、ただ筋肉と関節に奇妙な感覚を感じているだけだと思い込むよう試みてみたまえ！

625 「自分の腕を上げたことを、君はどのようにして知るのか？」―「それを感じるのだ。」すると君が再認しているのは感覚なのか？ そして自分が感覚を正しく再認していることに、君は確信を持っているのか？―君は自分が腕を上げたことを確信している、そして、これこそが再認の基準、物差しなのではないか？

626 「この対象を棒で触って調べるとき、触っている感覚を私は棒の先に感じ、棒を握っている手には感じない。」誰かが、「私が痛みを感じるのは手ではなく、手首だ」と言えば、それがもたらす結果とは、医師が手首を診るということだ。しかし、対象の硬さを棒の先に感じると私が言うのと、手に感じると言うのとでは、どんな違いがあるのか？ 私が言っているのは、まるで棒の先に神経が通っているみたいだ、ということなのか？ いや、どんな意味でそうなのか？―実際、とにかく私は、「硬さ、などを棒の先に感じる」と言いたくなるのだ。そしてこのことは、触って調べる際に、私が自分の手ではなく棒の先を見るということ、そして、自分の感覚を描写するのに、「そこに硬く丸いものを感じる」という表現を用い——「親指、中指、人差し指、などの先に圧力を感じる」といった表現は用いないということに関係している。もし誰かに、「探査棒を握っている指に今何を感じているのか？」と訊ねられても、私は、「それはわからない——私は、あちらに硬くてザラザラしたものがあるのを感じるのだ」などと答えるだろう。

627　意志的行為の次のような描写を考えてほしい。「私は五時に鐘を鳴らす決心をする。すると、時計が五時を打つと、私の腕がそのように動く。」——これは正しい描写なのか、正しい描写とはこちらではないのか、「……そして時計が五時を打つと、私は腕を上げる。」——最初の描写は次のように補いたくなる、「そして見よ！　時計が五時を打つと、私の腕が上がる。」そして、まさにこの「見よ」こそが、ここには存在しないものなのだ。腕を上げるとき、私は、「見よ、私の腕が上がる！」とは言わないのだ。

628　だから我々は、意志的動作は、驚きの不在によって特徴づけられる、と言えるかもしれない。そしてここで、「だがなぜ我々はそこで驚かないのか？」とは問わないでほしい。

（a4）　意志の表明と出来事の予言　（629－632）

629　未来の予知の可能性について語る場合、人々はいつも意志的動作の予言という事実を忘れている。

630 次の二つの言語ゲームについて考えてほしい。

a) ある人が別の人に、腕の特定の動きをするように、あるいは、体を特定の姿勢にするように命令する（体操教師と生徒）。そしてこの言語ゲームの一変種としての次のもの。生徒が自分自身に命令し、それからそれを実行する。

b) 誰かがある規則的な過程—例えば、酸に対する様々な金属の反応—を観察し、それに基づいて特定の場合に起きる反応を予言する。

これら二つの言語ゲームの間には、明白な類縁性と根本的な相違のいずれもが存在する。どちらのゲームでも我々は、発せられた言葉を「予言」と呼ぶことができる。だが、第一の技法をもたらす訓練と、第二の技法をもたらす訓練を比べてみたまえ！

631 「私はこれから二つの粉薬を飲む。半時間後に私は嘔吐するだろう。」—第一の場合、私は行為者であり、第二の場合では単なる観察者だ、と言ったところで何の説明にもならない。あるいは、第一の場合、私は因果的連関を内側から見ているが、第二の場合は外側から見ている、と言っても同じだ。似たようなことを言っても同じだ。

同様に、第一種の予言は、第二種の予言より間違いがないというわけではない、と言うことも核心を捉えてはいない。

私は自分のふるまいの観察に基づいて、これから私は粉薬を二つ飲む、と言ったのではない。その文の先行条件は別のことなのだ。私が言っているのは、その文へと導いた思考や行動のことだ。そして、「まさに君の決心こそが、君の発話の唯一の本質的な前提条件だったのだ」と言うのは、ただ誤解を招くだけだ。

632　私は、「私は粉薬を飲む」という意志表明の場合、予言が原因であって—その実現が結果なのだ、と言いたいのではない。(これはおそらく、生理学的研究によって決定できるだろう。) ただしこれだけは正しい。我々はしばしば、決心の表明から人の行動を予言することができる。これは重要な言語ゲームだ。

(b) 過去の意図の想起　(633-660)

(b1) 過去の意図の想起と報告　(633-638)

633　「以前、君の発言が中断されたことがあった。続けて何と言おうとしたのか、まだ憶えているかい?」—私が今それを憶えていて、それを言うとしよう—それは、私が以前にそれをすでに考えていて、ただ言わなかっただけだ、ということなのか? そうではない。中断された文を私が確信をもって続ける、その確信を、私が以前すでにそれを考えていたということの基準とするのでない限りは。—もっとも、その文を続けるのを助けるような、考えうる様々なことは、その状況と私の思考の中にすでに存在していたが。

634 中断された文を続けて、あのとき続けてこう言おうとしたのだ、と言うのは、私が短いメモに基づいて考えを展開する場合に似ている。

その場合、私はそのメモを解釈しているのではないか？　あの状況で、ただ一つの続け方しか可能でなかったのか？　もちろん、そうではない。しかし、私はそれらの解釈から一つを選んだのではない。自分はこう言おうとしていたのを、私は思い出したのだ。

635 「私は……と言おうとしたのだ。」—君は様々な細部を思い出す。しかしそれらすべてを一つにまとめたものが、この意図を表すというわけではない。事情はちょうど、ある光景の写真が撮られたのだが、そのいくつかの点在した部分しか見えない場合のようなのだ。ここに手が、そちらに顔の一部と帽子が見えるが—それ以外は暗くてはっきりしない。それなのにそこでは、写真全体が表しているものが私にははっきりとわかるかのようなのだ。まるで暗い部分が読みとれるかのように。

636 こうした細部は、私が同じように思い出すことのできる他の様々な状況が無関係であるという意味では、無関係ではない。しかし私が、「一瞬の間、……と言おうとしたのだ。」と報告する場合、相手はそれによってこうした細部を知るわけではないし、それらを推測しないといけないわけでもない。その人は、例えば私が話そうとしてすでに口を開いていたということを知る必要はない。ただしその人は、出来事をそのように「描き出す」ことはできる。（そしてこの能力は、私の報告を理解するということの一部をなしている。）

637 「自分が何と言おうとしたのか、私は正確に憶えている。」だが私は結局それを言わなかった。——しかし私は、そのとき起こって、今自分の記憶の中にある別の過程からそれを読み取っているのではない。

そして私は、そのときの状況や、それに至るいきさつを解釈しているのでもない。何しろ私は、それらについて思案したり、判断を下したりしているわけではないのだから。

638 それなのに、一瞬の間彼を欺こうとしていたと私が言うとき、そこにある解釈を見ようとするのはなぜなのか？

「一瞬の間彼を欺こうとしていたことに、どうして確信が持てるのか？　君の行動と思考はあまりにも不完全だったのではないか？」

証拠が乏しすぎる可能性はないのか？　確かに証拠を調べると、それは極端に乏しいように思われる。しかしそれは、我々が証拠の由来に注意を払っていないからではないのか？　もし、私が他人に体調が悪いふりをしようとする意図を一瞬の間抱いたのなら、それに至るいきさつがあったはずなのだ。

「一瞬の間……」と言う人は、本当に瞬間的な出来事を描写しているだけなのか？

ただし、その全歴史でさえ、私がそれに基づいて「一瞬の間……」と言った証拠であるわけではない。

（b2） 過去の体験を想起するということ （639－646）

639 考えは自ずから展開するのだ、と我々は言いたくなる。しかしそう言うことにも、ある間違いが含まれている。

640 「この考えは、私が以前に考えていたことにつながる。」—それはどのようにして以前の考えにつながっているのか？ つながりの感覚によってか？ しかし、どのようにして実際に感覚が思考をつなぐのか？ —ここでの「感覚」という言葉は、極めて誤解を招きやすいものだ。しかし、ときとして確信をもって、「この考えは、以前のあの考えと関連している」と言えることがある。そのときはその関連を示すことができないにもかかわらず。場合によっては、後になってそれができるようになる。

641 「もし私が、「今私は彼を欺くつもりだ」と言ったのだとしても、私の意図は実際そうであった以上に確かにはならなかっただろう。」—しかし、もし君がそう言ったのなら、君は心の底から真剣に言ったに違いないのでは？
（つまりこのように、意図の最もはっきりした表明でさえ、それだけでは意図の十分な証拠とはならないのだ。）

642 「その瞬間、私は彼を憎んだ。」—そこでは何が起こったのか？ それは様々な思考、感情、行為の中に存在していたのではないのか？　そして、もし私が今、その瞬間を自分に対して再現するとしたら、私はある特定の表情をし、いくつかの決まった出来事について考え、ある特定の仕方で呼吸をし、何種類かの決まった感情を自分の中で生み出すだろう。私は憎しみが燃え上がるような会話、ある場面全体を考え出すかもしれない。そして私はその場面を、現実の出来事の中で生まれたものに近いような諸感情を抱きながら演じるかもしれない。その際、似たようなことを私が実際に体験したということは、もちろん私の助けになるだろう。

643 今私がその出来事を恥じる場合、私はその全体を恥じる。自分の言葉、悪意に満ちた口調、等々のすべてを恥じるのだ。

644 「私が恥じているのは、そのときに私がしたことではなく、私が抱いていた意図なのだ。」――しかし、私がしたことの中にも意図は存在しているのではないか？　何が恥じることを正しいこととするのか？　出来事の歴史の全体である。

645 「一瞬の間、私は……しようと思った。」つまり私は、ある特定の感情を持ち、ある内的な体験をしたのだ、そしてそれを思い出しているのだ。――ではここで、ほんとうに正確に思い出してみたまえ！　すると、意志の「内的体験」は再び消えてしまうように思われる。その代わりに我々が思い出すのは、様々な感情であり、様々な動作であり、更にそれ以前の諸状況との関連なのである。

まるで顕微鏡の調節を変えてしまったかのようだ。そして、今焦点にあるものを、以前は見ていなかったかのようなのだ。

646 「でもそれは、君が顕微鏡の焦点の調節を間違えたということを示しているだけだ。君は標本のある特定の層を見るべきなのに、違う層を見ているのだ。」

これには正しいことが含まれている。しかし、(レンズをある特定の仕方で調節することによって)私がある感覚を思い出したと想定してほしい。これこそ私の「意図」と呼ぶものだと、どのようにして言えばいいのか? 私の意図すべてに、(例えば)ある特定のむず痒さが伴っているかもしれない。

(b3) 過去の体験の想起と言語 (647－651)

647 意図の自然な表現とは何か? ――小鳥に忍び寄る猫を見たまえ! あるいは逃げ出そうとしている動物を!

(〈感覚に関する様々な文との結びつき。〉)

648 「自分の言葉はもう憶えていないが、どういうつもりだったのかははっきりと憶えている。言葉をかけて彼を落ち着かせようとしたのだ。」記憶は私に何を示すのか? 私の心に何をもたらすのか? もし記憶が私に、それらの言葉だけを吹き込むとしたら! そして場合によってはそれに加え、状況を更に正確に描写する別の言葉を吹き込むとしたら。――(「自分の言葉はもう憶えていないが、その精神は確かに憶えている。」）

649 「つまり、言語を習得しなかった者には、一定の記憶が持てないということか？」もちろんだ——そうした者には、言語的な記憶、言語的な望み、あるいは言語的な恐れなどを持つことはできないのだ。そして言語化された記憶などは、本当の体験の、単なるみすぼらしい表現なのではない。言語的なものは体験ではないとでも言うのか？

650 犬が飼い主にぶたれるのを恐れているとは言うが、犬が飼い主に明日ぶたれることを恐れているとは言わない。なぜか？

651 「あのとき、もっと長く滞在したかったのを私は憶えている。」——この欲求について、どんな像が私の心には現れているのか？　どんな像も現れていない。想起に際して自分の中に見るものからは、自分の諸感情についてどんな結論を引き出すこともできない。それでも私は、様々な感情がそこにあったことを、実にはっきりと憶えているのだ。

（b4）　根源現象としての意図の想起とそれを巡る誤り　（652―655）

652 「彼はその男を敵意ある眼差しで見つめて……と言った。」この物語を読んだ者はそれを理解する。読者の心には何の疑問も浮かばない。そこで君が言う、「よろしい。読者は意味を補って考えているのだ。意味を推測しているのだ。」——一般的には、そうではない。一般的に、読者は何かを補って考えはしないし、何も推測しない。——ただし、次のようなこともありうる。すなわち、敵意ある眼差しも言葉も、後になって見せかけのものだったと判明するとか、それらが見せかけのものかどうかについて読者が疑問を抱き、ありうる解釈について実際に推測するといったことである。——しかしこうした場合でも、読者は何より文脈について推測する。例えば、読者は自分に向かって、ここでまったく敵対的にふるまっている二人は、実は友人なのだ、等々と言うのだ。

(「文を理解したければ、心的な意味、心的状態を、そのために想像しなければならない。」)

653 次のような状況を想像してほしい。私がある人に、自分は事前に作成した地図に従ってある道を歩いた、と言う。そして私はその地図を見せる。それは紙の上に描かれた何本かの線からできている図だ。しかし私はその人に、どんな意味でそれらの線が私の歩いた道の地図なのかを説明できないし、その地図を解釈するどんな規則を述べることもできない。にもかかわらず私はその図に、地図を読む人特有のあらゆる徴候を示しながら従ったのだ。こうした図を「私的」な地図と呼べるかもしれない。あるいは今描写した現象を、「私的な地図に従うこと」と呼べるかもしれない。(ただし、この表現が極めて誤解されやすいものであることは言うまでもない。)

さて、「そのとき自分がしかじかの行動をするつもりだったことを、そこには何の地図もないにもかかわらず、私は、あたかもある地図から読み取るように読み取るのだ」と言うことができるだろうか? しかしこの言葉が意味しているのは、「想起した心の状態から、そのように行動しようという意図を私は読み取るのだ」と私が今言いたくなるということにすぎない。

654　我々の誤り[11]とは、事実を「根源現象[12]」と見るべきところで、説明を探し求めたことにある。すなわち、こうした言語ゲームが行われているのだ、と言うべきところで、説明を探し求めたことである。

655　重要なのは、我々の体験によって言語ゲームを説明することではなく、言語ゲームを確認することなのだ。

（b5）過去意図報告言語ゲームの根本性とその目的　（656－660）

656　何のために私は誰かに、以前自分はこれこれを望んでいた、と言うのか。――根本的なものとして言語ゲームを見よ！　そして感情、等を、言語ゲームの見方や解釈のように見るのだ！

どのようにして人間は、「過去の望みの報告」もしくは「過去の意図の報告」と呼ばれる言語的表出をするようになったのか、と問うてもいいかもしれない。

657　この表出が常に、「「もっと長く滞在できさえすればなあ！」と私は自分に言った」という形式をとると想像してみよう。こうした報告の目的は、相手に自分の反応を知らせることかもしれない。（「意味する（ドイツ語の“meinen”）」と「言いたい（フランス語の“vouloir dire”）」の文法を比較せよ。）

658 ある人間の意図を表現するのに、常に、「その人は、いわば自分自身に向かって、「私は……するつもりだ」と言ったのだ」と言うのだと考えてみよ。—これは比喩的像である。そしてここで私が知りたいのは、「何かを、いわば自分自身に向かって言う」という表現を人がどのように使うのか、ということなのだ。というのも、それが意味するのは、何かを自分自身に向かって言う、ということではないのだから。

659 なぜ私はその人に、自分がしたことに加えて、意図も伝えるのか？ 意図もまた、そのときに起こったことだからではない。そうではなく、**自分**についてその人に、そのとき起こったことを超えた何かを伝えたいからだ。

何をしようとしていたかを述べるとき、私は自分の内面をその人に開示しているのだ。—だが、自己観察に基づいてそうするのではない。ある反応によってそうするのだ（それを直観と呼んでもいいかもしれない）。

[13] 660 「そのとき私は……しようとしていた」という表現の文法は、「そのとき私は続けることができた」という表現の文法と関連している。

一方の場合には意図の想起が、他方では理解の想起が問題となっているのだ。

第十六章　意味、言及、指示（661－693）

［本章では、語を用いてある対象や人を意味する、あるいは、について語る、という概念が考察の対象となる。それは前章後半の「意図」に関する考察と深くかかわっているが、言葉によって対象や人を意味する、という概念、およびその特殊形である、言葉によって対象や人を過去に意味した、という概念に焦点を当てていることが本章のポイントである。それによって本章の考察は『探究』全体にとって特別な意味を持つことになる。それは本章の考察が第七章で登場した「数列のパラドックス」に対する最終的な解決の土台を与えるからである。このことは本章末尾で示される。こうした本章と第七章との浅からぬ結びつきは、一見無秩序に見える本書の構成の徹底した計画性を改めて印象付けている。］

（a）過去の意味の想起（661－664）

661　彼のことを意味していたのを私は憶えている。私が憶えているのはある過程なのか、それともある状態なのか？　―それはいつ始まったのか、どのように進行したのか？　等々。

662　状況が少しだけ違っていれば、彼は黙って指で合図する代わりに、「僕のところに来るようにNに言ってくれ」と誰かに言っただろう。この場合我々は、「Nが自分のところに来ることを私は欲していた」という言葉は、当時の私の心の状態を記述している、と言うことができるが、他方でそのように言えない場合もある。

663 「彼のことを意味していたのだ」と言うとき、私の頭には何らかの像が浮かぶかもしれない。例えば、私が彼を見つめている様子などの像が。だがこの像は物語の挿絵のようなものにすぎない。たいていの場合、それだけからは何の結論も引き出せない。物語を知っている場合に初めて、その像が何を意味するのかわかるのだ。

664 ある言葉の使用における「表層文法」と「深層文法」を区別してもいいかもしれない。ある語の使用において我々の心に直接刻み込まれるのが、文の構成におけるその語の使われ方である——これはその語の使用法の中でも、耳によって捉えられる部分だと言ってもいいかもしれない。——そしてここで、例えば、「意味する」という語の深層文法を、それの表層文法が我々に推測させるものと比べてみたまえ。[1] 我々がこの言葉に関して戸惑うのも驚くにはあたらない。

（b）「語で（対象を）意味する」とはどういうことか？（665－679）

（b1）問題の提示——言葉が多義的な場合の「意味する」（665－668）

665 ある人が痛そうな顔をしながら頬を指して、「アブラカダブラ！」と言ったと考えてほしい。——「どういう意味なんだ？」と我々が訊ねる。するとその人は、「歯痛を意味していたのだ」と答える。

——君は即座に、いったいどうやってあの言葉で「歯痛を意味する」ことができるのだ、と考える。あるいは、言葉で痛みを意味するとはそもそもどういうことなのだ、と考える。だが、違った状況ではやはり君も、これこれのことを意味するという心的な活動こそが言語使用において最も重要なことなのだ、と主張していただろう。

だが、どうしてなのだ――「私は「アブラカダブラ」で歯痛を意味する」とは言えないということなのか？　もちろんそう言える。だがそれは定義であり、語を発する際に私の中で起こっていることの記述ではないのだ。

666　君には痛みがあり、おまけに隣のピアノの調律の音が聞こえる、と考えてほしい。君は、「これはすぐ止むさ」と言う。痛みのことを意味しているのか、それともピアノの調律のことを意味しているのかによって、確かに違いがあるだろう！　――確かに。しかし、この違いとは何なのか？　多くのケースで、意味することには注意を向けることが対応すること、同じくそれにはしばしば、眼差しや身振りや目を閉じること（それは「内面への眼差し」と呼べるかもしれない）が対応すること、それは私も認めよう。

667　ある人が痛みを装いながら、「これはすぐにおさまるよ」と言うと考えてほしい。この人は痛みのことを意味している、とは言えないか？　それなのにこの人は、どんな痛みにも注意を向けていない。――そして、ようやく私が、「それはもうおさまったよ」と言う場合はどうだろうか？

668 だが我々は、「これはすぐに止むさ」と言って痛みのことを意味し、—それなのに「何のことを意味していたのだ？」と訊ねられると、「隣の部屋の騒音だ」と答えることによって嘘をつくこともできるのではないか？　この種のケースで我々は、「……と答えようと思ったのだが、よく考えて……と答えたのだ」などと言う。

（b2）「語で（対象を）意味する」ことと「指し示す」こと （669－673）

669 話しているとき、我々はある対象を指差すことによってそれに言及することができる。ここで指差すことは言語ゲームの一部になっている。そこで我々には、話しているときに注意をある感覚に向けることによって、それについて語っているかのように思われるのだ。だが両者の類似点はどこにあるのか？　明らかにそれは、我々が、見たり、耳を傾けたりすることによって何かを指し示すことができる、ということである。

しかしながら場合によっては、自分がそれについて語っている対象を指差すということも、この言語ゲームにとって、我々の思考にとって、まったくどうでもよいこともある。

670 君が誰かに電話で、「この机は高さが高すぎる」と言い、その際指でその机を指すと考えてほしい。ここで指し示すことはどんな役割を果たしているのか？　私は問題になっている机を指し示すことによってそれを意味しているのだ、と言えるだろうか？　この指し示しは何のためのものなのか？　そして私の言葉は何のためのものなのか？　そしてその言葉に、これ以外にどんなものが伴いうるの

か？

671　そして、耳を傾けるという内的な活動によって、私はいったい何を指し示すのか？　私の耳に聞こえる音、そして、何も聞こえない場合、沈黙か？　耳を傾けることにより我々は、いわば聴覚印象を探すのだ、だからそれを指し示すことはできない。指し示すことができるのは、我々が聴覚印象を探す場所のみである。

672　もし受容的姿勢を何かを「指し示すこと」と呼ぶのなら、――それが「指し示す」のは我々が受け取る感覚ではない。[2]

673　心の姿勢は語に「伴う」が、身振りが語に伴うという意味で伴うのではない。（それは、ある人が唯一人で旅をしていても、私の願いがその人につきそえるのに似ている。あるいは、何もない空間に光が満ちあふれていることが可能であるのに似ている。）

（b3）「語で（対象を）意味すること」を巡るパズルと現実の「意味する」という概念（674―679）

674　我々は、例えば、「今私は自分の痛みのことを本当に意味してはいなかった、十分な注意をそれに向けていなかったのだ」と言ったりするだろうか？「私はこの言葉で今何を意味していたのだろう？　私の注意は痛みと騒音の間で分裂していた——」と私は自問したりするだろうか？

675　「君が……という言葉を発したとき、君の中で何が起こっていたのか言ってくれ！」——これに対する答えは、「僕は……のことを意味していたのだ」ではない！

676　「その言葉で私はこれを意味していたのだ」は一つの伝達であり、それは心の情動の伝達[3]とは違った仕方で使用される。

677　他方、「ついさっき君は誰かを呪っていたが、本気で言ったのか？」とも我々は言う。これはほぼ、「そのとき君は本当に怒っていたのか？」と同じことを意味する。——そしてこれには内省に基づいて答えることができる。しばしば答えは、「本当に真剣に言ったわけじゃない」や「半分冗談で言ったのだ」といった類いのものだ。ここには程度の違いがある。そして、確かに我々は、「その言葉を発したとき、半分彼のことを考えていたのだ」とも言う。

678　この意味すること（痛み、あるいは、ピアノの調律を）とはどんなことなのか？　どんな答えも見つからない——というのは、すぐに考えられる様々な答えは、どれも役に立たないからだ。——「それでも、確かにあのとき私は一方のことを意味し、他方のことは意味していなかったのだ。」その通りだ、——君は今、誰も異議を唱えることのない命題を、力を込めて繰り返しているだけだ。

679 「だが、自分がこれを意味していたことを君は疑えるのか？」——疑えない。しかし私には、それを確信したり、それを知ることもまたできないのだ。

（c）「私は……を意味していた」という文の使用が示す「過去の意味」という概念（680－684）

680 人を呪ったのだが、Nのことを意味していたのだ、と君が私に言う場合、君がその時Nの写真を見ていたのか、Nのことを想像していたのか、Nという名前を口にしていたのかといったことは、私にとってどうでもよいことだろう。その事実から導かれる興味ある帰結は、そうしたこととは無関係なのだ。ただしその一方で、誰かが私に、呪いは相手の姿をはっきりと想像するか、相手の名前を口に出して言うときにしか効力を持たないのだ、と説明することはあるかもしれない。それでも我々は、「呪う者が呪われる相手のことをいかに意味するかが重要なのだ」とは言わないだろう。

681 もちろん我々は、「確かにその人を呪ったのか？　確かにその人とのつながりが生み出されたのか？」と訊ねたりしない。

つまり、このつながりは極めて簡単に生み出せるので、我々はそれを確信できるということなのか、そのつながりがうまく出来ないことはないと、我々は知っているということなのか！——ところで、ある人に手紙を書こうとして、実際は別の人に書くということが私に起こりうるだろうか？　そしてそれはどのように起こりうるのだろうか？

682　「「これはすぐ止むさ」と君は言った。[4]—君は騒音のことを考えていたのか、それとも自分の痛みのことを考えていたのか?」　ここで相手が、「ピアノの調律のことを考えていたのだ」と答える場合—その人はそうしたつながりが存在していたという事実を確認しているのか、それともこの答えによってそのつながりを作っているのか?—そのどちらも言えるのではないか? その人が言ったことが正しいのなら、そこにはそのつながりが存在したのではないか—そして、それでもやはりその人は、存在しなかったつながりを作り出しているのではないか?

683　ある頭部のスケッチを私が描く。「これは誰を描いたものなのか?」と君が訊ねる。—私、「Nのつもりだ」—君、「でもNには似ていないよ、むしろMに似ているね。」—「これはNを描いたものだ」と私が言ったとき—私はある関係を作り出したのか、それともある関係について報告したのか? そもそもどんな関係が存在していたのか?

684　私の言葉[5]が、存在していたある関係を記述しているのだということを、どんなことが支持するのか? 実を言えば、私の言葉は、それによって初めて現れたわけではない様々なものに関係している。例えばそれは、もしそのとき訊ねられたなら、私はある特定の答えをしただろう、ということを述べている。そしてこれは条件文でしかないが、それでもやはり過去について何かを述べているのだ。[6]

(d) 「ある人について話すこと」を巡るパズル (685–691)

685 「Aを探せ」は「Bを探せ」と違う意味だ。だが、私はこれら二つの命令に従う場合、まったく同じことをするかもしれない。[7]

そこでは何か違ったことが起こっているはずだ、と言うのは、「今日は私の誕生日だ」と「四月二十六日は私の誕生日だ」という文は異なった日を指しているはずだ、それらは同じ意味ではないのだから、と言うのに似ているだろう。[8]

686 「もちろん私はBのことを意味していたのだ、Aのことなど考えもしなかった!」「……のために、私はBに来てほしかったのだ。」—これらはどれも、より大きな文脈を指し示している。

687 もちろん、「彼のことを意味していた」の代わりに、ときには「彼のことを考えていた」と言うことができるし、ときには「そうだ、僕らは彼について話していたのだ」と言うこともできる。それでは、「彼について話す」とはどんなことなのか、自らに問うてみたまえ!

688 状況によっては、「話していたとき、私はそれを君に語っているかのように感じた」と言うことができる。しかし、もともと君と話していたのなら、私はそうは言わないだろう。

689　「私はNについて考える。」「私はNについて話す。」どのようにして私は彼について話すのか？　例えば、私は「今日Nを訪ねないといけない」と言う。——しかしそれはまだ十分ではない！「N」という言葉で私は、同じ名前を持った別の人を意味しているかもしれないのだ。——「だから私の語りとNの間には、もう一つ別の結びつきが存在しなければならないのだ。さもなければ私は依然〈彼〉のことを意味していなかっただろう。」

確かにそうした結びつきは存在する。ただそれは君が想像するようなものではない。つまり、それは心的なメカニズムによって生まれるものではないのだ。

（人は「彼のことを意味する」を「彼をねらう」と比べる。）

690　私が、あるときは、一見無邪気なコメントをしながらある人にこっそり視線を向け、別のときには、うつむきながら、居合わせたある人について、その人の名前を口にしながら大っぴらに話すとしたらどうか、——その人の名前を用いるとき、本当に私はことさらにその人について考えているのか？

691　もし私が、自分のためにNの顔を記憶に頼って描くとすれば、私は自分のスケッチで彼のことを意味している、と言うことができる。しかし私が描いている間に（あるいはその前後に）起こるどんな出来事について、これこそが意味することなのだと言えるだろうか？

なぜこんなことを言うかといえば、彼がその人を意味していたとき、彼はその人をねらったのだ[9]、と我々はごく自然に言いたくなるからだ。だが、他人の顔を記憶の中に呼び起こすとき、人はどのようにしてその人をねらうのか？

私が言いたいのは、どのようにして〈その人〉を記憶の中に呼び出すのか、ということだ。**どのようにしてその人を呼ぶのか**？

(e)「数列のパラドックス」の解決と「意味する」という概念（692－693）

692 「君にこの規則を与えたとき、私は、この場合は……としなければならないということを意味していたのだ」と誰かが言う[10]とすれば、それは正しいのか？ その規則を与えたとき、その場合についてまったく考えていなかったとしても、それは正しいのか？ もちろんそれは正しい。「それを意味する」とは、それについて考えるということとはまったく違うことなのだ。ただし、ここで問題になるのは、ある人がそれを意味していたかどうかをどのように判断すべきなのか、ということだ。―例えば、その人が算数と代数の特定の技法をマスターしていて、数列の展開についての通常の授業を他の者にしていたということは、そう判断する一つの基準となる。

693 「私が誰かに数列……の構成法を教える場合、百番目の箇所では……と書かなければならない、ということを私は意味しているのだ。」―まったく正しい。それが君の意味していることだ。そして明らかにこの場合、必ずしもそのことについて考えている必要はない。このことは君に、「意味する」という動詞の文法が、「考える」という動詞の文法とどれだけ異なっているかを示している。そして、意味することを心的活動と呼ぶことほど間違ったことはないのだ！　すなわち、もし我々がそれによって混乱を生み出そうと目論むのでないのなら。（バターの価格が上昇する場合、我々はバターの活動についても語ることができるかもしれない。そして、もしそれによって何の問題も生じないのなら、それは無害なのだ。）

『哲学探究』第二部[1]

i

1 動物が怒っているところ、怖がっているところ、悲しんでいるところ、喜んでいるところ、驚いているところは想像できる。だが、希望しているところは？ では、なぜできないのか？

飼い主が玄関にいる、と犬は信じている。だが犬は、飼い主が明後日に帰ってくるだろう、と信じることもできるか？[2]—そしてこの場合、犬には何ができないのか？—私はそれをどのようにやっているのか？—この問いに、私はどのように答えるべきなのか？

話せる者だけが、希望することができるのか？ 言語をマスターした者だけが、希望することができるのだ。[3]すなわち、希望という現象は、我々のこの複雑な生活の形が変容したものなのだ。（ある概念が人間の筆跡の特徴を対象とするなら、字を書かない存在に、その概念は適用できない。）

2 「悲哀」という概念は我々に対して、人生という織物に様々に変化しながら繰り返し現れる、ある模様を描いている。もし一人の人間において、「悲痛」と「喜び」[4]の身体的表現が、例えば時計のチクタクという音に合わせて入れ替わるなら、そこには悲痛という模様に特徴的な事柄の経過も、喜びという模様に特徴的な事柄の経過も見られないだろう。

3 「一秒間、彼は激痛を感じた。」—なぜ、「一秒間、彼は激しい悲哀を感じた」、は奇妙に聞こえるのか？ 単にそうしたことが滅多に起こらないからなのか？

4　だが、君は**今**悲哀を感じているのではないか？（「だが、君は**今**チェスをしているのではないか？」）この問いに肯定的に答えることはできる。しかしそれによって、「悲哀」という概念が少しでも感覚概念に近づくわけではない。——なぜなら、もともと冒頭の問いは、時間と個人に関する問いであり、我々が問いたかった論理的な問いではなかったからだ。

5　「君に言わないといけない。僕は怖いのだ。」

「君に言わないといけない。僕はそれが怖いのだ。」——

微笑みかけながらこのように言う場合も実際ある。

それなら君は、この人は怖れを感じていないと言いたいのか?!　感じる以外に、どうすれば自分が怖いことが**わかる**と言うのだ？　——しかし、仮にこの発言が報告であったとしても、この人はそれを自分の感覚から知るのではないのだ。

6　というのも、怖れの**身振り**によって感覚が生み出されると想像してほしい。「僕はそれが怖いのだ」という言葉も、まさにそうした身振りの一つだ。そして私がこれらの言葉を発しながらそれらを聴いたり感じたりするなら、それもそうした感覚の一部なのだ。だとすれば、どうして言葉によらない身振りが、言葉による身振りの根拠とならなければならないのか？

ii

7「その言葉を聞いたとき、それは私には……という意味に聞こえた」と言う人は、それによってある時点とある言葉の使い方に言及している。（我々に不明なのは、もちろん両者の組み合わせだ。）そして、「そのとき私は……と言いたかったのだ」という表現は、ある時点とある行為に言及するものだ。

自分の発言のある重要な関連物について私が語るのは、自分の表現が持つその他の諸特徴からそれを切り離すためである。そして発言にとっての重要な関連物とは、さもなければなじみのない表現を、広く用いられている形へと翻訳させるものである。

8「かつ」という言葉は動詞にも接続詞にもなる、と言えないような人、あるいは、この言葉を動詞として使ったり、接続詞として使ったりする文章が作れない人は、学校の簡単な練習問題がこなせないかもしれない。しかし、文脈から切り離されたこの言葉をこの意味やあの意味に受け取ることや、どのような意味に受け取ったかを報告することが生徒に要求されるわけではない。

9「バラは赤色である」という文は、もし「である」という語が「に等しい」という意味を持つならば無意味になる。—これは、この文を言うときに、その中の「は」を等号の意味で言えば、話し手にとってこの文の意味が崩壊する、ということなのか？

文を一つ取り上げて、その中の語を一つ一つ誰かに説明する。それによってその人は、それらの語の使い方を学び、その文の使い方も学ぶ。もし我々が文の代わりに、意味をなさない語の連なりを選ぶなら、その人はそれらの語の使い方を学べないだろう。そして、もし我々が「は」という語を等号として説明するなら、その人は「バラは赤色である」という文の使い方が学べないだろう。

そうではあるのだが、「意味の崩壊」という表現にもそれなりの正しさがある。次の例がそれを示している。つまり、我々は誰かに、「「おや、おや！」という表現を表情豊かに言おうとするなら、そのとき親のことを考えてはいけない」と言うことができるのだ。

10 意味を体験することと、想像を体験すること。「どちらにおいても我々は体験している、ただ体験するものが違うだけだ。意識に対して異なった内容が与えられ—それが意識の前に立ち現れるのだ」、と言いたくなる。—想像体験の内容とは何か？ 答えは、心像あるいは記述、だ。では意味体験の内容とは何か？ 何と答えたらよいのか、私にはわからない。—もしあの発言[6]に何らかの意味があるなら、それは、それら二つの概念は、「赤」と「青」という二つの概念のように互いに似ている、ということだ。そして、それは間違っている。

11 意味の理解を、想像中の心像のように保持できるか？ つまり、ある言葉の意味が突然心に浮かんだ場合、—それは心像のように、私の心の中に留まり続けることができるのか？

12 「全計画が突然私の心に現れ、それから五分間留まり続けた。」これが奇妙に聞こえるのはなぜか？　ひらめいたものと、留まり続けたものが、同一物であったはずがない、と我々は思いたくなる。

13「ひらめいたぞ！」と私は叫んだ。―それは突然のひらめきだった、それから私は、計画の詳細を説明することができた。何が、そこに留まり続けなければならなかったのか？　おそらく、ある心像だろう。しかし、「ひらめいたぞ！」は、その心像が浮かんだ、という意味だったのではない。

14 ある言葉の意味が、心に浮かび、それを忘れなかった人は、その後その言葉を、その意味で使用できる。

意味が心に浮かんだ人は、その意味をすでに知っている。意味が浮かぶことで、この知識は始まったのだ。では、この体験は、想像体験とどれほど似ているのだろうか？

15「シュヴァイツァー氏はスイス人（シュヴァイツァー）[7]ではない」と言うとき、私は、最初の「シュヴァイツァー」を固有名の意味で言い、二番目の「シュヴァイツァー」を普通名の意味で言っている。それなら、最初に「シュヴァイツァー」と言うとき、二回目に言うときとは違ったことが、私の心の中で起こらなければならないのか？（その文をオウム返しで言っているのでないとして。）――最初のシュヴァイツァーを、普通名の意味で、二番目を、固有名の意味で言おうと試みてみたまえ！――どうやってそれをするのか？　私が試みる場合、私はそれぞれの言葉を言うときに、決められた意味を自分に示そうと努力しながら、緊張のあまりまばたきをする。―しかし、日常的に言葉を使用する際、私はその意味を、自分に示したりするだろうか？

16 先ほどの文を、言葉の意味を入れ替えて言う場合、私にとって、文の意味は崩壊する。—ところが、その文の意味は、*私にとって*崩壊するが、それを伝える相手にとっては崩壊しない。それなら、何の害があるのか？ ——「しかし、やはりその文を普通に言う場合も、まさしく、*先ほどとは違った*特定の何かが、起こっているのだ。」—そこで起こっているのは、あの「意味を示す」ということでは*ない*。

iii

17 私が抱く彼の心像は、何によって彼の心像となるのか？ 画像としての類似性ではない。[8]
「今、目の前に彼がはっきり見える」という発話にも、心像に関するのと同じ問題が存在する。この発話は、何によって彼についての発話となるのか？ —それは発話の中にあるいかなるものでもないし、発話と同時に存在する（「その背後に存在する」）いかなるものでもない。[9] 誰を意味していたかを知りたければ、発話者に訊ねるのだ！

（しかし、ある顔が私の心に浮かび、しかも私はその顔を描くこともでき、それなのに私にはそれが誰の顔なのか、どこで見たのかわからない、ということもありうる。）

18 だが、誰かが想像の中で描く場合にも、あるいは想像の代わりに、指だけで空中に描く場合（これを「運動性想像」と呼べるかもしれない）にも、「誰を描いているのか？」と訊ねることができる。そして、その人の答えがそれを決める。—それは、その人が言葉で記述する場合とまったく同じだ。そして言葉による記述とは、まさに想像の代わりとなることのできるものなのだ。

iv

19 「彼は苦しんでいると、私は信じる。」――彼はロボットではないとも、私は信じるのか？
どちらの文でも、「信じる」という言葉を抵抗なく使うことはできないだろう。

（それとも、彼は苦しんでいると私は信じ、ロボットでないと私は確信している、ということか？ ナンセンスだ！）

20 友人について私が、「彼はロボットではない」と言う、と考えてほしい。――この言葉で何が伝えられるのか、そしてこれは誰に対する伝達となるのだろうか？ 普通の状況で他人と会う人間に対する伝達となるか？ その人にこの言葉は、何を伝えられるのだろうか？（せいぜいのところ、その人は常に人間のようにふるまい、ロボットのようにふるまうことはない、といったことぐらいだ。）

21 だから、「彼はロボットではないと、私は信じる」には、このままではまだどんな意味もないのだ。

22 彼に対する私の態度は、魂に対する態度である。私は、彼には魂がある、という意見を持っているのではない。

23　肉体が滅びても、魂は存続できる、と宗教は教える。それでは私は、宗教が教えることを理解しているのか？　―もちろん理解している――それについて私には、いろんなことが想像できる。それらについて、様々な絵画も描かれて来た。なぜそうした絵画が、言葉で表現された思考の、単なる不完全な複製でなければならないのか？　なぜそれが、言葉で表現された教えと、同じ務めを果たしてはいけないのか？　そして、果たされる務めこそが、大切なのだ。

24　「頭の中の思考」という像が、自身を我々に押し付けてくることがあるのなら、「心や魂の中の思考」という像が、それ以上に自身を我々に押し付けてこないのはなぜなのか？

25　人間の体は、人間の魂の最良の像である。

26　では、「君がそう言ったとき、僕は胸のなかでそれを理解した」といった表現はどうか？　こう言いながら人は、自分の胸を指す。この身振りは本気ではないのか?!　もちろん本気だ[10]。それとも、像を使っているだけだ、と我々は意識しているのか？　もちろん、違う。―それは我々が選んだ像ではない、比喩なのではない。それでもやはり、それは比喩的な（像的な[11]）表現なのだ。

V

27 ある点の運動（例えば、スクリーン上の光点の）を観察していると考えてほしい。この点のふるまいから、様々な種類の重要な結論を引き出すことができるかもしれない。しかしそれについて、なんと多種多様なことが観察できることか！　―点の軌道とそれに関する様々な数値（例えば、振幅や波長）、あるいは速度と速度が変化する法則性、あるいは速度が不連続に変化する場所の数やその位置、あるいはそうした場所での軌道の曲率、その他数えきれない様々なことだ。―そして、点のふるまいのこうした特徴のどれもが、我々がそれにだけ興味を持つかもしれないのだ。例えば、この運動において、一定の時間内に生まれるループの数以外のことは我々にとってどうでもいいのかもしれない。――他方、**一つ**のこうした特徴ではなく、いくつもの特徴に我々が興味を持つ場合、その一つ一つが、他のどれとも違った固有の情報を我々にもたらすかもしれない。人間のふるまい、そして我々が観察する人間のふるまいの様々な特徴についても、同じことが言えるのだ。

28 それでは、心理学は心ではなく、ふるまいを扱うということなのか？
心理学者は何を報告するのか？　人間のふるまい、わけても人間の発話ではないのか？　しかし**その**発話はふるまいに関するものではない。

29 「私は彼の機嫌が悪いのに気づいた。」これはふるまいについての報告か、それとも心の状態についての報告か？[12]（「今にも降り出しそうな空だ」、これは現在のことを扱っているのか、それとも未来のことを扱っているのか？）両方だ。ただし二つを並列するのでなく、一方を通じ、他方について報告しているのだ。

30 医師が訊ねる、「彼の具合はどうです？」看護師が答える、「うめいています」。ふるまいについての報告。しかし、そもそも二人はここで、このうめきが本物なのか、本当に何かを表現しているのか、などといったことを問題にしなければならないのか？　彼らは、例えば、「うめいているなら、鎮痛剤をもっと与えないといけない」という結論を導けるのではないだろうか？　―推論の中間項にあえて沈黙することもなく。大切なのは、ふるまいを記述しながら、彼らがその記述に果たさせようとしている務めではないのか？

31 「しかし、そのとき彼らは、まさに暗黙の前提を立てているのだ。」それなら、我々の言語ゲームの過程は、常に暗黙の前提に基づいていることになる。

32 私はある心理学の実験を記述する。実験装置、実験でなされた質問、被験者の行動と回答を記述する。―そして、私がそこで言う、これはある芝居の一場面なのだ。―こうして、すべてが変わってしまった。すると人は次のように説明するだろう。心理学の本でこの実験が同じように記述される場合、ふるまいの記述がまさに心的なものを表現していると理解されるのは、被験者が我々をからかうとか、前もって答えを暗記するといったようなことはしていない、と我々が前提していているからなのだ、と。―だから我々は、何かを前提していることになるのか？

本当に我々は、もちろん私は……と前提している、と言うだろうか？ ―あるいは、そう言わないのは、相手がすでにそれを知っているからなのか？

33 前提が存在するのは、疑いが存在する場合ではないのか？ そして疑いがまったく存在しない場合もある。疑うことには終わりがあるのだ。

34 ここには、物理的対象と感覚印象の関係[13]に似た関係が存在する。ここで我々は二つの言語ゲームを行っており、それらの関係は複雑な部類に入る。――この関係を単純な型にはめ込もうとすると、我々は道を間違える。

35 ある人がこう言うと考えてほしい、「例えば、ある本の中のよく知られた言葉はどれも、我々の心の中で、ある雰囲気を本当に持っている。それは、かすかに示された、語の使用の「暈」だ。」——これはちょうど、一枚の絵の中のすべての人物が、いわば別次元で、淡くおぼろげに描かれた場面に囲まれていて、そこでは彼らが別の文脈に置かれているのが見える、といったようなことだ。——とにかく、この想定を真剣に受け取ってみよう！ —するとこの想定では、話し手が意図した意味、というものが説明できないことがわかる。

　というのも、ある言葉の可能な様々な使い方が、それを聞いたり、言ったりする際に我々の心にうっすらと浮かぶのだとしよう、—もしそうなら、それはまさに我々にとってのことなのだ。だが我々は、他人もこうした体験をしているかどうかわからないまま、彼らと意思疎通しているのだ。

36 自分にとって理解とはある内的な過程だ、と言う人に、我々は何と答えるのだろうか？ ——もしその人が、自分にとってチェスをする能力とはある内的な過程だ、と言えば、我々は何と答えるだろうか？ —君にチェスができるかどうかを知りたい場合、君の中で起こっていることは、我々の興味の対象ではまったくない、と我々は答えるだろう。—そして、もしここでその人がこれに対して、とにかく君たちの興味の対象は、まさにこれ—すなわち、私にチェスができるかどうか、なのだ、と返答するなら、我々はその人の注意を、次の二つの基準に向けさせなければならないだろう。つまり、その人の能力を我々に証明するような基準と、他方で、「内的な状態」に関する基準だ。たとえ誰かが特定の何かを感じているときだけ、そしてその間だけ、ある特定の能力を持つのだとしても、その感覚自体はその能力ではないだろう。

37 語の意味とは、それを聞いたり、発したりする際の体験ではない、そして文の意味とは、そうした体験の複合物ではない。——(「僕はまだ彼を見ていない」という文の意味は、これらの語の意味からどのようにして構成されるのか？　文は語から構成されている、それで十分なのだ。)

38 たしかに、すべての言葉は、様々な文脈のそれぞれにおいて、異なった性格を持っている、しかし、それでも言葉には、常に一つの性格—顔がある—こう我々は言いたくなる。つまるところ、それが我々を見つめるのだ。——だが、絵画の中の顔も、我々を見つめている。

39 「もしも」感覚[14]は一つしかなく、いくつもあるのではない、と君は確かに言えるのか？　この語を様々な種類の文脈で発することを、君は試みたことがあるのか？　例えば、文中でこの語が強調される場合とか、この語の次の語が強調される場合とか。

40 次のような人が発見されたと想像してほしい。その人は自分の語感について、自分は「もしも」と「しかし」に対して同じ感覚を持っている、と言う。—この人を信じてはいけないのだろうか？おそらく、我々にそれは奇異に感じられるだろう。「彼がしているゲームは我々のものとはまったく違う」と言いたくなる。あるいは、「これはまったく違ったタイプのゲームだ」とも。

もしこの人が、「もしも」と「しかし」という言葉を我々と同じように使うとしたら、この人はそれらの言葉を、自分たちと同じように理解している、と我々は思わないだろうか？

41 「もしも」感覚を、意味の明白な相関物と見なすなら、それが持つ心理学的興味を見誤ることになるだろう。むしろそれは別の文脈に、すなわち、それが出現する特定の環境、という文脈において見なければならない。

42 「もしも」という語を使わなければ、「もしも」感覚を感じることは決してないのか？ もしこの語を使うことが、この感覚を引き起こす唯一の原因であるとすれば、とにかくそれは、すくなくとも奇妙なことだと言える。そして事情は語の「雰囲気」一般についても同じだ──なぜ人は、この雰囲気を持っているのはこの語だけだ、ということを、それほど当たり前だと見なすのか？

43 「もしも」感覚とは、「もしも」という語に付随してくる感覚なのではない。

44 「もしも」感覚は、音楽のあるフレーズが我々に与える特別な感覚、と比較されるべきだろう。[15]
（こうした感覚を描写するのに、ときどき人は、「まるでここで結論が引き出されるみたいだ」とか「それゆえ……」と言いたくなる」などと言ったり、あるいは、「いつもここである身振りがしたくなるのだ──」と言いながらその身振りをしたりする。）

45 しかし、この感覚はフレーズから切り離せるのか？ それでもやはり、それはフレーズそのものではない。この感覚なしにそのフレーズを聴く人もいるのだから。

46 この点でこの感覚は、人がそのフレーズを演奏する際の「表情」に似ているのか？

47 この一節は、まったく特別な感覚をもたらす、と我々は言う。我々はその一節を自分に向かって歌い、その際ある決まった動きをし、場合によってはある特別の感覚を感じる。しかし、こうした付随物―動きと感覚―は、別の文脈ではまったく認められないだろう。この一節を歌う場合以外、それらはまったく空虚なものだ。

48 「私はそれを、まったく特定の表情で歌う。」この表情は、この一節から切り離せるようなものではない。これは別の表情概念なのだ。（別のゲーム。）

49 この体験とは、このように演奏された、この一節そのものなのだ（「こ、の、よ、う、に、」とは、例えば私がそれを演奏してみせているように、ということだ。記述は、それを暗示することしかできないだろう）。

50 ものから切り離すことのできない雰囲気、―つまり、それは雰囲気ではないのだ。

互いに密接に結びついているもの、結びつけられてきたものは、互いにぴったり合っているように思える。では、それらは、どのようにぴったり合っていると思えるのか？　それらがぴったり合っているように思える、ということは、どんな形で現れるのか？　例えば、こうだ。つまり、この名前とこの顔とこの筆跡を持った人物が、これらの作品ではなく、ひょっとしたらまったく別の作品（別の偉大な人物の作品）を生み出したということが、我々には想像できないのだ。

我々にはそれが想像できない？　そもそもそれを想像しようとするのか？——

51　それは次のようなことかもしれない。私は、誰かが「第九交響曲を書くベートーヴェン」という絵を描いていると耳にする。こうした絵がおよそどんなものか、私は簡単に想像できるだろう。だが、もし誰かが、ゲーテが第九交響曲を書いたらどんな風に見えるのか、を描こうとしたらどうか？　その場合、私に想像できるのは、当惑したり、苦笑するようなことばかりだろう。

vii

52 目覚めた後にいろいろな出来事の話（自分たちはどこそこに行っていた、等々）をする人々。そこで我々は彼らに、そうした話の前に使う、「僕は夢を見た」という表現を教える。それから、私はときどき彼らに、「昨夜は夢を見ましたか？」と訊ね、はい、とか、いいえ、という答えを受け取る。彼らが夢の話をすることもあれば、しないこともある。これが今考えようとしている言語ゲームだ。（ここでは、私自身は夢を見ないと仮定している。といっても、自分自身は見えざる存在を感じたことがなくても私は、それを感じる人々に、彼らの経験について訊ねることができるのだから、この仮定に問題はない。）

さて、私はここで次のことについて、ある仮定をしなければならないのだろうか？ すなわち、この人々は自分の記憶に欺かれているのか、そうでないのか、もしくは、彼らは本当に睡眠中にそれらの像を目の前に見ていたのか、それとも目覚めた後にそのように思えただけなのか、についてだ。そして、これらの問いにはどんな意味があるのか？ ―どのような興味が?! 誰かの夢の話を聞くとき、我々がこうしたことを自問することが一度でもあるだろうか？ そして、そんなことなどないのなら、―それは、相手が自分の記憶に欺かれることなどないと、我々が確信しているからなのか？（さらに相手が特に記憶力の弱い人間だと仮定してみよう。―）

53 するとこれは「夢は睡眠中に現実に起きているのか、それとも目覚めた人の記憶現象なのか」という問いを立てること自体がナンセンスだ、ということなのか？　それは、この問いの使い方次第だろう。

54「心は、言葉に意味を与えることができるように見える」——これは、「ベンゼンでは、炭素原子が六角形の頂点に位置しているように見える」と私が言うようなものではないのか？　だがそれは「見え」ではない、それは像なのだ。

55 高等動物と人間の進化、そしてある段階での意識の目覚め。その像は、例えば次のようなものだろう。世界はエーテルの振動に満ちているが暗い。だがある日、人間が見る目を開く、すると世界が明るくなる。

我々の言語は、何よりもまず像を描く。像によって、何が起こらなければならないのか、像をどのように使用すべきなのか[16]、それは暗闇のなかに置かれたままだ。しかし、我々の表現の意味を理解したいのなら、それを探究しなければならないことは、とにかくはっきりしている。だが像は、そうした仕事を、我々に免除しているように見える。像は、ある特定の使用を、すでに指し示しているように見えるのだ。このようにして像は、我々をからかうのだ。

56 「筋肉の運動感覚が、私に自分の手足の運動と位置を知らせる。」
私は人差し指を小さな振幅で軽く揺り動かす。この運動を私はほとんど、あるいは、まったく感じない。ひょっとしたら指先に軽い緊張のようなものを少し感じるかもしれない。(関節にはまったく何も感じない。)では、この感覚が運動について様々なことを私に知らせているのか？ —というのも私は、この運動を正確に記述できるのだから。

57 「それでもやはり、君はその運動を感じているはずだ。さもなければ自分の指がどう動いているかを、(見ることなく)知ってはいないだろう。」しかし、それを「知っている」とは、それが記述できる、ということでしかない。—音が聞こえてくる方向を私が言えるのは、その音が、私の一方の耳を他方の耳よりも強く刺激するからに他ならないのかもしれない。しかし、私はこのことを耳で感じるわけではない。それでもそれは、音がどの方向から聞こえてくるのかを、私が知っているという結果を生み出す。例えば、私はその方向に目を向けるのだ。

58 痛みの感覚のある特徴が、痛みの身体上の場所を我々に知らせるはずだとか、記憶像のある特徴が、記憶されている出来事の時間を我々に教えるはずだ、という考えについても、これと同じことが言える。

59 手や足の運動、あるいは位置を、ある感覚が我々に知らせることはある。（例えば、普通の人のように自分の腕がまっすぐ伸びたかどうかわからない人が、肘に刺すような痛みを感じて、腕が伸びたことを確信する、ということがあるかもしれない。）―そして同じように、痛みの性格が、けがの場所を我々に知らせることもある。（そして、写真の黄ばみがその古さを知らせることも。）

60 感覚印象が、形と色について私に知らせている、ということの基準は何か？

61 どの感覚印象？ ほら、これだ。私はそれを言葉、あるいは像を使って説明する。

ではここで問題だ。自分の指が今の位置にある場合、君は何を感じているのか？ ―「感覚をどのように記述したらよいのか？ それは、説明できない特別なものだ。」だが言葉の使用法は、たしかに教えられるはずではないか！

62 ここで私は文法上の区別を探しているのだ。

63 筋肉の運動感覚のことは一旦度外視することにしよう！ ―私はある感覚を誰かに記述したくて、「こうしてごらん、するとその感覚が感じられるよ」と言いながら、自分の腕や頭である姿勢を作る。さて、これは感覚の記述なのか、そして、いつ私は、どんな感覚のことを言っているのか相手が理解したと言うだろうか？ ―そのためには、相手が、その感覚のさらに別の記述ができなくてはならないだろう。では、それはどんな種類の記述でなければならないのか？

64 私は、「こうしてごらん、するとその感覚が感じられるよ」と言う。そこに疑いはあり得ないのか？ 感覚について語る場合、疑いがあってはいけないのか？

65 これはこんな風に見える、これはこんな味がする、これはこんな感じがする。「これ」と「こんな」は違ったように説明されなくてはならない。

66 我々にとって「感覚」とは、きわめて特定の関心の対象なのだ。そして、例えば、「感覚の程度」、その「場所」、ある感覚が別の感覚によって打ち消される可能性、などはそうした関心の一部である。（ある運動が激しい痛みを引き起こし、その場所の他のすべての弱い感覚がそれによって打ち消される場合、そのために、自分がその運動をしているかどうかがはっきりしなくなるだろうか？ そのために、例えば、自分の運動を目で見て確認するといったことが起こりうるだろうか？）

67 自分自身の悲哀を観察する人は、どの感覚を使って観察しているのか？ ある特別な感覚、悲哀を感じる感覚で？ それなら、悲哀を観察するとき、人はそれを違った仕方で感じているのか？ では、そのとき人が観察しているのは、どんな悲哀なのか、観察されるときだけそこにある悲哀なのか？

「観察すること」は観察されるものを生み出さない。（これは概念上の確認だ。）

あるいは、私が「観察する」ものは、観察によって初めて生じるものではない。観察の対象はそれとは別のものだ。

68 昨日触ったときは、まだ痛かったが、今日は、触ってももう痛くない。

今日は、痛みのことを考えるときだけまだ痛む。（つまり、ある決まった状況で。）

私の悲哀は、もう以前と同じではない。一年前にはまだ耐え難かった記憶が、今日はもうそうではない。

これが観察の結果だ。

69 誰かが観察している、といつ我々は言うのか？ おおよそ次のようなときだ。すなわち、ある種の印象が教えてくれることを（例えば）記述するために、その印象を受け取るのに都合のいい位置に人が身を置いているときだ。

70 赤いものを見るとある音を発するように、黄色いものを見ると別の音を発するように、そして他の色についても同じように訓練された人は、それではまだ対象の色を記述することはできないだろう。我々が記述する手助けならできるかもしれないが。記述とは、ある空間（例えば、時間という）内の配置を写し取ることなのだ。

71 私は部屋の中をあちこち見廻す、突然目立った色調の赤が目に留まり、「赤だ！」と言う――これによって、私が何かを記述したわけではない。

72 「僕は怖いのだ」[17]という言葉は、心の状態の記述なのか？

73 私が「僕は怖いのだ」と言う、相手が訊ねる、「それは何なのか？ 不安の叫びなのか、それとも君は、僕に自分の気分を伝えたいのか、それともそれは、君の現在の状態の観察なのか？」――この問いに私は、いつもはっきりと答えられるだろうか？ これにはっきりと答えることは、絶対にできないのだろうか？

74 人は実に様々なことを想像できる、例えば、「いや、いや！ 僕は怖いのだよ！」「僕は怖いのだ。残念だがこう打ち明けざるを得ないよ。」

「まだ少し僕は怖い、でももう以前のようではない。」

「結局、僕はまだ怖いのだ、認めたくはないのだけれど。」

「ありとあらゆる恐怖を呼び起こす考えに、僕は苛まれている。」

「僕は怖いのだ—今こそ大胆でなければならないのに！」

これらの文それぞれには、違った口調がふさわしく、違った文脈がふさわしい。いわば我々よりもはっきりとものを考え、我々が一、つの言葉を使うところで別々の言葉を使う人々を想像することができるかもしれない。

75 「「僕は怖いのだ」の本当の意味は何なのか、私はそれで何をねらっているのか？」と我々は自問する。もちろん答えは出ない、あるいは、不十分な答えしか出ない。

問題は、「それがどんな文脈に置かれているのか？」ということだ。

76 「私は何をねらっているのか？」、「そう言うとき、私は何を考えているのか？」といった問いに答えようとして、怖れを表現する言葉を繰り返しながら自分自身に注意を向け、いわば自分の心を横目でそっと観察しても、答えは出てこない。ただし具体的なケースでは、「なぜ私はそう言ったのか、その言葉で何をしようとしたのか？」と問うことができる。—そしてそれらの問いに答えられることもあるだろう、だがその答えは発話に付随した様々な現象に基づいたものではないだろう。むしろ私の答えは、先の発言を補い、それを別の表現で言い換えるものだろう。

77 怖れとは何か、「怖れる」とはどういうことなのか？　一度だけ示してそれを説明したい場合――私は怖れを演じるだろう。

78 希望も同じように演じられるだろうか？　まず無理だ。では、信念は？

79 自分の心の状態（例えば、怖れの状態）を記述すること、これを私が行うのは、ある特定の文脈においてである。（ちょうど、ある特定の行動が実験となるのは、ある特定の文脈においてのみであるように。）

そもそも同じ表現を様々なゲームで用いることが、それほど驚くようなことなのか？　そしてときに、いわばゲーム間でも用いることが？

80 それに、そもそも私は、いつもはっきり定まった意図を持って話しているのか？――そして、もしそうでなければ、私の言うことは、そのために意味を失うのか？

81 弔辞で「私たちは……の死を悼みます」と述べられる場合、それは死者を失った悲しみを表す言葉であって、参列者に何かを伝えているわけではない。だが同じ言葉が墓地での祈禱文に用いられるなら、それはある種の伝達となるだろう。

82 だが問題は、それ自身は記述とは呼べず、どんな記述よりも原始的な叫びが、それにもかかわらず、心的生活の記述が行う務めを果たすということだ。

83 叫びは記述ではない。しかし、段階的推移ということがある。そして「私は怖い」という言葉は、叫びに近いことも、それからかけ離れていることもある。叫びにきわめて近い所に位置している場合もあれば、叫びとはまったく遠く離れた所に位置している場合もあるのだ。

84 しかし、我々はある人について無条件に、痛みを感じていると言っているから、この人は痛みを訴えているのだ、とは言わない。つまり、「私は痛みを感じている」という言葉は、訴えにもなりうるし、それ以外のものにもなりうるのだ。

85 しかし、「私は怖い」が、いつも訴えのようなものであるとは限らず、でも、ときには訴えのようなものであるとしたら、なぜそれが常に、ある心の状態の記述でなければならないのか？

X

86 我々は、いったいどのようにして「……と私は信じる」のような表現を使うようになったのか？
あるとき、ある現象（信じる、という現象）に気づくようになったのか？
自分自身と他人を観察して、信じるということを発見したのか？

87 ムーアのパラドックス[18]は、次のように述べることができる。「しかじかであると私は信じる」という発言は、「しかじかである」という主張と似たように使われる。それなのに、しかじかであると私は信じる、という仮定は、しかじかである、という仮定と似たようには使われない。

88 それゆえ、「私は信じる」という主張は、「私は信じる」という仮定が仮定していることを、主張しているのではないように見えるのだ！

89 同じように、「雨が降るだろう、と私は信じる」という発言は、「雨が降るだろう」という発言と似た意味を持っている、すなわち、似たように使われる、しかし、「雨が降るだろう、とそのとき私は信じた」は、「そのとき雨が降った」と似た意味を持っていない。
「だが、「私は信じた」は、まさしく「私は信じる」が現在述べていることを、過去形で述べているはずだ！」――たしかに$\sqrt{-1}$は、まさに$\sqrt{1}$が1に対して意味していることを、−1に対して意味しているはずだ！　これはまったく何も述べていない。

90「基本的に私は、「……と私は信じる」という言葉で、自分の心の状態を記述しているのだ、──ただこの場合、その記述が、信じられた事態そのものの間接的な主張になっているのだ。」──写真に撮影されているものを記述するために、状況によっては、写真を記述するように。

だがその場合、写真はうまく撮れている、と言えなくてはならない。だから、「雨が降っていると私は信じる、そして私が信じることは信頼できる、だから私はそれを信頼する」とも言えなくてはならない。──その場合、私の信念はある種の感覚知覚となるだろう。

91 人が、自分の感覚を信じないことはありえるが、自分の信念を信じないことはありえない。

92 もし、「誤って信じる」という意味の動詞が存在するなら、それに、有意味な一人称直説法現在形は存在しないだろう。

93「信じる」、「望む」、「欲する」といった動詞が、「切る」、「噛む」、「走る」といった動詞が持っている、すべての文法的な形を備えているのを、当たり前のことと見なさず、極めて驚くべきことと見なすのだ。

94 報告の言語ゲームは、報告によってその受け手が、報告対象ではなく、報告者について知らされるように転換できる。

例えば、教師が生徒に試験をする場合がそうだ。(物差しを試すために測定することができる。)

95 私がある表現—例えば、「と私は信じる」—を導入するとしよう。それは、報告がなされる場合に、報告者自身についての情報を伝えるため、報告の後に置かれるのだとしよう。(従って、この表現が不確実性を伴う必要はない。主張の不確実性は、「彼はおそらく今日来るだろう」のように、非人称的にも表現できるということをよく考えよ。)—「……だ、そしてそうではない、と私は信じる」は矛盾となるだろう。

96 「……と私は信じる」は、私の状態に光を当てる。この発言から、私の行動に関する結論を引き出すことができる。それゆえここには、情動や気分などの表出との類似性がある。

97 だが、もし「そうであると私は信じる」が私の状態に光を当てるのなら、「そうである」という主張も同じだ。というのも、「私は信じる」という記号にそうしたことができるわけではないのだから。せいぜいそれは、そうしたことをほのめかせるだけだ。

98 「そうである」と主張する際の口調だけで、「そうであると私は信じる」を表現する言語。この言語では、「……と彼は信じる」の代わりに「……と言う傾向が彼にはある」と言う。この言語には、「……と言う傾向が私にはあると仮定する」という仮定(接続法)も存在するが、「……と言う傾向が私にはある」という発話は存在しない。

この言語に、ムーアのパラドックスは存在しないだろう。しかしその代わりに、ある形を欠いた動詞が存在することになるだろう。

だが、こんなことに驚いてはいけない。我々は、意図を表明することによって、自分の未来の行動が予言できる、ということを考えよ。

99 私は他人について、「……とあの人は信じているように見える」と言い、他人も私について同じことを言う。では、なぜ私は、自分自身について決してそう言わないのか、他人が私についてそう言うのが正当である場合でも、言わないのか？——それなら、私は自分自身を見たり、自分の言うことを聞いたりしていないのか？——そうとも言える。

100 「人は、自分の中に確信を感じるのであり、自分自身の言葉やその抑揚から、推論によって確信に至るのではない。」——人は、自分自身の言葉から、推論によって確信やそれに応じた行為に至るのではない、ということは正しい。

101 「それゆえ、「私は信じる」という主張は、そういう仮定が仮定していることを、主張しているのではないかのように見えるのだ。[19]」——それだから私は、この動詞の一人称直説法現在形の、別の使い方を探したい、という誘惑にかられるのだ。

102 私は次のように考えるのだ。信じる、とは心の状態だ。それには持続があり、文によってそれを表現するという過程から独立に存在する。それゆえ、それは信じている人のある種の傾性なのだ。他人の場合、この傾性はその人のふるまい、そして言葉によって明らかになる。より具体的に言うなら、事実の単なる主張によってと同様に、「……と私は信じる」という発話によっても明らかになる。―では私自身の場合はどうなのか、私はどのようにして、自分自身の傾性を知るのか？―そのためには、たしかに私も、他人がするように私自身に注意を向け、自分の言葉に耳を傾け、それから結論を引き出すのでなければならないだろう！

103 自分自身の言葉に対する私の態度は、他の人の言葉に対するものとは、まったく違っている。「私は信じているように見える」とさえ言えるのであれば、あの使い方は見つかることだろう。

104 もし、自分の口から語られることに耳を傾けるなら、他人が自分の口で話している、とそのとき私は言えるかもしれない。

105 「私の発言から判断するなら、私はこれを信じている。」たしかに、こうした言葉が意味を持つ状況を、思い描くことはできるかもしれない。

そしてそこでは、「雨が降っている、そして私はそれを信じていない」とか、「私の自己はこれを信じているように見える、しかしそれは間違っている」と言うこともできるだろう。そのためには、二つの存在が私の口から話していると思わせるような身振りを、ありありと思い浮かべなければならないだろう。

106 すでにあの仮定[21]において、事態の輪郭は、君が考えているものとは違っているのだ。「……と私は信じると仮定する」という言葉によって、君はすでに「信じる」という言葉の文法全体を、君がマスターしているその日常的な使用を前提しているのだ。—君は、いわばある像によって目の前にはっきりと示された状況を、仮定しているわけではないのだ。普段とは違った主張を、それに継ぎ足せるような仮定をしているわけではないのだ。—「信じる」という言葉の使用が、すでに君によく知られているのでなければ、ここで自分が何を仮定しているのか（すなわち、そうした仮定から、例えば、何が導かれるのか）、君にはまったくわからないだろう。

107 「……と私は言う」という表現について考えてほしい。例えば、「今日は雨が降るだろうと私は言う」という発言中のこの表現について。この発言は結局、「今日は雨が降るだろう」という主張と同じだ。「……だろうと彼は言う」はおおよそ「……だろうと彼は信じる」という意味だ。「……と私は言う、と仮定すること」は、今日は……だろう、と仮定することではない。

108 ここでは、いくつかの概念が接していて、ある区間を一緒に進んでいる。それらの経路すべてが円形である、と考える必要はない。

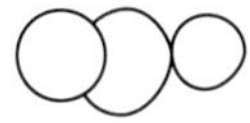

22

109 「おそらく雨が降るだろう、しかし雨は降らない」という逸脱した文についても考えてみよ。

そしてここで、「おそらく雨が降るだろう」は、結局「雨が降るだろうと私は信じる」という意味なのだ、と言わないように注意しなければならない。——もしそう言うのなら、なぜ反対に後者が前者を意味してはいけないのか？

110 気の弱い主張を、気の弱さに関する主張とみなしてはいけないのだ。

(a) 「として見る」とアスペクトの転換 (111－260)

(1) 二種の「見る」とアスペクトに気づくこと (111－128)

111
「見る」という言葉の二つの使い方。
一つの使い方、「そこで君は何を見ているのだ?」――「これを見ているのだ」(記述、スケッチ、コピー、が続く)。もう一つの使い方、「この二つの顔は僕には似ているように見える」――私がこう伝える相手は、それらの顔を私に劣らずはっきりと見ているかもしれない。
重要なのは、見ることの二つの「対象」のカテゴリーが異なっているということだ。

112 一人がこの二つの顔を正確に描き写し、もう一人がそのスケッチを見て、最初の人が見なかった類似性に気づく、ということがあるかもしれない。

113 私はある顔をじっと見ている、そして突然、それが別の顔に似ていることに気づく。私はそれが変化していないのを見ている、それなのに私は、それを違ったように見ている。この経験を私は、「あるアスペクト[23]に気づくこと」と呼ぶ。

114 この経験の原因には、心理学者が興味を持つ。

115 我々が興味を持つのは、この概念とそれが経験諸概念[24]の中で占める位置だ。

116 次の図が、ある書物、例えば教科書の、いくつかの箇所に登場するということが想像できるだろう。

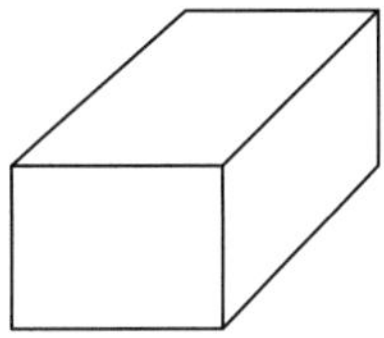

この図が登場するそれぞれのテキストでは、毎回違ったことについて述べられている。あるときはガラスの長方体について、あるときはひっくり返された空の箱について、あるときはこの形をした針金の枠について、あるときはある立体の角を構成する三枚の板について述べられている。テキストがその都度この図に解釈を与えるのだ。

しかし、我々はこの図を、あるときはその中の一つとして、あるときは別のものとして見ることもできる。―だから我々は、これを解釈し、そして自分が解釈するようにそれを見ることができるわけだ。

117 おそらく人はここで、視覚体験という直接的経験の、ある解釈を使った記述は、間接的な記述なのだ、と答えたくなるかもしれない。「私は図を箱として見ている」とは、私は、図を箱と解釈することに、あるいは、箱を見つめることに、経験上伴う特定の視覚体験をしている、ということなのだ、と。しかし、もしそういうことであれば、私にはそれがわかるはずだ。私はその体験に直接言及できるはずであり、間接的にしか言及できないということはないはずだ。（私が赤を、無条件に、血の色として言及しなければならないわけではないのと同様に。）

118 次の図は、ジャストローの書物[25]から借りてきたものだが、以下の考察でこれをウサギ－アヒルの頭と呼ぶことにする。これはウサギの頭として見ることもできるし、アヒルの頭として見ることもできる。

さらに私は、あるアスペクトを「連続して見ること」と、あるアスペクトが「ひらめくこと」を区

別しなければならない。

以前この像が私に示されて、私はそこに、ウサギ以外のものは何も見なかったかもしれないのだ。

119 ここで像的対象[26]という概念を導入すると役に立つだろう。例えば次の図は「絵の顔」となろう。

私はこれに対して、いくつもの点で人間の顔に対するように振る舞う。私はその表情をよく見ることもあるだろうし、それに対して人間の顔の表情に対するような反応をすることもあるだろう。子供は、絵の人や絵の動物に話しかけたり、それらを人形のように扱うこともある。

120 つまり、私はウサギ－アヒルの頭を、始めからただの絵のウサギとしか見ないかもしれないということだ。すなわち、「これは何か?」とか「ここに何が見える?」と訊ねられると、「絵のウサギ」と私は答えたかもしれないのだ。それはどういうものか、とさらに訊ねられたなら、私は説明のために、いろんな種類のウサギの絵や、場合によっては、実物のウサギを示し、この動物の生態について語ったり、その真似をしたことだろう。

121「ここに何が見える？」という問いに私は、「これを今は絵のウサギとして見ている」とは答えなかっただろう。私は、ただ自分が知覚したものを記述しただろう、「そこに赤い円が見える」と言う場合とまったく同様に。──

それにもかかわらず、他人は私について、「この人はこの図を、絵のウサギとして見ている」と言うことができただろう。

122「これを今は……として見ている」とそこで言うことは、私にとって、ナイフとフォークを見て「これを今はナイフとフォークとして見ている」と言うことと同様、意味を持たなかっただろう。その発言は理解されないだろう。──「これは今私にとってフォークだ」や「これはフォークなのかもしれない」という発言が理解されないように。

123 人はまた、テーブルの上に認められるナイフやフォークを、ナイフやフォークと「みなし」たりもしない。それは、普通食事のときに、口を動かそうと試みたり、努力したりしないのと同じだ。

124「これは今私にはある顔だ」と言う人には、「どんな変化のことが言いたいのか？」と訊ねることができる。

125 私は二枚の絵を見る。その一枚では、ウサギ－アヒルの頭がウサギに囲まれていて、もう一枚では、アヒルに囲まれている。それらが同じものであることに私は気づかない。このことから、私はそれぞれで違ったものを見ている、ということが導けるのか？—それは、そうした表現を使う、一つの根拠を与えてくれる。

126 「僕は、これをまったく違ったように見ていた、そうだとは絶対にわからなかっただろう！」さて、これは一つの叫びだ。そして、このように叫ぶことには正当な理由もあるのだ。

127 二つの頭を、そんな風に重ね合わせようとは、絶対に考えなかっただろう。というのも、それらには別の比べ方が、ずっと自然に思えるのだから。

そのように見たこの頭は、このように見た場合とは、少しも似ていないのだ——二つはぴったり重なり合うのに。

128 人が、絵のウサギを私に示し、これは何か、と訊ねる、私は、「これはウサギだ」と答える。「これは今ウサギだ」とは答えない。私は、知覚を報告しているのだ。—人がウサギ-アヒルの頭を私に示し、これは何か、と訊ねる、私はそこで「これはウサギ-アヒルの頭だ」と言うかもしれない。しかし、私はこの問いにまったく違ったように反応するかもしれない。—「これはウサギ-アヒルの頭だ」は、先程と同様、知覚の報告だ。「これは今ウサギだ」は、そうではない。もし私が、「これはウサギだ」と言ったのであれば、二通りに解釈できることを見逃していたことになる、そして私は知覚を報告していたことになる。

（2） アスペクトの転換 （129－139）

129 アスペクトの転換。「でも君はきっと、絵が今まったく変わってしまった、と言うだろう！」だが、何が違うのか、私の感覚印象か？ 私の態度か？ ——私にそれが言えるのか？ 私は変化を、ある知覚を記述するように記述する。まるで自分の目の前で対象が変わってしまったかのように。

130 「あ、今これに見えるぞ」と、（例えば、別の絵を指しながら）私は言うかもしれない。これは新しい知覚を報告する形式である。

アスペクトの転換の表現は、新しい知覚の表現である、そして同時に、変化しなかった知覚の表現でもある。

131 隠し絵の答えが突然わかる。以前はいろいろな木の枝があったところに、今は人間の姿がある。私の視覚印象が変化し、その結果私は、それには色と形のみならず、ある特定の「体制」[27]があることを認識する。——私の視覚印象が変化した、—以前それはどのようなものだったのか、今はどのようなものなのか？ ——もしそれを正確にコピーして表現するなら—これこそ適切な表現方法ではないか？ —そこには何の変化もないのだ。

132 だが、このようにだけは言ってはいけない、「私の視覚印象は、線描なんかではない、それはこれだ——誰にも示すことのできないものなのだ」。—もちろんそれは線描ではない、だがそれは、私が自分の内部に抱えているものと、同じカテゴリーに属するものでもないのだ。

133 「内的な像」という概念は、「外的な像」という概念をモデルにしているため、誤解を招きやすい。実際のところ、これら二つの言葉の使用法は、「数字」と「数」という言葉の使用法以上に、互いに似ているわけではない。（実際、もし人が数を「理念的な数字」と呼ぼうとするなら、それによって似たような混乱を引き起こすかもしれない。）

134 視覚印象の「体制」を色や形と同列に置く人は、視覚印象がある内的な対象であるという前提から出発している。そのことによって、もちろんこの「体制」という対象は不可解なものになってしまう、奇妙に揺れ動く構成物になってしまう。そこでは像との類似性が崩れてしまうからだ。

135 立方体の図式には、いくつかの違ったアスペクト（見方）があることを私が知っている場合、別の人が何を見ているのかを知るために私は、図のコピーのほかに、見ているものの模型をその人に作らせたり、示させたりすることができる。何のために私が二つ説明を要求しているのか、その人にはまったくわからないとしても。

しかしアスペクト（見方）が転換する場合、事情は変わる。以前は、コピーがあればおそらく無用な説明のように思われたもの、あるいは実際にそうであったものが、体験の唯一可能な表現となるのだ。

136　そしてこのことだけからも、「体制」を視覚印象の色や形と比べるという考えは退けられる。

137　私が、ウサギ‐アヒルの頭をウサギとして見る場合、私はこれらの形と色（私はそれらを正確に再現する）を見る―そしてそれ以外にも、こんなものを見る、ここで私は多くの様々なウサギの像を示す。―概念の違いはこのように示される。

「……として見ること」は知覚には属さない。それゆえ、それは見ることのようでもあり、また見ることのようでもないのだ。

138　私がある動物を眺めている。「何を見ているのか？」と訊ねられて、「ウサギだ」と答える。――ある景色を眺めていると、突然目の前をウサギが走り去る、「ウサギだ！」と私は叫ぶ。

報告と叫びは、どちらも知覚や視覚体験の表現である。しかし叫びがそれらの表現であるのは、報告とは違った意味においてだ。[28] 叫びは、我々が思わず発するものなのだ。―叫びと体験の関係は、悲鳴と痛みの関係に似ている。

139　しかし、この叫びは、ある知覚の描写なのだから、それを思考の表現と呼ぶこともできる。――対象を眺めている人は、それについて考えているとは限らない。しかし、叫びによって表現されるような視覚体験をしている人は、自分が見ているものについて考えてもいるのだ。

（３）新しい視覚体験としての「アスペクトの転換」（140‐159）

140　それゆえ、アスペクトのひらめきは、半ば視覚体験であり、半ば思考であるように思われる。

141　誰かが、突然ある現象を目の前に見るが、それが何かわからない。（それは、その人によく知られた対象なのだが、普段とは違った位置にあったり、違った照明を受けているのかもしれない。）何かわからないのは、多分数秒間だけのことだ。この人は、この対象がすぐにわかった人と違った視覚体験をしている、と言うのは正しいのか？

142　それなら、人は自分の目の前に現れた見知らぬ形を、それをよく知っている私と同じくらい正確に記述できないのだろうか？　そして、これが答えなのではないのか？　―もちろん、一般に言うならそれは違うだろう。その人が記述に使う言葉も、私のものとはまったく違うだろう。（例えば、私は「その動物には長い耳があった」と言うだろうし―その人は、「そこには二本の長い突起があった」と言い、それからその突起を描く。）

143　何年もあっていない人に偶然出会う。私は、その人をはっきりと見ているのだが、誰だかわからない。突然誰かわかり、私は、変わってしまったその人の顔に以前の面影を認める。もし私に絵が描けるなら、今はその人を、先ほどまでとは違ったように描くだろう。

144　ある方向を、おそらく長い間見続けていて、ふと人ごみの中に、知り合いがいるのに気づくとしたら、—それは、特殊な「見る」ことなのか？　これは、見ることであり、しかも考えることなのか？　それとも—思わずこう言いたくなるように—両者が融合したものなのか？

問題は、なぜそう言いたくなるのか、だ。

145　見たものの報告にもなる同じ表現が、今は、認識の叫びとなるのだ。

146　視覚体験の基準とは何か？—何が基準となるべきなのか？
「何を見ているのか」の描写だ。

147　見たものの描写やコピーという概念には、大きな伸縮性があり、それに伴って、見たものという概念にも大きな伸縮性がある。これら二つの概念は密接に関連している。（ただしこれは、両者が似ているということではない。）

148　人間が立体的に見ていることに、我々はどのように気付くのか？——私がある人に、君が見渡している（そちらの）地形はどんな形をしているのか、と訊ねる。「こんな形なのか？」（私が手で示す）。——「その通りだ。」——「どうしてわかるのか？」——「霧もかかっていなくて、とてもはっきり見えるのだ。」——相手はその推測に対する根拠を与えない。眺めているものを立体的に描写するのは、我々にとってこの上なく自然なことなのだ。他方、絵を使うにしろ、言葉を使うにしろ、平面的な描写をするためには、特別の練習と教育が必要である。（子供の絵の奇妙さ。）

149 ある微笑みを、微笑みとして認識せず、微笑みだと理解しない人は、理解している人と違ったようにそれを見ているのか？——その人はそれを、例えば、違ったように真似る。

150 ある顔のスケッチを、逆さに持ってみてほしい。君はその表情が認識できないだろう。場合によっては、それが笑顔だとわかるかもしれない、でも正確にどのような笑顔かわからないだろう。君はその笑顔が真似られないし、その性格を、より厳密に記述することもできないだろう。

それにもかかわらず、逆さにした像がある人の顔のこの上ない正確な描写である場合もあるだろう。

151 図a  は、図b  を逆さにしたものだ。同様に図c  は、図d 

を逆さにしたものだ。しかし私にとって——こう私は言いたくなる——cとdの印象の違いは、aとbの違いとは別のものであり、例えば、dはcよりも整って見えるのだ。（ルイス・キャロルのコメント[29]と比べよ。）dは書き写しやすく、cは難しい。

152 多くの線がごちゃごちゃと描かれているところにウサギ-アヒルの頭が隠されていると想像してほしい。さて、私はあるとき、絵の中のそれに気付く、しかも、ただのウサギの頭として。後になって私は、同じ絵をもう一度眺め、同じ線に、今度はアヒルとして気付く。だがこのとき私は、それが前回と同じ線だとわかっているとは限らない。さて、さらに後になって私は、アスペクトが転換するのを見るとしよう、―そのときウサギのアスペクトとアヒルのアスペクトは、以前それぞれのアスペクトを線のもつれの中に認識したときとは、違って見えていたと言えるだろうか？　否である。

しかし、アスペクトの転換は、アスペクトの認識が呼び起こさなかった驚きを、呼び起こす。

153　ある図1の中に別の図2を探して、それを見つけた人は、それによって図1を新しい仕方で見る。その人は、それについて新しい種類の記述ができるようになるばかりではない。あの図に気づいたこと自体が、新しい視覚体験だったのだ。

154　しかしこの人が、「今は図1がまったく違って見える。これは、以前の図とぴったり重なり合うのに、それと少しも似ていない」と言いたくなってしまうとは限らない。

155　ここには、数えきれないくらい多くの、互いに関連し合った現象と可能な概念がある。

156　つまり、図のコピーは、私の視覚体験の不完全な記述だ、ということなのか？　そうではない。―もっと詳しい説明が必要かどうか、どんな説明が必要なのかは、状況によるのだ。―コピーは不完全な記述であることもある。疑問が残っている場合だ。

157　「絵のウサギ」でも「絵のアヒル」でもあるような、一定の事物が存在する、と言うことはもちろんできる。それは、絵やスケッチだ。—しかし印象は、同時に絵のウサギの印象と絵のアヒルの印象になることはない。

158 「私が本当に見ているものとは、やはり私の中で対象の作用によって成立しているものでなければならない。」—この、私の中で成立しているものとは、ある種の写しであり、我々自身が再度見たり、目の前に持つことのできる何かだ。それは、ほとんど心的なものの物質化である。

そして、この物質化されたものは空間的なものであり、それ自身空間的な概念によって完全に記述できるものでなければならない。それは、例えば笑うことができる（それが顔の場合）、しかし親切という概念は、それの描写の中に場所を持たない、親切という概念は、その描写とは異質なものなのだ（その描写の役に立つことがあるとしても）。

159 何を見ていたのかと君に訊ねられれば、おそらく私は、それを示すスケッチが描けるだろう。しかし大抵の場合私は、自分の視線がどのように動いていたかなどまったく思い出さないだろう。

（4）「として見る」はどのような意味で「見る」なのか？—我々と絵画（160－198）

160 「見る」という概念は、混乱した印象を与える。実際、それは混乱している。—私は景色を見ている。私の視線はあちこちさまよい、はっきりしたもの、ぼんやりしたもの、様々な動きが見える。これははっきり印象に残るが、あれはぼんやりとしか印象に残らない。それにしても、「自分が見ているもの」とは、なんとばらばらなものに思えることか！　だからここで、「見たものの記述」とはどういうことなのかを、よく見てほしい。―しかし、それは、まさに我々が「見たものの記述」と呼ぶものなのだ。そうした記述の、唯一本当の正規のケースが存在するわけではない―そうしたものが存在し、それ以外のものはぼんやりしていて、いずれ解明されることを待つか、さもなければ、単なるゴミとして隅へ掃き出されなければならない、というわけではないのだ。

161　ここには、我々にとって大きな危険が存在する。微妙な区別をしようとすることだ。――それは、物理的対象という概念を、「本当に見られたもの」によって説明しようとする場合に似ている。―むしろ我々は、日常的な言語ゲームを受け入れるべきなのであり、誤った描写を、誤ったものとしてマークすべきなのだ。子供に教えられる原初的な言語ゲームにはどんな正当化も必要ではない、正当化の試みこそ拒否する必要があるのだ。

162　さて、例として三角形の様々なアスペクト（見方）[31] について考えてほしい。この三角形は

様々に見ることができる。すなわち、この形をした穴として、物体として、幾何学の図として、底辺

を下にして立っているものとして、頂点で吊るされているものとして、山として、楔として、矢あるいは指針として、（例えば）直角を挟む短い辺を下にして立っているはずなのに転倒してしまった物体として、平行四辺形の半分として、その他様々に見ることができる。

163 「その場合君は、あるときはこれについて、あるときはこれについて考えればいい、また、あるときはそれをこれとして、あるときはこれとして見ればよい。そうすればそれは、あるときはこのように、あるときはこのように見えるだろう。」――いったいどのように？ 確かに、これ以上の説明は存在しないのだ。

164 しかし、あるものを、ある解釈に従って見る、ということがどのようにして可能なのか？ ――この問いは、それを奇妙な事実として描写している。あたかもここでは、本来ある型にうまく収まらないものが、その型に押し込まれているかのように。しかしここで、押し付けたり、押し込んだり、ということが起こっていたわけではない。

165 そうした型の場所が、他の型の間に見当たらないように思えるなら、それは、別の次元で探さなければならない。ここに場所を持たないものは、まさに別次元に存在するのだ。

（この意味で、実数直線の中に虚数の場所はない。そして、もちろんこれは、虚数概念の使用は、その計算が表面的に示しているほどには、実数概念の使用に似ていないということだ。我々は使用へと駆け降りてゆかねばならない。そうすれば、その概念の、いわば思ってもみなかった場所が見つかるのだ。）

166 「私はあるものを、それがその像となることのできるようなもの、として見ることができる」、という説明はどうだろうか？
ただしこれが意味するのは、アスペクトが転換する場合のアスペクトとは、一定の条件下でその図が、一枚の絵の中で連続して持つことのできるようなアスペクトだ、ということだ。

167 確かに、ある三角形は、ある絵画では現実に立って見え、別の絵画では吊り下げられて見え、さらに別の絵画では転倒した何かに見える。――だから、絵画を観ている私は、「これは転倒したものにも見える」とは言わず、「グラスは倒れて粉々になっている」と言う。こうした絵（像）に対して、我々はこのように反応する。

168 こうした結果を生むために、絵（像）はどのようなものでなければならないかを、私は述べられるだろうか。それはできない。例えば、こうした直接的な仕方では私に何も述べないのに、他の人には何かを述べるような描き方がある。ここでは慣習と教育がものを言うのだと思う。

169 では、絵の中の球が「宙に浮いて見える」、とはどういうことなのか？
この表現が、私にとってごく自然に思いつく当たり前のものなら、そういうことになるのか？ そうではない。この表現は、様々な理由によってそう思われるのかもしれない。それは、例えば、単なる慣習的表現なのかもしれない。

それでは、絵を、例えば、そのように理解する（それが何を表すことになっているかを知っている）だけでなく、そのように見ていることを表す表現とは、どんなものなのか？――「この球は浮いているように見える」、「これは浮いて見える」、あるいは、特別な抑揚での「これ浮いている！」などがそうした表現だ。

つまり、それは意見の表現なのだ。だが、意見の表現として使われてはいない。

170 ここで我々は、何がこうした現象の原因なのか、そして個別のケースで何がこうした印象を生じさせるのか、を問うているのではない。

171 そして、それは本当に特別な印象なのか？―「球が宙に浮いているのを見るとき、私はたしかに、それがただ置かれている場合とは違った何かを見ているのだ。」―これが本当に意味しているのは、その表現を使うもっともな理由がある、ということなのだ！（というのも、字義通りにとれば、それはただの繰り返しなのだから。）
（しかも、私の印象は、現実に宙に浮いている球のものでもない。「立体視」には様々な変種がある。写真の立体性とステレオスコープで見たものの立体性。）

172 「でも、本当にそれは違った印象なのか？」―これに答えるために私は、そのとき本当に自分の中に、何か違ったものが存在しているのか、と自問したくなる。だが、どのようにしてそれを確かめられるのか？——見ているものを、私は違ったように記述しているのだ。

173 ある線描は常に平面の図形に見えるが、別の線描はときに、あるいは、常に立体的に見える。だからここで人は、立体的に見える線描の視覚印象は立体的なのだ、例えば、立方体の図式の視覚印象は立方体なのだ、と言いたくなる。（というのも、その印象を描写すると、立方体の描写になるのだから。）

174 だがそうすると、ある線描の印象が平面的な何かであり、別の線描の印象が立体的な何かであることが不思議になる。「これはどこで終わるのか？」と我々は自問してしまう。

175 疾走している馬の絵を見るとき、——私は、そうした動きが描かれていることを知っているだけなのか？　絵の中で馬が疾走するのを見ている、というのは迷信なのか？　——実際にそうなら、私の視覚印象も疾走しているのか？

176 「私は今これを……として見ている」と言う人は、何を私に伝えているのか？　それは、どんな結果をもたらすのか？　私はそれで、どんなことができるのか？

177 しばしば人間は、母音から色を連想する。ある母音を続けて発音すると、それが連想させる色が変わる、という人達がいるかもしれない。そうした人達にとってアは、例えば、「今は青——今は赤」となったりするわけだ。

「私は今これを……として見ている」という発話は我々にとって、「アは私にとって今赤だ」という発話以上の意味を持っていないかもしれない。

(様々な生理学的観察と結び付けられて、この転換が、我々にとって重要なものになることはありうるだろう。)

178 ここで私の頭をよぎるのは、美的対象に関する会話で、次のような表現が用いられるということだ。それは、「君はこれを、このように見ないといけない、これはそういう意味なのだ」、「これを、このように見れば、どこが間違っているのかわかるよ」、「これらの小節は、導入部として聞かないといけない[32]」、「この調として聞かないといけない[33]」、「旋律をこのように区切らないといけない」、といった表現だ(そして、これらは鑑賞にも演奏にも関係する)。

179 次の図は

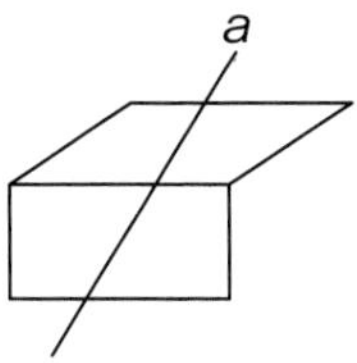

階段の凸面を表していて、ある空間事象の証明に用いられているとする。証明のために我々は、例えば、二つの面それぞれの中点を結ぶ直線 a を引く。——ここで、もしある人にとってこの図が、一瞬の間だけ立体的に見え、しかもその際、あるときは階段の凹面に、あるときは凸面に見えるとしたら、この人にとって我々の証明についてゆくのは、そのために難しくなるだろう。さらに、もしこの人にとってこの図が、立体的なアスペクト（見え方）から平面的なアスペクト（見え方）へと転換するなら、事情は、証明の中で私がこの人にまったく違った二つの対象を示す場合と何ら変わらないだろう。

180 もし私が、画法幾何学の図を見ながら、「この線がここから再び出てくるというのはわかるが、私にはそのように*見る*ことができない」と言うなら、それはどういうことだろうか？ それは単に、私が図上の操作に熟練していない、その「勝手がわかって」いないということなのか？ —たしかにそうした熟練は、我々の基準の一つだ。人が図を立体的に見ていると我々に確信させるのは、ある種の「勝手がわかっていること」である。一定の身振り、例えば、空間的関係をほのめかす身振り、そして、ふるまいの微妙なニュアンス。

絵の中の動物が矢で射抜かれているのを、私は見る。矢は動物の喉にささり、首筋から突き出ている。この絵はシルエットだとしよう。—君は矢を*見ている*のか—それら二つの線が矢の部分を表しているのを*知っている*だけなのか？

（ケーラーの、互いを貫いている二つの六角形の図と比べよ。）[34]

181 「やはり、それは見ることではない！」——「それは、やはり見ることなのだ！」—どちらに対しても、概念上の正当な理由を示すことができるはずだ。

182 それは、やはり見ることなのだ！　どのような意味でそれは見ることなのか？

183 「その現象は最初人を驚かせる、だがそれに対する生理学的説明がきっと見つかるだろう。」—
我々の問題とは因果的なものではなく、概念的なものなのだ。

184 射抜かれた動物の像、あるいは、互いを貫いている六角形の像を一瞬だけ示され、後からそれを記述しなければならない場合でも、それは記述だろう。それを描かなければならない場合、私が描くのはきっと間違いだらけの模写だろうが、矢に射抜かれたある種の動物、あるいは、互いを貫いている六角形を表しているだろう。つまり、私は、ある種の誤りは犯さないだろう、ということだ。

185 その像を見て、最初に私の目に飛び込んでくるのは、二つの六角形がある、ということだ。そこで、私はそれらを見つめながら、「自分は本当にこれらを六角形として見ているのか？」と自問する——しかも、それらを目の前に見ている間中ずっと？（その間それらのアスペクト（見え方）が変わらない、と仮定して。）—すると私は、「その間中ずっと、それらのことを六角形として考えていたわけではない」と答えたくなる。

186 ある人が私に、「僕はただちにそれを、二つの六角形として見た。本当に、それが私の見たもののすべてだ」と言う。だが、私はこれをどう理解するのか？「何を見ているのか？」と問われたら、この人は、即座にこのように答えただろう、そしてそれを、多くの可能な答えの一つのようには扱わなかっただろうと私は考える。この点でそれは、次の図をこの人に見せたときの「顔だ」という

答えのようなものだ。

187 一瞬の間だけ示されたものについて、私ができる最善の描写はこれ、これ、……、だ。
「後足で立ち上がっている動物の印象だった。」つまり、これでまったくはっきりした記述になるのだ。——それは見ることだったのか、それとも考えることだったのか？

188 自分自身の中の体験を、分析しようとしてはいけない。

189 私が、始めは像を何か他のものとして見ていて、それから、「あ、これは二つの六角形だ！」と

自分に言ったということも、もちろんありえただろう。つまり、アスペクトは変わっていたかもしれないのだ。では、これは、私が実際に像を、特定の何かとして見ていたことの証明となるのか？

190 「これは本物の視覚体験なのか？」問題は、どのような意味でそれが視覚体験なのか、だ。

191 ここで難しいのは、概念規定が問題になっている、ということを見ることだ。概念が自分自身を押し付けてくるのだ。（これを忘れてはいけない。）

192 私は、いつ、それを単に知ることと呼び、見ることとは呼ばないのか？——例えば人が像を作業用の図面のように扱い、青写真のように読む場合だ。（ふるまいの微妙なニュアンス。——なぜそれが重要なのか？　重要な結果をもたらすからだ。）

193 「私にとってそれは、矢で射抜かれた動物なのだ。」私はそれを、そうしたものとして扱う。これがその図に対する私の態度だ。これが、それを「見ること」と呼ぶ、一つの意味なのだ。

194 でも、同じ意味で、「私にとってこれは、二つの六角形だ」と言うこともできるのか？　まったく同じ意味では言えないが、似た意味でなら言える。

195 絵画という性格を持った様々な像が、我々の生活の中で（作業用の図面とは対照的に）果たしている役割、について考えなければならない。それらは、どれも同じ役割を果たしているのではない。

これを次のことと比較せよ。我々は、ときに格言を壁に掛けたりする。しかし、力学の定理を壁に掛けたりはしない。（両者に対する我々の関係。）

196　この絵をそうした動物として見る人に対して私は、それが何を表しているのかを知っているだけの人に期待することとは違う、幾つものことを期待するだろう。

197　おそらくこう表現したほうが良かっただろう。我々は写真や壁に掛けられた絵を、そこに表されている対象そのもの（人、風景、など）と見なすのだ。

198　必ずしもこうでなければならないわけではない。こうした像に対して、この関係を持たない人間を想像することは、難しくないだろう。例えば、色のない顔や、ひょっとしたら縮小された顔さえも非人間的に思われるために、写真を不快に感じる人間。

（5）「ひらめき」体験の表出を伴う「として見る」（199−210）

199　ところで、「我々は肖像画を人間と見なす」と私が言う場合、——いつ、そして、どれだけの間、我々はそうしているのか？　とにかくそれを見ている（そして、それを他の何かとは見ない）間中ずっと？

その通り、と私は答えられるだろう。そして、それによって私は、「見なす」という概念を規定することになるだろう。——問題は、これと関連した、さらに別の概念も我々にとって重要なのか、ということである。（すなわち）その概念とは、「そのように‐見る」という概念の一つであり、像に対して私が、（それが表している）対象自身に関わるように関わっている間だけ成り立つ概念である。

200 「像は、私がそれを見ている間中ずっと、私にとって生きているわけではない」と言ってもいいかもしれない。

「彼女の像が、壁から私に微笑みかける。」その像は、私がそちらに目を向けるとき、いつもそうするわけではない。

201 ウサギ‐アヒルの頭。この眼、この点が、ある方向を見ているということがどのようにして可能なのか？　人はこう自問する。—「見て、この点見ているよ！」（そう言いながら、その人自身も「見る」。）しかし人は、この像を見つめている間、絶え間なくこう言い続け、そうし続けるわけではない。では、この「見て、この点見ているよ！」は何なのか—ある感覚の表現なのか？

202 （これらの例によって私は、何かを完璧に網羅しようとしているわけではない。心的概念の分類を目指しているわけではない。私はただ、これらが、概念上の不明瞭さに直面した読者が自力で切り抜けられるための助けになれば、と思っているだけだ。）

203 「私は今これを……として見ている」は、「私はこれを……として見ようとしている」、あるいは、「私はまだこれを……として見ることができない」とセットになっている。他方、私は、Fを(例えば、絞首台として見ようとすることはできるだろうが)この文字として見ようとすることができないように、普通のライオンの像を、ライオンとして見ようとすることはできない。

204 ここで、「私の場合どうなのか?」と自問してはいけない。「他の人について、私は何を知っているのか?」を問うのだ。

205 そもそも人は、「それはこれにもなりうる」というゲームを、どのように行っているのか?(これ、とは図がそれにもなりうるようなものであり——図をそれとして見ることのできるものであり——だから、単なるもう一つの図ではない。「私は 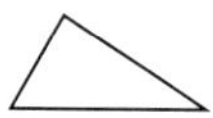 を  として見ることができる」と言う人は、さらにまったく違うことを考えるかもしれない。)

子供はこのゲームを行う。例えば箱のことを子供は、今これは家なんだ、と言う。そして、それによって、箱全体が家として解釈される。ある虚構がその周りに織り込まれるのだ。

206 では、子供は今箱を家として見ているのか?

「この子供は、これが箱だということを完全に忘れている。この子供にとって、これは本当に家なのだ。」（これにはいくつかのはっきりした徴候がある。）それなら、この子供はこれを家として見ている、と言うことも正しいのではないだろうか？

207 そして、こうしたゲームができて、特定の状況で特別の表情をして、「今これは家だ！」と叫ぶ人は――アスペクトがひらめいたことを表現しようとしているのだろう。

208 ある人がウサギ－アヒルの像について話しているのを聞き、そして今、ある特定の仕方でこのウサギの特別の表情について話すのを聞くなら、私は、この人は今この像をウサギとして見ている、と言うだろう。

209 だが、声や身振りが持つこうした表情は、対象自体が変化して、最終的にこれやあれになるような場合と同じものなのだ。

私は相手にあるテーマを繰り返し演奏させ、しかも、毎回少しずつゆっくりしたテンポで演奏させる。最後に私は、「今のが正しい」、あるいは「やっと今マーチになった」、「やっと今舞曲になった」と言う。――アスペクトのひらめきは、この声の調子によっても表現されるのだ。

210 「ふるまいの微妙なニュアンス。」――私がこのテーマを理解していることを、適切な表情でそれを口笛で吹くことが表現している場合、それは、こうした微妙なニュアンスの一例となる。

(6) 様々な種類の「アスペクト」と「アスペクト転換」（211－221）

211　三角形の様々なアスペクト（見方）、それはまるで、ある想像がやって来て視覚印象と接触し、しばらくの間そのまま留まっているかのようだ。

212　この点で三角形の様々なアスペクトは、（例えば）階段の凹凸のアスペクト（見え方）とは異なっている。そして次の図（これを二重十字と呼ぶ）の「黒地に白十字」としての

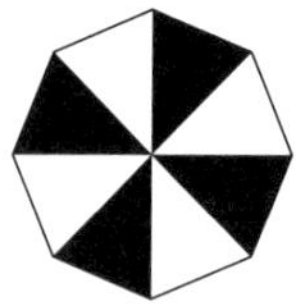

アスペクト（見方・見え方）[35]と「白地に黒十字」としてのアスペクト（見方・見え方）とも異なっている。

213　これらのどのケースにおいても、交互に入れ替わるアスペクトの記述は、他のケースと違った種類のものである、ということをよく考えなければならない。

214 (「これをこ、の、よ、う、に見ているのだ」と、同じものを二度指差しながら、言いたくなる誘惑。)次のように想定することによって、私的対象という観念を常に排除したまえ。すなわち、それは絶え間なく変化しているのだが、記憶に絶え間なく欺かれているために、自分はそれに気付かないのだ、と。

215 二重十字のあの二つのアスペクト(私はそれらをアスペクトAと呼ぶ)は、次のようにするだけで伝えることができるかもしれない。つまり、それを見ている人が、単独の白十字と単独の黒十字を交互に示すのだ。

実際、これが、まだ話せない子供の原初的反応である、と想像することもできるだろう。

(それゆえ、アスペクトAを伝えるときには、二重十字の一部が指し示されるのだ。——ウサギ-アスペクトとアヒル-アスペクトを似たような仕方で記述することはできないだろう。)

216 あの二つの動物の形を知っている人だけが、「ウサギとアヒルのアスペクトを見る」。アスペクトAに似たような条件は存在しない。

217 誰かがウサギ-アヒルの頭をただウサギの像と見なしたり、二重十字を黒十字の像と見なしたりすることはあるかもしれないが、ただの三角形の図を倒れた対象の像と見なすことはないだろう。三角形のこのアスペクトを見るためには、想、像、力が必要なのだ。

218 アスペクトAは、基本的に立体的なアスペクトではない。「白地に黒十字」とは基本的に、白い平面を背景にした黒十字ではない。紙の上に黒く描かれた十字だけを示すことによって、違った色を地とした黒十字という概念を教えられるだろう。この場合の「背景」とは、単に十字の図を取り囲んでいるものなのだ。

　アスペクトAに関わる錯覚の可能性は、立方体の線描や階段の立体的なアスペクトに関わる錯覚の可能性とは異なっている。

219 私は立方体の図式を箱として見ることができる、—では、あるときは紙の箱として見、あるときはブリキの箱として見ることもできるか？ —もし誰かが、自分はそれができる、と断言するとしたら、それに対して何と言うべきなのだろうか？ —私はここに、概念の境界線を引くことができる。

　他方、絵を見る際の、「感じた」という表現についても考えてみたまえ。（「この素材の柔らかさが感じられる。」）（夢の中の知識。「そして私には……が部屋の中にいるのがわかっていた。」）

220 ある種のアスペクトは、「体制のアスペクト」と呼べるかもしれない。そのアスペクトが変化すると、それまで一体になっていなかった像のいろんな部分が一体となるのだ。[36]

221 どのようにして人は子供に、（例えば計算の場面で）「今度はこれらの点を一緒にして考えるのだよ」とか「今度これらは一緒になるんだ」と教えるのか？[37] 明らかに「一緒にして考える」や「一緒になる」は、最初子供にとって、「何かをこのように、あるいは、このように見る」という意味とは違った意味を持っていたはずだ。—ただし、これは概念についてのコメントであり、教授法に関するコメントではない。

(7) 変容し、拡張された「体験」、「感覚」概念 (222―233)

222 私は、今三角形のこれを頂点として、これを底辺として—今はこれを頂点として、これを底辺として見ることができる。——頂点、底辺、などの概念を覚え始めたばかりの生徒にとって、「僕は今これを頂点として見ている」という言葉が何の意味も持ちえないことは明らかだ。—ただし、私はこれを経験上の命題として述べているのではない。

我々は、その図のある使い方に習熟している人についてしか、「この人はそれを今はこのように、今はこのように見ている」と言わないだろう。

この体験の基盤は、ある技法をマスターしていることである。

223 それにしても、それが、これこれを体験するための論理的条件[38]であるというのは、何と奇妙なことか！ いずれにしても、これこれができる人だけが「歯痛を感じる」などと君は言わない。——ここから導かれるのは、我々がここで扱っているのは、同じ体験概念ではありえない、ということだ。それは、関連しているが別の概念なのだ。

224 これこれができる人、これこれを学び、マスターしている人についてのみ、これを体験している、と言うことに意味があるのだ。

これが馬鹿げたことに聞こえるなら、見るという概念が、ここでは変容している、ということをよく考えなければならない。（数学でのめまいの感覚を払いのけるために、類似の考察がしばしば必要となる。）

我々は話し、発言する、そしてようやく後になってから、自分たちの発言の生態に関する一つの像を手に入れるのだ。

225 いったいどのようにして私には、それがびくびくした姿勢に見えたのだろうか。それが生物の解剖図でなく、ある姿勢を表しているということがわかる前に。
だがこれは、視覚的なもののみに関わっているわけではないこの概念が、そのとき見たものの記述には使えなかった、というだけのことではないのか？ ―そうだったとしても、純粋に視覚的な「びくびくした姿勢」や「臆病な顔」という概念を私が持つことはできないのだろうか？

226 こうした概念は、この場合、「長調」、「短調」といった概念と比べることができるだろう。それらは、たしかに感情的内容を持っているが、知覚された構造を記述するためだけにも使うことができる。

227 例えば、線で描かれた顔に適用された「悲しげな」という形容詞は、卵形の中のいろいろな線の配列を特徴づけている。人間に適用された場合、それは、（関連しているが）別の意味を持つ。（しかし、これは、悲しげな顔の表情が、悲しみの感情と似ている、ということではない！）[39]

228　次のこともよく考えてほしい。赤と緑は見ることしかできず、聞くことはできない、——しかし悲しみは、見ることができる限り、聞くこともまたできる。

229　「嘆くようなメロディーを私は聞いている」という表現を考えてみてほしい。すると、そこで問題になるのは、この人は嘆きを聞いているのか、ということだ。

230　これに対して私が、「いやその人は嘆きを聞いてはいない、感じているだけだ」と答えるなら——それで私は何をしているのか？　というのも、その「感覚」のための感覚器官など示しようがないのだから。

ここで、「もちろん私はそれを聞いているのだ！」と言いたくなる人もいるだろう。——「私は本当はそれを聞いていない」と言いたくなる人も。

だが、概念の違いを確かめることはできる。

231　我々はある顔の表情[40]に対して、それを「びくびくした」と（言葉の完全な意味で）認識しない人とは、違った反応をする。——だが私はここで、この反応を我々は筋肉と関節で感じ、それこそがあの「感覚」なのだ、と言いたいのではない。——そうではない。ここで我々が使っているのは、変容した感覚概念なのだ。

232　ある人について、この人には顔の表情が見えないのだ、と言うことができるかもしれない。だが、だからといって、この人の視覚に何かが欠けているのだろうか？
しかし、もちろんこれは単なる生理学の問題ではない。ここで生理学的なものは、論理的なものの象徴なのだ。

233　あるメロディーの厳粛さを感じる人は、何を知覚しているのか？―聞いたものを再生することによって伝えられるようなものではない。

（8）「アスペクトのひらめきを見る」という体験（234－256）

234　勝手に作った文字―例えば、この ℋ ―について私は、これはどこか外国の文字を厳密に正しく書いたものだと想像することができる。だが他方で、不正確に書かれたもの、しかも様々の特定の仕方で不正確に書かれたものだとも想像できる。例えば、殴り書きだとか、子供じみた不器用な字だとか、役人のような飾り立てた書き方だとか想像できる。正しい書き方から様々な仕方で逸脱しているのかもしれない、と想像できるのだ。―そして、この文字を巡って自分が創るそれぞれのフィクションに応じて、私はそれを、様々なアスペクト（見方）で見ることができる。そしてここには、「ある言葉の意味を体験すること」との強い類縁関係が存在する。

235「その記号を、この文脈において見ること」は、まるである思考の残響のようだ。

「見ていると、思考の残響が聞こえる」―こう言いたくなる。[41]

236 こうした体験の生理学的説明を、何か考えてみてほしい。それは次のようなものだとしよう。図を見つめると視線はある決まった経路に沿って繰り返し対象の上を通過する。この経路は、見つめる際の眼球の往復運動の特定の形に対応している。こうした運動のある種のものが別の種類のものへとジャンプし、二種の運動が交互に入れ替わるということが起きる（アスペクトA）。ある形の運動は生理学的に不可能であり、そのため、例えば、立方体の図式を互いに入り組んだ二つのプリズムとして見ることはできない。等々。これが説明だとしよう。―「そうか、それが見ることの一種であることがこれでわかった。」――こうして君は、見ることに対する、新しい生理学的基準を導入したわけだ。だがそれは古い問題を覆い隠すことはできるかもしれないが、解決できるわけではない。―ところで、以上の考察の目的とは、生理学的な説明が提供された場合、どんなことになるのかを、我々自身にはっきりと示すことであった。心理的概念は、この説明と何の接点も持たず、その上を漂っている。まさにこのことによって、我々の問題の性格がさらにはっきりするのだ。

237 ここでひらめくもの、それは、見ている対象に私が特別に心を奪われている間だけ持続する、[42]こう私は言いたくなる。（「見て、この点見ているよ。[43]」）――「私は言いたくなる」―では本当にそうなのか？―自問してみてほしい、「どれだけの間、それは私の注意を引いているのか？」―どれだけの間、それは私にとって新しいのか？

238 アスペクトには、その後消えてしまうある容貌が存在する。あたかも、そこには顔があって、私は先ずそれを真似、次いで、真似ることなくそれを受け入れているかのように思われる。—そして、説明としては、本来これで十分ではないのか？ —だが、それは説明として過剰ではないか？

239 「彼と父親が似ていることに、私は二、三分の間気づいていたが、その後気づかなくなった。」—彼の顔が変化し、父親と似ているように見えたのがわずかの間だけだった場合、こう言うことができるだろう。しかしこれは、彼らが似ていることが、二、三分もすると私の注意を引かなくなった、という意味でもありうる。

240 「彼らが似ていることに注意を引かれたあと、—どれくらいの間君はそれを意識していたのか？」この問いにどのように答えられるだろうか？ ——「すぐそのことを考えなくなった」、あるいは、「繰り返し、何度もそのことは気になった」、あるいは、「なんと彼らは似ているのだ、という考えが何度か頭をよぎった」、あるいは、「確かに一分間ほど、私は彼らが似ているさまを驚きながら見つめた」。——答えは大体こうしたものだろう。

241 私は次のような問いを立てたい、「対象（例えば、この戸棚）の立体感、奥行きを、私はそれを見ている間、常に意識しているのか？」私はそれを、いわば、その間ずっと感じているのか？ ——だが、この問いを三人称の形で立ててみたまえ。—いつ君は、その人はそれを常に意識している、と言うだろうか？　いつ、その反対の答えをするだろうか？—もちろんその人に訊ねることはできるだろう、—しかし、この問いに答えることをその人はどう学んだのか？——その人は、「絶え間なく痛みを感じる」のがどういうことか知っている。だが、ここでそれは、この人を混乱させるだけだろう（私もそれによって混乱させられるように）。

もしここでこの人が、自分は奥行きを持続的に意識している、と答えたら—私はそれを信じるか？　さらに、もしこの人が、自分は奥行きをときどき（例えば、それについて話している場合）意識するだけだ、と言うなら—私はそれを信じるか？　私には、これらの答えは誤った基礎に基づいているように思われることだろう。—だが、もしこの人が、あるときは対象が平面的に、あるときは立体的に見える、と言うなら、事情は違ってくるだろう。

242　ある人が私にこう語る、「私はその花を見つめていましたが、他のことを考えていたので、その色に気づかなかったのです」。これを私は理解するか？—私はこれに対して、意味のある文脈を想像することができる。例えば、この言葉は次のように続くだろう、「そして突然私は花を見、それが……であることがわかりました」。

あるいは次のようにも、「もしそのとき視線を他所に向けていたなら、花が何色だったか私は言えなかったでしょう」。

「その人は花を見ながら、花を見ていなかった。」—こうしたことがあるのだ。だが、それに対する基準とはどのようなものか？—ここには実に様々なケースが存在する。

243 「今私は、色よりも形を見ていた。」こうした言い回しに惑わされてはいけない。とりわけ、「そのとき、目や脳でどんなことが起きているのか？」と考えてはいけない。

244 彼らが似ていることが私の注意を引き、そして、それは注意を引かなくなる。
数分の間だけそれは私の注意を引き、その後はもう注意を引かなくなる。

そこで何が起きていたのか？ —私は何が思い出せるのか？ 自分自身の表情が頭に浮かぶ、私はそれを再現できるだろう。もし私を知る人が私の顔を見ていたなら、「彼の顔について今何か気付いたね」と言っただろう。—こうした機会に私が、場合によっては声に出して、あるいは自分の中で言うことも、私の頭に浮かぶ。そして、これで全部だ。—しかし、これが「注意を引く」ということなのか？ そうではない。それらは「注意を引く」と呼ばれる現象だ。だが「起きていること」というのは、こうしたもののなのだ。

245 「注意を引くものに気づく」とは「見る」＋「考える」なのか？ 違う。ここでは、我々の概念の多くが交差している。

246 (「考える」と「想像の中で話す」—「自分自身に対して話す」のことではない—は別の概念である。)

247 対象の色は、視覚印象の色に対応する（この吸い取り紙は私にピンク色に見える、そしてこれはピンク色だ）[44]——対象の形は、視覚印象の形に対応する（これは私に長方形に見える、そしてこれは長方形だ）——しかし、アスペクトがひらめく際に私が知覚するのは、対象の性質ではない、それは対象と他の様々な対象の間の内的な関係なのだ。

248 そのつど私は、本当に違ったものを見ているのか、それとも、自分が見ているものをいろいろな仕方で解釈しているだけなのか？　最初のように私は言いたくなる。だが、なぜか？　——解釈とは考えることであり、一つの行為だ。見る、とは一つの状態なのだ。

249 ところで、我々が解釈しているケースは、簡単に見分けられる。解釈する場合、我々は誤っていると判明するかもしれない仮説を立てているのだ。——「私はこの図を……として見ている」の真偽は、「私は輝く赤を見ている」の真偽と同様に（あるいは、それと同じ意味においてしか）確かめられない。それゆえ、これら二つの文脈における「見る」の使用には、ある類似性が存在する。[45]

250 とにかく、「見るという状態」が、ここで何を意味しているのかを、あらかじめ自分は知っているのだ、と考えてはいけない。使用にその意味を教わるのだ。

251 見ることについて、あることが謎めいていると思われるのは、見ること全体が謎めいていると十分には思われていないからだ。

252 人間や家や樹々の写真を眺める人が、それを立体的に見ないことはない。その写真を、平面上の色斑の集合体として記述することは、我々にとって簡単ではないだろう。だが、我々がステレオスコープで見るものは、それとは違った仕方でありながらも、また立体的に見えるのだ。

253 （我々が両眼を用いてものを「立体的に」見ているのは、決して自明なことではない。両眼の視覚像を一つの像に融合したら、予期される結果は、ぼやけた像かもしれないのだ。）

254 アスペクトという概念は、想像の概念と関連している。あるいは、「私は今これを……として見ている」という概念は、「私は今これを想像している」という概念と関連している、と言ってもいい。

何かをある特定のテーマの変奏として聴くためには、想像力が必要なのではないか？ それにもかかわらず、それによって何かが知覚されているのだ。

255 「これがこう変わると想像しなさい、すると、もう一つのそれになるだろう。」想像の中で証明を遂行することもできる。

256 アスペクトを見ることと想像は、意志に従属している。「これを想像しなさい」とか「この図を今度はこのように見なさい」という命令はあるが、「今度はこの葉を緑色に見なさい」という命令は存在しない。

(9) アスペクト盲 (257－260)

257 ここで次のような問いが生まれる。何かを何かとして見る能力を欠いた人間が存在しうるだろうか——そして、それはどのようなことなのだろうか？ それにはどんな結果が伴うのだろうか？ ——この能力の欠如は、色覚障害や絶対音感の欠如と比べられるだろうか？ ——我々はこれを「アスペクト盲」[46]と呼びたい——そしてここで、それがどんなことでありうるのかについて考えてみたい。（概念的考察。）

アスペクト盲の人には、アスペクトAが入れ替わるのが見えないはずだ。ではアスペクト盲の人は、二重十字に黒十字と白十字が含まれていることもわからないのだろうか？ つまりこの人は、「これらの図の中で、どれに黒十字が含まれているか示しなさい」という課題が、ちゃんとできないのだろうか？ そうではない。この人はそれはできるだろうが、「今これは白地に黒の十字だ！」とは言わないはずなのだ。

この人には、二つの顔が似ているということも見えないのだろうか？ ——だがそれなら、同じということ、あるいはほぼ同じということは、どうなのだろうか？ これについては、決定しないことにしたい。（この人は、「これのように見えるものを持って来なさい」という命令は実行できるはずだ。）

258 この人には、立方体の図式を立方体として見ることはできないのだろうか？ ——もしそうだとしても、だからこの人はそれを立方体の表現（例えば、作業用の製図）として認識できないということにはならないだろう。しかしこの人にとって、それがあるアスペクト（見え方）から別のアスペクト

（見え方）にジャンプすることはないだろう。—問い。この人は我々のように、ある状況下でそれを立方体と見なすことができるだろうか？—もしできないとしても、我々はおそらくそれをアスペクト盲とは呼べないだろう。

「アスペクト盲」の人は、一般に像に対して、我々とは違った関係を持っているだろう。

259　（こうした種類の異常を想像することは難しくない。）

260　アスペクト盲は、「音感」の欠如と親戚関係にあるだろう。

(b)「意味の体験」について語る意味　（261-300）

(1)「語の意味の体験」（261-278）

261　この概念が重要なのは、アスペクトを見るという概念が、ある語の意味を体験するという概念と関連しているからだ。というのも我々は「ある語の意味を体験しない人には何が欠けているのか？」[47]を問いたいからだ。

例えば、「きく」という言葉を発し、その際それを動詞として言ってほしいという要請が理解できない人、—あるいは同じ言葉を続けて十回言うとただの音になってしまうと感じない人には、何が欠けているのだろうか？

262　例えば、裁判である人がある言葉をどんな意味で言ったのかが議論になることがあるかもしれない。そしてそれについて、一定の事実に基づいて結論が出ることもあるだろう。――これは意図の問題だ。だがその人が、ある言葉――例えば、「銀行」――をどのように体験したのかということが、似たような仕方で重要であったりするだろうか？

263　私がある人と隠語を用いることにし、「塔」は銀行を意味する、と取り決めたとしよう。私はその人に、「これから塔に行ってくれ」と言う。――その人は私の言っていることを理解し、それに従って行動する、しかしこのように使われた「塔」という言葉は、その人に奇妙に思われる。その言葉にはまだこの意味が十分に「取り込まれて」いないのだ。

264　「詩や物語を感情込めて読む場合、私の中ではたしかに、それらをただ情報のため走り読みする場合には起きないことが起きている。」――どんな出来事のことを私は言いたいのか？――文の響き方が違うということだ。声の抑揚に、私は十分注意を払う。ときには、ある言葉の発音の強弱が適切でなく、それが際立ちすぎたり、十分際立っていなかったりする。私はそれに気づき、それが表情に出る。後になって、自分の朗読の詳細について話すことも私にはできるだろう。例えば、声の強弱が適切でなかった箇所について。ときには、ある像がまるで挿絵のように頭に浮かぶこともある。たしかにそれは、私が正しい声の調子で読む助けになるように思える。そして、同じようなことをもっとたくさん挙げることもできるだろう。—私はまた、ある語をある声の調子で読み、その言葉がまるで事態の絵であるかのように、その意味を、他の言葉の意味から際立たせることもできる。（もちろんこれは文の構造によって制限される場合がある。）

265 何かを表現力豊かに読んでいるときにこの言葉を発音する場合、それは、それ自身の意味で満ちあふれている。—「もし意味が言葉の使用であるのなら、どのようにしてそんなことが可能なのか？」つまるところ、私の表現は比喩的に（像のように）[48]用いられたのだ。ただし、私がその像を選んだというよりは、像が、自身を私に押し付けてきたかのように思われる。—しかし、語の比喩的な（像のような）使用は、元の使用と衝突することはできない。

266 なぜ、まさにこの像（比喩）が私のもとに現れるのかは、たぶん説明できるだろう。（その表現と、「ぴったりの言葉」という表現の意味についてだけ考えるのだ。）

267 そして、文が言葉による絵画のように思われ、しかも、文中の個々の語も像のように思われることがあるのなら、単独で目的なく発せられた語が、特定の意味を自身の中に持っているように思えることがあっても、それは最早驚くにあたらないだろう。

268 ここで、こうした問題に光を投げかける、ある特別な種類の錯覚について考えてほしい。—私は知人と一緒に街の郊外に散歩に行く。我々の会話から、私が、街は右手にあると思っていることがわかる。この想定に対して、私には何の根拠もないばかりか、ほんの少し考えれば、街はやや左前方にあることが納得できたのだ。なぜ自分は街がこの方向にあると思ったのか、最初私にはまったくわからない。私にはそう信じる何の根拠もない。それに対して何の根拠も私にはないのだが、その心理的原因なら見つけられるように思われる。つまり、ある連想と記憶がその原因なのだ。例えば、こういうことだ。我々はある運河沿いに歩いていたのだが、私は以前一度、似たような状況で運河に沿って歩いたことがあった。そしてそのとき街は、我々の右前方にあったのだ。―自分の根拠のない確信の原因を私は、いわば精神分析のように発見しようと試みることができるかもしれない。

269 「それにしても、これ[49]は何と奇妙な種類の体験か！」―もちろんそれは、他のどんな体験と比べても、より奇妙な体験なのではない。ただそれは、感覚印象などといった、我々が最も基礎的とみなしている体験とは、違った種類の体験であるにすぎない。

270 「私には、あたかも自分は、街があちらにあるのを知っているかのように感じられる。」――「私には、あたかも「シューベルト」という名が、彼の作品と顔にぴったり合っているかのように感じられる。」

271 「こい」という言葉を自分に向かって発音しながら、それをあるときは命令文として、あるときは形容詞として言うことが君にはできる。では、まず「来い！」と言い―それから「出直して来い！」と言ってみてほしい。―どちらの場合も、「来い」という語に同じ体験が伴っているか―君は自信をもってそう言えるか？

272 自分がこのゲームをしているのを注意深く聞くと、自分はあるときはその語をこのように、あるときはこのように体験していることが私にわかるのだとすれば、—それによって同時に、話の流れの中で、自分がそうしたことをまったく体験しないこともしばしばあることがわかるのではないか？——というのも、そうした場合も、私がその語をあるときはこの意味で、あるときはこの意味で用いたり、そのように意図したり、場合によっては、後からそのような説明をしていることに疑問を挟む余地はないからだ。

273 しかしその場合、そもそもなぜ我々はこの「語を体験する」という言語ゲームにおいても、「意味」と「意味すること」について語るのかという問題が残る。——これは、これまでとは違った種類の問題だ。——次のことは、この言語ゲームに特徴的な現象だ。すなわち、これらの状況で我々は、「この語をこの意味で発した」という表現を用いるということ、そして我々は、それをあの別の言語ゲーム[50]から取ってきたということ。

これを夢と呼びたければ、そう呼ぶがいい[51]。それによって何かが変わるわけではない。

274 「太った」と「痩せた」という二つの概念が示されたら、どちらかと言えばあなたは、「水曜は太っていて、火曜は痩せている」と言いたくなるほうか、それともその逆か？（私は断然前者だ。）さて、ここで「太った」と「痩せた」は、普通とは違った意味を持っているのか？—それらは違った使われ方をしている。―それなら私は、本当は別の言葉を使うべきだったのか？ 明らかにそうではない。―ここで私は、これらの言葉を（自分が良く知っている意味で）使いたいのだ。―いずれにせよ私は、この現象の原因については何も語ってはいない。それは私の子供時代からの連想なのかもしれない。だがそれは仮説だ。どのように説明するにしても―そうした傾向が存在するのだ。

275 「ここで君は、「太った」、「痩せた」という言葉でいったい何を意味しているのか？」と訊ねられれば―私はその意味をまったく普通のやり方でしか説明できないだろう。火曜や水曜という例を使ってそれを示すことはできないだろう。

276 ここで我々は、ある言葉の「一次的な」意味と「二次的な」意味について語ることができるかもしれない。自分にとってある言葉が一次的な意味を持つ人だけが、それを二次的な意味で使うのだ。

277 計算―紙上であれ口頭であれ―をすでに習得した人に対してのみ、我々はその計算概念を用いて、暗算[52]とは何かを理解させることができる。

278 二次的な意味は「比喩的に転用された」意味ではない。「エという母音は私にとって黄色だ」と私が言う場合、私は「黄色」という言葉を比喩的に転用された意味で使っているのではない―なぜなら、私は自分が言いたいことを、「黄色」という概念を使わずにはまったく表現できないだろうから。

（2）「自分が発した言葉の意味について語る」ということと体験（279－292）

279 ある人が私に、「銀行のそばで待っていてくれ」と言う。問い。その語を発したとき、君はこの銀行のことを意味していたのか？——これは、「彼のところに行く途中、君はこれこれのことを彼に言おうと意図していたのか？」[53]という問いと同じ種類のものだ。この問いはある特定の時間に関わっている（彼のところに行ったときに、同様に、先の問いは「銀行のそばで待っていてくれ」と言ったときに）——しかし、その時間になされた体験に関わっているのではない。意図することと同様、意味することは体験ではないのだ。

では、それらは体験とどう違うのか？——それらは「体験としての内容」というものを持たない。というのも、それらに伴い、それらを説明している内容（例えば、想像）は、意味することや意図することそのものではないのだ。

280 ある行為がなされたその意図が、行為に伴っていないのは、思考が発話に「伴って」いないのと同じだ。思考と意図は、「部分から構成されている」のでもないし、「部分から構成されていない」のでもない。[54]それらは、行為や発話の間に鳴り響く音やメロディーになぞらえることもできない。

281 「話すこと」（声を出す、出さないによらず）と「考えること」は、互いに極めて密接に関連しているものの、同じ種類の概念ではない。

282　話している間の体験と話す意図に対して、我々が持つ関心は同じではない。（場合によっては、体験が心理学者に「無意識の」意図を教えるかもしれないが。）

283　「その言葉を聞いて、我々は二人とも彼について考えた。」そのとき我々どちらもが、同じ言葉を頭の中で言ったとしよう——そしてたしかに冒頭の発話は、これ〈以上〉のことを意味できるわけではない。——しかしその言葉も、まだ萌芽にすぎないのではないだろうか？　それが本当にあの人間についての思考を表現しているためには、それはある言語と文脈に属していなければならないのだ。[55]

284　仮に神が我々二人の心の中を覗いたとしても、我々が誰について話していたかはわからなかっただろう。

285　「なぜ君はその言葉で私を見つめたのか、……のことを考えていたのか？」——ということは、その時点である反応があったわけだ。それは、「僕は……のことを考えていたのだ」や「突然……のことを思い出したのだ」といった言葉によって説明される反応である。

286　そうした発言によって、君は自分が話していたある時点に言及している。この時点のことを言っているのか、あの時点のことを言っているのかによって違いが生まれる。単なる言葉の説明は、発話の時点で起きたことに言及はしない。

287 「私はこれを意味している（あるいは、意味していた）」という言語ゲーム（語の事後的な説明）は、「そのとき私は……について考えていた」という言語ゲームとはまったく違っている。後者は、「私は……を思い出した」という言語ゲームの親戚だ。

288 「私は今日もう三度も、彼に手紙を書かないといけないことを思い出した。」そのとき私の中で起こったことに、どんな重要性があるのか？——他方、この報告自身には、どんな重要性、興味があるのか？——それは特定の結論を導くことを可能にする。

289 「その言葉で彼のことを思い出した。」——この言語ゲームの起点となる原初的反応とはどのようなものか？—それは、後になってこの言葉へと転化できるものだ。この言葉を、人間はどのようにして使うようになるのか？

その原初的反応とは、ある眼差し、ある身振り、また、ある言葉であったかもしれない。

290 「なぜ君は、僕の方を見つめて頭を振ったのだ？」—「君は……だ、ということを伝えたかったのだ。」この言葉は、記号の規則ではなく、私の行為の目的を表現するためのものだ。

291 意味するとは、言葉に伴ういかなる過程でもない。というのも、意味することから生まれる様々な結果を生む過程など、ありえないだろうから。

（同様に次のようにも言えると私は思う。計算とはいかなる実験でもない。というのも、ある掛け算から生まれる特殊な結果を生む実験など、ありえないだろうから。）

292 話すことには重要な随伴過程が存在する。それは、人が考えずに話すときしばしば欠けているものであり、そのため、その目印となる。しかしそれが考えることなのではない。

（3）「語の意味の体験について語る」ということ（293−300）

293 「わかった！」[56] そのとき何が起きたのか？——それなら、わかったと断言したとき、私はわかっていなかったのか？

君は間違った見方をしている。

（この合図は何のために用いられるのか？）

そして「わかること」とは、この叫びに伴ったものだと言えるのだろうか？

294 ある言葉の見慣れた顔、言葉が自身の中に意味を取り込んでいて、その意味そっくりの姿をしているという感覚——こうしたことすべてに無縁な人間が存在するかもしれない。[57]（この人たちには、自分たちの言葉に対する愛着が欠けているだろう。）——では、私たちにあってそうした感覚はどのように表出されるのか？——我々が言葉を選んだり、評価したりする様の中にそれは表出される。

295 「ぴったりの」言葉を、私はどのように見つけるのか？ 多くの言葉から、私はどのように選ぶのか？　言葉の繊細な違いをかぎ分けながら比べるような場合も、きっとあるだろう、「これは……すぎる、これは……すぎる、——これこそぴったりだ。」——だが私は、いつも判断したり、説明しなければならないわけではない。「とにかく、これではまだ駄目だ」としか言えない場合も、しばしばあるだろう。私は満足せず、さらに言葉を探す。ついに、ある言葉が見つかる、「これだ！」場合によっては、なぜかを言えることもある。言葉を探す、言葉を見つけるとは、まさにこうしたことなのだ。

296 だが、君の頭に浮かぶ言葉は、ある特別な仕方で「やってくる」のではないか？　とにかく注意を払うのだ！　——細かく注意を払ったところで、何の役にも立たない。それは、せいぜい今私の中で何が起こっているのかを明らかにするだけだ。

だが、この今、私はいったいどのようにして、それを聞こうと耳を傾けたりできるのか？　もちろん私は、言葉が再び頭に浮かぶのを待たなければならないだろう。だが、それにしても不思議なのは、私にはその機会を待つ必要はなく、それを自分に示すことができるかのように思えることだ、実際そんなことなど起こらないときでさえ……いったいどのようにして？　—私はそれを演じているのだ。—だが、そのようにして私に経験できるものとは何なのか？　私はいったい何を真似ているのか？　—言葉が頭に浮かぶことに特徴的な随伴現象だ。とりわけ、身振り、表情、口調、だ。

297 微妙な美的相違について、多くのことを語ることができる—これは重要なことだ。—たしかに最初の発言は、「この言葉は合うが、これは合わない」—あるいは、これに似たようなものかもしれない。だがそこでさらに、それぞれの言葉が作り出す、幾つにも枝分かれした意味的連関について議論することができる。あの最初の判断によって、問題が片付くわけではないからだ。というのも、ことを決するのは、それぞれの言葉が持っている場だからだ。

298「その言葉は喉元まで出かかっている。」私の意識の中でそのとき何が起こっているのか？　それはまったくどうでもいいことだ。何が起こっているにしても、この発言でそのことを言いたいわけではないのだ。もっと興味があるのは、そのとき私のふるまいに起こっていることだ。—「その言葉は喉元まで出かかっている」という発言は君に、今問題になっている言葉が急に思い出せなくなった、私はそれをすぐに見つけたいと思っている、ということを伝えている。その他の点では、この言語的表現は、言葉を用いないある種の身振り以上のことをしているわけではない。

299　このことについてジェームズが本当のところ言おうとしているのは、次のようなことだ、「なんと不思議な体験だ！　その言葉はまだそこにない、だがそれは、ある意味ですでにそこにあるのだ、—あるいは、成長してその言葉にしかなりえないような何かがそこにあるのだ。[58]」——しかし、それは体験などではまったくない。体験として解釈されれば、もちろんそれは奇妙に見える。それは、意図が行為の随伴物と解釈される場合や、−1が基数と解釈される場合と同じだ。

300「それは喉元まで出かかっている」という言葉は「続きがわかった！」と同様、体験の表現ではない。—我々はそれをある決まった状況で用いる。それは特別な種類のふるまいに、そして幾つもの特徴的な体験によって取り囲まれている。特にその後には、語を見つけるということがしばしば続く。（「もし人間が、喉元まで出かかった言葉を一度も見つけないとしたらどうなるのか？」と自問してみてほしい。）

（c）「内面」と「確実性」と数学（301—364）

（1）「内的な語り」（301—308）

301　声を出さない「内的な（心の中での）[59]」語りは、ヴェール越しに知覚されるような半分隠された現象ではない。それはまったく隠されていない。だがその概念は我々を混乱させやすい。というのも、それは長い道のりを、ある「外的な」過程の概念にぴったり寄り添いつつ歩みながらも、結局それと一致することがないからだ。

（内的な語りにおいて喉頭の筋肉が神経によって刺激されるのか、あるいは、これと類似の問題は、極めて興味深いものである。だが、それは我々の探究にとっての興味ではない。）

302　「内的な語り」と「語り」の密接な関係は、内的に語ったことを相手に聞こえるように伝達できるということ、そして、内的な語りが外的な行為に伴いうるということに表れている。（私は心の中で歌ったり、声を出さずに読んだり、暗算したりできるが、その際に手で拍子をとることができる。）

303 「だが、内的な語りは、やはり習得しなければならない、ある決まった活動なのだ！」なるほど。だが、ここで「する」とはどういうことなのか、「習得する」とはどういうことなのか？

言葉の意味を、その使用に教わるのだ！（同じように、数学ではしばしば、何が証明されたかを、証明に教わるのだ、と言うことができる。）

304 「それでは、暗算しているとき、私は本当は計算していないのか？」——君もやはり、暗算を知覚可能な計算と区別するだろう！ だが君は、「計算」とは何かを学ぶことによってしか「暗算」とは何かを学べないのだ。計算を学ぶことによってしか、暗算は学べないのだ。

305 文章の抑揚を（唇を閉じて）ハミングで表現すると、想像の中で極めて「はっきりと」語ることができる。喉頭の動きもその助けになる。しかし、ここで何より不思議なのは、その際我々がこの語りを想像の中で聞いているということだ。そして、いわば単に喉頭でその骨格だけを感じているのではない、ということだ。（というのも、人間が、指を用いて計算できるように、喉頭の動きを用いて暗算できるということも、たしかに容易に想像できるからだ。）

306 我々が心の中で語っているとき、[60] 体の中ではこれこれのことが起きている、といった仮説が我々にとって興味深いのは、それが、「私は自分に向かって……と言った」という発話のある使用を示唆する限りのことである。その使用とは、この発話から生理的過程を推測するというものである。[61]

307　他人が心の中で語ることは、私に隠されている、ということは、「心の中で語る」という概念に内在していることだ。ただ、ここで使われている「隠された」という言葉が間違いなのだ。というのも、もしそれが私に隠されているのなら、それは他人自身には明白であるはずであり、その人はそれを知っていなければならないからだ。しかしその人は、それを「知っている」わけではない。私には存在する疑いが、その人に存在しないだけなのだ。

308　もっとも、「ある人が心の中で自分に対して話すことは、私に隠されている」という表現が、たいてい私にはそれが推測できず、例えば、その人の喉頭の動きから読み取ること（そうしたことも可能ではあろう）もできない、という意味になることはあるかもしれない。

（2）「知る」、「確実性」（309 - 315）

309　「自分が何を欲しているのか、望んでいるのか、信じているのか、感じているのか……（以下、あらゆる心的動詞が続く）を私は知っている」というのは、哲学者のナンセンスであるか、さもなければ、アプリオリに正しい判断などではない。

310　「私は……を知っている」は、「私は……を疑わない」という意味にもなるだろう――だがそれは、「私は……を疑う」という表現が意味を持たず、疑いが論理的に排除されている、ということではない。

311　「私は信じる」とか「私は……だろうと思う」と言える場合でも、自分が確信できれば、「私は知っている」と人は言う。(「でも、自分が痛いか、痛くないか、とにかく私は知っているはずだ」とか「自分が何を感じているのか、それは君しか知らない」と我々は言うこともあるではないか、と私に異を唱える人は、我々がそうした言い方を使う、きっかけと目的を吟味すべきだ。「戦争は戦争だ!」も、同一律の一例などではないのだ。[62])

312　自分には手が二本あることを、私が確信できる場合を想像することはできる。しかし通常、私はそれを確信することはできない。「だが、自分の目の前に手をかざすだけでいいのではないか。」――今自分に手が二本あるかどうかを疑うのなら、私には自分の目といえども信じる必要はないだろう。(そんな場合なら、友人に訊ねてもまったく構わないだろう。)

313　このことは、例えば、「地球は何百万年も前から存在していた」という文は、「地球はこの五分間存在していた」という文よりもはっきりした意味を持っているということと関連している。というのも、二番目の文を主張する人に対して私は、「その文はどんな観察に基づいているのか、そしてどんな観察がそれに対立するのか?」と訊ねるだろう――他方、第一の文について私は、それがどんな思考領域に属し、どんな観察に基づいているのかを知っているからだ。

314 「新生児に歯はない。」――「ガチョウに歯はない。」――「バラに歯はない。」――とにかく最後の文が正しいことは明らかだ――と言いたくなる。それは、ガチョウに歯がないことよりも確実だ、とすら言いたくなる。――だが、本当にそうなのかは、それほどはっきりしたことではない。というのも、もしあるとすれば、バラのどこに歯があるというのか？　ガチョウのあごに歯はない。そして、もちろんガチョウの翼にも歯はない、だが、ガチョウに歯はないと言う人は、そういうことが言いたいのではない。――というのも、誰かが次のように言うとしたらどうか？　雌牛は餌を噛み、その糞がバラの肥料になる、それゆえバラの歯は動物の口にある。これはまったくのナンセンスではないだろう。それは、バラのどの部位に歯を探したらよいのか、我々には前もってまったくわからないからだ。（〈「他人の体の痛み」[63]との関連。〉）

315 私は、他人が何を考えているのかを知ることができる。自分が何を考えているのかは、知ることができない。

「君が何を考えているのか、私は知っている」と言うのは正しく、「自分が何を考えているのか、私は知っている」と言うのは誤りである。

（哲学の一つの雲塊全体が、文法の一滴へと凝結する。）

（3）「隠された内面」という像（316‐329）

316 「人間の思考は、隔絶した意識の内面で行われる、それに比べれば、物理的に隔絶したものはすべて、さえぎられることなくそこにある。」

もし人間が常に―例えば、喉頭の動きの観察によって―他人が声を出さず自分に対して話していることを読み取れるようになったら、―それでも我々は、「完全に隔絶した」という像を使おうとするだろうか？

317　もし私が、その場に居合わせている人達の知らない言語で、声を上げて自分に向かって話したなら、私の思考は、その人達に隠されているだろう。

318　私が頭の中で自分に何と言っているかを、いつも正しく言い当てる人間が存在するとしよう。(どのようにしてそれができるかは、我々の問題ではない。)だが、何を基準にして、その人は正しく言い当てている、と言うのか？　それは、私が正直であって、そして、その人は正しく言い当てている、と私が打ち明けることによってだ。―だが、私に間違いはありえないのだろうか、私の記憶が私を欺くということはありえないのか？　そして、自分が何を考えていたのかを、私が―偽ることなく―述べる場合に、記憶がいつも私を欺くということはありえないのだろうか？　――しかし、そうすると、「私の内面で何が生じたのか」、はまったく重要でないように思われるのだ。(私はここで補助線を引いているのだ。)

319　私はこれこれのことを考えていた、という告白が真実である基準は、ある過程の、事実に即した記述に対する基準ではない。そして真実の告白が重要なのは、それが、何らかの過程を正確に、確実に伝えているからではない。むしろ真実の告白が重要なのは、真実の告白から特定の結果が生み出されるからだ。そして告白が真実であることを保証するのは、誠実さについての特別な基準なのだ。

320（ある人の夢から、その人についての重要な情報が得られるとするならば、その情報を与えてくれるのは、誠実に語られた夢の説明だろう。目覚めてから夢の報告をする際に、その人が自分の記憶に欺かれているかどうかという問題は起こりえない。夢の報告が夢と「一致」していることに関する、まったく新しい基準を我々が導入するというのでない限りは。その場合、新しい基準とは、事実と誠実さを区別するようなものだ。）

321「思考を言い当てる」というゲームがある。その一つのヴァリエーションはこうだ。私が、Bにはわからない言語でAに何かを伝え、Bはどんなことが伝えられたかを言い当てる。――別のヴァリエーション。私がある文を紙に書くが、相手はそれを見ることができない。相手は私が書いた文、もしくはその意味内容を言い当てなければならない。――さらに別のヴァリエーション。私がジグソーパズルを組み立てる、相手は私が見えないが、ときどき私の考えていることを推測し、それを言う。相手が言うのは、例えば、「このピースはいったいどこのものなのだ！」――「これがどうはまるのか、今わかった！」――「ここに何が来るのか、まったく見当がつかない」――「空はいつも一番難しい」――等々だ――しかし、その際私が、声を出すにせよ、声を出さずに自分に向かってであるにせよ、何かを言っている必要はない。

322　これらすべては、「思考を言い当てること」だろう。そして、実際に思考が言い当てられなかったとしても、だからといって、思考は知覚されざる物理的過程よりもさらに隠されている、ということにはならない。

323　「内面は、我々に隠されている」――未来は、我々に隠されている。――だが日食を計算するとき、天文学者がそう考えるのか？

324　明らかな原因によって痛みに身をよじらせている人を見て、この人の感覚は、やはり私に隠されている、と私は考えない。

325　また我々は人について、この人は自分には丸見えだ、と言うこともある。しかしこの考察にとって重要なのは、ある人間が、別の人間にとってまったくの謎となりうる、ということだ。外国でまったくなじみのない伝統に出会うとき、我々はそうした経験をする。しかも、その国の言語をマスターしていても、そうした経験をすることがある。我々には、その人たちが理解できないのだ。（だがそれは、彼らが自分自身に向かって何と言っているかわからないからではない。）我々はその人たちの中に自分を見出せないのだ。

326　「彼の中で何が起こっているのか、私は知ることができない」という表現は、何にもまして一つの像である。それはある確信の、説得力ある表現だ。それはこの確信の根拠を述べてはいない。その根拠は明白ではないのだ。

327 仮にライオンが話すことができたとしても、我々には、ライオンが理解できないだろう。

328 「思考を言い当てること」に似た、「意図を言い当てること」というものを想像することができる、だが、ある人がいま現実に何をするだろうかを言い当てる、ということも想像できる。

「自分が何を意図しているかは、その人にしかわからない」と言うのはナンセンスであり、「自分が何をするかは、その人にしかわからない」と言うのは間違いである。というのも、私の意図の表現（例えば、「五時になったらすぐ家に帰るよ」）に含まれる予言は、的中するとは限らず、他人のほうが、実際に何が起こるかを知っている場合もあるからだ。

329 だが、重要なのは次の二点だ。第一に、私は、自分の行動を自分の意図の中に予見するのに対して、多くの場合、他人には、私の行動を予言することはできない。第二に、私の予言（私の意図の表現の中の）は、他人による私の行動の予言と同じ根拠に基づいておらず、これら二つの予言から導かれる結論もまったく異なっている。

（4）「確実性」と「数学の確実性」（330 − 351）

330 私は他人の感覚について、どんな事実にも劣らず確信を持てる。しかし、だからといって、「彼はとても気が滅入っている」と「25×25＝625」と「私は六十歳だ」という三つの文が、同じような道具になってしまうわけではない。それらの確実性は違った種類のものだ、というのがすぐに思いつくその説明だ。―この説明は心理的な違いを指し示しているように見える。しかし、この違いは論理的な違いなのだ。

331 「だが、確信を持っているとき、君は単に、疑いを前にして目を閉じているだけではないのか？」―私の目は閉じられている。

332 この人が痛みを感じていることに私は、2×2＝4だということほどには確信が持てないとでも？―だが、それなら、前者は数学の確実性を持っているのか？――数学の確実性は、心理的概念ではない。

確実性の種類とは、言語ゲームの種類なのだ。

333 「彼の動機は彼しか知らない」―これは、我々は彼の動機を彼に訊ねる、ということの一つの表現である。―正直なら、彼は我々に動機を話すだろう。しかし私は、その人の動機を言い当てるために、正直さ以上のものを必要とする。「知る」の場合との類縁関係は、ここに存在するのだ。

334 他方で、自分の動機を打ち明ける、という我々の言語ゲームのようなものが存在するということの、特異さに気づいてほしい。

335 日々のあらゆる言語ゲーム間の、言い表しがたい違いは、我々の言語という衣服によって、すべてが同じようになってしまうので、我々の意識には上らない。
新しいもの（自然に生まれるもの、「独特のもの」）は、いつも言語ゲームなのだ。

336 動機と原因はどう違うのか？　我々は、どのようにして動機を発見するのか、そして、どのようにして原因を発見するのか？

337 「それは、人の動機を判定するための信頼できる方法なのか？」といった問いが存在する。しかし、こうしたことが問えるためには、我々はすでに、「動機を判定する」というのが何を意味するのか知っていなくてはならない。そして我々はそれを、「動機」とは何か、「判定する」とはどういうことかを知ることによって学ぶわけではない。

338 人は棒の長さを判定する。そして、より厳密な、あるいはより信頼できる判定をするための方法を探し、それを発見することもできる。それゆえ―と君は言うのだ―ここで判定されているものは、判定方法から独立している。長さとは何かは、長さを決定する方法によっては説明できないのだ。―このように考える人は間違いを犯している。どんな間違いか？―「モンブランの高さは、この山をどう登るかに依存する」と言うのは奇妙だろう。しかも我々は、「長さをより厳密に測定すること」を、ある対象により近づくこと、になぞらえたくなる。しかしながら、「対象の長さにより近づく」

がどういうことなのかは、ある場合には明らかだが、ある場合には明らかではないのだ。我々は、「長さを決定する」とはどういうことなのかを、長さとは何か、決定するとはどういうことかを学ぶことによって学ぶのではない。そうではなく、我々が「長さ」という言葉の意味を学ぶのは、何にもまして、長さを決定するとはどういうことかを学ぶことによってなのだ。

（このため「方法論」という言葉には二重の意味がある。物理学的な探究を、「方法論的探究」と呼ぶことができるが、概念的な探究もまた、そのように呼ぶことができるのだ。）

339 確実性について、信念について、我々はときとして、それらは思考の色調だと言いたくなる。そして、それらが、我々の語る口調によって表現される、というのは事実だ。ただしそれらを、話したり考えたりする際の「感覚」のように考えてはいけない！

「我々が……について確信を持つ場合、何が我々の中で起こっているのか？」と問うてはいけない——そうではなく、こうだという「確信」が、人間の行動の中にどのように表出されているかを問うのだ。

340 「たしかに君は、他人の心の状態についての、完全な確実性に達することができる、しかし、それは常に主観的な確実性にすぎず、客観的な確実性ではない。」——これら二つの言葉は、言語ゲーム間のある違いを指し示している。

341 正しい計算の結果（例えば、とても長い足し算の）は何か、ということを巡って衝突が起こることはある。だがこうした衝突はまれにしか起こらず、しかも長くは続かない。それは、我々の言うように、「確実に」解決できる。

一般に、計算の結果を巡って数学者の意見が衝突することはない。[65]（これは重要な事実だ。）―もしそうでなければ、もし、例えば、気づかない間に数字が変化したとか、自分や相手の記憶は間違っていたと確信する数学者がいるなら、―「数学の確実性」という我々の概念は存在しないだろう。

342 そうした場合でも、なお人々が次のように言うことはあるかもしれない。「たしかに我々は、計算の結果がどういうものかを、決して知ることはできない、それでもやはり計算には、ある完全に決まった結果が存在する。（神はそれを知っている。）数学とは、やはり最高の確実性を持つものなのだ、―我々が持っているのは、その粗雑なコピーにすぎないのだとしても。」

343 だが、もしかしたら私は、数学の確実性は、インクと紙の信頼性に基づいている、と言いたいのだろうか？ 違う。（それだと悪循環になるだろう。）――私は、なぜ数学者の意見が衝突しないのかを述べてはいない、ただ、彼らが衝突しないということを述べただけだ。

344 たしかに、ある種の紙とインクが不思議な変化を蒙るとすれば、それらを使って計算できないというのは本当だろう、―しかし、それらが変化するということ自体も、記憶と他の計算手段との比較によらなければ判明しないだろう。では、それらを、今度はどのようにしてチェックするのか？

345 受け入れられるべきもの、与えられたもの―こう言えるかもしれない―とは、生活の様々な形なのだ。

346 一般に人間は、色の判断に関して一致している、と言うことに意味はあるのか？ ―もし事態がそれと違うとしたら、それはどういうことなのだろうか？ ―この人は、あの人が青いと見なすこの花を赤いと言う、等々といったことだろう。―しかしその場合、どんな権利があって、その人たちの「赤」、「青」という言葉が我々の「色彩名」だと言えるのだろうか？ ―

それらの言葉の使い方を、彼らはどのように学ぶのだろうか？ そして、彼らが学ぶその言語ゲームは、それでも我々が「色彩名」の使用と呼ぶものなのか？ 明らかにここには、様々な程度の違いがある。

347 そしてこの考察は、数学にもあてはまるはずだ。もし数学において完全な一致が存在しなければ、人間は、我々が今学んでいる技法も学ばないことになるだろう。数学は我々のものとは、多少とも違ったものになり、その違いが識別できないような場合もあるだろう。

348 「とにかく数学の真理とは、人間がそれを認識しているかどうかとは独立なものなのだ！」―たしかにそうだ、「人間は2×2＝4だと信じている」と「2×2＝4」の二つの文の意味は同じではない。後者は数学の命題であり、前者は、もし何か意味を持つとすれば、人類は数学の命題に到達した、という意味かもしれない。これら二つの文の使用はまったく異なっている。――それでは、次の文はいったいどういう意味なのだろうか、「たとえすべての人間が2×2＝5だと信じているとしても、それはやはり4なのだ。」―もしすべての人間がそれを信じているなら、それはいったいどんな事態なのだろうか？　―例えば私なら、次のような想像をするだろう。彼らは、我々なら「計算」とは呼ばないような異なった計算、もしくは技法を持っているのだ、と。だが、その計算は間違っているのだろうか？（戴冠式は間違っているのか？　我々と異なった存在にとって、それは極めて奇妙なものに映るだろう。）

349　もちろんある意味で数学は学説だ。―しかしそれは行為でもある。だから、「間違った動き」は例外としてしか存在できないのだ。[66] というのも、今我々が「間違った動き」と呼んでいるものが規則になれば、それによって、それを間違った動きにしているゲーム自体が破棄されてしまうからだ。

350　「我々全員が同じ九九を学ぶ。」たしかにこれは、我々の学校での算数の授業についてのコメントかもしれない、―しかしこれは同時に、九九という概念の確認にもなりうるだろう。（「一般に競馬の馬たちは、可能な限り速く走る。」）

351　色覚障害と、それを確認する手段が存在する。正常と判定された人たちの色言明には、一般に完全な一致が見られる。これが色言明という概念の特徴だ。

（5）感情表現を判別する知識（352－364）

352　感情の表出が本物か見せかけか、という問題を巡って、こうした一致は一般に存在しない。

353　彼がうわべを装っているのでないことに、私は確信、確信を持っている、だが第三者はそうではない。私は、第三者をいつも納得させられるだろうか？　そうでない場合、その人の考えが間違っているのか、それともその人の観察が間違っているのか？

354　「本当に君は、何もわかっていない！」—明らかに本物だとわかるものを、誰かが疑う場合、我々はこう言う、—しかし我々は何も証明できない。

355　感情表現が本物であることに関する「専門家の」判断、というものが存在するのか？　—これについてもまた、判断が「上手な」人間と「下手な」人間がいる。

人間をよりよく知っている人の判断からは、一般に、より適切な予想が生まれるだろう。

人間についての知識を学ぶことはできるのか？　できる。多くの人がそれを学べる。ただし、教程によってではなく、「経験」によって学ぶのだ。—その際、他人は教師になれるのか？　もちろんなれる。教師になる人は、折に触れて我々に、適切な合図を送る。——ここでの「学ぶ」とか「教える」とはこういうものだ。——我々が学ぶのは技法ではない。様々な適切な判断を学ぶのだ。規則もある、だがそれは体系だったものではない。経験ある人だけが、それを適切に使用できる。計算の規則とは違うのだ。

356　ここで最も難しいのは、この不確定なものを、正確に、そして歪めずに表現することだ。

357　「表現が本物だということは、証明できない、それは感じなければならない。」——たしかにそうだ、——だが、本物を見分ける知識には、それ以外にどんなことがあるのか？　もし誰かが、「本当に惚れた人間にしかこうは言えない」と言い——別の人に、自分の見解を受け入れさせたなら——それは、その後どんな結果をもたらすのだろうか？　それとも、それは何の結果ももたらさず、ある人の口に合うことは別の人の口には合わない、ということでこのゲームは終わるのか？

もちろん、結果はもたらされるだろう、だがそれは、とりとめのない類いのものだ。それは経験、つまり多様な観察が教えることのできるものだ。だが一般に、それを定式化することはできない。実り多い判断を下したり、実り多い関連を確認したりできるのは、散らばった個々のケースについてだけだ。そして、一般的な考察によって明らかになることがあっても、せいぜいそれは、体系の断片のようにしか見えない。

358　たしかに証拠によって、ある人の心がこれこれの状態にあり、その人は、例えば、それを装っているのではない、と確信することができる。だがそこには、「計量不能な」証拠というものもあるのだ。

359　問題は、計量不能な証拠が何を為すのか、ということだ。

ある物質の化学構造（内面）に関する計量不能な証拠が存在する、と考えてほしい。その場合、やはりそれは、ある計量可能な結果によって、証拠であることが判明するのでなければならないだろう。

（人は計量不能な証拠によって、この絵は本物の……だと確信するかもしれない。しかし、それが正しいことが、文書によって判明することもありうるのだ。）

360 微妙な眼差し、微妙なしぐさ、微妙な声の調子、これらは計量不能な証拠の一部だ。

私は、本当の愛の眼差しに気づき、それを愛を装った眼差しから見分けるかもしれない（そして、もちろん、私の判断の計量可能な裏付けが存在する場合もある）。それでも私には、その違いを記述することは、まったくできないかもしれない。その場合それは、私が良く知っている言語に、そのための言葉が存在しないからではない。もしそうなら、なぜさっさと新しい言葉を導入しないのか？[67]——もし私が素晴らしい才能を持った画家なら、本物の愛の眼差しと愛を装った眼差しを絵によって描き分ける、ということも考えられるだろう。

361 自問してほしい、人はどのようにして、何かに対する「眼」を養うことを学ぶのか？ そして、こうした眼はどのようにすれば使えるのか？

362 痛みを装うことは、もちろん、痛みを感じないのに痛みの表出を示すことの一特殊例だ。そうしたことが可能であるからといって、どうして常にそこで、装うということが起こっていなければならないのか？ ――人生という帯の極めて特殊なこの模様が。

363 何かを装うことができるようになるまでに、子供は多くのことを学ばなければならない。（犬は何かのふりをすることはできない、だが、犬は正直になることもできない。）

364 「この人は、自分はうわべを装っていると信じている」と我々が言うようなケースも、たしかに起きるかもしれない。

365 概念形成が自然に関する事実によって説明できる場合、我々は文法に代えて、自然において文法の基礎となっているものに興味を持つべきではないのだろうか？——たしかに、我々の概念と自然に関する一般的な事実（一般的であるため、たいてい我々の目に止まらないような事実）の対応関係は、我々にとって興味深いものだ。だからといって、我々の興味がここで、概念形成のそうした可能な原因へと後戻りするわけではない。我々は、自然科学を行っているわけではない。自然誌的研究を行っているわけでもない、[68]——というのも、我々の目的のために、自然誌上の架空の出来事を案出することもあるのだから。

366 私は、仮に自然に関するしかじかの事実が別様であったなら、人間は別の概念を持つだろうと（仮説の意味で）言っているのではない。そうではなくて、ある種の概念が絶対に正しく、それと違った概念を持つ人は、我々が理解しているあることを理解していないのだ、と信じる人—そうした人に、極めて一般的な事実が、我々の慣れ親しんでいるものと違っているところを想像してほしいのだ。そうすれば、普通のものとは違う概念の形成が理解できるようになるだろう。

367 概念を絵画の様式と比べてほしい。というのも、我々の絵画様式でさえ恣意的なものなのか？我々は、好きな絵画様式（例えば、エジプトの絵画様式）を選べるのか？　それとも、そこでは、美しいか、美しくないか、だけが問題になるのか？

368　「三十分前、彼はここにいた」と私が――もちろん記憶に基づいて――言う場合、それによって私は現在の体験を記述しているわけではない。

記憶の*体験*とは、思い出すことに伴う体験なのだ。

369　思い出すことには体験としての内容がない。――それもやはり、内省によってわかるのではないか？　*内省*こそが、私が内容を探し回っても、何もないことを示すのではないか？――そうしたことを内省が示すとしても、それはあくまでも場合によるだろう。しかも内省は私に、「思い出す」という言葉の意味を教えることはできない、つまり、*どこに*その内容を探せばよいのか、を教えることはできないのだ！

複数の心理的概念の比較によってのみ私は、記憶の内容という*観念*を獲得するのだ。それは二つの*ゲーム*の比較に似ている。（サッカーには*ゴール*があり、ドッジボールにはない。）

370　ある人が生まれて初めて何かを思い出し、「あ、「思い出す」とはどういうことかわかった、思い出すというのがどんな*感じ*なのかわかった」と言うといった状況が想像できるだろうか？――この感覚が「思い出すこと」だと、この人はどのようにして知るのか？「あ、「ビリビリくる」ってどういうことかわかった！」（おそらくこの人は初めて電気ショックを受けた）と比べよ。――それが過去のことによって引き起こされたから、この人はそれが思い出すことだとわかるのか？　では、過去とは何かをこの人はどのように知るのか？　つまるところ、人間は過去の概念を、思い出すことを通じて習得するのだ。

それに、いかにして将来この人は、思い出すというのがどんな感じなのかを、再び知るのだろうか？

（それに対して、おそらく我々は、「それは昔々のことだ」という感覚について語ることができるだろう。というのも、過去の日々のある種の話につきものの口調や身振りが存在するからだ。）

371 心理学の混乱と不毛さは、それが「若い科学[69]」であることによって説明できない。その現在の状態を、例えば初期の、物理学の状態と比較することはできない。（どちらかといえば、まだ数学のある部門と比較できる。集合論。）というのも、心理学には実験的方法と、**それに加えて**、**概念上の混乱**が存在するからだ。（もう一つの場合、概念上の混乱と証明による方法が存在するように。）

実験的方法の存在は、我々を不安にする問題を片づける方法が我々にはあるのだと思わせる。実際は、問題と方法が互いにそっぽを向いたままずれ違っているにもかかわらず。

372 心理学に関する我々の探究とまったく類似の探究が、数学についても可能だ。それは、一方が心理学的な探究でないのと同様、**数学的**な探究ではない。そこで計算は行われ**ない**、それゆえそれは、例えば、記号論理学ではない。それこそが「数学の基礎」という名にふさわしいのかもしれない。

『哲学探究』を読むためのガイド――訳者解説

鬼界彰夫

『哲学探究』の思想に触れる最良の方法は、そのテキストを読みながら著者の哲学的思考と対話することです。しかし、そのように読み進める中で、この書物についてもっといろんなことが知りたくなることもあるでしょう。あるいは、読み続けるのが困難になり、何らかの助けが必要になることもあるでしょう。そうした読者のための『哲学探究』を読むためのガイドとして、この訳者解説を書きたいと思います。[1] 先ずはこの書物が出来上がった背景とプロセスについてお話ししましょう。

1.『哲学探究』成立の背景とプロセス

「序」でウィトゲンシュタイン自身が触れているように、この書物は『論理哲学論考』(以下『論考』)ときわめて深い関係にあります。自らが心血を注いで完成させた『論考』という思想的世界を完璧に破壊し、その上に新しい哲学を打ち立てる過程そのものが『哲学探究』という書物であると言うことすらできるかもしれません。

言うまでもありませんが『論考』とは一九一八年に完成したウィトゲンシュタイン(当時二十九歳)の第一の主著です。この偉大な書物には様々な側面がありますが、『哲学探究』を理解しようとする場合に重要なのは、この書物においてウィトゲンシュタインが、人間が言語（とりわけ科学的言語）によって世界の本当の姿を描くことが可能であるための根本的条件を明らかにするとともに、現実にその条件が成り立っていると主張したということです。そして、その条件とは、人間の言語とこの世界が実際に論理形式を共有しているということです。つまり『論考』によれば、我々の言語と世界は（奇跡的にも）論理形式を共有し、そのため科学は世界の本当の姿を捉えることができるのであり、世界の本当の姿とは科学（とりわけ物理学）が描くようなものなのです。『論考』のこの思想は当時の哲学、とりわけ科学哲学に多大の影響を与えました。そして「ウィーン学団」という中間項を介して、『論考』の影響力は戦後の「分析哲学」におよび、それは今日でもなお存続しています。

他方、『論考』の著者であるウィトゲンシュタイン自身は、十年間の哲学からの離脱の後、一九二九年に哲学を再開します。「序」で「十六年間」と呼ばれている期間は、このときに始まるのです。この時点で『論考』はすでに、彼にとって大きな疑いの対象となっていました。この後、彼の哲学的活動は死の直前まで続けられますが、それは『論考』という偉大な誤謬の徹底的な破壊と、それに代わる新しい哲学の構築に捧げられてゆきます。その最大の、そして最も完成度の高い成果が『哲学探究』なのです。

再開された彼の哲学的活動は、『論考』への批判を深めながら膨大なテキストを生み出してゆきますが、我々になじみ深いものに限れば、最初のまとまった成果が「青色本」（一九三三―三四年）と「茶色本」（一九三四―三五年）です。どちらも学生や弟子に対して英語で口述されたものであり、厳密な意味で彼自身のテキストではありませんが、この時期の彼の思考の全体像を知るには最適な書物です。これらを読むとすぐにわかることですが、そこに表現されている思想的世界は、多くのものを共有しながらも、『哲学探究』の思想的世界とは決定的に違うものです。ウィトゲンシュタインが『哲学探究』に到達するには、なお大きなブレークスルーが必要だったのです。

それが行われたのが一九三六年十一月から一九三七年五月までの単身のノルウェー滞在においてです。この時期に現在の『哲学探究』の冒頭から189節の第一段落までに相当する部分が執筆されました。現在の『哲学探究』は都合三回に分けて書かれたものですが、最初に書かれたこの部分と、それに続く時期に書かれた数学の基礎に関する原稿を合わせたものが「戦前版」『哲学探究』と呼ばれています。二回目の執筆は一九四四年に行われましたが、そのときに書かれたのがほぼ421節までに相当する部分で、「中間版」と呼ばれています。一九四五年の日付を持つ現在の「序」は、もともとこの中間版に対して書かれたものでした。その後一九四五年から一九四六年にかけて、一九四四年に書かれた残りの草稿、一九三三－三五年に書かれた草稿、一九四五年に新たに書かれた草稿から選ばれたおよそ400の「考察」が「中間版」に追加され、693の節から成る現在の『哲学探究』が一九四六年に完成します（これは「最終版」と呼ばれています）[2]。

時間軸に即した『哲学探究』成立のこうした三つの段階は、本書の「内容目次」に示されている内容に即した『哲学探究』の区分と厳密に重なるわけではありません。しかし生成の歴史が生み出した断層の痕跡を、各段階のテキストの微妙な質的違いの中に感じとる読者もおられるかもしれません。

2.『哲学探究』独特のスタイル――アルバム形式と疑似対話

読者が『哲学探究』を連続して読み進めようとする際に、最大の障害となるのは、その独特のスタイル（文体）でしょう。『哲学探究』には読者を当惑させる二つの特異なスタイルがあります。相対的に完結した短い「考察」を連ねてゆくスタイルと、ダーシ（——、—）を挟んで話者の立場が変化するスタイルです。先ずは前者について考えましょう。

　このスタイルは、一方で、連続的に書き連ねられる我々になじみ深い哲学書の叙述スタイル（例えば、デカルトやカント）とはまったく異なっていますが、他方で、ニーチェのいくつかの著書に典型的に見られる、相互に独立したアフォリズムの集積とも異なっています。というのも『哲学探究』では多数の「考察」が連続した思考の流れを表現している場面も頻繁に登場するからです。同時に、309節などに見られるように、一つの「考察」が他から完全に独立したアフォリズム的なものとして登場することもしばしばあります。つまり『哲学探究』のテキストは、「考察」という比較的完結した多くの最小単位から成り立ち、それぞれの単位は、単独で何かを表現することもあれば、他の単位と結びついて働くこともあり、しかもその結びつきは極めて多様なのです。単位となるテキスト間の、極めて自由度の高いこの結合様式を理解し、それに慣れることが、『哲学探究』という書物を読み進めてゆくうえで決定的に重要になります。

　ここで我々に大きな手掛かりを与えてくれるのが、ウィトゲンシュタイン自身が「序」で用いている「アルバム」という比喩です。この喩えをできるだけ文字通りに解釈することにより、『哲学探究』のスタイルは理解可能なものになると思われるのです。『探究』を、文字通りのアルバムと考えてみましょう。各「考察」は一枚の写真に相当します。長い時間をかけて一冊のアルバムを作る場合、我々はどのようにするでしょうか。どこかへ旅行に行った場合は、その記録として時間的に連続した、そして内容の継起する複数の写真をひとまとまりにしてアルバムに貼りつけるでしょう。ある友人との記憶を大切にしたい場合は、いろんな機会に撮った友人の写真や友人との写真をまとめて同じ場所に貼るでしょう。城が好きであれば、いろんな城の、いろんな写真をまとまったページに貼るでしょう。他方、例えば卒業式の記念写真は、それ単独で、他から切り離して貼るでしょう。このようにアルバムにおける個々の写真間の関係は、我々のその時々の関心に即して極めて多様ですが、アルバムを見るとき、各ページで我々は自然にその関係を読み取り、その多様さに戸惑うことはありません。

『哲学探究』をこうしたアルバムとして読んでみましょう。哲学者の精神が編集した、思考のアルバムです。そこで示されている、個々の思考の自由な結合によって全体を形成するスタイルを「アルバム形式」と呼んでみましょう。『哲学探究』という書物では、この形式に即して、ウィトゲンシュタインの精神という「カメラ」が写した多くの「考察」が集められ、それらが彼の様々な関心に即して幾つものグループにまとめられ、『論考』を破壊し、新しい哲学を構築するという彼の精神の長い旅をうまく表現するような順序でレイアウトされていると考えてみてください。本訳書が行っている様々な区切りを、そうしたレイアウトの目印と見なしてください。『哲学探究』というテキスト全体が違って見えないでしょうか？

ダーシを挟んで立場が入れ替わるというもう一つの『哲学探究』独特のスタイルは、プラトンの対話篇を彷彿とさせます。ただプラトンの対話篇と違う点、そして我々を惑わせる点は、対話者が厳密に規定されていないことです。どこで話者が入れ替わったのかが判然としない場合もあります。ダーシの次に来るのが、どの話者の発言なのかが不明瞭な場合もあります。疑似対話スタイルと呼ぶことのできる『哲学探究』のこの独特のスタイルが、プラトンの対話篇となぜ、どのように違うのかが理解できれば、それは読者にとって謎であることを止めるでしょう。

プラトン対話篇の対話スタイルの特徴は、登場人物が確定していて、各発言が誰の発言なのかがはっきりしているということです。しかも、ほとんどの場合、対話者の一人はソクラテスであり、彼の立場は一貫しており、変化しません。他方、他の対話者の立場は、ソクラテスとの対話を通じて変化することがしばしばあります。こうしたスタイルが可能なのは、確固とした「ソクラテス」の立場というものが著者プラトンにとって既知であり、プラトンがそれに確信を持っているからです。著者がこうした確定した最終的な立場に立って対話の流れ全体を見ているため、「ソクラテス」という真理の固定点を持つ対話的叙述スタイルが可能なのです。

翻って『哲学探究』の疑似対話スタイルに目をやるなら、プラトンにおいて確定し、確固としていたことが、多くの場合何らかの不定性を持っていることがこのスタイルの特徴であることがわかります。上の考察によれば、「ソクラテス」に相当する真理の固定点が『哲学探究』には（まだ）存在しないことがその理由だと考えられます。上で述べた『哲学探究』という書物の目的からすれば、ある意味でこれは当然のことと考えられます。『哲学探究』では多くの場合、疑似対話スタイルの一方の対話者は『論考』の立場、あるいはそれから派生する立場に立つ哲学者です。ではそれに対する登場人物とは誰かと言えば、『論考』を解体し、新しい哲学を構築しようとしているウィトゲンシュタイン自身です。しかしこの人物は、ある真理の固定点に立ち、そこから『論考』の誤りを読者に示すためにこの対話を行っているのではありません。彼は『論考』の立場に疑問を抱きながらも、依然それに惹かれる自分と闘いながら、新しい哲学的立場を手に入れるために過去の自分との疑似対話を行っているのです。『哲学探究』において、プラトン的な確定した対話形式が崩れていると感じたときは、このことを思い出してください。そして、それを思考の混乱の目印としてではなく、いまだ存在しない思考の真の生成の目印として見てください。おそらくテキスト全体の見え方が変わることでしょう。

3.『哲学探究』全体の構成

先ほど『哲学探究』を、『論考』を解体し、新しい哲学を構築するウィトゲンシュタインの精神の旅の記録に喩えました。この喩えに基づくなら、『哲学探究』の全体を理解する上で重要なのは、この旅に起こった、旅の目的との関係において決定的な転換点を認識することです。このことを簡単に説明し、『哲学探究』の解説を終えましょう。

本訳書では全体を三つのパートに分けましたが、この区分が今述べた決定的な転換点に関わります。簡単に言うなら、『哲学探究』全体はパートⅠとパートⅡ＋パートⅢという大きな二つの部分に分かれます。そして、パートⅠで『論考』の解体は完了します。『論考』の解体、と言っても、そこには二つの要素があります。『論考』の言語観の解体と『論考』の哲学観の解体です。ですから、『論考』の解体とは、単に『論考』と違う哲学的見解を持つということではなく、哲学に対する見方そのものを変える、ということをも意味するのです。もう少し詳しく言うと、1節から88節において『論考』の言語観の解体が完了します。そして、89節から133節において、『論考』の哲学観の解体と、新しい哲学の指針とも言うべきものが示されます。パートⅡとパートⅢでは、そうして示された新しい哲学の在り方が、現実に実践されてゆきます。それがどのようなものであり、どのように実践されているかは、ウィトゲンシュタインのテキストとの対話によってしか見出すことのできないものですので、読者の皆さん自身にお任せするしかありません。『哲学探究』への私のガイドはこの辺で終わりたいと思います。

4.『哲学探究』第二部

(1) 題名について

『哲学探究』第二部は一九五三年に出版された原著第一版で『哲学探究』の一部として出版されました。そこでは現在の『哲学探究』が「第一部」と呼ばれ、それに対する「第二部」と位置付けられていたのです。[3] しかしその後の遺稿研究によって、『哲学探究』と『哲学探究』第二部が単一の作品を構成しているという見解に疑問が提出されるようになり、今回の原著第四版で両者は完全に別の作品として扱われ、後者には新たに「心理学の哲学——断片」という題名が与えられました。

本訳書では、『哲学探究』第二部がまったく別の作品であるという前提に立ちながらも、後者に対して「『哲学探究』第二部」という旧来の名称を、いわば一種の固有名として用いることにしました。それには二つの理由があります。第一は、原著第四版が出版されて十年以上になりますが、研究者の間では依然「第二部」という旧称が用いられ、「心理学の哲学——断片」という名称はあまり流通していないことです。第二は、新しい名称がこのテキストと『哲学探究』との深い関係を表現していないことです。このテキストには心的概念を巡る様々な主題が登場しますが、訳注に示したように、その大半は『哲学探究』の考察に由来するものです。『哲学探究』で登場したものの、十分に考察されなかった主題を改めて取り上げ、考察を深める、という側面がこのテキストにはあります。つまり、『哲学探究』の続編という側面がこのテキストにはあるのです。少なくともこの側面を反映していない点で、新しい題名は旧称に勝るとは言えないと判断し、旧称を独立した題名として用いることにしました。

(2) 成立過程[4]

一九四六年春に『哲学探究』の最終タイプ原稿（TS227）を完成させたウィトゲンシュタインは、直ちに心的諸概念に関する一連の新しい考察を開始します。この考察は何度かの中断をはさみながらも、高い集中力をもって一九四九年まで継続され、十冊の手稿ノート[5]に様々な考察が生み出されてゆきました。これらの手稿は、何回かに分けてタイプ原稿にまとめられます。先ず一九四七年秋に、それまでに書かれた六冊の手稿ノートの内容を編集して最初のタイプ原稿（TS229）が作成されました。この原稿は現在『心理学の哲学1』（佐藤徹郎訳、大修館全集、補巻1）として出版されています。次いで一九四八年秋には、それまでに書かれた三冊の手稿ノートに基づいて第二のタイプ原稿（TS232）が作成されました。これは現在『心理学の哲学2』（野家啓一訳、大修館全集、補巻2）として出版されています。一九四八年秋から一九四九年初夏にかけて、ウィトゲンシュタインの思考は集中力をさらに増し、二冊の手稿ノート（MSS137,138）に現在の『哲学探究』第二部の大半に相当する内容が生み出されます。そして一九四九年初夏に、それらの内容に、これまでに書かれたものからの抜粋が加えられ、編集されて最終手稿（MS144）が書かれました。それを、一部を除外したうえで新たな配列でタイプしたものが『哲学探究』第二部の最終原稿（TS234）です。

(3) 主題と内容

最後にこの書物の主題と内容について、読者の参考になるかもしれないことを少し述べたいと思います。そもそも『哲学探究』第二部とは、いまだ謎に包まれた深い泉のような存在であり、多くは今後の研究に俟たなければならない状態にあります。その謎の一つの源泉が、『哲学探究』との二面的な関係なのではないかと私は考えています。先に述べたように、この書物で扱われている主題の多くは『哲学探究』に由来するものです。主題的に言うなら、この書物は『哲学探究』と連続しており、続編と呼ぶことのできるものなのです。しかし一個の作品として見るなら、それは独立した一体性を持ち、その思考は『哲学探究』の思考の継続として展開されてはいません。それが最も顕著に表れているのが、『哲学探究』で多用された疑似対話的なスタイルが用いられていないという点です。疑似対話スタイルは『論考』という過去の自己との内的対話を通じて、過去の誤りを克服し新しい哲学像を見出すための手段でした。第二部でそのスタイルが存在しないとは、著者はすでに新しい哲学像を確立し、過去との対話は最早必要でなくなったことを意味していると考えられます。つまり第二部とは、『哲学探究』を通じて見出された哲学の新しい在り方を、『哲学探究』でやり残した課題に即してウィトゲンシュタインが実践した記録であると考えることができるのです。

こうした観点から『哲学探究』第二部固有の主題として興味深いのが、ウィトゲンシュタインが実践する新しい哲学そのものです。それは(xii)において独自の概念的探究として対象化されており、そこからこの時点でウィトゲンシュタインが自身の新しい哲学的実践をどのように見ているかが読み取れます。それは「新しい哲学自身による新しい哲学の自己反省」と呼ぶことのできるものです。そしてこうした観点から見ると、(xi)で扱われた「アスペクトの転換」、「として見る」という主題に関する考察も、新しい哲学による自己反省と見なすことができます。というのも『哲学探究』でウィトゲンシュタインが行ったのは、まさに「以前見ていた同じものの見方（アスペクト）を変える」[6]ことだからです。つまり、「言語」という対象をある仕方で見る（「世界の像」として見る）ことによって『論考』という体系が成立したわけですが、『探究』とはその見方を破壊するような別の見方（「言語ゲーム」としての見方）を行う行為そのものとも考えられるのです。とすれば（xi）の興味深い長大な考察は、「ものの見方（アスペクト）を変えることとしての哲学が行っているのはどんなことなのか」という哲学者の自己反省的問いに答える作業だと考えることもできるのではないでしょうか。少なくとも私はこのテキストを、そのように読みたいと思っています。

『哲学探究』第二部にはこれ以外にも、多くの興味深い主題と考察が存在し、それらはいずれも深い泉のような汲みつくしがたい内容を持っています。ウィトゲンシュタインのテキストとの対話によって読者の皆さんが新たな内容を見出されることを願っています。読解の参考のために、第二部の各節の主題を簡単にまとめて示しておきます。[7]

『哲学探究』第二部内容一覧

（i）「情動」という概念のカテゴリー
（ii）「意味を体験する」ということ
（iii）想像や発話の志向性
（iv）人間の魂とその像
（v）心理学の概念的問題

(vi) 語の「雰囲気」、およびそれに類した諸概念
(vii) 言語における心の像とその使用
(viii) 感覚の記述
(ix) 情動の記述と表出——一人称発話の機能
(x) 「ムーアのパラドックス」と「信じる」という概念
(xi) 「見る」、「意味体験」、「確実性」
(a) 「として見る」とアスペクトの転換
(b) 「意味の体験」について語る意味
(c) 「内面」と「確実性」と数学
(xii) ウィトゲンシュタインの哲学的考察の位置づけ——自然科学、自然誌的研究との関係
(xiii) 記憶(想起)と過去
(xiv) 心理学と数学の基礎に関する哲学的考察の可能性

5.「原著第四版」について

最後に、この翻訳の底本となった原著第四版について改めて触れておきたいと思います。ウィトゲンシュタインの『哲学探究』は、彼の死の二年後の一九五三年にG・E・M・アンスコムとラッシュ・リーズの編集により初めて出版されました。膨大なウィトゲンシュタインの遺稿の中から、最も重要と考えられた二つのタイプ原稿(TSS227,234)が、それぞれ『哲学探究』「第一部」と『哲学探究』「第二部」のテキストとして用いられ、ドイツ語テキストにアンスコムによる英訳が付されまし

た。これが原著第一版です。このように『哲学探究』の原著は初めから独英対訳版という形態をとり、それはその後の版にも引き継がれています。初版の二人の編者はいずれもウィトゲンシュタインの愛弟子であり、彼の思想に身近に接した最良の理解者でした。彼らの編集によってウィトゲンシュタインの後半生の哲学的思考の最高の成果が素早く、そして正確な形で世に出たことはウィトゲンシュタインの思想を享受するすべての者にとって極めて幸運な出来事でした。その後第二版（一九五八年）、第三版（二〇〇一年）が出されましたが、第一版のテキストに対する修正はマイナーなものに止まりました。

その後二〇〇九年に、P・M・S・ハッカーとヨアヒム・シュルテの編集による原著第四版が独英対訳版として出版されました。原題が「改訂第四版」となっているように、この版において初めて第一版のテキストに対して様々な実質的変更が加えられ、アンスコムの英訳にもいくつかの修正が施されました。主な変更点をまとめると、次のようになります。[8] 1.「第二部」が別の作品とみなされ、「心理学の哲学―断片」という新たな名称が与えられ、新たに各考察に通し番号が付けられた、2.これまで『哲学探究』の欄外に印刷されていた補節が枠線の中に印刷されるとともに、ウィトゲンシュタイン自身の指定に即した場所に配された、3.いくつかの箇所で、テキストの実質や順序が変更された（本訳書では当該箇所の注にそれぞれの変更理由が示されています）、4.『哲学探究』169節に従来あった無意味なタイプ記号列が、ウィトゲンシュタイン自身の「なぐり書きの線」に置き換えられるとともに、『哲学探究』第二部108節にはウィトゲンシュタイン手描きの図が新たに挿入された。

これらの変更によって、『哲学探究』のテキストは原著者の意図により近いものになりました。こうした変更の大きな原因は、第一版以降、ウィトゲンシュタインの遺稿に対するアクセスが次第に容易になり[9]、遺稿研究が飛躍的に前進したことです。第四版の二人の編者はいずれもウィトゲンシュタインの遺稿に精通した高名な研究者[10]です。第一版から第四版への変化は、ウィトゲンシュタインの人と思想を直接知る人々による編集から、遺稿の徹底した研究によりウィトゲンシュタインの思想を再構成しようとする人々による編集への移行とも考えられるでしょう。ウィトゲンシュタインの思想の受容と研究が新しい時代に入ったと言ってもいいかもしれません。

訳注

（注において本書の節番号は§記号で表記する）

【訳者まえがき】

1 藤本隆志訳（大修館書店、一九七六年）、黒崎宏訳（産業図書、一九九四年、一九九五年）、丘沢静也訳（岩波書店、二〇一三年）

2 黒崎訳でも全体を章に分け、表題を付すことが行われています。本訳書では、そうした試みをより体系的に徹底した、と言うことができると思います。本訳書でウィトゲンシュタインのテキストを区分けするにあたって私が用いた系統的方法に興味をお持ちの読者は次の拙著を参考にして頂ければ幸いです。鬼界彰夫『ウィトゲンシュタイン思考の生成原理　『確実性について』解析の試み』皓星社、二〇二〇年。

〈哲学探究〉

【序】

1 ヨハン・ネストロイ（一八〇一－一八六二）　オーストリアの喜劇俳優、劇作家。写実的、風刺的な作風。ウィトゲンシュタインがエピグラフとして用いている言葉は、歌曲付笑劇『庇護された者』（一八四七）第四幕第十場のセリフの一部である。（ベーカー&ハッカー［1980］, p.4）

2 ウィトゲンシュタインが小学校教師を辞職後ケンブリッジに戻って哲学研究を再開した一九二九年二月からこの序文が執筆された一九四五年一月までの期間を指す。

3 「考察 Bemerkung」とはウィトゲンシュタインの哲学的テキストの最小単位となるもので、長さは数行のものから、一～二ページに及ぶものまである。本書で番号を付された各節が「考察」に相当する。訳者解説2で示されているように本書のテキストはアルバム形式を持っているが、この形式の中で「考察」は一枚の写真に相当する。

4 ここでウィトゲンシュタインは本書を一冊のアルバムに喩えているが、この比喩の原型となったと推測されるアルバムが実在する。それはウィトゲンシュタインが一冊の大判ノートに自らが撮った写真を三十年間にわたって整理したものであり、彼の死後親しい友人ベン・リチャーズに遺贈された。このアルバムの写真をネド［2012］で見ることができる。アルバムの由来についてはネド［2012］, p.10、アルバムの様々なページの写真については同書pp.269, 296-297, 340, 370, 392, 410などを参照。そこには「レイアウト」と「トリミング」の様々な実例が見られる。本書のアルバム形式については訳者解説2参照。

5　「虚栄心 Eitelkeit」がウィトゲンシュタインの精神生活において極めて重要な意味を持ち、その克服が常に彼にとって大きな人間的課題であったことは、彼の「日記」に克明に描かれている。『ウィトゲンシュタイン哲学宗教日記』（講談社、二〇〇五年）、pp.29, 92, 110などを参照。この序文は、その格闘が本書完成の時期になお継続していたことを示している。

6　ウィトゲンシュタインの第一の主著。『論考』と略す。一九一八年に完成し、一九二一年に出版された。この序が示唆するように、本書はウィトゲンシュタイン自らの内に染みついていた『論考』の根本思想とそこから派生する思想との格闘と克服の精神的記録とも読める。

7　ウィトゲンシュタインが『論理哲学論考』の説明をした相手は言語学者のニコラス・バフチン（旧ソ連の有名な文学批評家ミハイル・バフチンの兄）である。二人の読書会は実際には一九四三年に行われた。（ベーカー＆ハッカー［1980］, p.21）

8　フランク・ラムジー（一九〇三－一九三〇）ケンブリッジの数学者、論理学者。一九二三年、当時小学校教師であったウィトゲンシュタインのもとに二週間滞在し、『論理哲学論考』について集中的に議論し、その後同書の最初の書評を執筆した。一九三〇年一月、二十七歳の誕生日を前に死去。

9　ピエロ・スラッファ（一八九八－一九八三）イタリア人経済学者。ムッソリーニ統治下のイタリアを離れ、ケインズの紹介でケンブリッジの経済学講師となり、同時にウィトゲンシュタインとも知り合う。

【第一章】

1　アウグスティヌス（三五四－四三〇）初期キリスト教の最大の教父、神学者。ウィトゲンシュタインが本書をアウグスティヌス『告白』の引用から開始したことには、彼がアウグスティヌスを哲学者として敬愛していたという個人的背景以外にも様々な意味が込められていると考えられる。その一つが、彼が本書で問題にしようとしているのが単に『論考』やラッセルの言語観ではない、ということであろう。すなわち『論考』をその末尾とする大きくて長い西洋哲学史上のある流れ全体を本書においてウィトゲンシュタインは批判的考察の対象にしようとしているのであり、それは少なくともアウグスティヌスの『告白』にまで遡るというのがこの始まりに込められたメッセージだと推測される。本書でウィトゲンシュタインが批判の対象として引用している哲学者が（フレーゲやラッセルではなく）アウグスティヌスとプラトンの二人だけであることを考えると、『探究』によりウィトゲンシュタインが示そうとした思想史的な時間意識が垣間見られる。

2 ウィトゲンシュタイン自身によるドイツ語訳からの翻訳。原著ではラテン語原文にドイツ語が添えられている。

3 「像 Bild」は本書におけるもっとも重要なキーワードである。『論考』においても「像」は、「言語は世界の論理像である」というその根本思想を表現するキーワードであった。本書ではこの同じ言葉が異なった、そして多様な意味で用いられる中で、その斬新で複雑な思考が編み上げられてゆく。この箇所はそうした「像」という言葉の遍歴の出発点である。

4 これは「命題は事実の論理像である」という『論考』の言語観の根幹をなす考えである。

5 「――」（ダーシ）は本書において多用される。その用法は多様で、非定型的であり、その前後の意味的関係をどう解釈するかが本書読解の大きな鍵となる。それらは少なくとも、1.ダーシの前後で語り手が同一（すなわち本書の地の語り手としての現在のウィトゲンシュタイン）である場合と、2.語り手が本書の地の語り手と架空の対話者（多くの場合それは過去のウィトゲンシュタインの思考を代弁している）の間で転換する場合、に大別される。本注のダーシは前者であり、続く三つのダーシは後者である。本書でウィトゲンシュタインは両者を自由に混在させながら使用し、多様な思考様相を表現してゆく。なお本書本文で使用されるダーシには長短二種類があり、本注の記号は長ダーシである。

6 この例をはじめとして、本書に登場する例や喩えの多くは、単なる想像ではなく、何らかの形でウィトゲンシュタインの実生活、実体験に由来すると考えられる。ここでの建築者のモデルではないかと想像される人物の写真が存在する。彼はウィトゲンシュタインがその建築に深くかかわった姉マルガレーテ・ストンボローの邸宅の建築現場の棟梁フリードルであり、その写真にはフリードルがウィトゲンシュタインと共に写っている。ネド［2012］p.242 参照。

7 ここで「ゲーム」は狭すぎる定義という問題に関する一例として持ち出されているに過ぎない。しかし本書では間もなく「ゲーム」という概念が、「言語ゲーム」という新しい概念を介してウィトゲンシュタインの思考において重要な役割を果たし始める。その時読者は、「ゲーム」がここで例とされたのは単なる偶然だったのか、と当惑するだろう。この当惑の背後にある「一般的定義が先ず存在し、個々の例とはそれを読者に理解させるための道具に過ぎない」という一般的な考えこそ、本書においてウィトゲンシュタインが解体を試みるものなのである。

8 「直示的定義 hinweisende Definition（英語 ostensive definition）」とは二十世紀の言語哲学における重要概念の一つであり、何も前提しない基本的で厳密な意味理論を構築する際に、言葉を使わずに（＝非循環的に）言葉と物を結び付け、言葉の意味を定義する根本的な手続きとして様々な意味理論に使用された。ラッセルの言語理論においても重要な役割を担い、それを引き継いだ『論考』においても前提されていた。本書において繰り返し見られることだが、ウィトゲンシュタインはここでもその「古い」考えを換骨奪胎している。なお後出の「指し示しによる教え」の原語も“hinweisendes Lehren”である。

9 ここでさりげなく示されているのは本書のもう一つの根本的な考えである。それは、論理や哲学において（そして『論考』において）「アプリオリ」と呼ばれてきたものが、時間を超えた超越的な存在に立脚するのでなく、人間の現実の歴史の中から生まれたものだ、という考えである。『論考』的な思想において直示的定義は語の意味の非循環的定義として必然的な意味を持っていたが、本書では、子供の現実の言語習得においてそれが効果的に使用されているがためそれは意味を持つのである。

10 言うまでもないが、ウィトゲンシュタインはここでブレーキレバーの喩えを用いて、語の意味の理解と直示的定義に関する彼の思考を象徴的に示している。レバーとブレーキが何に相当するのか考えよ。

11 本書の考察では、子供がしばしば登場する。それは子供による言葉の習得や、数や計算法の習得といった例を通してであり、言語と規範に関する本書の思考の核心に関わる役割を果たしている。ウィトゲンシュタインが生涯未婚で育児経験もないことを考えれば、子供による言語や計算法の習得に関する彼の深い理解は、六年間に及ぶ小学校教師体験に基づいていると考えざるを得ない。

12 様々なごっこ遊びを指していると考えられる。言語（2）を子供の「建築ごっこ」と見ることもできるということである。

13 輪になって歌いながら踊る遊び。「花いちもんめ」や「かごめかごめ」などに相当すると考えられる。ベーカー&ハッカー［1980］, p.100 参照。

14 本節で、本書の最重要概念の一つである「言語ゲーム Sprachspiel」という概念が、これまでの考察を巧みに利用して、周到に導入される。その際、"Spiel"というドイツ語の多義性が重要な意味を持つ。

ここで「言語ゲーム」と呼ばれるものは三つある。1.子供が言語習得の過程で行うゲームであり、それは子供にとって言葉を使った遊戯であり、ドイツ語の'Spiel'という言葉の「遊び」という意味に強調が置かれた「言葉を使った遊び」という意味合いが濃い。2.§2の言語の様な単純化された「原初的言語」であり、子供がそれをごっこ遊びとして遊ぶという1.との類似性により拡張的に同じく「言語ゲーム」と呼ばれ、単純な規則によって行われる「ゲーム」という意味合いが強い。3.言語と、それと関係した人間の活動の総体一般であり、そこには状況、言葉を使用する人間たち、その使用の目的があり、その全体を劇の一場面と見立てることができるため、この場合は"Spiel"という語の「劇」という意味が前面に出てくる。3.の意味では現実の我々の言語使用すべては「言語ゲーム」あるいは「言語劇」と呼ぶことができる。

本書のウィトゲンシュタインの哲学的思考において思考の「道具」として大きな役割を果たすのは2.と3.である。2.は言語の人工的モデルであり、複雑で多様な現実の言語のある側面を捉えるための道具となり、その効用はすでにこれまでの考察で示されている。本書で2.の意味での「言語ゲーム」概念が最も頻繁に使用されるのはパートⅠにおいてである。他方3.は現実の我々の語と概念（例えば、「痛み」）の本当の姿を捉える際に、それを用いて我々が現実にいかなる言語ゲームを実践しているのかを考える、という形で使用される。この意味での「言語ゲーム」概念は、パートⅡとパートⅢで本格的に使用される。

15 集合論では序数（物の順序を表す数）と基数（ある集合の元の個数を表す数）という二つの概念が区別されるが、ウィトゲンシュタインはここでそれぞれの日常生活における実践的起源を示していると解釈できる。その意味で本節の考察は（数の本質、などといった哲学的用語は一切使わないにもかかわらず）序文で言われた「数学の基礎」にすでに関わるものである。

16 「表すbezeichnen」（英訳はsignify）は、アウグスティヌス的言語像において語とその意味の間の根本的関係を表現する動詞である。本文ですでに述べられたように、アウグスティヌス的言語像に従えばあらゆる語には「意味Bedeutung」があり、それはその語が「表す」対象なのである（「語は対象を表す」＝「語の意味はそれが表す対象である」）。本節では、言語ゲーム的言語像に従ってこれらの概念が徐々に換骨奪胎されてゆく。

17 ここで「哲学」というものが極めて否定的なニュアンスをもって登場する。それが様々な誤りの源泉でしかないかのように。こうした「哲学」の使用は本書において今後も繰り返される。ここで読者は大きな問いに直面する、ウィトゲンシュタインにとって哲学とは否定的な意味を持つものなのか？　もしそうだとすれば、なぜ彼はこの著作を『哲学探究』と名付けたのか？　ここで訳者なりの解を示すなら、哲学はある重要な営みであり、しかもそれを正しく行うことが極めて困難な営みだ、というのがウィトゲンシュタインの考えであったと思われる。本書第四章で「哲学」そのものが主題化され、以上のように始まる哲学に関する考察が独自の仕方で深化される。

18　ウィトゲンシュタインが終生蒸気機関車に強い愛着を持っており、晩年になっても博物館の蒸気機関車を見学して終日を過ごしていたことがフォン・ライトによって報告されている。ネド［2012］, p.402、および p.211 参照。

19　原語は "Muster"、手本、模範、モデル、型、といった意味を持つ。類語である "Vorbild（モデル）"、"Urbild（原型）"、"Paradigma（範型）" などと共に本書のウィトゲンシュタインの思考において重要な役割を果たす概念を表現する言葉。

20　『哲学探究』においてウィトゲンシュタインは二重括弧を彼自身のための一種の編集記号として用いている。そこに記されたテーマや概念に関する「考察」を将来手稿ノートから取ってきて挿入するか、そうした「考察」を新たに書き足す彼の意図を示している。（原著第四版、p.244）

21　ここで「性向 Neigung」と呼ばれているのは各個人の気質ではなく、人類が種として共有している性質・性向である。それは人間の言語の在り方を決定はしないが、その根本的条件を決定する。今後たびたび登場する『探究』の重要概念のひとつ。

22　この例の背後に、ウィトゲンシュタイン自身の第一次大戦の従軍経験があることは疑いえない。彼の戦争体験に関わる少なからぬ写真が現存する。（ネド［2012］, pp.134-166）

23　G・フレーゲ（一八四八－一九二五）ドイツの数学者、近代的な記号論理学（一階述語論理）をほぼ独力で確立した。ラッセルと共に論理学に関するウィトゲンシュタインの師であり、『論考』はフレーゲの記号論理学に対する哲学的解釈の試みとも考えられる。

24　フレーゲは「この花は赤い」という陳述（事実の述定）は「この花は赤い」という命題pと、あることが事実であると主張する陳述行為├からなると考え、全体を├pで表した。「├」をフレーゲの陳述記号と呼ぶ。彼がこのように考えた理由は同じ命題が陳述以外の様々な文脈でも使用されることである。例えば「この花は赤いか？」といった疑問文や「この花は赤いと彼が言った」といった間接話法において。フレーゲ『算術の基本法則』第一巻、（『フレーゲ著作集』（勁草書房）第三巻）第五節、pp.57-58 参照。

25 前注参照。

26 本文中の線で囲まれたテキストは、ウィトゲンシュタインが本書の最終タイプ原稿（TS227）に挿入した細長い紙片に記されたものであり、それらは他のタイプ原稿や手稿に由来する。本訳書におけるこれらのテキストの挿入場所は、原著第四版の編者であるハッカーとシュルテの判断に従った。

27 本章注14を参照。

28 例えば、§§20、21の考察は、「文の意味としての思考」という『論考』の中心概念を批判の対象として想定していると考えるとき、もっともよく理解できる。

29 ここで示唆されていると考えられるのは第十一章後半の諸考察（§§398－411）である。

30 「人間の自然誌」という概念も本書において重要な意味を持つ概念のひとつである。ウィトゲンシュタインが新たに実践しつつある新しい哲学と自然誌あるいは自然科学の関係は『哲学探究』第二部（xii）において明らかにされる。

【第二章】

1 §15、第二段落参照。

2 明らかにここでは、文を名の結合と考え、名を対象を表す記号と考える『論考』の言語観が念頭に置かれている。それによれば、言語で使用されるすべての語は「ある対象の名」である。

3 原語は"Kalkül"。

4 §§29－31で語られている、「直示的定義」が有意味な言語的手続きとして機能するためには、被定義語の文法的位置（＝言語の中での機能）が明らかとなっていなければならない、というこの重要な条件が、のちに本書第九章で「私的言語」を我々が構成する際の決定的な障害となる。§§253－271、特に§257参照。

5 『論考』的な言語観にあっては、直示的定義とは名と対象を結び付け、後者に意味を与える根源的な行為であり、他から独立した意味を持っていた。それに対して§26以降の「名」についてのウィトゲンシュタインの徹底的な考察により、むしろ事態は逆であり、直示的定義とは名を訊ねることのできる者にとってのみ意味を持ち、「名を訊ねる」ためには、名を使って他の様々なことができなければならないことが示された。土台だと思われていたものが、実はより根源的なものから派生していることが示された。これが今後も続く本書の基本的視点である。

6 §1冒頭で紹介された彼の見解が念頭に置かれている。

7 本節では「意味する」という概念の状況依存性という特徴とそれに関する我々の誤解についてのウィトゲンシュタインの考察の一端が示された。まったく同様の考察が括弧内に示された三つの概念にも当てはまることをこの括弧は示している。これらに関するより詳細な考察が本書第十四章から第十六章においてなされる。

8 この［ ］記号は、本文への欄外注が記されている紙片へのウィトゲンシュタインの手書きの追加部分を表現するために編者達が用いたものである。（原著第四版、p.245）

9 同じ問題についてのより突っ込んだ考察が§§508－509で行われる。

10 §693参照。

11 記述理論に基づいたラッセルの意味論を指している。それによれば言語を構成する名詞的表現は「記述」と「指示表現」に分類され、指示表現のみが現実の世界の対象を指示する。他方多くの「指示表現」は実は「記述」であり、指示表現を含まない「記述」へと書き換えることができる。従って論理的に整った形式を持つ理想的な言語では、少数の「論理的固有名」のみが現実の対象を指示し、他はすべて記述となる。この意味で論理的固有名は「真の名」と呼ばれる。ラッセルは「これ」という指示代名詞が唯一の論理的固有名であり、それを世界と結び付ける過程が直示的定義であると考えた。ラッセル『論理的原子論の哲学』参照。

12 「我々の言語の論理の崇高化」とは「論理的真理」と呼ばれるものを「アプリオリ」な真理、すなわち我々の経験を超越し、普遍的に成り立つ必然的真理、とみなすことである。言葉を変えると、これこそが論理に関するプラトニズムの核心である。「永遠真理」（デカルト）や「理性の真理」（ライプニッツ）といった言葉が象徴するように、西洋近代哲学は「論理の崇高化（プラトニズム）」と共に誕生し、その末裔というべき『論考』もそれを引き継いでいる。『論考』的思考からの徹底的な離脱を目指す本書にとって、「論理の崇高化（プラトニズム）」とは克服すべき最大の障害であり、それは西洋近代哲学との決定的な離別なしにはあり得ないものである。この箇所はその課題の前触れとみなすことができる。この課題の実行が本書第四章の主題となる。

13 この神秘主義的命名観は、先に本文に登場した「論理の崇高化」と不可分で対をなすものであり、その限りにおいて『論考』の思想に内在する命名観だと言うことができる。

14 ウィトゲンシュタインの考える「哲学的問題」とは、我々がある言葉（例えば、「意味」や「存在」）を生活におけるその本来の使用文脈から外れて使用し、その正しい使い方が何か不明なままに無意味な言語行為へと堕してゆく過程で出現する。典型的には拙いやり方で「哲学する」ときに出現する。§47における「哲学的な問い」に関するウィトゲンシュタインの叙述も参考にせよ。

15　これは言語と世界の関係に関する『論考』の形而上学の核となる命題である。『論考』2.01, 3.2, 3.201, 3.202, 3.203 参照。

16　ワーグナー『ニーベルングの指輪』の『ジークフリート』に登場する霊剣。一度は粉々になったこの剣を英雄ジークフリートが再度鍛えなおす。破壊された剣について登場人物たちは繰り返し語る。明らかにウィトゲンシュタインはそこに着目してこの例を使用している。

17　本節からウィトゲンシュタインの思考は徐々に「名」から、それが名指す対象の存在論（『論考』の形而上学的基礎である「原要素の形而上学」と言うべきもの）へと移行してゆく。後者及びそれに相関した「分析」概念は、§§46－64の主題として改めて徹底的に考察される。

18　原語は“Urelemente”。

19　プラトン『テアイテトス』201e-202b。ウィトゲンシュタインが引用しているドイツ語訳からの翻訳。

20　ラッセルの存在論において世界を構成する究極的存在。ラッセル『数理哲学序説』参照。

21　『論考』において世界の構成要素として仮定的に想定された存在。『論考』の「対象」概念は『論考』の次の命題によって規定される。

　対象は単純である。(2.02)

　対象が世界の実体を形づくる。それゆえ対象は合成されたものではありえない。(2.021)

　対象とは不変なもの、存続し続けるものである。対象の配列が、変化するもの、移ろうものである。(2.0271)

22　§2でウィトゲンシュタインは言語のモデルとしての「言語ゲーム」を用いる方法により、アウグスティヌス的言語観を相対化し、その視点の狭さを明らかにした。ここでは同様のことを『論考』の「単純―複合的」形而上学に対して行おうとしている。

23　それぞれドイツ語の、“rot（赤）”、“grün（緑）”、“weiß（白）”、“schwarz（黒）”の頭文字。

24　いわゆるフレーゲの文脈原理。フレーゲ『算術の基礎』p.x（『フレーゲ著作集2』（勁草書房）p.43）。（原著第四版、pp. 246-247）

25　原語は“Paradigma”。本書におけるこの言葉が、クーンの有名な「パラダイム」概念の一つの源泉である。Th・クーン『科学革命の構造』第五章参照。

26 「R」や「S」といった言葉と、それらが表す対象（様々な色）の関係は、「規則」という概念を介してのみ表現できる。かくして§53以降、「規則」が重要な考察の対象として登場してくる。

27 ここで「ネズミ」は語と対象の意味的関係を象徴する。この関係の正体を探るために§51では事例の「詳細な観察」が提起された。しかし本節前半では、この関係を実体化しない者にとってこうした観察が不要であることが示唆された。にもかかわらず本節後半では、哲学におけるこうした「観察」の軽視の原因を探ることが必要であると述べられていることから、ここにおける著者の思考経路の複雑な屈折がうかがえる。

28 言語ゲームの規則に関するウィトゲンシュタインの考察はいったんここで中断するが、§§79－88で再開され、いわゆる「規則のパラドックス」が提示される。そして規則と規範に関する本書の考察は、第八章で完結する。

29 「　」内は§46で『テアイテトス』からの引用を用いて示された「単純―複合的」の形而上学のより詳細な提示であり、「名」と「対象」に関する『論考』的見解の根本にある形而上学を体現している。「　」で囲まれているのは、ここでそれが批判的再解釈の対象となっていることを示している。これから§59まで続く「　」の使用も同種のものである。

30 ウィトゲンシュタインが直接どのようなケースを念頭に置いているかは不明だが、例えばゲームで赤組と白組に分かれる場合、「このエリアには赤が一人もいない」と我々は言う。

31 これも『論考』形而上学の中心的命題であり、『論考』はこの「要素」を「対象」と呼ぶ。『論考』3.203, 2.02, 2.021, 2.027, 2.0271 参照。

32 この過去形は『論考』の形而上学の中心的諸概念（「名」、「対象」、「文」、「事態」など）に関する考察が行われていた時を指し、「僕たち」は『論考』の著者を指すと考えられる。

33 §46以降批判的考察の対象となってきた「単純―複合的」、「名」といった概念を中心とした『論考』の形而上学はここで一つの「像」として同定される。この像には『論考』を超えて、哲学史上の極めて広範な「思想」や「世界観」が含まれるが、とりわけその中でも重要なのが古代原子論を起源とする原子論的あるいは唯物論的世界観であり、古典力学を基礎とした近代の科学的世界観もその例外ではない。ここで示されているウィトゲンシュタインの思考は、それらすべてを対象とする射程を持っている。それが『テアイテトス』が考察の対象として用いられた理由と考えられる。

34 『論考』の言語観と形而上学と不可分な「分析」概念が、ここでアイロニカルに対象化され、これ以降§64まで批判的考察の対象となる。ここでターゲットになっている『論考』の「分析」概念の核心は『論考』の次の命題によって表現されている。

複合的なものについての命題はいずれも、その構成要素についての言明と、その複合されたものを完全に記述する命題とに、分解されうる。(2.0201)

命題の完全な分析が一つ、そしてただ一つ存在する。(3.25)

35 原語は"Aspekt"。『探究』第二部で大きなテーマとなる。

【第三章】

1 原語"Spiel"には「ゲーム」と「遊び」の両義があり、「ゲーム」を例として概念の複雑な同一性構造(何が概念Xを成り立たせているのか、概念Xが適用される事例間にはどのような類似性があるのか)を説明する以下のウィトゲンシュタインの叙述は部分的にこの両義性を「利用」していると言えなくもない。なぜなら以下において"Spiel"を「ゲーム」ではなく「遊び」と日本語訳すべき箇所もあるからである。そして§7で「言語ゲーム」という概念が導入される際、この両義性は明確に意識されていた。しかしこうしたケースを除外しても、概念(あるいは言語ゲーム)の同一性は何によって決まるのか(＝言葉の意味をどのように数えればよいのか)、というウィトゲンシュタインの根本的な問いかけは有効である。

2 前注で述べたように、この場合は日本語では「ゲーム」と言うよりは「遊び」と言った方が適切だろう。

3 「ゲーム」という言葉の解釈を巡るこの興味深い挿話は、一方で概念のあいまいさという主題に関わるが、同時に過去の発話の意味や意図(「ゲームをしてやってくれ」によって何を意味したのか)という重大な問題にも関連する。後者は§185で有名な数列を巡る教師と生徒の挿話を通じて正式に提起され、その完全な解決は第十六章(§§661–693)においてなされることになる。

4 フレーゲ『算術の基本法則』第二巻、§56。(原著第四版、p.247)

5 概念規定における例が持つ重要性(あるいは、一般的規定よりも重要であるということ)を強調することは、本書におけるウィトゲンシュタインの根本思想の大きな特徴である。言い換えるなら、我々の概念使用において例は、「見本」や「範型(パラダイム)」という根本的な役割を担っており、一般的説明とはそれから派生したものであり、二次的な意味しかもたない、というのが本書におけるウィトゲンシュタインの概念観の中心を占める思想である。この概念観を「科学」という概念に適用したのがクーンの科学哲学であったとも言えるだろう。

6 「として見る」という主題がここで初めて提示される。周知のようにこの主題は、「見え方、相」（アスペクト）という主題と重ねあわされて『哲学探究』第二部（xi）で徹底的に考察されることになる。

7 ラッセルの記述理論が念頭に置かれている。それによれば固有名を含む文は、ある記述を満たす個体が唯一個だけ存在していると主張していると考えられる。

8 「論理学は「規範学」である」というラムジーの言葉がC・S・パースに直接由来するものであることを、原著第四版の編者は間接的証拠によって示唆している。（原著第四版、pp.248–249）

9 原語は“Kalkülen”。

10 類似した問いは§54でも立てられた。そこで触れられた「言語ゲームの規則」とは何かという問いが、ここで本格的に扱われる。

11 §79参照。

12 すでに触れたように、原語“Spiel”は多義的で、その意味には「ゲーム」と「遊び」が含まれる。本節の考察は明らかにこの多義性を利用し、「規則」と「言語」の関係を理解しようとしている。同様の多義的な対応語を持たない言語圏の人間にとって、本考察が同様の説得力を持つかどうかは必ずしも自明ではない。

13 §68、80参照。

14 この言葉は、規則に関するウィトゲンシュタインの一連の考察が懐疑論に根差したものでないことを示している。

15 規則が規則として存在するためには、それは何らかの形で表現されなければならない。「道標」、「規則集」、「表」、「白線」などがそうした表現の例である。本節及び次節でウィトゲンシュタインが提起している根本問題とは、そうした規則の表現には必ず互いに相容れない複数の解釈が可能であり、ある行為が規則に適合しているかどうかは解釈に依存するから、「ある規則に従って（言語ゲームを）行う」という概念は固定した内容を持ちえない、というものである。その結果「言語ゲーム」は正当な（あるいは客観的な）概念としては用いることができないことになる。これが§201で「我々のパラドックス」と呼ばれるものであり、今日広く「規則のパラドックス」と呼ばれているものである。続く二節で示されるように、規則の解釈を固定するようなメタ規則や定義によってこのパラドックスを解決することはできない。

16 ここで非人称的に「……と思われがちだ」という形で提示され、批判されている考えは、デカルトが『省察』の「第一省察」で初めて示した考え、すなわち「方法論的懐疑」と呼ばれるものであり、近代哲学の土台となったものである。これは偶然ではない。本書においてウィトゲンシュタインが意図的に「近代西洋哲学」をそのもっとも深い源にさかのぼって問い返そうとしていることは、アウグスティヌスやプラトンへの言及からも明らかである。

【第四章】

1 直接的には、§88の厳密さの「理想」を巡る考察を指す。

2 論理（あるいは、論理学）とは何か、という§38と§81で予示されていた問いとの正面からの格闘がここから始まり、それは§118まで間断なく続く。それは単にこの問いに向き合うということのみならず、「論理学とは言語と世界の本質に関するアプリオリな探究である」という『論考』の答え（およびそのあらゆる変奏）の核心であるプラトニズムとの対決をも意味する。もし現在（『探究』）のウィトゲンシュタインが言語を「言語ゲーム」として理解し、言語ゲームはその規則によって規定されると考えるなら、その考え自身が「言語の本質に関するアプリオリな認識」の一例に他ならず、ここで吟味の対象となるべきものである。従ってウィトゲンシュタインにとってこの対決とは、『論考』という過去の自己との対決であると同時に、『探究』において新たに形成しつつある哲学的自己の中にいまだ根深く残っている（論理に関する）プラトニズムの残滓を一掃しようとする闘いであり、それは第四章のテキストが示しているように、極めて困難な闘いである。本章の背景と解釈の詳細に関しては、拙著『「哲学探究」とはいかなる書物か—理想と哲学—』（勁草書房、二〇一八年）を参照されたい。

3 服部英次郎訳『告白（下）』岩波文庫、p.114。ここでウィトゲンシュタインはラテン語原文を直接引用している。

4 この文において過去の『論考』的自己と現在の『探究』的自己は完全に重なりあう。それが「文法的な考察なのである」という現在形が使われている意味である。どちらにとっても自分のしていることを「文法的探究」と呼べるのである。しかし両者にとってその内実は大きく異なる。この二重性が、本章テキスト独特のポリフォニック（多声的）な構造と不確定性、サスペンス感覚を生み出してゆく。

5 本節最後の二文は、次の命題が表現する『論考』の根本的な錯覚を現在の視点から振り返って描写している。

　命題の完全な分析が一つ、そしてただ一つ存在する。（3.25）

　そのとき命題は、確定した、明確に示しうる仕方で、その内容を表現する。（3.251）

6　この「探究」とは本書の探究、すなわち『探究』の自己による「探究」である。それに対して本節で考察の対象となっている「本質の問い」は『論考』という古い自己による「問い」である。

7　「文」も「命題」もドイツ語では“Satz”である。他方英語では「文」と「命題」は“sentence”と“proposition”という別の言葉で表される。ここで問題になっていることについてドイツ語で表現されたことを、完全に日本語、あるいは、英語で表現するのは不可能である。本来は“Satz”というドイツ語に含まれる相関した二義間の関係という問題が、二つの異なる概念間の関係という問題へと発展した。英語と日本語ではそれらに別の言葉を充てることにより、問題を明確化、固定化しているとも言える。

8　これは、論理（学）が世界と言語の超越的な本質を記述するものである、という誤解であり、§91で言及されたことである。この誤解の解消とは、論理が実在の本質の記述であるという考えから、論理とは人間が作り、使用している規範であるという考えへの転換に他ならず、それこそが本章の思考においてウィトゲンシュタインが行おうとしていることである。

9　「命題記号（Satzzeichen）」とは『論考』の重要概念の一つである。次の命題を参照。「われわれが思考を表現するのに用いている記号を、私は命題記号と呼ぶ。そして命題とは、世界と写像関係にある命題記号である。」（3.12）

10　『論考』では、思考は単なる事態の写し絵でなく、事態を構成する現実の対象そのものから成り立っていると考えられている。それは明らかにパラドキシカルな存在である。『論考』の次の一連の命題を参照。

　事実の論理像が思考である。（3）

　思考は命題で表現される。そのさい思考に含まれる諸対象に命題記号の諸要素が対応する。（3.2）

　命題において用いられる単純記号は名と呼ばれる。（3.202）

　名は対象を指示する。（3.203）

　対象が世界の実体を形づくる。（2.021）

11　前注で述べたように『論考』の「思考」概念はパラドキシカルな内容を含んでいる。それが生み出すのが「否定的思考のパラドックス」とでも呼ぶべきものであり、ある文の内容を思考し、それが真であると主張することは、その文が表現する「事態」が思考において現に存在することだという思考観から生まれる「パラドックス」である。現実には、我々はあることを事実として主張し（考え）、結果としてそれが事実でないことがしばしばある。この誤った思考において対象はどのように存在するのか、実際の対象がいかにして実際と異なる形で我々の思考に存在できるのか、この問いに答えることはできない。これが『論考』の「思考」概念（それは世界と言語を関係付ける『論考』の論理学の核心をなすものである）が内包する根本的なパラドックスである。

12 『論考』のこの命題の全文は以下の通り。「我々の日常言語のすべての命題は事実そのあるがままで、論理的に完全に秩序立っている。―我々がここで陳述すべきあの最も単純なものは、真理の似姿ではなく、全き真理そのものである。（我々の問題は抽象的ではなく、おそらくは存在するものの内で最も具体的な問題である。）」（鬼界訳）

13 論理に関する我々の「考察」は、§89においてまったく自然な、問題のないものとして始まった。それが小さな分岐点での間違った選択を重ねるうちに、ここに至って完全な「錯覚」の中にいるのである。それがここで問題にされようとしている「誤り」の深刻さに他ならない。

14 原語は“niedrig”。「崇高な sublim」という言葉との対比で述べられている。本章の思考ではこれら二つの形容詞は常にアイロニカルな意味を帯びることになる。それがウィトゲンシュタインの思考の根源的転回を象徴している。

15 §97で言及された『論考』5.5563への間接的言及。ここでの「問題がない」の原語は“in Ordnung”であるのに対し、『論考』5.5563の原文は“logisch vollkommen geordnet”（「論理的に完全に秩序立っている」）である。

16 かくして「論理の崇高化」、すなわち論理に関するプラトニズムは完成する。現実の言語に隠されたアプリオリで最高に単純な秩序の探究としての論理学像が完成する。これが§81で予示されていた事柄である。

17 §71のフレーゲへの言及参照。

18 竹内敬人訳『ロウソクの科学』岩波文庫、p.77。明らかにこのファラデーの言葉は、「描写の仕方に属することを、事物に関することとして述べる」（§104）ことの一例として示されていると思われる。この講演でファラデーは「固体であっても、液体であっても、水はあくまで水以外の何物でもない」（同）ことを強調する文脈でこの言葉を述べているが、それは「水分子がその分子構造を保つ限りにおいて」ということであり、「水は変化するということはありません」という言葉はこの描写の条件を述べているのであり、水という物質に属する現実の性質を述べているのではない。ファラデーは水が様々な化学反応において様々な物質に変化することを否定しているのではなく、現在の自分の描写の仕方に属することを事物に関することとして述べているのである。ウィトゲンシュタインは、§104で示した誤りが、哲学者のみならず、科学者によっても犯されることを示そうとしたのだと考えられる。

19 この「転回」とは、「ザラザラとした大地に戻れ！」というスローガンが象徴的に表現するものである。その特徴として日常言語への回帰とか具体例の重視とかを挙げることができるが、この転回そのものを特定の立場を記述することによって規定することはできない。なぜならそれは単に見解や思想の転換ではなく、その本人の生き方そのものの転換と不可分に結びついているからである。この転換のもっとも具体的で直接的な表れは、本書の文体そのもの、すなわちウィトゲンシュタインの生き方の一部としての語り方そのものである。これらの点についての詳細は前掲拙著第I部参照。

20 「本当の必要」とは現実の生活において我々が様々な言葉や概念（「理想」もその一つ）を用いるその目的ということである。それを軸として考察を転回するとは、現実に我々が生活において言葉や概念を用いている実際の目的を基準に物を考え直すということであり、理論の体系性、単純性、普遍性を基準にしてなされている「理論的哲学」とは異なったやり方で哲学をやり直すということである。

21 本補節は『哲学探究』原著第一版と第二版では§108の一部として編集されていたが、ウィトゲンシュタインのタイプ原稿（TS227）に添付された紙片への手書き原稿がソースであるため、第三版以降現在のように補節とされた。（原著第四版、p.252）

22 この［ ］記号は、それに囲まれた部分が、ウィトゲンシュタインのタイプ原稿（TS227）に添付された紙片に書き込まれた欄外の注であることを示すために編者が用いたもの。（原著第四版、p.252）

23 この考えは本書§89で現在の考察の起点として述べられたが、その起源は『論考』にあり、ここでは『論考』の思考が念頭に置かれていると考えられる。次を参照。「哲学はいかなる自然科学でもない」（『論考』4.111）。そしてこの限りにおいて§89は、現在から振り返っても肯定できるものとしての『論考』の志を表現していると考えられる。

24 ウィトゲンシュタインの手稿の記述（MS112,pp.115v-116r、日付は1931.11.22）からこの「経験」が、例えば、「ある表を幾通りもの仕方で使うことができることや、……矢印を矢の先から根本への方向を指すものと捉えることができることに気づかせる考察」であることが判る。『論考』においてこうした考察は無視され（あるいは気づかれず）、その様々な形而上学的前提に疑問が向けられることはなかった。そうした前提に「思考を心的な媒体と捉える見方」も含まれる。こうした考察への目覚め（『論考』に内在するパラドックスを真剣に受け止めること）が『探究』的思考の始まりであったと考えられる。

25 「情熱」とは「言語（あるいは思考）とは比類なき何かである」という『論考』の誤った感嘆を指すと考えられる。自らの誤りを悟った者（ウィトゲンシュタイン）にとって、そうした情熱は消滅するのでなく、自らの探究を、自分が捕らわれていた錯覚や問題の分析と解決へと駆動する力に転化しつつあることをこの言葉は示していると考えられる。

26 「心の中」、「意識の流れ」、「文章で描写する」といった比喩について考えよ（それらは比喩である）。

27 §104参照。

28 「言語は世界の論理像である」という『論考』の全思想の根底にある言語像を指す。

29 「哲学的問題」を介して生じる様々な錯覚の中から、自己をその外部へと救出しようとするウィトゲンシュタイン、および彼とその営み・目的を共有する人間たち（直接には、本書を理解する読者）を指す。この「我々」は自己救出道としての哲学を営む人々であり、おそらくは本来「哲学者」と呼ばれるべき人々であろう。しかし本節冒頭での「哲学者たち」という言葉の使用（それは引用符に入れられていない）が示すように、本書において（そしてウィトゲンシュタインの思考において）「哲学者」とは「哲学的問題」に関わることにより（主観的にはそれを解こうとすることにより）誤解・錯覚・迷信の中にいることを自覚することなく居続けている人々の名として使われている。そしてそうした人々の代表として過去のウィトゲンシュタイン自身が想定されていることは、ここで形而上学的使用への警告がなされた言葉がすべて、『論考』の中心的概念であることの内に示されている。「哲学」という言葉を巡る本書の二重性の根源はここにある。

30 手稿ノートにおいてウィトゲンシュタインはこの表現をF・ラムジーと結びつけている。MS110, p.189; MS115, p.71 参照。（原著第四版、p.252）

31 これは§70後の補節で、子供にサイコロ賭博を教えようとしたウィトゲンシュタインに友人が言った言葉と同じであり、両者は、我々が言葉を使用する際に、取り立てて言葉で説明することなく「何を意味しているのか」、という共通の問題にかかわっている。両者の共通点は、「意味する」という実践において予期しなかった不都合が生じるということであり、ウィトゲンシュタインは数学の矛盾（例えば、ラッセルのパラドックス）と、彼の友人の不都合を同じ視点から見ようとしているのである。「意味（する）」の問題は最終的には第十六章（§§661－693）で扱われ、解決される。

32 「矛盾」が我々の生活において持っているこの「役割」とは「哲学的」という言葉（概念）が我々の生活において持っている「役割」なのであり、それが哲学の役割である。それは、我々が立っている概念的基礎に何か問題があることの告知者、という役割である。

33　この補節は第三版まで§133の第四パラグラフになっていたが、原テキストの形態に従って、第四版で現在の位置の補節とされた。（原著第四版、p.253）

【第五章】

1　この文は『論考』4.5で「命題の一般形式」として提示されたものである。この表現は、§114では『論考』に対する根本的批判の一部として批判された。それに対してここでは、『探究』という新しい立場からこの表現がどれほど「命題の一般形式」というものにふさわしいか、あるいは、どのような不十分性を持つのかが現実の言語に即して丁寧に検討される。それは『探究』の新しい「文」概念を探る考察の導入部という意味を持つ。

2　すでに触れたように、ドイツ語原語の"Satz"は日本語にすると言語学的概念としての「文」と論理学的概念としての「命題」という二つの意味を持ち、『論考』4.5の規定を『探究』の立場から批判的に考察する本節の考察はこの両義の関係に関わるものであるため、文脈に応じていずれかの訳語、あるいはその混合「文（命題）」を本節では用いる。

3　この疑問は、概念の一義的な定義は常に可能であるはずだ、という『論考』的立場から発せられている。それに対して以下に続く答えは、我々の現実の概念の在り方に対する『探究』的理解に基づいてなされる。

4　§§68－69を参照。

5　「文（命題）の帰納的系列」とは、ある文から別の文を生み出す手続きによる文の説明を指すと考えられる。例えば、「雨が降っている」は文だが、それに「と思う」を付け加えると別の文ができる、はその例である。

6　「真理関数の計算（Kalkül der Wahrheitsfunktionen）」とは文（命題）に対して否定（「……でない」）、連言（「……かつ……」）、選言（「……または……」）といった論理的操作を行って新しい文（命題）を作る手続き。それを形式化・体系化したものが命題論理である。

7　ここで意味の二つの概念（瞬間的に把握されるものとしての意味と、時間的広がりを持つ使用としての意味）の対立という重大な問題が提起される。それは同時に理解の二つの概念（瞬間的理解と使用に現れる理解）の対立でもある。この問題に対する「パラドックス」という呼称については§182参照。

8　「私の誤り」とは、直接的には§139の考察を通じて明らかにされた誤解（「言葉に対して抱く我々の心像がその使用を決定する」）を指すが、同様に『論考』が陥っていた同じ誤解も指す。

9 §139においてプリズムの例を用い、『論考』的な想定の誤りを示した議論を指す。

10 直前に登場した、「ある使用が私の頭に浮かぶ」という表現。

11 像とその使用法が、それ自身で衝突する（矛盾する）、ということに意味はない。ある像に対して人間が広く共有し、相互に期待している使用法がある場合にのみ、それ以外の使用法が「像に衝突する」と言われるのである。この隠れた前提は、ここでの考察によって初めて明らかになった。

12 §§243－315の「痛み」と「感覚」を巡る考察を指す。

13 ウィトゲンシュタインの哲学的考察が読者に引き起こそうとしているのが、以前は考えてもみなかった可能性への気づきであることがここで示されている。

14 カッコ内のインドの数学者についての必ずしも意味の明確でない表現は、『探究』の最終手稿ノートであるMS142では次のようにより長い説明になっており、これを参照することによりその意味は明確になる。（原著第四版、p.253）

（インドの数学者は（ときとして）「これを見よ！」という言葉を添えた幾何学図形を用いて定理の証明にする、ということをどこかで読んだことがある。このような見ることもまた、ものの見方の変化をもたらす。）

(MS142, § 144,p.131)

15 §139の「立方体」に関する考察を指すと考えられる。

16 理解の二側面（時間的使用と瞬間的理解・意味）の関係を巡る問題がここで改めて「数列の理解」という例に即して提示される。

17 こうして、数列の理解の二側面を巡る問題が、無限の問題と不可分であることがここで示唆される。その点で「数列の理解」の問題は「理解」を巡る問題一般にはない要素を含んである。それを巡る考察は「数学の基礎」を巡る考察となり、今後パートⅡの考察は、「理解」と「数学の基礎」という二つの大きな問題に同時にかかわる形で進行してゆく。

18 原語は“Disposition”で、英語の“disposition”に対応する言葉である。

19 ドイツ語の“wissen”（あるいは英語の“know”）に一語で完全に対応する言葉は日本語には存在せず、ある場合には「知る」、ある場合には「わかる」が適切な訳語となる。“wissen”の概念的分析が主題的に提示されていることでは、両語を併記する。

【第六章】

1 §154で示された、理解はいかなる心的な過程でもない、ということ。

2 ここでウィトゲンシュタインが「読む」と呼ぶ活動は、『論考』の、写像関係に基づいてある表現形式を別の表現形式へと変換することとしての「読みとり entnehmen」とほぼ一致する。『論考』4.014, 4.0141 参照。

3 この過去形は、§156末尾の「メカニズム」によって「読む」を説明しようとした思考を指すと考えられる。その思考の誤りの源は、機械に対して適用される概念をそのまま生き物（人間）に適用したことだったのである。

4 「……でなければならない」、「……であるはずだ」というのがアプリオリな思考の形式である。

5 「……でなければならない」という形式を持ったアプリオリな思考は、事実に関する思考でなく、我々が用いる描写形式に関する思考である。§104参照。

6 ドイツ語で「上」を意味する。

7 注2でも触れたように、以上本節冒頭で規定された「読む」という概念は、『論考』における、ある表現形式から別の表現形式への規則に従った写像関係による移行としての「読みとり」という概念を念頭に置いていると考えられる。次を参照。

ある一般的な規則が存在し、それによって音楽家は総譜から交響曲を読みとることが可能となり、ひとがレコード盤の溝から交響曲を引き出す（ableiten）ことが可能となる。また、その規則によって、総譜から交響曲が読みとられたように、交響曲を聴いたひとがそこから総譜を導き出す（ableiten）ことができる。まさにこの点に、見かけ上まったく異なる形象における内的類似性が存している。そしてその規則とは、交響曲を音符言語に射影する射影規則にほかならない。それは音符言語をレコード盤の言語に翻訳する規則である。（『論考』4.0141）

この引用文で「引き出す」、「導き出す」と訳されているドイツ語“ableiten”は『探究』§§162－164で「導き出す」と訳されているのと同じ言葉である。このことはこの「読む」を巡る『探究』の考察が、「写像」を巡る『論考』の思想を批判的吟味の対象として念頭に置いたものであることを強く示唆している。

8 §165冒頭の命題。

9 ここには第三版まで無意味なタイプ記号の列が印刷されていたが、「茶色本」の例などを参考にして第四版の編者

は、より著者の意図に沿ったものとして現行の手書き記号で置き換えた。(原著第四版、p.254)
10 §103参照。
11 「これらの言葉」とは、「わかった」、「続けられるぞ」、「理解した」といった現在の考察の対象となっている言葉。
12 こうして、§134以降「理解」を巡って続けられてきた考察の意味が明らかになる。それは「理解」に関する我々の誤解(我々の誤った「理解」像)に起因する哲学的諸問題の提示、分析、解決である。それは§109で示された新しい哲学の実践に他ならない。

【第七章】

1 前節、および本節第一文で前提されていた対話者の考え。
2 この問いに対する直接の答えは次節で示される。しかし「意味する」という概念の正しい理解(誤解を解消する理解)を提示するより包括的な答えは§§692－693まで待たなければならない。
3 すなわち、式のタイプに関する文。
4 すなわち、式のトークンに関する文。
5 これが前節冒頭の引用符内の問いへの答えである。
6 例えば、前節で登場した「より一層直接的な意味で」という表現を指す。これが「哲学的最上級」とここで呼ばれるのである。
7 これも§192で「哲学的最上級」と呼ばれたものの実例である。
8 この比喩に関しては§106参照。
9 この表現も哲学的最上級の一例である。§§191－192参照。

【第八章】

1 第三章以降、規則を巡って繰り返し提示されてきた問題が、ここで初めて明確なパラドックスという形で提示される。これを「規則のパラドックス」と呼ぶことができる。
2 「我々のパラドックス」とは、直接的には§198冒頭の「 」内の言葉が表現する規則に対する懐疑的な思考を指すと考えられる。しかしそうした規則に対する懐疑的な思考はこれまでにすでに三度にわたり示されている(規則を使用する規則について§§84－88、「立方体」の意味に即して§139、数列のパラドックスを介して§§185－187)。ここではこれらの箇所も間接的に言及されているとも考えられる。

3 この「解答」とは、上記の懐疑的思考が「規則」について引き出そうとした結論を指すと考えられる。

4 このアフォリズムは、それが置かれた場所から、「規則」を巡る問題を念頭に置いたものと考えられる。この問題(「場所」)に至る二つの道とは、「規則」を何らかの対象と考えることから始めるアプローチと、「規則に従う」を一つの実践と考えることから始めるアプローチであり、前者が我々を迷わせることをこのアフォリズムは象徴的に述べていると思われる。

5 「反復的な操作の系列」とここで訳したのは“Progression”というドイツ語で、元々は進行、進歩を意味し、こうした文脈では通常「数列」と訳される言葉である。自然数列概念の根底を探ろうという思考が展開されているこの箇所で、この語を「数列」と訳すことは明らかに適切ではない。

6 これは「同じように一つずつ加えてゆく」という概念の習得過程であり、自然数概念の根幹をなすものの習得過程である。

7 指差しの例でわかるように、言語的コミュニケーションにおいて重要な生得的基本行動を解発する、という働きである。こうした身振りによってこれらの行動が、何らかの生得的理由により、解発されない人間は、言語的コミュニケーション(様々な言語ゲームの遂行)において大きな困難を経験することが予測できる。§185最終段落参照。§143も参照。

8 前節第一段落末の、「そしてその際、私自身が知っていてその人に伝えないことは何もない」という主張に対する疑問。

9 §§173、177参照。

10 §186参照。

11 この文は前節の二つ目の数列に関して出された「反論」であるが、それを契機として§§215－216では「同一性」概念に関する哲学的誤解に関する考察が、挿入句的に行われる。

12 §211参照。

13 この命題については、§188参照。

14 この過去形は、明らかに、本節冒頭の思考を指すと同時に、§188の考察を指していると考えられる。

15 ウィトゲンシュタインの元のタイプ原稿で「x^2+1」となっていたのを、原著の第三版までは「$2x+1$」と修正されていたが、第四版で、奇数列のより正しい表記として「$2x-1$」に変更された。(原著第四版, p.254)

16 §185第三段落の類似の表現参照。

17 ここでは『論考』的な古い概念観に基づいた論理像に代わる、新しい概念観に基づいた新しい論理像が示されている。それによれば概念は、その定義によってのみならず、共同体におけるその使用例(判断例)の一致・不一致によっても規定される。

【第九章】

1 人間の持つ感覚語とは人間の自然な感覚的感情的表現を言語的な手段で置き換えたものであるというウィトゲンシュタインの考えがここで示される。それはしばしば「表出説」と呼ばれる。その背後には、言語とは人間が元々動物として持っていた自然な衝動や行動を人間固有の媒体で置き換え、人間化したものである、という根本的な考えが存在する。

2 トランプの一人遊びの一種。

3 どちらの文も概念を規定しているという意味で「文法的な文」であるという点で。

4 「文法的命題」とは、ある概念を規定している命題であり、その概念を表す語の使用法を規定する命題である。後出の、「すべての棒には長さがある」はその例。

5 第四章で確立された新しい哲学の核心が、より明確な形で述べられている。それによれば、従来「哲学」と呼ばれてきた言説の多くは哲学自体ではなく、哲学的錯覚に陥っている者の心情の表出であり、ウィトゲンシュタインが考える本当の哲学は、それらの表出を分析の素材として、その背後にある哲学的誤解(問題)を剔出し、解消する営みである。以下ではこの哲学概念の数学への適用が述べられている。

6 原文で使われているドイツ語の動詞“behandeln”(英語の“treat”に相当)は「(ものや問題を)扱う」という意味と「(病気を)治療する」という意味を併せ持つ。ウィトゲンシュタインは明らかにそうした多義性を意識的に利用しているので、本文のような訳を採用した。こうした多義性の利用は、「ゲーム(Spiel)」という語の使用においてもみられる。

7 ここで考察は§243の「私的言語」の問題に戻ってゆく。

8 ドイツ語“Empfindung”（感覚）の頭文字。

9 §§260－261でその不在が指摘された「感覚日記」言語ゲームにおける記号「E」の役割の一つの可能性がここで示され、感覚日記が有意味な言語行為である可能性が示される。同時に、そこにおいて、対象としての我々の内的感覚が何の役割も持たないことが示される。

10 この想定は哲学において「逆転スペクトル」とか「逆転クオーリア」と呼ばれる。本章の考察全体を通じてウィトゲンシュタインは、なぜ哲学者がこの想定に取りつかれるのかを示しているとも解釈できる。

11 この表現は『算術の基本法則』第一巻、「序言」で、「表象」という概念の両義性を論じる際にフレーゲが用いたものの引用である。『フレーゲ著作集3』（勁草書房）p.23 参照。（原著第四版、p.254）

12 『哲学探究』第二部 §216参照。

13 『論考』的思考に立脚する限り、感覚概念を石や植物にも応用しようとすることを妨げるものは何もないが、現実にそうしたことを我々は想像もしない。『論考』的な感覚概念理解は現実の我々の感覚概念を捉えていない。

14 〔 〕内は訳者による補足。

15 「痛み」という概念の使用において意味を持たない（有意味に使用できない）、ということ。

16 「痛み」などの感覚語を用いる言語ゲーム、すなわち感覚概念を用いた我々の実践。

17 以下で描かれるのは、「痛み」などの感覚語の文法について我々が抱きがちな誤った像（「感覚語は私的な内的体験の名である」という像）の寓意的表現である。

18 ウィトゲンシュタインはここで箱の中の物の存在を否定しているのではない。それが我々の言語ゲームにおいてある役割を果たしていること、すなわちそれが感覚名の指示対象という役割を果たしていること（果たせること）を否定しているのである。

19 「箱の中のカブト虫」という像こそその例である。

20 前節で描かれた、哲学的考察において我々が体験する様々な発話衝動はあくまでも我々の発話衝動であり、世界や事物に関する想定や洞察の表現ではない、これが哲学的問題に関する思考についての『哲学探究』の立場である。

21 痛みの想像を像で置き換えるとは、例えば、痛みの絵を描く、といったこと。

22 §367参照。

23 「他人の痛みを想像する」とは「他人の痛み」と呼ばれる特定の感覚を自分の中に再現することではなく、「痛みを感じている人」の立場に自分を置くこと、そうした態度をとることである。

24 この文の過去時制は§293の考察を指示している。従ってこの文は§293の「箱の中のカブト虫」の喩えを巡る考察からウィトゲンシュタインが導こうとした結論を改めて強調するものである。

25 「痛み」をはじめとする感覚語は我々の内的で私的な体験を指示する名である、という文法（＝感覚概念）を指す。

26 感覚語は本来我々の内的で私的な体験を指示する名であるように思われるのに、いざそのように使用すると、その対象についてなにも語ることができない、というパラドックス。これは我々の感覚語が本来は私的言語であるように思われるのに、厳密に考えると私的言語というものが概念的に成立しえない、という§§243－280で示されたことと表裏一体の事態である。

27 これには、すべての有意味な名詞類はそれが指示する対象の名である、という観念（『論考』の根本的観念）がその前提として含まれる。

28 原語は"Vorgang"。本訳書では前後関係に応じてこの言葉を、「出来事」、「過程」、「出来事（過程）」と訳す。

29 ここで登場した「想起（記憶）」を巡る問題は、『哲学探究』第二部（xiii）で主題的に取り扱われる。

30 「『痛み』は私的感覚の名である」は典型的な文法に関するフィクションである。

31 §304参照。

【第十章】

1 ここでは「瞬間的理解」とも呼ぶべき現象に関する問題が提起されており、それに関する考察は§326まで続く。この一連の考察は§§151－155、179－184において「理解のパラドックス」という側面から「理解」についてなされた考察の、別の角度からのさらなる深化と見なすことができる。

2 前節に登場した「突然理解する」という表現を指す。

3 §179の例で、教師が示した数列の規則性を発見したときの生徒の発話。

4 「わかった!」という発話に伴う確信は、§184の考察で登場した。ここでの考察はその継続、深化である。この問題は最晩年の原稿『確実性の問題』でさらに徹底的に考察される。

5 §485参照。

6 この政治家の名はBriandである。（原著第四版、p.255）

7 原語は“Vorstellung”。この言葉が本書で使用される場合、その文脈に応じて「想像」、「心像」、「表象」、「イメージ」といった様々な訳語があてられる。とくに「表象」と訳される場合は、哲学史上の議論が著者の念頭に置かれているると解釈されていることを意味する。“Vorstellung”という概念は第十一章の主題となる。

8 シャミッソー『影をなくした男』に登場する話。悪魔に魂を売り渡した主人公シュレミールは後悔し、魂を取り戻そうとするが、魂の身代金として影を要求される。（MS 111, p.77に記されたウィトゲンシュタイン自身の「内容」要約による。）

9 「思考は言語に生命と意味を与える」という見方は§§430－436で詳しく考察される。

10 「考える」と「食べる」の違いを身体的―非身体的（あるいは、物体的―非物体的）という概念対で表現することは、両者の根源的相違の矮小化であるということ。

11 『算術の基本法則』第一巻、「序言」のフレーゲの言葉が念頭に置かれていると考えられる。『フレーゲ著作集』（勁草書房）第三巻、pp.22-23 参照。（原著第四版、p.255）

12 William James *The Principles of Psychology* (Holt, New York,1890), vol.1,p.266.（原著第四版、p.255）

13 「文法」と同義。

14 §199参照。

15 §293の「箱の中のカブト虫」のアレゴリーを参照。

16 「考えるとは心の中で自分に向かって話すことだ」という像。前節冒頭の想定で前提されていた。

17 〔 〕内は訳者による補足。

18 もちろん、現実がこの像に一致しているかどうかを知るために、である。

19 「文の検証」とはその文の真偽を確かめる経験的な手立てのこと。

20 「青色本」によれば、ある概念の「基準」とは、その概念の適用基準としての定義であり、「徴候」とは、ある概念の定義的基準に常に伴っていることが経験的に見出されるような現象である。「青色本」（大修館全集、第六巻）、p.57 参照。

21 「意味する」という体験は『哲学探究』第二部において重要な主題となる。「意味体験」と「夢」については、『心理学の哲学1』（大修館全集、補巻1）§§232－234、および、『哲学探究』第二部§273参照。

【第十一章】

1 ここの議論で「計算」とは、何らかの有限個の記号列に対する確定した有限回の操作、とほぼ同義に考えられている。

2 ゲーテの戯曲『ゲッツ・フォン・ベルリヒンゲン』の登場人物。同作品第二幕は、この二人のチェスの対局においてアーデルハイトが僧正に王手をかける場面から始まる。（原著第四版、p.255）

3 ラッセルやカルナップといった哲学者の見解が念頭に置かれている。

4 ここでは明らかに「事実の論理像」という『論考』の「思考」概念、およびそれと不可分な「写像」概念が念頭に置かれており、それゆえここで示されているのは『論考』の核心的内容への根本的反省である。『論考』の次の命題を参照。「世界を写しとることができるのは、論理像である。」(2.19)、「思考は事実の論理像である。」(3)、「我々が思考を表現するのに用いている記号を、私は命題記号と呼ぶ。そして命題とは、世界と射影関係にある命題記号である。」(3.12)

5 §301参照。

6 ここで示されているのは、§371と同様、論理（あるいは文法）の本性に関する命題であり、明らかにそれは、『論考』の論理観を念頭に置いたうえで、それを否定するものである。しかし§§371、373と異なり、ここで反省の対象として「 」内に示されている命題は、明らかにそのままでは『探究』の新しい論理観を正しく表現していないと考えられていると解釈できる。そしてその問題点とは、現実の我々の論理（文法）と恣意的な規則体系を同一視していることにあると考えられる。『論考』の論理観については、次の命題を参照。「論理はすべてを包括し、世界を映し出す。」(5.511)、「論理学は学説ではなく、世界の鏡像である。」(6.13)、「論理学の探求とは、すべての法則性の探求にほかならない。」(6.3)、「……対象の記述がその対象にとって外的な性質に従ってなされるように、命題は現実の持つ内的な性質に従って現実を記述する。」(4.023)、「……だが内的な性質や内的な関係は命題によって主張されるようなことではなく、その事態を描写し、その対象を扱う命題において示されるものに他ならない。」(4.122)

7 ウィトゲンシュタインはこの考えをルターに帰している。次を参照。アリス・アンブローズ編『ウィトゲンシュタインの講義　ケンブリッジ　一九三二－一九三五年』（野矢茂樹訳、勁草書房）p.61。（原著第四版、p.256）

8 「想像（心像）とは当人にしか直接知ることのできない私秘的な像（絵）だ」という像。

9 「像とその使用」については§§422－427で改めて主題的に考察される。

10 「計算」という概念の境界的事例。

11 「計算」とは別のカテゴリーに属する人間の行為（例えば、創作や霊感）。

12 例えば、想像された赤と、想像に基づいて現実に塗られた赤。

13 「石の意識」という着想に関しては、§§283－284参照。

14 §391後半参照。

15 本書で実践されている探究としての哲学的探究を指す。

16 文（命題）の有意味性をその想像可能性（思考可能性）によって規定しようという考えは『論考』に遡る。『論考』の次の命題を参照。「「ある事態が思考可能である」とは、我々がその事態の像を作りうるということにほかならない。」（3.001）、「思考は、思考される状況が可能であることを含んでいる。思考しうることはまた可能なことでもある。」（3.02）、「思考とは有意味な命題である。」（4）ここで取り上げられた文の想像可能性の哲学的考察にとっての意味という問題は、§§251－252では、文法的命題とその否定命題の想像可能性についての問題という形で取り上げられた。

17 例えば、『省察』のデカルトがこれに相当する。あるいは自分が「発見」したものを「センスデータ」や「クオーリア」といった言葉で表現しようとした人々もそれに相当する。

18 §104で示された思考を参照。

19 「青色本」では、個人的経験（「センスデータ」とほぼ同義）こそが実在を構成する材料だと言いたくなる誘惑、について語られている。「青色本」（大修館全集、第六巻）、p.88。

20 「　」内は主体と世界に関する『論考』の見解を代弁している。次の命題を参照。「私は私の世界である。（ミクロコスモス）」（5.63）、「思考し表象する主体は存在しない。」（5.631）、「主体は世界に属さない。それは世界の限界である。」（5.632）

21 この論争に関してここで示されている見解は、同じ問題に関する『論考』の見解を背景としたうえで、それをある点で否定するものとして示されている。次の『論考』の命題を参照。「ここにおいて、独我論を徹底すると純粋な実在論と一致することが見てとられる。」（5.64）二つの見解の共通点は、この論争を世界に関する事実を巡る相矛盾する二つの見解の論争と見ない点である。

22 類似の想定が「青色本」に登場する。「青色本」（大修館全集、第六巻）、pp.119-120。

23 二つの文を「かつ（and）」で結合した文。

24 ここで示されている哲学という営みのウィトゲンシュタインによる自己認識は、第四章で示された哲学観に立脚している。§§89－90、109、129参照。彼の哲学と人間の自然誌の関係は、『哲学探究』第二部（xii）においてより明確に述べられる。

25 一見唐突に見える本節の考察は、§§416－418で問題になった「(意識を) 持つ」という表現の哲学的使用に関して、「(族長を) 持つ」という非哲学的表現の使用法との対比においてなされたアイロニカルな、挿入句的コメントである。「意識を持つ」に関する考察は§420へと続く。

26 物理的なものと非物理的なもの、と言い換えることもできる。

27 感覚、思考、想像、などの心に関わる諸現象。

28 心に関わる領域。

29 心に関する様々な像。例えば、「彼の頭の中」、「彼の心の中」といった像。

【第十二章】

1 『論考』の視点に立った、「現実の論理像」という思考の働きへの感嘆。§§95、97、110参照。

2 思考に対象そのものが含まれている、というのは『論考』の「思考」概念に内包される考え。『論考』3.2参照。

3 「現実との一致」は『論考』において像（思考もその一つである）が真となるための条件。『論考』の次の命題を参照。「像の真偽とは、像の意味と現実との一致・不一致である。」(2.222)

4 本節の考察は、§95で提示された「否定命題のパラドックス」に対する『探究』の視点からの皮肉に満ちた「解決」であり、否定命題が現実と「一致」するのはどんな意味においてなのかが示されている。

5 アウグスティヌス『告白』第十一巻第二十二章。服部英次郎訳、岩波文庫下巻、p.126。

6 この表現は『数学の基礎』第一部、§121のウィトゲンシュタイン自身の言葉の引用である。大修館全集、第七巻、p.86。（原著第四版、p.257）

7 ゲーテ『ヘルマンとドロテーア』第五歌69行より。（原著第四版、p.257）

8 以上本節で示された考察が、§437で提示されたパズルの解決である。

9 本節では、§429でも扱われた「否定命題のパラドックス」の核心に関わる考察が示されている。この問題に関する考察は§§446－448で更に展開される。

10 この考えは、語は通常の文脈ではその指示対象（語の「意味（Bedeutung）」）を意味するが内包的文脈（「……と考える」といった文の「……」部分）では話者がその対象に対して抱く観念（語の「意義（Sinn）」）を意味するというフレーゲの意味論に基づいている。フレーゲの論文「意義と意味について」（『フレーゲ著作集』（勁草書房）第四巻、所収）参照。

11 前節の思考を前提とした本節の思考によって、§442で提示された期待とその実現を巡るパズルに対する「解決」が示されている。

12 これら二つの考えは、「文の意味としての思考は事態の論理像である」という『論考』の根本規定を否定命題に適用するとき必然的に導かれるもの（あるいはそのカリカチュア）である。§95で「否定命題のパラドックス」として指摘された『論考』体系の根本的誤謬が§§446－448の半ば揶揄的な考察の対象である。

13 「文の意味とは、ある事態の論理像としての思考である」という『論考』の根本思想から派生する考え。それによれば、文を使用するためにはそれを理解しなければならず、そのためにはその意味を表現する思考を（心中あるいは脳内で）再生する必要がある。前節は、否定命題におけるこの考えの破たんを衝く批判であった。

14 §454で示された「意味する」とは記号の持つ不思議な作用だという誤解に対して、「意味する」とは「誰かに向かって行く」と同様に日常的に人と人の間でなされている行為であることが示されている。同時に、「意味する」という行為がある点で、「人に向かって行く」ことに似た行為であることも示唆されている。

15 命令が実行されないこともあるから。

16 角の三等分法とは定規とコンパスだけで角を三等分する方法であるが、それは不可能であることが知られている。

§334も参照。

17 「明白でないナンセンス」とはパズルやパラドックス、「明白なナンセンス」とはその解決・解消を指す。この移行は、哲学的問題の解決においてウィトゲンシュタインが用いる代表的な方法の一つである。この逆のプロセスが述べられている§524も参照せよ。

18 「常に」ではない、ということがポイントである。従ってこれは経験的事実であり、§466の問いに対する答えではない。

19 この「確実（性）Sicherheit」という概念については、最晩年の手稿群『確実性の問題』（大修館全集、第九巻）で改めて徹底的に考察される。

20 原語の“Grund”は本書において、文脈に応じて「理由」とも「根拠」とも訳される。

21 ラッセル、ムーア、カルナップらの「センスデータ説」（我々が直接知覚するのは感覚印象（センスデータ）であり、物理的対象に関する認識はそれらから推論あるいは構成されたものである）が内的対話の相手として想定されている。

22 前節後半で提起された、相手の命令と自分の行為の関係に関する理由的規定（君が命令したから僕はこうしたのではない）が「正しい」かどうか。

【第十三章】

1 §520参照。

2 文が事態の論理像である（＝事態を表現する）ことは、言語の論理的文法自身において規定されているとみなす『論考』に由来する見解だと考えられる。『論考』3.25参照。

3 ここでは『論考』の次の根本規定が念頭に置かれている。「思考は命題において知覚可能な形で表される。」（3.1）、「思考は命題で表現される。そのさい、思考に含まれる諸対象に命題記号の諸要素が対応する。」（3.2）

4 前注で引用した『論考』3.2が述べるように、命題（文）は思考に含まれている対象の相互関係や属性を表現することにより思考を表現し、そのことによって事態を表現すると考えられている。しかし「雨が降っている」を意味するドイツ語“Es regnet.”に登場する代名詞“es”はいわゆる形式主語であり、いかなる対象も指示していない。この文はどんな対象に関するどんな思考を表現しているのか、というのがここでの『論考』に対する『探究』の「つっこみ」である。同様に日本語の「雨が降っている」に対しても、この文は雨という対象に関してどんな思考を表現しているのか、と問うことができる。

5 この問いかけは前節の「ａｂｃ」という奇妙な文を発する人に向けられている。

6 ここでも文の意味とはそれが表現する思考である、という『論考』の根本的な考えが念頭に置かれている。次の命題を参照。「思考とは有意義な命題である。」（4）

7 例えば、オランダの画家エッシャーの作品の多くはこのカテゴリーに属すると考えられる。

8 §511冒頭の問いに対する、一つの答えがここで示されている。

9 正七角形の定規とコンパスによる作図が不可能なことは十九世紀初頭、ガウスの『整数論』において示された。

10 プラトン『テアイテトス』189a。翻訳はウィトゲンシュタインがここで引用しているドイツ語訳からのもの。（原著第四版、p.257）

11 『論考』の根本思考に由来する、命令を行為の像と見るという考えは、すでに§433でも登場した。

12 「思考」のみならず「文（命題）」も事態の像である、という『論考』の文（命題）概念が念頭に置かれている。『論考』3.3.1参照。

13 我々の文法（概念系）は、我々が生きる生活の形によって規定されており、文字通り恣意的なのではない。

14 先の定義によれば、これは「化学的に不可能」な結合である。

15 「自分を不安にさせる他のこと」とはこの場合、単なる記号の集まりである文が意味を持ち、我々に何かを知らせたり、様々な情動的変化をもたらしたりすることを指していると考えられる。

16 §464で言及された過程の逆の過程。これまで当然とみなしていたことを改めてパズルとみなすことにより、これまで哲学的にパズルだとみなしていたことを事実として受け入れるという、本節で示されている哲学的方法を指すと考えられる。黒崎宏訳・解説『ウィトゲンシュタイン哲学的探究第1部読解』（産業図書、一九九四年）p.293、ハッカー［1996］, p.324参照。

17 §534参照。

18 音楽鑑賞におけるこうした比喩的発話の実際の例が、ラムジーの発言として日記に登場する。『ウィトゲンシュタイン哲学宗教日記』（講談社、二〇〇五年）pp.25-26参照。

19 新約聖書に登場する特異な宗教的言語行為。通常は「異言」と邦訳される。コリント人への第一の手紙、14章に詳しく述べられている。ハッカー［1996］, p.332参照。

20 §525参照。

21 「意味」と「真理」という二概念。

22 「どちらにも」とは、先の命題の正しい点と間違った点のどちらにも、という意味と考えられる。正しい点とは、二重否定が肯定になることは、我々が使用する「否定」概念の文法という本性に由来するという点。間違っている点とは、この「否定」の文法は人間の実践が作ったものであり、人間から独立して存在する「本性」ではない点。

23 前者は自然数であり、後者は実数である、と考えて。

24 『論考』3.323で「日常言語では、同じ語が異なった仕方で表現をする―つまり同じ語が異なったシンボルに属する―ことが極めて多い」という議論の例として挙げられた"ist"(「である」)の用法に関する考察が念頭に置かれている。

25 「意味体」とはウィトゲンシュタインの一九三〇年代前半のテキストに登場する比喩的概念であり、同じ言葉が異なる文脈で異なる意味を持つことを「説明」するために使用された。表面的には同じ言葉が、異なる文脈では表面の背後に異なる立体としての意味体を持つと想定された。ここでは、意味を確定した対象と考える思考法の一つとして批判の対象となっていると考えられる。『哲学的文法』(大修館全集、第三巻)、pp.61-62参照。(原著第四版、pp.258-259)

26 「青色本」(大修館全集、第六巻)、pp.21-22参照。

27 ここには、語や駒のゲーム内での本質的な役割としての意味を把握することと、顔の諸特徴をある表情として把握することの類似性に関する考察の挿入が考慮されていたと考えられる。§§536-537参照。

【第十四章】

1 「心理学」という主題は、『哲学探究』第二部(v)、(xiv)で改めて取り上げられる。

2 ここでの考察は、ウィトゲンシュタインによる心的な諸概念の分類を暗に前提して行われている。その分類において期待、信念、希望、意図、などの概念は、感覚、思考、想像、などと異なるグループに分類される。『哲学探究』においてこの分類は前提されるが、体系的に語られることはない。しかし後年の『心理学の哲学1、2』(大修館全集、補巻1、2)では数ヵ所でこの分類について主題的かつ体系的に語られている。そこでは、ここで「状態」と言われているものが「傾性(Disposition)」と呼ばれ、それに対して、感覚や思考などが「意識の状態」と呼ばれている(『心理学の哲学2』§45、「傾性」については本書§149も参照)。§574の考察もこうした分類を前提にしている。

3 前注参照。

4 より一般的には「ゴールドバッハの予想」と呼ばれる。「すべての3より大きな偶数は二つの素数の和として表すことができる」という数論上の未証明の命題。

5　注1でも触れた後年に明示的に記された心的概念の分類で、ウィトゲンシュタインは心的概念を、動詞の三人称現在形と一人称現在形の非対称性によって特徴づけ、三人称の発話が観察に基づく報告であるのに対し、一人称は報告ではなく、多くの場合心の状態の表出であるとしている。『心理学の哲学2』§63。後年のそうした定式化のもとになる考察がここで示されていると解釈できる。

6　ウィトゲンシュタインのこの「引用」が言及している可能性のあるのは、ルターの一五三三年十二月二十七日の説教、もしくは一五四四年クリスマスの説教であると言われている。（原著第四版、p.259）

7　§293参照。

8　「記憶」は『哲学探究』第二部（xiii）の主題となる。

9　この表現に関しては、「茶色本」（大修館全集、第六巻）、pp.259-260参照。

10　何も用いずに時間を推測するというケースと、時計を見て時間を知るというケース。

【第十五章】

1　ドイツ語原語“Wollen”は動詞“wollen”（英語の“will”に相当）を名詞化したものであり、「欲すること」というのが自然な訳であるが、哲学的議論（『論考』を含む）において用いられる場合は「意志すること」がより適切な訳となることが多い。『論考』の「意志」概念を念頭に置いた以下の議論ではこれら二つの用法が重ね合わされているので、本訳では必要な場合「欲すること（意志すること）」という訳を用いる。
ここで「　」内に批判的考察の対象として示された思考の源泉として、『論考』期の次のノートを参照。「意志は常に表象に関係せねばならないと思われる。例えば、意志行為を行ったと感知せずに我々が意志行為を行うなどとは、想像（表象）不可能である。」（奥雅博訳『草稿　1914-1916』（大修館全集、第一巻）、一九一六年十一月四日、p.280）

2　「意志」概念に関する本節より§632に至る考察は、『論考』期に「意志」に関して行われた考察に対する批判的検討に基づくものであり、そうした批判の対象としてウィトゲンシュタイン自身のかつての思考（『論考』期の）を念頭に置くことが、この部分の考察の展開の意図の十分な理解にとって不可欠である。そうした批判の対象となる思考の考えうる源泉としてとりわけ重要なのが『草稿　1914-1916』の一九一六年十一月四日から同十九日に至る一連の考察である（同書、pp.279-284）。この一連の考察は、「意志は経験的なものではないか？」という問いかけから始まり、最終的に世界と経験的なかかわりを持たない超越的な意志概念（『論考』6.373, 6.423, 6.43 参照）に到達するのだが、『探究』§§611－632の考察では、その結論のみならず、それに到達する過程で真剣に検討された様々な思考が取り上げられており、一見無秩序に見える『探究』のこの部分の諸考察は、こうした背景を考慮するとき、ある必然性を帯びてくる。

3 この過去形は、直接的には§611第一段落を指すが、より根本的には「意志」に関する『論考』期の結論的思考（例えば、『論考』6.373, 6.43）が確立・表明された時点を指すものと考えられる。次注参照。

4 §611の、「意志を引き起こすことはできない」という命題、およびその背景であると考えられる「意志」に関する『論考』の考察に登場する命題を指すと考えられる。具体的には次のようなもの。「世界は私の意志から独立である。」（6.373）、「善き意志、あるいは悪しき意志が世界を変化させるとき、変え得るのはただ世界の限界であり、事実ではない。すなわち、善き意志も悪しき意志も、言語で表現できるものを変化させることはできない。」（6.43）これらは「私の意志の無力性」という観念を共有している。

5 この思考の一源泉としては次を参照。「願望することは行うことではない。しかし意志することは行うことである。」（『草稿 1914-1916』一九一六年十一月四日、p.282）、「願望は出来事に先行し、意志は出来事を伴う。」（同、p.283）

6 この表現の源泉として次の言葉を参照。「我々は意志に対して、いわば世界の中での手がかりを明らかに必要としている。」（同、p.280）

7 アウグスティヌス『告白』第八巻第八章後半の内容が念頭に置かれていると考えられる。例えば、次の言葉を参照。「わたしは、それを欲しさえすれば、すぐにどんなことがあっても、欲したからである。このような場合には、能力と意志とは同一であって、欲することがすでになすことであった。」（服部英次郎訳、岩波文庫上巻、p.270）（原著第四版、p.260）

8 この考察の一源泉として、次を参照。「あることを意志しようと試みることは、いったい可能なのか。」（『草稿 1914-1916』一九一六年十一月四日、p.282）

9 これに関連した思考の一源泉として次を参照。「意志行為は経験ではない。」（同、一九一六年十一月九日、p.283）

10 ここでは単なる過去の意図の想起ではなく、否定的な価値を持つ過去の意図（「彼を欺こうとする」）の想起が問題になっていると考えられる。それは単なる想起ではなく、「告白」とも呼びうる行為である。同様の主題は§§643－

644にも登場する。後期ウィトゲンシュタインの哲学にとって「告白」が持つ意味については、拙著『哲学探究』とはいかなる書物か―理想と哲学―』（勁草書房、二〇一八年）第一章参照。

11 §633以来繰り返し描写されてきた、実行されなかった過去の意図の報告を、想起された過去の心的状態から過去の意図を読み取るプロセスだと考えること。§653はこの誤りを比喩的、象徴的に描写（あるいは戯画化）している。

12 「根源現象（Urphänomene）」とはゲーテが『色彩論』で使用した概念であり、自然科学において他の諸現象を説明するモデル的な現象であり、それ自体は他のものによって説明できない。「派生現象」がその対概念。ゲーテの次の言葉は、この概念を援用しつつウィトゲンシュタインが用いている思考様式を表現している。

しかし、このような根源現象がたとえ見出されたとしても、それをこのようなものとして承認しようとしないという禍が依然として残っている。われわれは、ここで直観の限界を是認すべきであるのに、根源現象の背後に、またそのうえにさらにそれ以上のものをなお探し求めるのである。（ゲーテ『色彩論』木村直司訳（ゲーテ全集第十四巻、潮出版社）、§177、p.347）（原著第四版、p.261）

13 この「続けられる」という表現は、本書パートIIにおいて数列の理解、および、数列のパラドックスについて考察が進められた際に、考察の一つの中心となったものである（§§143－147、151、185－187参照）。こうしてここで初めて、本章の「意図の想起」を巡る考察が、実は数列のパラドックスの解決と深くかかわるものであることが示されるのである。ただし、両者の関連の明示的開示は、本書最終末（§§692－693）まで待たなければならない。

【第十六章】

1 「意味する」の表層文法とは、〈人〉が〈言葉〉で〈対象〉を意味する、というものである。そこから推測される深層文法とは、「意味する」とは人が行う行為である、というものであるが、それは「走る」のような身体的行為ではないので、「意味する」は人が行う心的な行為である、という誤った深層文法が導かれる。

2 ここで示されている聴覚を通じた「指し示し」に関する考察を、「私的言語」を巡って「感覚の内的な指し示し」（§258）に関して示された考察と注意深く比較することは重要である。

3 「心の情動の伝達」とは、例えば、「あのとき本当は君のことが羨ましかったのだ」といった伝達である。この伝達が自分の過去の心の状態を相手に伝えるために為されるのに対し、「私は……を意味した」の目的はそれとはまったく異なる、というのがこの考察のポイントである。

4 §666参照。

5 前節の「これはNを描いたものだ」という言葉を指す。

6 「過去の意図」という概念の使用における条件文の役割については、§187も見よ。

7 例えば、AとBが同一人物であると私が考えている場合。

8 ウィトゲンシュタイン自身の誕生日。この例も示しているように、本書に登場する様々な「例」の多くは、彼自身の現実の例に基づいていると推測される。そして明らかにこのことは彼の後期哲学の方法論と不可分である。

9 §689の（　）内を参照。

10 §§186－187参照。なぜそこで教師が正しいのかが§§692－693で示されている。

〈『哲学探究』第二部〉

1 以下のテキスト（フォン・ライト番号TS234の遺稿）は原著第一版から第三版まで、（『哲学探究』の）「第二部」、と題されていたが、最新の原著第四版において「心理学の哲学—断片」という名称に改められた。なお、ウィトゲンシュタインの遺稿そのものに表題はない。本訳書ではいくつかの理由に基づいて「『哲学探究』第二部」という名称を用いる。詳しくは巻末の「『哲学探究』を読むためのガイド——訳者解説」4(1)を参照されたい。

2 『哲学探究』§650参照。

3 『哲学探究』§649参照。

4 本節に登場する「悲哀」、「悲痛」、「喜び」という概念は、この時期ウィトゲンシュタインが試みた心的概念の分類において「情動」というカテゴリーに属するものである。『心理学の哲学1』（大修館全集、補巻1）、§836節参照。

5 前注で紹介した心的概念の分類において、心的概念は大きく「経験（Erfahrung）」というカテゴリーに属するものとそれ以外のものに分けられ、前者には印象（感覚）、想像、思考が属し、後者には情動と確信が属し、更に情動には悲しみ、喜び、驚き、などが属し、確信には信念、確実性、疑いが属する。それゆえこの分類において情動の一種である悲哀は感覚とはまったく異なるカテゴリーに属する心的概念である。本節の考察にはこうした背景があると考えられる。

6 本節冒頭「　」内の発言を指す。

7 「シュヴァイツァー（Schweizer）」はドイツ語で「スイス人」の意味。

8 『哲学探究』§683参照。

9 『哲学探究』§689参照。

10 『哲学探究』§427参照。

11 原語“bildlich”には「像による」という意味と「比喩的な」という意味があるが、本文の内容はそのいずれにも関わるものであるため、「比喩的な（像的な）」という表現を用いる。

12 『哲学探究』§421参照。

13 『哲学探究』§§275－277参照。

14 これに類似した「「だから」の体験」が『哲学探究』で考察されている。§§176－177参照。

15 言葉の理解とメロディーの理解の比較については『哲学探究』§527参照。

16 『哲学探究』でも像とその使用を巡る哲学的問題は、重要な考察の対象の一つであった。§§422－427参照。

17 『哲学探究』第二部§5参照。

18 G・E・ムーア（一八七三－一九五八）が最初に指摘したパラドックス。「私は雨が降っているとは信じないが、雨は降っている」という発言は、「雨が降っている、しかし雨は降っていない」という文がナンセンス（すなわち矛盾）であるという意味でナンセンスではないが、にもかかわらずナンセンスであるという事態を指す。現在広く使われている「ムーアのパラドックス」という名称は、『哲学探究』第二部のこの箇所に由来する。パラドックスの由来とこのパラドックスを巡るムーアとウィトゲンシュタインのやり取りについては、次のテキストとそれに付された注を参照。特にこのテキストでは、本節で述べられている、ムーアのパラドックスについてのウィトゲンシュタインの説明の原型に相当するものが、ムーアにより紹介されている。“Moore's Paradox” in Thomas Baldwin (ed.) *G.E.Moore Selected Writings* (Routledge,1993), p.207.

19 『哲学探究』第二部§88参照。

20 『哲学探究』第二部§101で言及された一人称直説法現在形の「別の使い方」を指す。

21 『哲学探究』第二部§87の「私はしかじかであると信じるという仮定」を指すと考えられる。

22 この図は『哲学探究』第二部の原テキスト（TS234、現在所在不明）には存在していなかったと考えられる。そのため原著第三版までこの箇所に図はなかった。原著第四版において、内容理解を助けるために、§108のソースである手稿（MS137,p.86a）からこの図が取り入れられた。図を含むこの手稿は次にも採録されている。ウィトゲンシュタイン『ラスト・ライティングス』（古田徹也訳、講談社、二〇一六）第一巻、§88。（原著第四版、p.262）

23 『哲学探究』第二部における「アスペクト」という概念は、「見方」としての「アスペクト」と「見え方」としての「アスペクト」の双方を包含した多面的なものとして考察され、形成されてゆく。因みに、「アスペクト」という言葉の本節のような使用（「見え方」としての「アスペクト」）の原型としては、『哲学探究』§536参照。

24 注5で触れたように、この時期のウィトゲンシュタインによる心的概念の系統的分類では、心的概念全体が「経験」とそうでないものに大別され、前者に印象（感覚）、想像、思考が配属され、後者には情動と確信が配属される。「経験諸概念（Erfahrungsbegriffen）」とはこうした分類を背景にして理解すべき、概念のカテゴリーである。

25 J.Jastrow, *Fact and Fable in Psychology* (Houghton Mifflin, Boston, 1900).

26 ある対象を描写した像（典型的には絵）が「対象の像」であるのに対し、像そのものが独立した対象であり、何か他の対象の描写でない場合、それは「像的対象（Bildgegenstand）」となる。マンガやアニメの登場人物は、この意味で典型的な像的対象である。

27 ウィトゲンシュタインのこの「体制（Organisation）」という用語は、ゲシュタルト心理学に由来するものと考えられる。ゲシュタルト心理学（とりわけケーラー）では、知覚において個々の感覚刺激がバラバラなものとしてではなく、まとまりを持った全体として知覚されることが「体制化（Organization）」と呼ばれる。『哲学探究』第二部（xi）の考察に素材を提供したソースの一つと考えられるケーラーの『ゲシュタルト心理学』第五章では「感覚の体制化」が主題的に論じられている。Wolfgang Köhler, *Gestalt Psychology* (Liveright, 1947), pp.136-172.

28 この意味での「表現（Ausdruck）」は、「表出」という日本語がよりふさわしいものである。『哲学探究』§§244－245参照。

29 ルイス・キャロル『鏡の国のアリス』で、鏡の向こう側の部屋に入り込んだアリスが机の上の本を手に取ると、そこには通常の文章の鏡像が印刷されており、そのときのアリスの、「だって知らない国の言葉で書かれているんですもの」という言葉を指すと考えられる。河合祥一郎訳『鏡の国のアリス』、角川文庫、pp.29-30参照。（原著第四版、p.263）

30 こうした例は、ケーラーの『ゲシュタルト心理学』第六章に幾つも登場する。例えば同書の図12と図13は、本節の「図1」と「図2」に相当する。ケーラー前掲書、pp.185-190。

31 「アスペクト」という言葉のこうした使用（「見方」としての「アスペクト」）に類似したものとしては、『哲学探究』§493参照。

32 『哲学探究』§527参照。

33 『哲学探究』§536参照。

34 ケーラー『ゲシュタルト心理学』第六章の図11

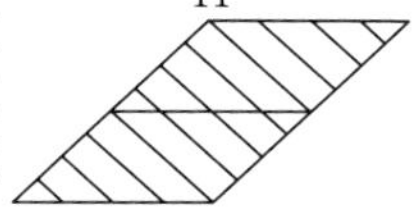

と図13

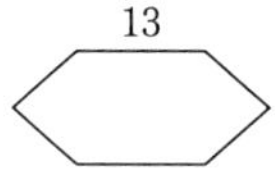

を指していると考えられる。すなわち、図11を二つの図13のような六角形が中央の横線で互いを貫き合っているもの（水車の羽根のように）として見る、という例である。ケーラー前掲書、pp.189-190。（原著第四版、p.263）

35 二重十字に対して用いられた「アスペクト」の用法は、「見方」と言うべき三角形の場合と「見え方」と言うべきウサギ-アヒルや階段の凹凸の場合のどちらとも異なり、同時に、どちらとも類似性があるため、注解的な要素も含めてここでは「アスペクト（見方・見え方）」と表記した。これは後に§215で「アスペクトA」と命名される。

36 原著第三版まで§220は§221の後におかれていたが、第四版では最終手稿ノート（MS144）を根拠として現在の配置に変えられた。その結果考察の筋道はより明瞭になったと思われる。（原著第四版、p.263）

37 『哲学探究』§9参照。

38 『哲学探究』第二部§216参照。

39 （　）内のこのコメントは、ある行動の外観と、その行動時に経験されるもの（例えば、ピアニストの演奏動作と演奏中のピアニストの体験）の間にはしばしば類似性が見られるというケーラーの見解（ケーラー前掲書、pp.236-8）を念頭に置いたものと考えられる。MS136, p.138b参照。

40 「顔の表情（Gesichtsausdruck）」という表現は原著第三版までは「視覚印象（Gesichtseindruck）」となっていたが、原著第四版で最終原稿のソースとなった手稿ノート（MS138）に基づいて現行のように改められた。因み

41 に、これまでの表現は第一版のミスプリントであったと断定されている。（原著第四版、p.263）
§§235－236は原著第三版まで§247の後に置かれていたが、『哲学探究』第二部の最終手稿（MS144）に記された指示を根拠に第四版で現在の位置に移された。明らかにこれによって§234との内容上の密接な関係がはっきりした。（原著第四版、p.264）

42 『哲学探究』第二部§199参照。

43 『哲学探究』第二部§201参照。

44 「色」を巡る二種の言語ゲーム（「対象の性質」と「感覚印象」）については『哲学探究』§277参照。

45 §249と§250は原著第三版までは単一の節として扱われていたが、第四版では最終手稿ノート（MS144）に基づいて二つの節に分けられた。（原著第四版、p.264）

46 原語"Aspektblindheit"には「アスペクト知覚障害」という訳語もあるが、『哲学探究』第二部で提示されている「アスペクトを見る」という概念が「知覚」と「想像」のいずれとも類縁関係を持つ特別なものであり、その欠如は「知覚障害」という表現によっては十分に把捉できないため、本訳書では研究者の間でも定着している従来の訳語を用いる。古田徹也「用語解説」（ウィトゲンシュタイン『ラスト・ライティングス』古田徹也訳、講談社、二〇一六年）pp.461-462参照。

47 この問いは、『哲学探究』第二部に向けた予備的考察である『心理学の哲学1』においてすでに、「意味盲」という概念を用いて次のように提起されている。

私が〈意味盲〉という事例を想定したのは、言葉を使用する際には意味の体験は重要性を持たないように思われるからであり、したがって意味盲の人々は大したものを失うはずがないと思われるからである。しかし、ある報告が伝えられたとき、「その中の」ある特定の言葉は、それが何か別のことを意味していることに自分が気付くまでは、自分にとってあることを意味していたとわれわれはしばしば言うのだが、このことは今述べたことと合致しない。（佐藤徹郎訳『心理学の哲学1』§202、大修館全集、補巻1、p.84）

この『心理学の哲学1』では、つぎのように「アスペクト盲」が「意味盲」に包含される形で「意味盲」という概念が規定されている。

「この記号を矢として見る」といった言葉を理解できず、それを使用することを学びえない人のことを私は「意味盲」と呼ぶ。（同§344、p.138）

予備的草稿において「アスペクト盲」という概念が初めて登場するのは、『心理学の哲学1』の続編ともいえる『心理学の哲学2』§478においてであり、このテキストは『哲学探究』第二部において「アスペクト盲」という概念が導入される§257第一段落の原型に相当する。

ここから我々は、予備的考察から『哲学探究』第二部に至る過程での、ウィトゲンシュタインの用語・概念上の変遷を見ることができる。すなわち、「アスペクト盲」や「意味盲」と呼ばれる現象群に対して、最初は「意味盲」という概念を軸として考察されていたが、『哲学探究』第二部では「アスペクト盲」という概念を軸として考察されるに至った、と。

48 注11参照。

49 「これ」とは§261以来問題になっている「ある語の意味の体験」を指す。

50 前節末に登場した、過去に発した語の意味について事後的に説明するという言語ゲームを指す。

51 語の意味の体験を「夢」になぞらえる考えは『心理学の哲学1』において次のような形で初めて登場する。

もしも意味が心に浮かぶことを夢になぞらえるなら、われわれは通常は夢を見ることなしに語る。〈意味盲〉の人はいかなるときも夢を見ることなしに語る人であると言えよう。

（佐藤徹郎訳、前掲書、§232、p.97）

本節第二段落は自身のこうした考察に対する応答とも解釈できる。『哲学探究』§358も参照。

52 「暗算」に関する『哲学探究』の考察としては、§§364－366、369参照。明らかにここでの考察は、「一次的な意味」、「二次的な意味」という補助概念を用いることによってこの主題をさらに深化させている。

53 『哲学探究』補節70後参照。

54 ある概念を規定する際の、「Aでもないし、Aでなくもない」という形の表現の例としては、『哲学探究』§304参照。

55 過去に使用された指示代名詞の指示対象を巡る問題に関する考察としては『哲学探究』§§666－668参照。

56 『哲学探究』§151参照。

57 『哲学探究』第二部§§261、263参照。

58 次の箇所におけるジェームズの記述が念頭に置かれていると考えられる。W.James, *The Principles of Psychology*,vol.1,p.253.（原著第四版、p.264）

59 原語は"innerlich"。この語の「内的な」と「心の中の」の両義に積極的に関わる形で以後考察が進められるため、文脈に応じてそれらとの関連を示すような訳語を用いる。

60 このテキストは原著第三版まで「暗算しているとき」となっていたが、それでは本節の考察が部分的に理解しにくいものとなる。原著第四版で、最終手稿ノート（MS144）に基づいて現行のテキストに改められた。（原著第四版、p.264）

61 『哲学探究』§270で登場する、自分自身の「E」という発話（日記への記入）によって血圧の上昇を知る、という例が、こうした使用に相当すると考えられる。

62 本節から§313にかけての考察の対象となっている問題は、最晩年のテキスト『確実性の問題』（大修館全集、第九巻）で改めて徹底的に考察される。

63 一九三〇年代、ウィトゲンシュタインは、他人の体に痛みを感じる、という文を有意味な経験命題と見なすという考察を行っていた。二重括弧内のコメントはおそらくそうした考察を指していると考えられる。ただし、ここでそうした考察をどのように位置づけようとしていたかは必ずしも明らかではない。「他人の体に感じる痛み」に関する考察としては次を参照。「青色本」（大修館全集、第六巻）、pp.94-99；『ウィトゲンシュタインとウィーン学団』（大修館全集第五巻）、p.66。（原著第四版、p.265）

64 「確実性 Sicherheit」と「信念 Glauben」はいずれも、この時期にウィトゲンシュタインが試みた心的概念の分類の一つにおいて「確信 Überzeugung」というカテゴリーに配属された概念である。このカテゴリーに属するもう一つの概念が「疑い Zweifel」である。それゆえ『哲学探究』第二部§§330－343の確実性や疑いに関する考察は、「確信」という心的概念のカテゴリーに関する概念的考察だと考えることもできる。『心理学の哲学1』（大修館全集、補巻1）、§836参照。

65 『哲学探究』§240参照。

66 『哲学探究』§142参照。

67 『哲学探究』§610参照。

68 『哲学探究』および『哲学探究』第二部におけるウィトゲンシュタインの哲学的探究と人間の自然誌の研究（記述的研究）の関係（相違）がここで明確に示されている。同じ主題に関する『哲学探究』§415での記述は、もっと曖昧であった。

69　引用符で囲まれたこの表現は、ケーラー『ゲシュタルト心理学』第二章の表現を指すと考えられる。この章でケーラーは心理学を物理学と比較し、物理学には存在しない方法論上の問題が心理学に存在し、そのため物理学に比べ大きく遅れていることの原因を、心理学が「若い科学」であり、ガリレオの頃の物理学に相当することに求めている。本節ではケーラーのこの議論が念頭に置かれていると考えられる。ケーラー前掲書、pp.38–42。

【訳者解説】

1　以下の内容の主要な部分は、次の拙著において行った考察に基づいています。鬼界彰夫『『哲学探究』とはいかなる書物か—理想と哲学—』勁草書房、二〇一八年。

2　以上の「戦前版」成立以降の過程に関しては原著第四版の次の解説を参考にしました。"The Text of the *Philosophische Untersuchungen*", 原著第四版、pp.xviii-xxiii.

3　『哲学探究』のウィトゲンシュタイン自身による原稿（フォン・ライト番号TS227のタイプ原稿）には「哲学探究」という題名がありましたが、『哲学探究』第二部の原稿（TS234、残念ながら現在は所在不明です）に題名はありませんでした。

4　以下の叙述では、次の二点を参考にしました。"The Text of the *Philosophische Untersuchungen*", 原著第四版、pp. xxi-xxiii. 菅﨑香乃「ウィトゲンシュタイン「心理学の哲学」の研究—『哲学探究』第Ⅱ部の主題と構造の解明へ向けた手稿群の系譜的分析—」（筑波大学博士論文、二〇一九年）

5　MSS130－138,169.

6　『哲学探究』「戦前版」の初稿（MS142,TS220）には、哲学を「事物や世界のアスペクトを変えること」として規定する哲学論が存在します。ただし我々が現在読んでいる「最終版」でその部分はウィトゲンシュタイン自身によって削除されています。この消された哲学論についてより詳しくは、前掲拙著の第四章を参照してください。

7　この表の作成に当たっては、前掲菅﨑論文の図11－1（p.127）を一部参考にしました。

8　"Editorial Preface to the Fourth Edition and Modified Translation", 原著第四版、pp.ix-xii.

9　二〇〇〇年にオックスフォード大学出版局より全遺稿の活字版と写真版がWittgenstein's *Nachlass*. The Bergen Electronic Editionとして電子版で出版されたことにより、だれもが容易に遺稿にアクセスできるようになりました。現在では活字版がベルゲン大学ウィトゲンシュタインアーカイヴズ（ＷＡＢ）のサイトで閲覧できます。

10 ハッカーは四巻からなる大部の『哲学探究』の注釈・解説書で有名です。彼の注釈書は現在のウィトゲンシュタイン研究で一つの基準となっており、本訳書の注でも参考にしました。シュルテは二〇〇一年にSuhrkamp社より批判・生成版（Kritisch-genetische Edition）『哲学探究』を編集・出版しています。これは『哲学探究』の生成過程を跡付けるために、その最終テキスト（TS227）とそれに先行する様々な手稿テキストを系統的に並べたもので、第四版の編集の基礎となりました。

鬼界彰夫（きかい・あきお）
1954年生まれ。京都大学大学院文学研究科博士課程研究指導認定退学。Ph.D（ニューヨーク市立大学）。専攻は言語哲学、認識論。
筑波大学大学院人文社会科学研究科教授を経て、2019年退官。筑波大学名誉教授。
主な著書に『ウィトゲンシュタインはこう考えた』『生き方と哲学』（以上、講談社）、『『哲学探究』とはいかなる書物か』（勁草書房）など、訳書に『ウィトゲンシュタイン哲学宗教日記』（講談社）などがある。

哲学探究（てつがくたんきゅう）

二〇二〇年一一月一一日第一刷発行　二〇二四年三月五日第五刷発行

著者　ルートウィッヒ・ウィトゲンシュタイン
訳者　鬼界彰夫（きかいあきお）

発行者　森田浩章
発行所　株式会社講談社
東京都文京区音羽二－一二－二一　〒一一二－八〇〇一
電話　〇三－五三九五－三五一二（編集）
〇三－五三九五－五八一七（販売）
〇三－五三九五－三六一五（業務）

装幀者　高見清史
印刷所　株式会社ＫＰＳプロダクツ
製本所　大口製本印刷株式会社
本文データ制作　講談社デジタル製作

ISBN978-4-06-219944-5　Printed in Japan　N.D.C.134　540p　19cm